Hinweise zur Verwendung des  Unterricht

Der vorliegende Band stellt die vollständige Neubearbeitung des zuletzt 2004 herausgegebenen Arbeitsbuches mit demselben Titel dar.

An bewährten didaktischen Prinzipien der bisherigen Ausgaben wurde festgehalten:

- Im Hinblick auf die Unterschiedlichkeit der Voraussetzungen, welche die Schülerinnen und Schüler aus dem Unterricht der Sekundarstufe I und/oder aus dem vorausgehenden Unterricht in der Sekundarstufe II mitbringen, enthält das Buch eine Reihe von elementaren Informationen (vor allem in Kap. I), mit denen Lehrerinnen/Lehrer und Lerngruppe je nach Bedarf umgehen können.

- Die inhaltliche Struktur des Arbeitsbuches (s. Inhaltsverzeichnis) kann als traditionell, der methodische Aufbau als lehrgangsmäßig bezeichnet werden. Dafür hat sich der Herausgeber ganz bewusst entschieden, weil nur auf diese Weise die Möglichkeit garantiert erscheint, je nach Unterrichtssituation (Vorkenntnisse der Schülerinnen und Schüler, zur Verfügung stehende Unterrichtszeit, inhaltliche Schwerpunktsetzung) *aus dem Themen- und Materialangebot auszuwählen* und dabei doch im Hinblick auf die Verlaufsstruktur des Unterrichts auf einem sicheren, für die Schülerinnen und Schüler überschaubaren Weg zu bleiben. Ein dichtes Netz von *Querverweisen* in den Materialien und Arbeitshinweisen erleichtert die Orientierung.
  Auf diese Weise können für die praktische Unterrichtsarbeit je nach thematischer Aktualität und Interessenlage der Lernenden in der selbstgewählten Verbindung einzelner Abschnitte ggf. eigene „Wege" der Erarbeitung konzipiert werden. So kann, um nur ein Beispiel zu erwähnen, die Behandlung der Geldpolitik (Abschnitt III.2) unmittelbar mit Abschnitt II.4 (Inflation) verknüpft werden.

- Das *Materialangebot* soll den Schülerinnen und Schülern eine gründliche, selbsttätige und kritische Auseinandersetzung mit den Themen und Gegenständen ermöglichen. Sein Umfang und seine Strukturierung bieten den Lehrenden und Lernenden in Grund- und Leistungskursen die Möglichkeit, sich für eine *Auswahl* und eine eigene inhaltliche *Schwerpunktsetzung* zu entscheiden, ohne dabei ständig auf zusätzliche Informationen angewiesen zu sein. *Zweispaltig* gesetzte Texte enthalten ergänzende, konkretisierende oder auch zusätzlich problematisierende Darstellungen (überwiegend aus der Tagespresse).

- Eine wichtige Steuerungs- und Unterstützungsfunktion für die Arbeit mit den vielfältigen Materialien kommt den Arbeitshinweisen zu. Bei ihrer Formulierung hat sich der Verfasser bemüht,
  - differenzierte Hilfen für die *Erschließung von Texten* und die methodenorientierte *Auswertung von Grafiken* zu bieten,
  - Anregungen zur *Erschließung gedanklicher Zusammenhänge*, zu Argumentation und Diskussion zu geben und
  - *Methodenreflexion* zu ermöglichen.

Eine weitere wichtige Arbeitshilfe stellen das *Glossar* (zu mit * markierten Begriffen) und das ausdifferenzierte *Register* dar, das über die zahlreichen Querweise in den Materialien hinaus eine schnelle inhaltliche Orientierung ermöglicht.

Die einzelnen Abschnitte und Materialien enthalten zahlreiche Hinweise auf *themenbezogene Internet-Informationsangebote.* Auf folgende allgemeine Angebote (zur ergänzenden oder aktualisierenden Information) sei an dieser Stelle hingewiesen:
Zentrale Informationsquelle zu zahlreichen Themen, Fakten und Daten sind das Statistische Bundesamt (www.destatis.de) und der dort angesiedelte Sachverständigenrat zur Begutachtung der gesamtwirtschaftlichen Entwicklung (www.sachverstaendigenrat-wirtschaft.de). Gut gegliederte Informationen zur Wirtschaftsentwicklung und zur Wirtschaftspolitik der Bundesregierung bieten das Bundesministerium für Arbeit und Soziales (www.bmas.de) und vor allem das Bundesfinanz-

ministerium (www.bundesfinanzministerium.de). Auch auf die Deutsche Bundesbank, die u. a. ihre Monatsberichte veröffentlicht, sei hingewiesen (www.bundesbank.de).

Für die unmittelbare Unterrichtsarbeit sei auf das über die Bundeszentrale für politische Bildung (http://www.bpb.de/publikationen/ESMN42,0,0,Das_Lexikon_der_Wirtschaft.html) leicht zu beschaffende „Lexikon der Wirtschaft" hingewiesen, das in jeder Lerngruppe zur Verfügung stehen sollte.

Neben den beiden Heften aus der Reihe „Informationen zur politischen Bildung" Nr. 294/2007 (Staat und Wirtschaft, www.bpb.de/publikationen/IXJNWG,0,Staat_und_Wirtschaft.html) und Nr. 280/2003 (Globalisierung, http://www.bpb.de/publikationen/U1INL3,0,Globalisierung.html) sind auch die beiden folgenden „pocket"-Bändchen der Bundeszentrale nützliche Hilfen für die selbstständige Arbeit von Schülerinnen und Schülern (als Klassensätze beziehbar, www.bpb.de/publikationen/4PPDIG,0,0,Pocket.html):

pocket wirtschaft, Ökonomische Grundbegriffe (2006)
pocket global, Globalisierung in Stichworten (2004)

Aus der unüberschaubaren Vielfalt der wissenschaftlichen Einführungsliteratur sei hier nur auf drei Titel hingewiesen, die sich aus Sicht des Herausgebers für eine vertiefende Beschäftigung auch für Oberstufenschülerinnen und -schüler eignen:

- Jörn Altmann, Volkswirtschaftslehre, Lucius & Lucius Verlag, Stuttgart, 8. Aufl. 2007
- Bernd Nolte, Volkswirtschaft konkret, Wiley VCH Verlag, Weinheim 2003
- Gerhard Mussel/Jürgen Pätzold, Grundfragen der Wirtschaftspolitik, Verlag Vahlen, München, 6. Aufl. 2005

Für Fragen und kritische Hinweise (gerichtet an den Schöningh Verlag, Jühenplatz 1–3, 33098 Paderborn; Fax: 05251/127-860, E-Mail: info@schoeningh.de) sind der Autor und der Verlag jederzeit dankbar.

Zur Einführung: Kein Vertrauen mehr in unsere Wirtschaftsordnung? Wissen wir zu wenig über Wirtschaft?

„Die Deutschen zweifeln mehr denn je an der sozialen Marktwirtschaft. Nur noch 31 % oder Bürger haben eine gute Meinung über das Wirtschaftssystem in Deutschland. ... Exakt 60 Jahre nach dem Start der sozialen Marktwirtschaft zeigt sich damit, dass die Bundesbürger dem von Ludwig Erhard geschaffenen Wirtschaftsmodell nicht mehr vertrauen." (Süddeutsche Zeitung v. 17.6.2008) So oder ähnlich lauteten die Formulierungen, mit denen Mitte des Jahres 2008 in den Medien über das aktuelle Ergebnis einer repräsentativen Umfrage berichtet wurde, mit der das Meinungsforschungsinstitut Allensbach seit über 10 Jahren in unregelmäßigen Abständen die Einstellung der Bevölkerung zur sozialen Marktwirtschaft erkundet (s. Grafik). Das Ergebnis überraschte auch aus folgendem Grund: Bisher entwickelte sich die Einstellung in etwa parallel zur wirtschaftlichen (konjunkturellen) Entwicklung; in Aufschwungsphasen veränderte sie sich positiv, in Abschwungsphasen negativ (s. in der Grafik die Werte für die Abschnitte 1996 bis 2000 und 2000 bis 2005; vgl. zur Wirtschaftsentwicklung M 15 und M 26). Auch für die Zeit des wirtschaftlichen Aufschwungs in den Jahren seit 2006 entwickelte sich die Einstellung – freilich in deutlich geringerem Ausmaß – positiv, schlug aber seit Beginn des Jahres 2008 ins Negative um, obwohl das Ausmaß des Aufschwungs (wirtschaftliches Wachstum verbunden mit einer Verringerung der Arbeitslosenzahl um rd. 1,5 Mio.) deutlich sichtbar wurde.

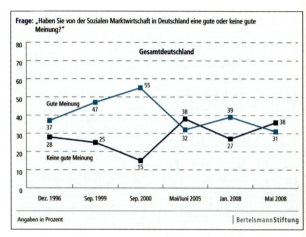

Frage: „Haben Sie von der Sozialen Marktwirtschaft in Deutschland eine gute oder keine gute Meinung?"

(http://www.bertelsmann-stiftung.de/cps/rde/xbcr/SID-0A000F0A-D0CE2209/bst/xcms_bst_dms_24744_24784_2.pdf)

Werte für Mai 2008 in *Westdeutschland*: gute Meinung 34 %, keine gute Meinung 35 %; in *Ostdeutschland*: gute Meinung 19 %, keine gute Meinung 53 %.

Hatte man sich mehr erhofft? War der Aufschwung bei den Bürgern nicht „angekommen"? Befürchtete man bereits einen neuen Abschwung, wie er in Prognosen hier und da schon angekündigt wurde? Waren es die Enttäuschung über die fehlende Steigerung der Reallöhne und/oder die seit Jahresbeginn sprunghaft angestiegene Inflation? War es die verbreitete Empfindung zunehmender Ungerechtigkeit in der Einkommensverteilung, die u. a. in der heftigen Diskussion über das Anwachsen extrem hoher „Managergehälter" bei gleichzeitig verbreiteter Armutsgefährdung zum Ausdruck kam?

Diesen nur schwer (oder nur spekulativ) zu beantwortenden Fragen können wir im Rahmen dieses Arbeitsbuches zur Wirtschaftspolitik nicht nachgehen. Sie können aber auch für Jugendliche Anlass sein, darüber nachzudenken, worauf denn eigentlich unser Urteil über unsere Wirtschaftsordnung und die Praxis der Wirtschaftspolitik beruht. Was wissen wir, was wissen zumal Jugendliche darüber? Könnte es vielleicht auch auf mangelnder Kenntnis beruhen, dass bei der angesprochenen Umfrage fast jeder Dritte gar keine Meinung äußerte ? Mangelnde Wirtschaftskenntnisse, gerade auch bei Jugendlichen, wurden in jüngster Zeit ebenfalls durch Umfrageergebnisse bestätigt (2006 erklärten 57 % aller 14- bis 24-Jährigen den Begriff „Inflationsrate" und 65 % das Prinzip von Angebot und Nachfrage falsch). Gleichzeitig bezeichneten fast drei Viertel Informationen über wirtschaftliche Zusammenhänge für sich selbst als wichtig und 80 % aller Schülerinnen und Schüler wünschten sich dazu eine verstärkte Behandlung im Unterricht. Das vorliegende Arbeitsbuch will dabei helfen, das Wissen über die *Grundzüge und das Funktionieren unserer Wirtschaftsordnung* sowie vor allem über die *Bedingungen und Möglichkeiten wirtschaftspolitischer Entscheidungen und Maßnahmen* ein Stück weit zu verbessern und so die Grundlage für eine angemessene Beurteilung zu schaffen.

Grundbegriffe der Volkswirtschaftlichen Gesamtrechnung

Der Wirtschaftsprozess in einem entwickelten Industrieland, dessen Kern die Produktion von Gütern bildet, ist durch unüberschaubar viele Einzelaktivitäten von Millionen von Wirtschaftssubjekten gekennzeichnet. Er wird bei dem Betrachter den Eindruck von Unübersichtlichkeit und Komplexität erwecken. Will man versuchen, einen Überblick über gesamtwirtschaftliche Prozesse zu gewinnen, erscheint es zweckmäßig, einzelwirtschaftliche zu gesamtwirtschaftlichen Größen (**Aggregaten***) zusammenzufassen. Zählt man z. B. alle auf den Einzelmärkten für Konsumgüter innerhalb eines Jahres getätigten Umsätze zusammen, so erhält man die gesamtwirtschaftliche Größe „Privater Konsum".

Solche Berechnungen zu den verschiedenen Bereichen des Wirtschaftsprozesses werden in der Bundesrepublik Deutschland im Wesentlichen durch das Statistische Bundesamt, daneben auch durch die Bundesbank und einige wirtschaftswissenschaftliche Forschungsinstitute angestellt. Auf diesen Erhebungen beruhen die fast täglich in Presse, Rundfunk und Fernsehen verbreiteten Meldungen über die Entwicklung der Wirtschaft und auch der im Frühjahr eines jeden Jahres erscheinende „Jahreswirtschaftsbericht" der Bundesregierung.

Die geordnete Zusammenstellung aller wesentlichen gesamtwirtschaftlichen Daten geschieht in der **Volkswirtschaftlichen Gesamtrechnung** (VGR). Sie ist die Hauptdatenquelle für Untersuchungen und damit auch für Beurteilungen der wirtschaftlichen Entwicklung in einer abgelaufenen Periode, aber auch für Prognosen* des zukünftigen wirtschaftlichen Ablaufs (und damit auch für die Argumentation der Parteien und Verbände im Streit um die richtigen wirtschaftspolitischen Maßnahmen). Es ist daher wichtig, nicht nur die wichtigsten Grundbegriffe der Volkswirtschaftlichen Gesamtrechnung zu kennen, sondern sich auch ihre *methodischen Voraussetzungen* und die Grenzen ihrer Aussagefähigkeit bewusst zu machen (Abschnitt 2., S. 17 ff.). Zuvor (Abschnitt 1.) wollen wir jedoch noch kurz auf zwei Grundaspekte eingehen: auf den *Produktionsprozess* als Zentrum des gesamten Wirtschaftsprozesses (M 2) und auf das *Modell des Wirtschaftskreislaufs* als Hilfe zum Verständnis dieses Prozesses (M 3). Wenn Sie damit aus früherem Unterricht bereits genügend vertraut sind, können Sie gleich zum zweiten Abschnitt übergehen.

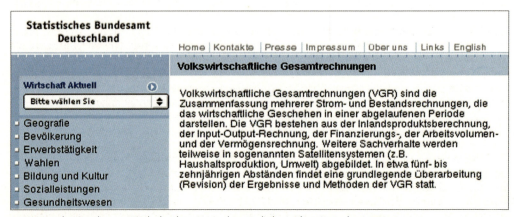

Statistisches Bundesamt Deutschland

Home | Kontakte | Presse | Impressum | Über uns | Links | English

Volkswirtschaftliche Gesamtrechnungen

Wirtschaft Aktuell

Bitte wählen Sie

- Geografie
- Bevölkerung
- Erwerbstätigkeit
- Wahlen
- Bildung und Kultur
- Sozialleistungen
- Gesundheitswesen

Volkswirtschaftliche Gesamtrechnungen (VGR) sind die Zusammenfassung mehrerer Strom- und Bestandsrechnungen, die das wirtschaftliche Geschehen in einer abgelaufenen Periode darstellen. Die VGR bestehen aus der Inlandsproduktsberechnung, der Input-Output-Rechnung, der Finanzierungs-, der Arbeitsvolumen- und der Vermögensrechnung. Weitere Sachverhalte werden teilweise in sogenannten Satellitensystemen (z.B. Haushaltsproduktion, Umwelt) abgebildet. In etwa fünf- bis zehnjährigen Abständen findet eine grundlegende Überarbeitung (Revision) der Ergebnisse und Methoden der VGR statt.

(© Statistisches Bundesamt, Wiesbaden; http://www.destatis.de/basis/d/vgr/vgrtxt.htm)

1. Der Produktionsprozess und das Modell des Wirtschaftskreislaufs

▬▬ **M 1** Im Zentrum des Wirtschaftsprozesses: der Produktionsprozess

Die Menschen benötigen zur Befriedigung ihrer Bedürfnisse Güter. Diese müssen bereitgestellt werden. Ort der Herstellung sind die Unternehmungen. Sie können privat oder staatlich sein. Die technische Herstellung von Gütern erfolgt im „Betrieb", während die Unternehmung weiterge-hend als rechtlich-organisatorische Einheit zu verstehen ist. Ungeachtet der Verschiedenheit der
5 hergestellten Güter läuft der Produktionsprozess stets nach dem gleichen Schema ab: Man braucht bestimmte Dinge für die Produktion („Input*"), diese werden miteinander kombiniert und he-raus kommen schließlich die Erzeugnisse („Output*"). Bei einer etwas detaillierteren Betrachtung erhält man für das Produktionsgeschehen in einer Unternehmung das in Abbildung 1 dargestell-te Schema.

10 Zum **Input** gehören
● Vorleistungen und
● Faktorleistungen.
Die **Vorleistungen** umfassen Waren und Dienstleis-
15 tungen, die eine Unternehmung von anderen
Firmen bezieht und die
bei der laufenden Produk-
tion „untergehen". Sie
20 stammen sowohl aus dem
Inland als auch aus dem
Ausland. Als *Sachgüter*
kommen nicht dauerhafte
Produktionsmittel (Roh-,
25 Hilfs- und Betriebsstoffe)
ebenso in Betracht wie
Halbfertig- und Fertigfa-
brikate (z. B. ein franzö-

Abbildung 1: Schematische Darstellung des Produktionsprozesses

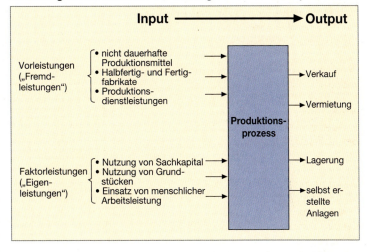

sisches Auto, welches ein deutscher Autohändler bezieht). Bei den *Dienstleistungen* handelt es
30 sich um Produktionsdienstleistungen (wie Transport-, Versicherungs- und Beratungsdienste); sie gewinnen zunehmend an Bedeutung. Vorleistungen sind also nichts anderes als Einkäufe von anderen Unternehmungen, das heißt aus Sicht der produzierenden Unternehmung „Fremd-leistungen".
An diese Vorleistungen legt nun das betrachtete Unternehmen bildhaft gesprochen selbst Hand
35 an. Die „Eigenleistung" besteht im Einsatz sogenannter **Faktorleistungen**. Hierzu zählt zunächst der Einsatz von *Sachkapital* (dauerhafte Produktionsmittel wie Maschinen oder Werkzeuge). Au-ßerdem braucht man für die Produktion die Nutzung von *Grund und Boden*; diese Faktorleistung spielt naturgemäß in der landwirtschaftlichen Produktion eine überragende Rolle. Vor allem ist für jedwede Produktionstätigkeit der Einsatz der *menschlichen Arbeitskraft* erforderlich. Dies gilt
40 auch dann, wenn man an eine „Roboterfabrik" denkt; dort ist zwar die Fertigung vollautomati-siert, aber man braucht Arbeitskräfte, beispielsweise für Wartungs- und Kontrollarbeiten oder in der Verwaltung.
Vorleistungen und Faktorleistungen werden im Zuge des *Produktionsprozesses* miteinander kom-biniert. Dieser Transformationsprozess ist ein technischer Vorgang, er bildet das Feld der Inge-
45 nieure beziehungsweise Ingenieurwissenschaften. Die Bedeutung von Produkt- und Prozessin-novationen* [neue oder verbesserte Güter und Produktionsmethoden] ist unbestritten, nicht nur bei Technikern, sondern gerade auch bei Ökonomen. Gleichwohl stellt der technische Produk-

tionsprozess für Ökonomen eine „Black Box" [unbekannte Größe] dar. Die „Lean Production"-Welle (s. Kasten) hat allerdings gezeigt, dass kostengünstigere Produktionsmethoden nicht nur
50 des technologischen Fortschritts, sondern auch einer organisatorischen, das heißt betriebswirtschaftlichen Flankierung bedürfen.

Die wirtschaftliche Betrachtung setzt erst wieder ein, wenn es um den **Output** geht. Hierfür gibt es, wie Abbildung 1 zeigt, prinzipiell vier Verwendungsmöglichkeiten: Die hergestellten Güter werden

55 • verkauft,
• vermietet,
• gelagert,
• selbst genutzt.

Die wichtigste Verwendungsform ist der Ver-
60 kauf. Er erbringt den Herstellern Verkaufser-löse, also *Verkaufsumsätze*. Ihren Wert errech-net man bekanntlich als Produkt aus Verkaufs-preis und Verkaufsmenge. Zunehmende Bedeutung erlangen die Umsätze im Vermie-
65 tungsgeschäft, dem sogenannten *Leasing*. Mehr

> **Lean production**: „Schlanke Produktion";
> Bündel von Maßnahmen zur Modernisierung der Produktion. Merkmale sind u. a. Verzicht auf alle überflüssigen Arbeitsschritte in Produktion und Verwaltung, Gruppenarbeit (mit stärkerer Verantwortung der Gruppe), Auslagerung bestimmter Produktionsschritte, Einsparung von Personalkosten, Automatisierung des Materialflusses.
> (Autorentext)

als die Hälfte der Leasinggeschäfte entfallen in Deutschland auf Fahrzeuge, die von den Fahr-zeugherstellern an Privat- und Geschäftskunden vermietet werden, an zweiter Stelle folgen Ge-bäude.

Ein Teil der Produktion verbleibt beim Hersteller; dies betrifft allerdings nur das Waren produzie-
70 rende Gewerbe. Zum einen handelt es sich dabei um *Lagerbestandserhöhungen* von Fertigwaren beziehungsweise Halbfertigfabrikaten. Zum anderen zählen hierzu *selbst erstellte* Anlagen. Hier-unter fallen selbst hergestellte dauerhafte Produktionsmittel, die im eigenen Unternehmen Ein-satz finden. In der Computerbranche bleibt bis zu einem Sechstel der gesamten Hardwarepro-duktion im eigenen Haus.

Produktionsfaktoren

75 Das Herzstück des Produktionsprozesses ist zweifellos der Einsatz von Faktorleistungen. Des-halb soll hierauf noch etwas genauer eingegangen werden.

Faktorleistungen werden von den sogenannten Produktionsfaktoren abgegeben. Diese unterteilt man üblicherweise in

• Arbeit,
80 • natürliche Ressourcen,
• Kapital,
• technischen und organisatorischen Fort-schritt.

Unter den Produktionsfaktor **Arbeit** fällt jede
85 manuelle und geistige Tätigkeit mit dem Ziel der Erwirtschaftung von Einkommen. Die ge-samte Arbeitsleistung, die einer Volkswirt-schaft zur Verfügung steht, ergibt das Arbeits-vermögen oder Humankapital*. [...]
90 Zum Produktionsfaktor **natürliche Ressour-cen*** gehört zunächst der Boden, auf dem Ge-bäude stehen beziehungsweise der von der Land- und Forstwirtschaft genutzt wird. Des Weiteren fallen darunter Bodenschätze sowie
95 andere natürliche Gegebenheiten wie Gewäs-ser oder natürliche Hilfsquellen. So bildet das Klima im Mittelmeerraum die entscheidende Voraussetzung für Urlaubsreisen und damit

Abbildung 2: Produktionsfaktoren

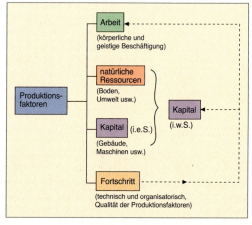

für die Produktion von Tourismusdienstleistungen. In neuerer Zeit subsumiert man unter den
100 Boden auch die *Umwelt*, denn Luft und Wasser sind ebenfalls für die Produktion erforderlich. Die
lange Zeit erfolgte Vernachlässigung der Umwelt ist darauf zurückzuführen, dass vor allem Luft
und Wasser kostenlos genutzt werden konnten, die Umwelt also keinen Preis hatte. Diese Auffassung hat sich angesichts der immer drängender werdenden Umweltprobleme inzwischen
geändert. Der Produktionsfaktor natürliche Ressourcen kann daher mit *Natur* umschrieben wer-
105 den. Da dieser Faktor ebenso wie die menschliche Arbeitskraft natürlicherweise vorhanden ist,
spricht man von originären Produktionsfaktoren.
Der Produktionsfaktor **Kapital** ist hingegen ein derivativer (abgeleiteter) Produktionsfaktor. Sein
Bestand (Kapitalstock*) muss erst hergestellt werden. In ihm sind, wie bereits erwähnt, sämtliche *dauerhaften Produktionsgüter* der Volkswirtschaft enthalten. Hierzu zählen Gebäude, Ma-
110 schinen, Werkzeug, Fuhrpark sowie Lagerbestände. Eine Erhöhung des Kapitals geschieht durch
die Anschaffung neuer Maschinen usw. Die Zunahme des Kapitalstocks innerhalb einer Zeitpe-
riode nennt man Nettoinvestitionen*. Allerdings verliert das Kapital durch seinen Einsatz im
Produktionsprozess an Wert; diese *durch Abnutzung entstehende Wertminderung* erfasst man mithilfe der Abschreibungen* (s. Kasten S. 22). Für Deutschland wurde der Wert des sogenannten
115 Kapitalstocks im Jahr 1997 auf circa 8,3 Billionen DM veranschlagt. Allerdings ist die Berechnung des Kapitals schwierig, z. B. wegen der Bewertungsprobleme. Besonders hinzuweisen ist
an dieser Stelle noch auf die Behandlung des Geldes: *Geld* ist kein Produktionsfaktor; erst wenn
es zum Kauf einer Maschine verwendet wird, berührt dies das Kapital. Deshalb spricht man beim
Produktionsfaktor Kapital häufig vom *Sachkapital* oder *Realkapital*.
120 Die bisherige Erörterung der Produktionsfaktoren bezog sich lediglich auf deren quantitative
Dimension. Die Berücksichtigung der qualitativen Elemente der Produktionsfaktoren erfolgt
durch den **technischen und organisatorischen Fortschritt**. Darin sind die Geschicklichkeit und
das Ausbildungsniveau der Arbeitskräfte ebenso enthalten wie die Qualität der Böden, die Orga-
nisationsformen in den Unternehmen oder der technische Stand des Maschinenparks. Empi-
125 rische* Untersuchungen kommen zu dem Ergebnis, dass die Produktionsentwicklung der
Volkswirtschaft, also das Wirtschaftswachstum, primär auf den technischen und organisatorischen Fortschritt zurückzuführen ist. Gerade für rohstoffarme Industrienationen ist diese Erkenntnis von großer Tragweite. Diese Länder müssen ihre Anstrengungen vorrangig auf eine
weitere Verbesserung des Bildungsniveaus der Bevölkerung sowie auf Innovationen* und damit
130 mehr Know-how richten.

(Gerhard Mussel, Basis-Know-How Volkswirtschaft, Campus Verlag, Frankfurt/New York 2000, S. 24–28)

1. *Erläutern Sie anhand des Textes das Schema des Produktionsprozesses (Abb. 1) und achten Sie
dabei auf die möglichst genaue Klärung der verwendeten Fachbegriffe, wie z. B. Vorleistungen,
Faktorleistungen, Umsatz.*

2. *Übersetzen Sie den Begriff Produktionsfaktor ins Deutsche (die beiden zugrunde liegenden
lateinischen Wörter dürften Ihnen vertraut sein) und gehen Sie bei der Erläuterung des Schemas
(Abb. 2) insbesondere auf die Bedeutung des Begriffs Kapital sowie auf die besondere Stellung des
technischen und organisatorischen Fortschritts als eines „qualitativen" Produktionsfaktors ein.
Sollte man ihn eher als einen eigenen vierten Faktor oder als eine Dimension der drei übrigen
Faktoren betrachten? Inwiefern berücksichtigt das Schema beide Aspekte?*

M 2 Das Modell des Wirtschaftskreislaufs

„Wenn wir uns morgens an den Frühstückstisch setzen, erwarten wir selbstverständlich, dass Brot
oder Brötchen, Kaffee oder Tee, Butter, Marmelade, Wurst vorhanden sind. Das musste aber nicht
nur eingekauft und auf den Tisch gebracht werden. Es musste vom Bäcker, Metzger usw. hergestellt und angeboten werden. Es sind dazu lange im Voraus Getreide angebaut, Tiere gezüchtet,
Rohkaffee und Tee aus Übersee importiert, gelagert, weiterverkauft worden. Es müssen dazu

(Foto: Günter Schlottmann/Verlagsarchiv Schöningh) (Foto: dpa/Scheidemann)

gleichzeitig Transportmittel, Wasser und Energie zur Verfügung stehen. Käufer und Verkäufer, Produzenten, Händler und Konsumenten benutzen in diesem ständigen Austausch Geld, auf dessen Wert sie sich verlassen, wenn sie dafür Waren weggeben oder Arbeit leisten.

Was geschieht da eigentlich, wenn in einer Großstadt oder in einem Land von Millionen Einwohnern täglich Abermillionen von Tauschvorgängen ablaufen? Wie kommt es, dass das alles so ineinander greift und, von Krisen oder Katastrophen abgesehen, funktioniert? Wer hat dieses unsichtbare Netz landes- und weltweiter Beziehungen geknüpft? Wer ordnet und lenkt das alles, damit wir jeden Tag satt werden? Oder ist das Ganze ein Chaos, und wir merken es nur nicht? Warum haben wir normalerweise keine Angst, dass das alles zusammenbricht?" (Bernhard Sutor/Joachim Detjen, Politik – Ein Studienbuch zur politischen Bildung, Schöningh, Paderborn 2001, S. 262; Verf.: B. Sutor)

„Um verstehen zu können, wie die Volkswirtschaft funktioniert, müssen wir einen Weg zur Vereinfachung des Nachdenkens über diese Aktivitäten finden. Mit anderen Worten brauchen wir ein **Modell***, das in allgemeinen Begriffen erklärt, wie die Volkswirtschaft organisiert ist!" (G. Mankiw) Aus dieser Überlegung resultiert die Idee des **Wirtschaftskreislaufs**. Sie geht zurück auf den französischen Arzt und Ökonomen François Quesnay (1694–1774; Quesnay war Leibarzt Ludwigs XV.), der möglicherweise die Ähnlichkeit der wirtschaftlichen Austauschvorgänge mit dem menschlichen Blutkreislauf im Auge hatte und in seinem „Tableau Economique" zum ersten Mal Geld- und Güterströme gegenüberstellte. „Das Kreislaufmodell ist in seinem Grundaufbau umso leichter zu verstehen, als es aus der Vielzahl der Beziehungen in einer Volkswirtschaft nur die wesentlichen Tatbestände erfasst, das für diese Betrachtungsweise Unwichtige weglässt und dadurch die komplizierten Zusammenhänge vereinfacht. Die Kreislaufelemente entstehen dadurch, dass gleichartige Wirtschaftseinheiten zu Sektoren und gleichartige Tauschprozesse zu Stromgrößen zusammengefasst werden." (Werner Heiring, Im Kreislauf der Wirtschaft, Köln 2005, S. 30)

Eine kreislaufmäßige Darstellung des wirtschaftlichen Ablaufs richtet ihr Augenmerk darauf, dass in einer arbeitsteiligen, entwickelten Marktwirtschaft zur Erfüllung der zentralen ökonomischen Aufgaben der Produktion und der Einkommensbildung und -verwendung eine Fülle von Aktivitäten zwischen verschiedenen Wirtschaftssubjekten durchgeführt werden muss. Die
5 arbeitsteilige* entwickelte Marktwirtschaft, in der wir leben, unterscheidet sich von der Haus-(oder Subsistenz-)wirtschaft früherer Zeiten vor allem durch die Auslagerung der Produktion aus der häuslichen Sphäre in eigene Produktionsstätten – die Unternehmen und die Bildung und Ausweitung von **Märkten**, auf denen die zur Produktion benötigten produktiven Leistungen (Faktorleistungen) sowie die Produktionsergebnisse gehandelt und ausgetauscht werden. Sie hat mit-
10 hin einen ungleich höheren Bedarf an wirtschaftlichen Aktivitäten zwischen verschiedenen ökonomischen Akteuren zur Erfüllung ökonomischer Aufgaben als die weitgehend selbstgenügsame Hauswirtschaft.

Nach welchen Kriterien sollte nun ein Wirtschaftskreislauf konstruiert werden? Von der Aufgabenstellung der VGR her sollte er die wichtigsten wirtschaftlichen Aktivitäten zwischen den zentralen ökonomischen Akteuren, die in einer Volkswirtschaft vom Typus der Bundesrepublik Deutschland abgewickelt werden, erfassen. Grundsätzlich lassen sich vier Arten von ökonomischen Transaktionen* (Aktivitäten) unterscheiden:

a) Einkommensschaffung durch *Produktion* von Gütern (kurz: **Produktion**)

b) Einkommensverwendung durch *Verbrauch* von Gütern (kurz: **Konsum**)

c) Einkommensverwendung durch *Sparen* (kurz: **Vermögensbildung**)

d) Einkommensübertragung durch *Kreditgewährung* bzw. Kreditaufnahme (kurz: **Kreditbildung**)

Diese grundlegenden wirtschaftlichen Aktivitäten werden nun auf – vom Entwicklungsstand der jeweiligen Volkswirtschaft abhängige – unterschiedliche Weise von den ökonomischen Akteuren ausgeführt. Welche **ökonomischen Akteure** (Wirtschaftssubjekte*) prägen den Wirtschaftsprozess in einem entwickelten Industrieland wie der Bundesrepublik? Es sind einmal die *Unternehmen*, in denen Güter (Produkte und Dienstleistungen) für den Markt produziert werden, ferner die *privaten Haushalte*, die den Unternehmen gegen Einkommensbezug Produktivleistungen (Arbeit, Kapital, Boden) zur Verfügung stellen und ihr Einkommen für Konsumgüterkäufe und Ersparnisbildung verwenden, sowie der *Staat*, der in der VGR vor allem als Produzent unentgeltlicher öffentlicher Güter*, als Steuereinnehmer und als Umverteiler* von Einkommen hervortritt.

Nach den Konventionen* der VGR (s. S. 17 f.) sind **Unternehmen** Wirtschaftseinheiten, die Waren und Dienstleistungen produzieren bzw. erbringen und diese gegen spezielles Entgelt verkaufen, das in der Regel Überschüsse abwirft, zumindest jedoch die Kosten deckt. Hierzu zählen neben den privaten Produktions-, Dienstleistungs- und Handelsbetrieben die Landwirtschaft, die Gruppe der freien Berufe und das Handwerk. Hinzu kommen öffentliche (staatliche) Unternehmen, Bundespost, Bundesbahn und die Deutsche Bundesbank. Die Wohnungsvermietung wird ebenfalls insgesamt dem Unternehmenssektor zugerechnet. [...]

Der **Staat** setzt sich zusammen aus dem *Bund* und den Gebietskörperschaften der *Länder* und *Gemeinden*, den verwaltungsrechtlichen Verbänden und den Sondervermögen des Bundes. Hinzugerechnet werden ferner die Sozialversicherungen*. [...]

Die **Haushalte** umfassen neben den privaten Haushalten auch die Gruppe der privaten Organisationen ohne Erwerbscharakter, wie Gewerkschaften, Kirchen, kulturelle und sportliche Vereine, sowie karitative und wissenschaftliche Organisationen. Gemeinsames Merkmal ist die fehlende Absicht der Gewinnerzielung durch unternehmerische Betätigung.

Der einfachste Kreislauf (**Übersicht 1**) kann für eine geschlossene Volkswirtschaft (d. h. ohne Außenhandel) ohne staatliche Aktivität konstruiert werden. Er erfasst die ökonomischen Transaktionen* der Produktion und des Konsums zwischen einem (oder allen) Unternehmen und einem (oder allen) Haushalt(en). Die Sektoren werden in den Kreislaufdarstellungen

Übersicht 1

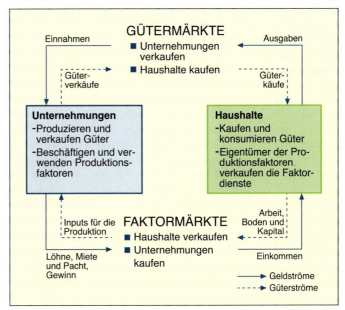

(Gregory Mankiw, Grundzüge der Volkswirtschaftslehre, Schäffer-Poeschel, Stuttgart 2004, S. 25; Übers.: Adolf Wagner)

Übersicht 2 (Geldströme)

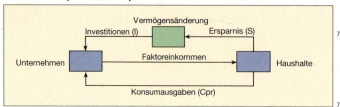

als *Pole*, die zwischen ihnen
ablaufenden Transaktionen
als *Ströme* bezeichnet. Der
70 Wirtschaftskreislauf lässt sich
dann näher durch die Ströme,
die zwischen den Polen Haus-
halts- und Unternehmens-
sektor fließen, charakterisie-
75 ren. Die privaten Haushalte
stellen den Unternehmen
produktive Leistungen (v. a. Arbeit) zur Verfügung und erhalten dafür *Faktoreinkommen* (Einkommen als Entgelt für die zeitweise Überlassung von *Produktionsfaktoren*). Die Unternehmen pro-
80 duzieren u. a. mit den erworbenen Produktivleistungen Güter, die sie auf den Gütermärkten den
Haushalten anbieten. Die Haushalte treten als Nachfrager auf den Märkten auf und erwerben
durch Verausgabung ihres Einkommens Konsumgüter.

Übersicht 3 (Geld- und Güterströme)

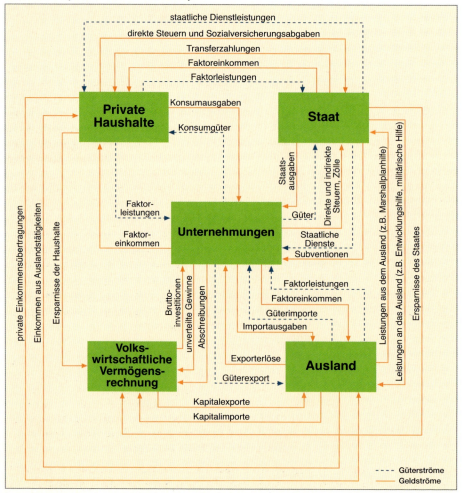

(Horst Wagenblaß, Volkswirtschaftslehre, öffentliche Finanzen und Wirtschaftspolitik, C. F. Müller Verlag, Heidelberg, 8. Aufl. 2008, S. 91; leicht verändert)

Das Diagramm in **Übersicht 1** (S. 13 u.) zeigt den grundlegenden Kreislauf einer Tauschwirtschaft mit Geld. Ist für jeden Sektor die Summe aller hineinfließenden gleich der Summe aller herausfließenden Ströme, ist der Kreislauf geschlossen. In Übersicht 1 haben die Geldströme
85 jeweils die gleiche Größe wie die ihnen genau entgegengesetzt laufenden realen Güter- und Faktorleistungsströme. Die Aktivitäten lassen sich dann anhand einer der beiden Arten von Strömen erfassen, durch die indirekt auch die entgegenlaufenden – definitionsgemäß gleich großen – Ströme erfasst werden. [...]
● Das erste übermäßig vereinfachte Kreislaufbild lässt sich nun sukzessive um zusätzliche öko-
90 nomische Transaktionen und zusätzliche ökonomische Akteure (Pole) anreichern und damit an das in einem entwickelten Industrieland tatsächlich gegebene Bild kreislaufmäßiger Beziehungen anpassen. Haushalte etwa verausgaben ihr Einkommen nicht nur für Konsumgüter, sondern bilden auch *Ersparnisse*. Unternehmen produzieren nicht nur Konsumgüter, die von den Haushalten gekauft werden, sondern auch Investitionsgüter*, mit denen sie ihre Produktionska-
95 pazitäten erneuern oder erweitern. Zum empirischen* Nachweis von derartigen Vermögensbildungsvorgängen wird ein Vermögensbildungspol gebildet (siehe **Übersicht 2**, nur Geldströme).
● Wird die ökonomische Aktivität des *Staates* in die Darstellung des Wirtschaftskreislaufes einbezogen, müssen weitere Ströme berücksichtigt werden. Zu den wichtigsten gehören Steuerzahlungen des Unternehmens- und des Haushaltssektors an den Staat, Einkommens- und Transfer-
100 zahlungen* des Staates an den Haushaltssektor, Zahlungen des Staates an die Unternehmen für den Bezug von Vorleistungen (Verbrauchsgütern) und Investitionsgütern*, Subventionszahlungen* an die Unternehmen.
● Eine weitere Annäherung an die Realität ergibt sich durch die Aufgabe der Annahme einer geschlossenen Wirtschaft. Berücksichtigt man das *Ausland* als neuen Sektor, so müssen die Strö-
105 me der Waren und Dienstleistungen zwischen den inländischen Sektoren und dem Ausland erfasst werden (**Übersicht 3**). Ein Teil der inländischen Produktion wird im Ausland nachgefragt und dorthin geliefert (Exporte); dagegen wird ein Teil der Produktion des Auslandes von inländischen Sektoren nachgefragt (Importe) und entweder weiterverarbeitet oder unmittelbar der letzten Verwendung zugeführt. In der Darstellung der Ströme [...] wurde davon abgesehen, dass
110 die einzelnen inländischen Sektoren Unternehmen, Haushalte und Staat Finanzierungsdefizite und -überschüsse aufweisen können, sodass es zu Kreditbeziehungen kommt.

(Christian Leipert, Grundzüge der Volkswirtschaftlichen Gesamtrechnung. In: Verbrauchererziehung, Informationsdienst zur wirtschaftlichen Bildung, Heft 9, 1980, S. 16f. Hrsg. vom Informationsdienst des Instituts für wirtschafts- und sozialwissenschaftliche Bildung, Münster)

1. *Vielleicht ist Ihnen die Darstellung des Wirtschaftskreislaufes aus dem vorausgegangenen Unterricht schon vertraut. Für diesen Fall könnten Sie sich darauf beschränken, Ihr Wissen zu überprüfen, indem Sie z. B. das Kreislaufbild (Übersicht 3) erläutern. – Anderenfalls sollten Sie die folgenden Hinweise beachten.*

2. *Machen Sie den grundsätzlichen Unterschied zwischen „selbstgenügsamer" Hauswirtschaft und „arbeitsteiliger entwickelter Marktwirtschaft" klar (M 2, Z. 1–12). Inwiefern setzt die Idee des Wirtschaftskreislaufs Arbeitsteilung* und Bildung von Märkten voraus?*

3. *Die Erarbeitung des Textes M 2 soll – abgesehen von der Darstellung des Kreislaufmodells – auch dazu dienen, Sie mit einer Reihe von einfachen ökonomischen Grundbegriffen vertraut zu machen. Achten Sie deshalb darauf, dass Sie diese Begriffe nicht einfach überlesen, sondern klare Vorstellungen mit ihnen verbinden (in den ersten beiden Abschnitten etwa: Wirtschaftssubjekt*, Produktion, Konsum, Güter, Dienstleistungen, Einkommen, Vermögen, Produktionsfaktoren: Arbeit, Boden, Kapital; vgl. dazu M 1). – Für das Thema Wirtschaftspolitik sind dann vor allem die in Übersicht 3 verwendeten Begriffe (Investitionen, Subventionen, Transferzahlungen, indirekte Steuern) von erheblicher Bedeutung. Auf ihre Klärung sollten Sie besonderen Wert legen.*

4. *An der Festlegung dessen, was im Einzelnen zu den drei Sektoren Unternehmen, Staat, Haushalt gerechnet wird, können Sie zum ersten Mal (vgl. später zu M 3) sehen, dass das aggregierende* Verfahren der VGR (s. Einleitungstext S. 17f.) zu „Konventionen" (Z. 31; Vereinbarungen über die Abgrenzung von Begriffen und die Zuordnung von Einzelbereichen zu größeren Einheiten) zwingt.*

Nach welchen Kriterien wird z. B. Wohnungsvermietung als „Unternehmen" bewertet (Z. 36f.), werden Institutionen wie z. B. die Kirchen aber den privaten Haushalten zugerechnet?

5. *Einzelne Wirtschaftssubjekte können auch mehr als einem Sektor angehören. Inwiefern gehört z. B. ein Fabrikbesitzer sowohl dem Sektor Unternehmen als auch dem Sektor Haushalte an?*

6. *Der Wirtschaftskreislauf hat den Charakter eines Modells. Machen Sie sich Wesen und Funktion ökonomischer Modelle klar (s. M 3) und weisen Sie im Text Formulierungen nach, die den Modellcharakter des Wirtschaftskreislaufs betonen.*

7. *Ihr Verständnis der gesamten Kreislaufdarstellung können Sie kontrollieren, indem Sie in Übersicht 3 den Angaben für die Güter- und Geldströme folgende konkrete Beispiele zuordnen:*
Firma Schulze zahlt Gewerbesteuern. Sie verkauft Bohrmaschinen nach Spanien. • Herr Meier zahlt Lohnsteuer. Er erhält für seine Arbeit seinen Monatslohn von Fa. Schulze. • Frau Schneider kauft einen Kühlschrank. Für ihre Kinder gibt es einen staatlichen Kindergarten. Frau Schmidt zahlt 250 Euro auf ihr Sparbuch ein. • Herr Pohl lebt von der Sozialhilfe. • Lehrer Heine erhält sein Gehalt vom Land NRW.
Wie müsste folgendes Beispiel eingezeichnet werden: Familie Bernd bezahlt und unternimmt eine Reise mit Hotelaufenthalt in Griechenland?

▰▰▰ **M 3** Ökonomische Modelle

Biologielehrer im Gymnasium lehren die Grundlagen der Anatomie mit Nachbildungen des menschlichen Körpers aus Plastik. Diese Modelle haben alle wichtigen Organe – das Herz, die Leber, die Nieren und so fort. Das Modell ermöglicht es dem Lehrer, auf einfache Weise zu zeigen, wie die wichtigsten Körperteile zusammenpassen. Selbstverständlich sind diese Plastikmo-
5 delle keine wirklichen menschlichen Körper, und niemand würde das Modell als eine lebende Person ansehen. Derartige Modelle sind stilisiert, und sie lassen viele Details weg. Trotz dieser Realitätsferne – eigentlich *wegen* dieses Abstands zur Wirklichkeit – ist das Studium des Modells nützlich, um zu lernen, wie der menschliche Körper funktioniert. Auch Ökonomen gebrauchen Modelle, um etwas über die Welt zu lernen; aber statt Plastik werden bei der Modellierung z. B.
10 Diagramme und Gleichungen verwendet. Wie im Plastikmodell des Biologielehrers fehlen viele Einzelheiten, damit man das Wesentliche besser sieht. So wie das Modell des Biologielehrers nicht alle Muskeln und Kapillaren des Körpers enthält, zeigt auch das ökonomische Modell nicht jede Einzelheit der Volkswirtschaft.
[...] Sie werden bemerken, dass Modelle mit Annahmen konstruiert sind. Wie ein Physiker am
15 Anfang seiner Analyse der herabfallenden Marmorkugel die Existenz von Reibungswiderstand per Annahme beseitigt, schließen auch Ökonomen viele Details, die für die Untersuchung einer

bestimmten Frage irrelevant sind, mithilfe von Annahmen aus (s. dazu S. 17 o.). Alle Mo-
20 delle – in der Physik, in der Biologie und in den Wirtschaftswissenschaften – simplifizieren [vereinfachen] die Realität, um unser Verständ-
25 nis von der Wirklichkeit zu verbessern.

(Gregory N. Mankiw, Grundzüge der Volkswirtschaftslehre, Schäffer-Poeschel, Stuttgart, 3. Aufl. 2004, S. 24; Übers.: Adolf Wagner)

(Zeichnung:
© Marie Marcks, Heidelberg)

Modellbildung und „Ceteris-paribus-Klausel"

● Alle Theorien und Modelle arbeiten mit bestimmten **Annahmen bzw. Restriktionen** (Einschränkungen; „wenn ...", oder: „unter der Voraussetzung, dass ..."). Eine Standardannahme ist z. B., dass die nicht explizit im Modell enthaltenen Größen sich nicht verändern. Wenn man beispielsweise die Veränderung des Bremsweges eines Autos in Abhängigkeit von unterschiedlicher Nässe der Fahrbahn untersuchen will, darf man während der Versuche z. B. nicht den Fahrer auswechseln (und er muss immer gleich wach sein) oder den Zustand des Autos verändern (z. B. andere Reifen aufziehen), weil man sonst vielleicht zu der Schlussfolgerung käme, dass der Bremsweg umso kürzer ist, je nasser die Fahrbahn ist. Diese Vorgehensweise, dass man bei mehreren Einflussfaktoren jeweils nur einen verändert (Fahrbahnnässe), die übrigen aber konstant gehalten werden, fasst man als Bedingung *„unter sonst gleichen Voraussetzungen"* zusammen (lateinisch: **ceteris paribus**, gelegentlich nur als c. p. abgekürzt). Zwar bildet ein solches Modell dann nicht die komplette Wirklichkeit ab, in der sich meist mehrere Größen gleichzeitig verändern, doch ermöglicht nur die Ceteris-paribus-Betrachtung, den Einfluss einer einzelnen Variablen (veränderlichen Größe) in einem komplexeren Zusammenhang zu isolieren. Wenn man beispielsweise den Einfluss von Preiserhöhungen auf das Nachfrageverhalten nach Urlaubsreisen untersuchen will, muss durch eine c.-p.-Betrachtung ausgeschlossen sein, dass gleichzeitig eine Einkommenserhöhung die Preiserhöhungen kompensiert.

● Die Güte eines Modells oder einer Theorie hängt dabei auch von der **Wirklichkeitsnähe** ihrer Annahmen ab. Eine Aussage, die beispielsweise von der Unterstellung eines dreibeinigen Menschen ausgeht, mag theoretisch interessant sein, ist aber ohne jeden praktischen Nutzen. Eine wichtige Gattung von Annahmen stellen sog. Axiome (griech.: *„was für wichtig erachtet wird"*) dar. Axiome sind Grundsätze, die weder beweisbar sind noch eines Beweises bedürfen, allgemein z. B., dass jedes Ereignis einen Grund hat (im Sinne von Ursache-Wirkung-Zusammenhängen); in der Ökonomie ist z. B. die Unterstellung rationalen Handelns ein Axiom.

(Jörn Altmann, Volkswirtschaftslehre, Lucius & Lucius Verlag, Stuttgart, 6. Aufl. 2003, S. 10 f.)

1. *Erläutern Sie am Beispiel des Biologieunterrichts (Z. 1 ff.) die Merkmale von Modellen, ihren Bezug zur Lebensrealität und den Sinn ihres Einsatzes im Unterricht.*

2. *Woraus ergibt sich der Zwang zur Modellbildung bei der Erklärung wirtschaftlicher Zusammenhänge? Worin liegt der spezifische Charakter ökonomischer Modelle? Was sollen sie (und was können sie nicht) leisten? Wovon hängt ihr Erklärungswert ab?*

3. *Erläutern Sie anhand der Beispiele (Z. 29 ff., 40 ff.) die Bedeutung der „Ceteris-paribus-Klausel" und finden Sie ein weiteres Beispiel.*

2. Die Berechnung des Sozialprodukts – Entstehung, Verwendung, Verteilung

Wie schon in der Einleitung zu diesem Kapitel (S. 8) vermerkt, ist es wichtig, sich eine Reihe von methodischen Konventionen* (Vereinbarungen) klarzumachen, wenn man die Ergebnisse der VGR sachgerecht interpretieren will. Neben der Tatsache, dass die Abgrenzung und Zuordnung der einzelnen Größen häufig auf Definitionen beruht, die von der Sache her nicht immer sinnfällig erscheinen, ist vor allem auf folgende Charakteristika hinzuweisen:

– Die VGR ist eine **Wertrechnung**; Gütermengen werden mit Preisen bewertet, und zwar zu laufenden Marktpreisen (mit Ausnahme einiger Bereiche wie z. B. des Staatskonsums, s. u.); diese „nominelle" Größe muss also noch um die Preissteigerungen „bereinigt" werden, wenn die „reale*" Entwicklung der Produktion erfasst werden soll (s. u. M 4 a, Z. 67 ff.).

– In Statistiken kann man nicht selten gewisse **Zahlenabweichungen** feststellen; sie hängen damit zusammen dass die „endgültigen Ergebnisse der sehr langwierigen und komplizierten VGR häufig erst nach mehreren Jahren vorliegen und auch dann manchmal noch nachträglich korrigiert werden. Auch wird das *Berechnungsverfahren* des Statistischen Bundesamtes von Zeit zu Zeit revidiert (s. Kasten S. 8 u.), was zwangsläufig zu einer Neuberechnung auch zurückliegender Daten führen muss.

▰▰▰ **M 4** Das Bruttoinlandsprodukt (BIP) – die zentrale Größe der Volkswirtschaftlichen Gesamtrechnung

Entstehung, Verwendung und Verteilung des Bruttoinlandsproduktes* 2007 (in Mrd. Euro, 2 423,0)

Entstehung	=	Verwendung	=	Verteilung
Land- und Forstwirtschaft, Fischerei 19,9	B r u t t o w e r t s c h ö p f u n g	Konsumausgaben der privaten Haushalte 1 339,6	p r i v a t e K o n s u m a u s g a b e n	Arbeitnehmerentgelt 1 179,7
Produzierendes Gewerbe ohne Baugewerbe 563,1				
Baugewerbe 88,2				
Handel, Gastgewerbe und Verkehr 386,1		Konsumausgaben der privaten Organisationen ohne Erwerbszweck 36,7		Unternehmens- und Vermögenseinkommen 645,1
Finanzierung, Vermietung und Unternehmensdienstleister 637,9		Konsumausgaben des Staates 435,9		+ Produktions- und Importabgaben an den Staat abzüglich Subventionen vom Staat 276,0
Öffentliche und private Dienstleister 476,6		Bruttoinvestitionen 442,8		+ Abschreibungen 345,9
+ Gütersteuern abzüglich Gütersubventionen 251,1		+ Außenbeitrag (Exporte abzüglich Importe) 168,1		– Saldo der Primäreinkommen aus der übrigen Welt 23,8

(Die Verteilungsspalte trägt seitlich die Beschriftung: V o l k s e i n k o m m e n)

Die nebenstehende Übersicht kann zum einen den Überblick über die Textdarstellung (M 4 a–c) erleichtern (Sie können immer wieder auf sie zurückgreifen) und zum anderen die zahlenmäßigen Größenverhältnisse vermitteln, die in der Textdarstellung nicht genannt werden.

(www.destatis.de/jetspeed/por tal/cms/Sites/destatis/Internet/ DE/Content/Publikationen/Fach veroeffentlichungen/Volks wirtschaftlicheGesamtrech nungen/Zusammenhaenge, property=file.pdf; Quelle: Statistisches Bundesamt, Wiesbaden)

Der folgende Text bezieht sich auf das *Kernstück der VGR: die Berechnung des Sozialprodukts*. Dabei kann man, wie die Darstellung zeigt (vgl. Abb. o.), prinzipiell an drei Stellen ansetzen:
– bei der *Entstehung* (Ermittlung des Beitrags der einzelnen Wirtschaftsbereiche zur Gesamtproduktion),
– bei der *Verwendung* (Ermittlung der Verwendungszwecke von Gütern bzw. Einkommen),
– bei der *Verteilung* (Ermittlung der Verteilung der entstandenen Einkommen).
Auf jedem dieser Wege gelangt man unabhängig voneinander zu demselben Ziel, zur Ermittlung des Sozialprodukts bzw. des Gesamteinkommens.

Die Beschreibung der drei Berechnungsarten des BIP (M 4 a – c) beruht im Wesentlichen auf einer Veröffentlichung des Statistischen Bundesamtes („Volkswirtschaftliche Gesamtrechnung, Wichtige Zusammenhänge"), deren vollständiger Text im Internet zur Verfügung steht: http://www. destatis.de/jetspeed/portal/cms/Sites/destatis/Internet/DE/Content/Publikationen/Fachveroef fentlichungen/VolkswirtschaftlicheGesamtrechnungen/Zusammenhaenge,property=file.pdf

▬ **M 4 a** Die Entstehung des Bruttoinlandsproduktes

„Allgemein hat man sich unter dem Sozial- bzw. Inlandprodukt den „Güterberg" vorzustellen, der in einer Wirtschaft produziert wurde. Gelegentlich vergleicht man die gesamtwirtschaftliche Produktionsleistung auch mit einem großen Kuchen, den die Volkswirtschaft innerhalb eines Jahres gebacken hat. Entsprechend versteht man unter dem Sozial- bzw. Inlandsprodukt die
5 *Summe aller Waren und Dienstleistungen*, die in einer Volkswirtschaft innerhalb einer Periode (üblicherweise ein Jahr) hergestellt wurden." (Gerhard Mussel, Basis-Know-How Volkswirtschaft, Campus Verlag, Frankfurt/New York 2000, S. 35)
(1) **Waren** aller Art, von der Stecknadel bis zum Fernsehturm, gleichgültig ob für den Verbrauch, für Investitionen* (Maschinen, Gebäude) oder für die Ausfuhr bestimmt; auch Rohstoffe und
10 Zwischenprodukte werden erfasst, solange sie nicht in ein neues Produkt eingegangen sind (sonst Doppelzählung);
(2) **Dienstleistungen** vom Ortsgespräch bis zur Herzverpflanzung; dazu gehören auch der Unterricht in öffentlichen und privaten Schulen, Transportleistungen, Rundfunk und Fernsehen, Bank- und Versicherungsdienste sowie insbesondere die Nutzung von Wohnraum (sowohl in
15 Mietwohnungen als auch im Eigenheim).
Die **Produktionswerte** der Unternehmen stellen den Wert der *Verkäufe* von Waren und Dienstleistungen aus eigener Produktion sowie von Handelsware an andere (in- und ausländische) Wirtschaftseinheiten dar.
Summiert ergeben die Produktionsmeldungen aller Unternehmen den **Bruttoproduktionswert**
20 der Volkswirtschaft. Zieht man von ihm die sog. Vorleistungen ab, erhält man als *Nettoproduktionswert* die **Bruttowertschöpfung**, die um eine unterstellte Bankgebühr bereinigt wird.
Unter **Vorleistungen** (vgl. M 1, Z. 13 ff.) ist der Wert der Güter (Waren und Dienstleistungen) zu verstehen, die inländische Wirtschaftseinheiten von anderen (in- und ausländischen) Wirtschaftseinheiten bezogen und im Berichtszeitraum im Zuge der Produktion verbraucht haben. Die
25 Vorleistungen umfassen außer Rohstoffen, sonstigen Vorprodukten, Hilfs- und Betriebsstoffen, Brenn- und Treibstoffen und anderen Materialien auch Bau- und
sonstige Leistungen für laufende Reparaturen, Transport-kosten, Postgebühren, An-
30 waltskosten, gewerbliche Mieten, Benutzungsgebühren für öffentliche Einrichtungen usw. Dabei ist nun zu berücksichtigen, dass Unternehmen
35 einerseits auf ihre erzeugten Güter Steuern zu zahlen haben (**Gütersteuern**) und dass sie andererseits **Gütersubventionen** erhalten. Zählt man
40 diese Steuern der Bruttowertschöpfung hinzu und zieht gleichzeitig die Subventionen* ab, so ergibt sich das **Bruttoinlandsprodukt** als die zentrale
45 Größe der Volkswirtschaft-

(Quelle: Unterrichtsbogen zum aktuellen Wirtschaftsgeschehen. Sparkasse 11./12. 1980, Nr. 6)

Seit 1999 wird vom Statistischen Bundesamt als zentrale Größe das „Bruttoinlandsprodukt" (BIP) berechnet. Der Begriff „Bruttosozialprodukt" wurde durch „Bruttonationaleinkommen" (BNE) ersetzt (zum Unterschied der beiden Größen s. M 4 a, Z. 39 ff.).

Inlands- und Inländerkonzept
Der Unterschied zwischen beiden Konzepten kommt zum einen bei den „Grenzgängern" zum Tragen. Wohnt eine Person beispielsweise in Kehl, arbeitet aber in Straßburg, so trägt sie zur Produktionsleistung in Frankreich bei: Dies erhöht das französische Inlandsprodukt. Das Einkommen geht aber nach Deutschland und steigert das deutsche Sozialprodukt (Bruttonationaleinkommen). Zum anderen ist die Unterscheidung bei grenzüberschreitenden Vermögenstransaktionen relevant. Legt beispielsweise ein Stuttgarter Bürger sein Geld in New York an, so fließen die Zinserträge in das deutsche Sozialprodukt ein. Diese müssen aber zuerst in New York erwirtschaftet werden, wodurch das amerikanische Inlandsprodukt steigt.

(Gerhard Mussel, Basis-Know-How Volkswirtschaft, Campus Verlag, Frankfurt/New York 2000, S. 39)

lichen Gesamtrechnung (s. Übersicht S. 18). Es erfasst, wie sein Name sagt, die wirtschaftliche Leistung eines politisch-geografischen Raumes, also alle Produktionswerte, die im In-
50 land entstehen, unabhängig davon, ob dies durch im Inland oder im Ausland Ansässige geschieht (*Inlandskonzept*).

Vom Bruttoinlandsprodukt unterscheidet sich ein Berechnungskonzept, das auf die Güter-
55 produktion von *Inländern* abstellt, also nur Daten erfasst, die Inländern zuzurechnen sind, und zwar auch, wenn die erfassten Leistungen im Ausland erbracht werden (*Inländerkonzept*). Inländer sind natürliche oder juristische Per-
60 sonen* mit ständigem (Wohn-)Sitz im Inland, unabhängig von ihrer Nationalität. Dieses Konzept heißt seit der Übernahme des Europäischen Systems Volkswirtschaftlicher Gesamtrechnungen (1999) **Bruttonationaleinkommen**
65 (vor diesem Zeitpunkt: *Bruttosozialprodukt*).

Das Bruttoinlandsprodukt und die meisten seiner Komponenten lassen sich sowohl **nominal** (in jeweiligen Preisen) als auch **real** (preisbereinigt) darstellen. Die Preisbereinigung erfolgt nunmehr auf der Grundlage einer jährlich wechselnden Preisbasis (Vorjahrespreisbasis) und ersetzt somit die bisherige Berechnung in konstanten Preisen eines bisher üblicherweise fünfjährlich
70 wechselnden festen Preisbasisjahres (s. dazu später M 14).
(Autorentext)

Für das Verständnis der Entstehungsrechnung des Bruttoinlandsproduktes sollten Sie sich auf die Klärung der drei zentralen Begriffe Bruttowertschöpfung, Bruttoinlandsprodukt und Bruttonationaleinkommen und ihr Verhältnis zueinander konzentrieren.

1. *Erläutern Sie, was man unter Vorleistungen versteht (Z. 22ff.), und überprüfen Sie anhand des nebenstehenden einfachen Beispiels die Berechnung des Bruttoproduktionswertes (= 102) und der Bruttowertschöpfung (= 52). Welche Zahlen gehören in die Klammern?*

2. *Die in dem Schaubild zur Entstehung des BIP (S. 18) aufgeführten Bereiche (Sektoren) der Volkswirtschaft werden oft auch zu dreien zusammengefasst, deren Verhältnis zueinander die Wirtschaftsstruktur eines Landes ausmacht. Vgl. dazu Abb. 1, S. 78.*

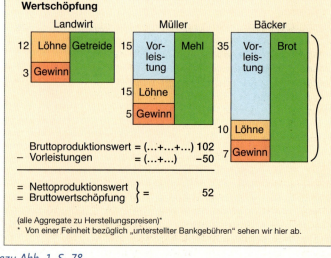

3. *Erklären Sie den Unterschied zwischen Bruttoinlandsprodukt (BIP) und Bruttonationaleinkommen (BNE), indem Sie folgende kurze Definition erläutern: „Das BIP unterscheidet sich vom*

BNE durch den (in der Regel geringeren) Saldo [Differenzbetrag] grenzüberschreitender Einkommen."

4. *Die Unterscheidung zwischen nominalen und realen Größen (Z. 54 ff.) ist von grundlegender Bedeutung in vielen Bereichen der Wirtschaftslehre. Vergleichen Sie zu diesem Unterschied auch die konkreten Zahlen zum BIP (M 14, S. 43).*

M 4 b Die Verwendung des Bruttoinlandsprodukts

Neben der *Entstehung* des Inlandsprodukts wird auch seine *Verwendung* statistisch erfasst. Nach dem Muster eines „Haushaltsbuchs" gibt diese Rechnung darüber Aufschluss, welche Teile des Inlandsprodukts

– **verbraucht** werden, unterschieden nach privatem und öffentlichem (staatlichem) Verbrauch;
5 – **investiert** werden, in den „Produktionsapparat" und in öffentliche Einrichtungen (Anlageinvestitionen) oder in die Lageraufstockung (Vorratsinvestitionen);
– **exportiert** werden: nach Abzug der Importe der sog. „Außenbeitrag".

Im Einzelnen werden auf der Verwendungsseite des Bruttoinlandsprodukts die Konsumausgaben der privaten Haushalte, der privaten Organisationen ohne Erwerbszweck und des Staates,
10 die Bruttoanlageinvestitionen, die Vorratsveränderungen und der Nettozugang an Wertsachen sowie der Außenbeitrag unterschieden.

Als **Konsumausgaben privater Haushalte** werden die Waren- und Dienstleistungskäufe der inländischen privaten Haushalte für Konsumzwecke bezeichnet.

Die **Konsumausgaben der privaten Organisationen ohne Erwerbszweck** (s. M 2, Z. 43 ff.) beste-
15 hen aus dem Eigenverbrauch, das heißt aus dem Wert der von diesen Organisationen produzierten Güter abzüglich selbst erstellter Anlagen und Verkäufe.

Die **Konsumausgaben des Staates** (Staatsverbrauch) entsprechen dem Wert der Güter, die vom Staat selbst produziert werden, jedoch ohne selbst erstellte Anlagen und Verkäufe, sowie den Ausgaben für Güter, die als soziale Sachtransfers den privaten Haushalten für ihren Konsum zur
20 Verfügung gestellt werden (s. Kasten).

Die **Bruttoanlageinvestitionen** umfassen die Käufe neuer Anlagen (einschließlich aller eingeführten und selbst erstellten Anlagen) sowie die Käufe von gebrauchten Anlagen und Land nach Abzug der Verkäufe von gebrauchten Anlagen und Land.

25 Als *Anlagen* werden in diesem Zusammenhang alle dauerhaften reproduzierbaren Produktionsmittel angesehen, mit Ausnahme von nur militärisch nutzbaren Anlagen und Gütern, die in den privaten Konsum eingehen. Als *dau-*
30 *erhaft* gelten in den Volkswirtschaftlichen Gesamtrechnungen diejenigen Produktionsmittel, deren Nutzungsdauer mehr als ein Jahr beträgt [...]. Ausgenommen sind geringwertige Güter, vor allem solche, die periodisch wieder-
35 beschafft werden, auch wenn sie eine längere Nutzungsdauer als ein Jahr haben (zum Beispiel kleinere Werkzeuge, Reifen, Büromittel). Größere Reparaturen, die zu einer wesentlichen Steigerung des Wertes einer Anlage füh-
40 ren, sind dagegen Bestandteile der Bruttoanlageinvestitionen. Die **Bruttoanlageinvestitionen** untergliedern sich in **Ausrüstungen** (Maschinen, Geräte, Fahrzeuge), **Bauten** (Wohnbauten, Nichtwohnbauten) und **Sonsti-**

Der **Staatsverbrauch** ist definiert als *Summe aller Sach- und Dienstleistungen, die öffentliche Einrichtungen unentgeltlich zur Verfügung stellen.* Dazu gehören die Leistungen der Sicherheitskräfte, der Erziehungs- und Gesundheitsbehörden sowie des gesamten Verwaltungsapparates einschließlich Gesetzgebung und Rechtsprechung. Der Begriff Staatsverbrauch oder öffentlicher Konsum ist insofern irreführend, als der Staat diese Leistungen nicht selbst verbraucht oder für eigene Zwecke erbringt.
Da es für diese Leistungen definitionsgemäß keinen Verkaufswert gibt, wird der Staatsverbrauch anhand der laufenden *Personal- und Sachaufwendungen* der öffentlichen Haushalte errechnet (abzüglich der Gebühreneinnahmen, da gebührenpflichtige Leistungen nicht zum staatlichen Verbrauch gehören). *Straßen, Brücken* und *Wasserwege* gehen ihrerseits mit dem tatsächlichen Erhaltungsaufwand in die Verbrauchsrechnung ein.

(Autorentext)

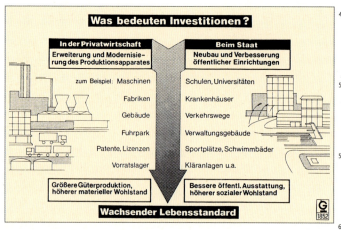

Was bedeuten Investitionen?

In der Privatwirtschaft	Beim Staat
Erweiterung und Modernisierung des Produktionsapparates	Neubau und Verbesserung öffentlicher Einrichtungen
zum Beispiel: Maschinen	Schulen, Universitäten
Fabriken	Krankenhäuser
Gebäude	Verkehrswege
Fuhrpark	Verwaltungsgebäude
Patente, Lizenzen	Sportplätze, Schwimmbäder
Vorratslager	Kläranlagen u.a.
Größere Güterproduktion, höherer materieller Wohlstand	Bessere öffentl. Ausstattung, höherer sozialer Wohlstand

Wachsender Lebensstandard

45 **ge Anlagen** (unter anderem Computersoftware, Urheberrechte, Nutztiere und Nutzpflanzungen). Die **Vorratsveränderungen** werden anhand 50 von Bestandsangaben für Vorräte berechnet, die zunächst von Buchwerten auf eine konstante Preisbasis umgerechnet werden.
55 Der **Außenbeitrag** ergibt sich als Saldo* zwischen den Exporten und Importen von Waren und Dienstleistungen. Als **Exporte** und **Importe** gel60 ten alle Waren- und Dienstleistungsumsätze mit Wirtschaftseinheiten, die ihren ständigen Sitz oder Wohnsitz außerhalb Deutschlands haben. Nicht eingeschlossen sind die grenzüberschreitenden Primäreinkommen* (sich am Markt ergebenden Einkommen) zwischen Inländern und der übrigen Welt.
(Autorentext)

1. *Das Verständnis der Verwendungsseite des Sozialprodukts ist eine wichtige Voraussetzung für die Beurteilung wirtschaftspolitischer Maßnahmen (insbesondere der Finanzpolitik des Staates, vgl. später S. 151 ff.). Machen Sie sich daher vor allem die Bedeutung und das Gewicht des privaten Konsums und der Investitionen (s. Grafik oben) klar.*

2. *Bruttoinvestitionen, Nettoinvestitionen, Ersatzinvestitionen – erläutern Sie die Abgrenzung dieser Begriffe voneinander (vgl. Glossar zu Investitionen*).*

3. *Beachten Sie: Zeitungsmeldungen über deutsche Rekorde im Außenhandel (Deutschland als „Export-Weltmeister") beziehen sich zumeist nur auf die Ausfuhr/Einfuhr von Waren (Handelsbilanz; Überschuss 2005: 160,5 Mrd. Euro). Wie muss daher der Saldo (Differenzbetrag) der Einfuhr und Ausfuhr von Dienstleistungen (darunter Auslandsreisen) ausgesehen haben, wenn der gesamte „Außenbeitrag" 2005 nur 130,3 Mrd. Euro betrug (vgl. dazu später M 48 und M 49, S. 107 f.)?*

▨ M 4 c Die Verteilung des Volkseinkommens

Das Volkseinkommen als häufig genutzte Größe der Verteilungsrechnung ist die Summe aller Erwerbs- und Vermögenseinkommen, die Inländern letztlich zugeflossen sind. Es umfasst das von Inländern empfangene *Arbeitnehmergeld* (frühere Bezeichnung: Einkommen aus unselbstständiger Arbeit) sowie die *Unternehmens- und Vermögenseinkommen* (frühere Bezeichnung: Ein5 kommen aus Unternehmertätigkeit und Vermögen), die Selbstständigen oder Arbeitnehmern (auch sie haben Vermögenseinkommen) zufließen.
Die **Unternehmens- und Vermögenseinkommen** (als Anteil am Volkseinkommen: *Gewinnquote*) bestehen also im Wesentlichen aus
– den Bruttoeinkommen der selbstständigen Unternehmer, Landwirte und Freiberufler (Anwäl10 te, Ärzte usw.) und
– den Einkommen aus Vermögen (Zins-, Pacht- und Dividendeneinnahmen) der privaten Haushalte (auch von Arbeitnehmern).
Das **Arbeitnehmerentgelt** (als Anteil am Volkseinkommen auch als Lohnquote bezeichnet; s. u.) setzt sich zusammen aus
15 – den *Bruttolöhnen* und *-gehältern* (von Arbeitern, Angestellten, Vorstandsmitgliedern, Beamten,

Soldaten usw., einschließlich Urlaubsgeld, vermögenswirksame Leistungen und ähnliche Leistungen des Arbeitgebers)
– und den *Sozialbeiträgen der Arbeitgeber* (Anteil der Arbeitgeber an den gesetzlich vorgeschriebenen Beiträgen zur Renten-, Kranken-, Arbeitslosen- und Pflegeversicherung) und den freiwillig übernommenen Beiträgen (zu Pensionskassen, Unfallversicherung usw.).

(Autorentext)

Bereinigte und unbereinigte Lohnquote

Die Zweiteilung in Löhne bzw. Gewinne ist insbesondere deshalb unbefriedigend, weil z. B. ein und derselbe Haushalt sowohl in der Lohnquote (durch sein Erwerbseinkommen) als auch in der Gewinnquote erfasst wird, wenn er z. B. Zins- oder Mieteinkommen hat. Andererseits werden Leistungen mithelfender Familienangehöriger bei Selbstständigen nicht in der Lohnquote erfasst. Je stärker diese *Querverteilung* ausgeprägt ist, desto weniger aussagekräftig sind die Quoten. [...] Offensichtlich kann die Lohnquote nur steigen, wenn gleichzeitig die Gewinnquote sinkt. Die Lohnquote kann aus zwei Gründen steigen: einmal, wenn bei konstanter Erwerbstätigenstruktur die *Löhne* stärker steigen als die Gewinneinkommen, zum anderen, wenn die Zahl der Lohnempfänger zunimmt.
Daher gibt es auch zwei Versionen der Lohnquote: Die **unbereinigte Lohnquote** erfasst pauschal den Anteil der Löhne am Volkseinkommen und steigt somit (zu Lasten der Gewinnquote) allein aufgrund des Strukturwan-

Tabelle: Entwicklung der Lohnquote (in vH) 1991–2007

Jahr	Lohnquote		Anteil der Arbeitnehmer an den Erwerbstätigen
	unbereinigt	bereinigt[1]	
1991	71,0	71,0	90,6
1992	72,2	71,4	90,3
1993	72,9	72,3	90,1
1994	71,7	71,3	89,8
1995	71,4	72,2	89,7
1996	71,0	70,9	89,7
1997	70,3	70,1	89,5
1998	70,4	70,5	89,4
1999	71,2	71,3	89,6
2000	72,2	72,1	89,6
2001	71,8	71,7	89,5
2002	71,6	71,6	89,4
2003	70,9	71,0	89,4
2004	68,9	69,2	89,1
2005	67,4	68,0	88,7
2006	65,6	66,4	88,8
2007	64,7	66,3	88,8

[1] Quote bei konstant gehaltenem Arbeitnehmeranteil an den Erwerbstätigen bis 1990 des Jahres 1960, ab 1991 des Jahres 1991

(Statistisches Taschenbuch 2007. Hrsg. vom Bundesministerium für Arbeit und Soziales, Bonn 2007, Tab. 1.9; Gesamtdeutschland. Aufgrund einer Neuberechnung [Revision] der Volkswirtschaftlichen Gesamtrechnung sind die Zahlen ab 1991 mit den vorangehenden nicht vergleichbar; www.bmas.bund.de)

dels, der sich ergibt, wenn Selbstständige ihre Tätigkeit aufgeben und eine unselbstständige Beschäftigung aufnehmen.
Dieser **Strukturwandel**, d. h. der Rückgang der selbstständigen Unternehmertätigkeit in der Bundesrepublik, der sich auch an zunehmenden Unternehmenskonzentrationen und dem Rückgang des Einzelhandels bzw. mittelständischer Unternehmen ablesen lässt, würde die Aussagekraft von Lohn- und Gewinnquoten verfälschen. Infolgedessen wird eine „bereinigte" Lohnquote ermittelt, bei der rechnerisch die als konstant unterstellte Beschäftigungsstruktur eines Basisjahres zugrunde gelegt wird. Dieses Verfahren entspricht im Prinzip der Berechnung von preisbereinigten realen Größen, bei denen die Preisstruktur eines Basisjahres herangezogen wird. Dann kann die Lohnquote nur steigen, wenn die Lohneinkommen – bei unterstelltem konstantem Selbstständigenanteil – stärker steigen als die Gewinneinkommen. Die Abweichungen zwischen bereinigter und unbereinigter Quote am Volkseinkommen sind dabei beträchtlich.

(Jörn Altmann, Wirtschaftspolitik, Lucius & Lucius Verlag, Stuttgart, 8. Aufl. 2007, S. 201 f.)

Die längerfristige Entwicklung der sogenannten funktionellen Einkommensverteilung ist im Schaubild dargestellt. Nach der deutschen Vereinigung ist in den Jahren 1992 und 1993 das Arbeitnehmerentgelt etwas stärker angestiegen als die Unternehmens- und Vermögenseinkommen. Zwischen 1994 und 2003 haben sich die beiden Komponenten des Volkseinkommens weit-

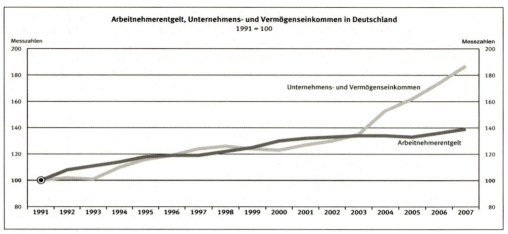

(© Statistisches Bundesamt, Wiesbaden; Graphik-Ident 2008-01-0059)

65 gehend parallel entwickelt. Ausgedrückt in Messzahlen erreichte das Arbeitnehmerentgelt im Jahr 2003 einen Wert von 134, die Unternehmens- und Vermögenseinkommen einen Wert von 135 (jeweils 1991 = 100). Seit 2004 verzeichnen die Unternehmens- und Vermögenseinkommen indessen ein deutlich stärkeres Wachstum als das Arbeitnehmerentgelt, sodass sich die Schere zwischen beiden Einkommensarten zunehmend geöffnet hat.

(Statistisches Bundesamt, Wiesbaden: Wirtschaft und Statistik 1/2008, S. 24; www.destatis.de/jetspeed/portal/cms/Sites/ destatis/Internet/DE/Content/Publikationen/Querschnittsveroeffentlichungen/WirtschaftStatistik/WistaJanuar08. property=file.pdf)

Aussagekraft von Lohn- und Gewinnquote

70 Lohn- bzw. Gewinnquoten stehen im Zentrum der verteilungspolitischen Diskussion. Aus Arbeitnehmersicht wird verständlicherweise die relativ ungünstige Entwicklung von bereinigten Nettolohnquoten unterstrichen, während Arbeitgeber eher auf die Veränderungen anhand der unbereinigten Bruttolohnquote hinweisen dürften.

Abgesehen von dem Problem der Veränderung der Beschäftigungsstruktur sind Lohn- und Ge-
75 winnquoten aus weiteren Gründen als Verteilungsmaße ungeeignet. Zum einen beziehen unselbstständige Arbeitnehmer – wie erwähnt – meist nicht nur Lohneinkommen, sondern auch Zins- und Mieteinnahmen. Dies wird in der Lohnquote nicht berücksichtigt. Zum anderen werden in Lohn- und Gewinnquoten hohe und niedrige Einkommen aggregiert*, sodass sich nichts über die gruppeninterne Verteilung herauslesen lässt. Beispielsweise werden auch die Einkom-
80 men der Spitzenmanager in Großunternehmen, die eindeutig Unternehmerfunktionen ausüben, aber auch die des Bundespräsidenten und der Minister der Lohnquote zugerechnet. Es wäre sinnvoll, den Anteil höherer und niedrigerer Einkommen an der Lohnquote auszuweisen. Analog wird bei den Gewinneinkommen nicht zwischen dem Gewinn eines Industriekonzernbesitzers und dem eines Handwerksbetriebsbesitzers unterschieden. Bei stärkerer Differenzie-
85 rung in dieser Hinsicht wäre der Unterschied zur personellen Verteilung nicht mehr groß.

(Jörn Altmann, Wirtschaftspolitik, Lucius & Lucius, Stuttgart, 8. Aufl. 2007, S. 205)

1. *Machen Sie sich die Ableitung des Begriffs Volkseinkommen aus dem Begriff Bruttonationaleinkommen (vgl. M 4c, Z. 1ff.) und die Aufteilung in die beiden zentralen Kategorien Arbeitnehmerentgelte und Unternehmens- und Vermögenseinkommen klar. Inwiefern orientiert sich diese Aufteilung nicht an Personengruppen, sondern an Produktionsfaktoren („Faktoreinkommen")?*

2. *Erläutern Sie, inwiefern mit der Verteilung des Volkseinkommens die Verteilung der „Faktoreinkommen" gemeint ist. Welche „Faktoren" sind gemeint? Wie verteilen sich die Erlöse daraus auf die beiden „Quoten"?*

3. *Eine wichtige Rolle in der gesamten wirtschaftspolitischen Diskussion, besonders aber bei Tarifaus-einandersetzungen, spielt die Verteilung des Volkseinkommens nach den Leistungsarten „Arbeitneh-merentgelt" und „Unternehmens- und Vermögenseinkommen" („funktionelle" Einkommensvertei-lung im Unterschied zur „personellen" Einkommensverteilung nach Gruppen von Einkommens-empfängern, wie z. B. Selbstständige, Beamte, Angestellte, Arbeiter). Machen Sie sich den Unterschied zwischen „tatsächlicher" und „bereinigter" Lohnquote gründlich klar (Z. 44ff., Tab. S. 23). Näheres dazu s. http://de.wikipedia.org/wiki/Lohnquote*

4. *Beschreiben Sie anhand der Tabelle auf S. 23 die Entwicklung der Lohnquote 1991–2007 und vergleichen Sie dazu auch die Darstellung der Grafik S. 24 mit Erläuterungstext (zur Entwicklung der Löhne s. auch M 45, Grafik S. 99). Zur grundsätzlichen Beurteilung der Aussagekraft von Lohn- und Gewinnquote s. den folgenden Arbeitshinweis.*

5. *Bedenken Sie, dass der Aussagewert der beiden groben Aggregate Lohn- und Gewinnquote beschränkt ist. Einerseits: Generaldirektorengehälter machen reich, werden aber auf der Seite der Arbeitnehmer verbucht; das Unternehmereinkommen des selbstständigen Würstchenverkäufers ist ein Hungerlohn, schlägt sich aber statistisch auf der Seite der Unternehmer nieder. Andererseits: Arbeitnehmer erzielen auch Vermögenseinkommen, z. B. Zinserträge aus Sparguthaben und Einkünfte aus Vermietung und Verpachtung. Das Gesamteinkommen der einzelnen Haushalte bzw. Personen setzt sich also aus unterschiedlichen Einkommensarten zusammen. Weshalb ist wegen dieser „Querverteilung" die Lohnquote für den Streit um die Einkommensverteilung nur bedingt geeignet?*

6. *Überprüfen Sie Ihr Verständnis der Einkommensverteilung durch die Beantwortung folgender Fragen:*
  - *Das Volkseinkommen beträgt 1570 Mrd. €, das Arbeitnehmerentgelt 1080 Mrd. €. Wie hoch ist die Lohnquote, wie hoch die Gewinnquote?*
  - *Wie verändert sich tendenziell die (unbereinigte) Lohnquote, wenn ein bislang selbstständiger Unternehmer eine abhängige Beschäftigung aufnimmt?*
  - *Lohn- und Gewinnquote beschreiben die „Primärverteilung*" der Einkommen. Was versteht man unter „Sekundärverteilung*"? Wie verändert sie die für Nachfragezwecke zur Verfügung stehenden Einkommen der privaten Haushalte?*

▌▌▌**M 5** Die Aussagefähigkeit des Bruttoinlandsprodukts als „Wohlstands-indikator"

Die Aussagefähigkeit des realen Bruttoinlands-produkts als Wohlfahrtsindikator wurde in der Vergangenheit zunehmend infrage gestellt. In der Tat existiert eine ganze Reihe von Argu-menten, die gegen die Verwendung des Inlands-produkts als Wohlfahrtsindikator sprechen. Im Folgenden soll auf einige Argumente näher ein-gegangen werden.

Ein wesentlicher Kritikpunkt an der Aussage-kraft des Inlandsprodukts als Wohlstandsindika-tor ist die Tatsache, dass bestimmte Vorgänge, die den Wohlstand (s. Kasten) in einer Volkswirt-
5 schaft beeinflussen, nicht in der Volkswirtschaft-lichen Gesamtrechnung und damit auch nicht im Inlandsprodukt erfasst werden.
Viele Güter werden im Inlandsprodukt nicht er-fasst, weil sie nicht auf Märkten gehandelt werden
10 *und daher keinen Marktpreis haben.*

Was ist Wohlstand?
Bereits bei der Definition des Begriffs „Wohl-stand" gehen die Meinungen weit auseinander. Materieller bzw. wirtschaftlicher Wohlstand ist der Versorgungsgrad einer Person oder eines Haushalts, einer Gruppe oder einer Gesellschaft mit wirtschaftlichen Gütern und Dienstleistun-gen einschließlich der öffentlichen Güter und der Haushaltsproduktion. In dieser Definition ist Wohlstand gleichbedeutend mit dem Begriff Lebensstandard. In einem weiteren Verständnis umfasst Wohlstand auch Eigenschaften wie subjektives Wohlbefinden, allgemeine Lebensbe-dingungen oder subjektive Zufriedenheit und wird mit den Begriffen Wohlfahrt und Lebens-qualität gleichgesetzt. Lebensqualität ist im Unterschied zum Lebensstandard allerdings erheblich schwerer zu erfassen und zu messen.
(Wie funktioniert das? Wirtschaft heute, Meyers Lexikon-verlag, Mannheim 1999, S. 52)

Mit Ausnahme der vom Staat kostenlos bereitgestellten Güter (Konsumausgaben des Staates) sind nur solche Waren und Dienstleistungen im Inlandsprodukt enthalten, die auf Märkten gehandelt werden. Das bedeutet beispielsweise, dass weder die Eigenleistungen privater Haushalte (z. B. Hausfrauenarbeit, Kindererziehung, Nachbarschaftshilfe, Hobbygärtner) noch die Befrie-
15 digung höherer Bedürfnisebenen (z. B. Bedürfnis nach Geborgenheit, Anerkennung, Selbstverwirklichung) im Inlandsprodukt berücksichtigt sind. Auch die Arbeitsbedingungen, unter denen die Güterproduktion erfolgt, kommen nicht in der Höhe des Inlandsprodukts zum Ausdruck.

In das Inlandsprodukt gehen nur Gütermengen und Güterpreise ein. Die Qualität der Produkte wird nicht gesondert erfasst.
20 Die Marktpreise, mit denen die Güter in das Inlandsprodukt eingehen, spiegeln häufig nicht die Produktqualität, die sich beispielsweise auch in der Lebensdauer ausdrückt, wider. Die Herstellung vieler herkömmlicher Glühbirnen mit kurzer Lebensdauer erhöht beispielsweise trotz des Preisunterschiedes das Inlandsprodukt mehr
25 als die Produktion langlebiger Energiesparlampen. Obwohl die Produktionstechnologie laufend verbessert wird, nimmt die Gebrauchsdauer vieler Konsumgüter (z. B. Kühlschränke, Autos, Waschmaschinen, Kleider) ständig ab. Der dadurch entstehende Ersatzbedarf steigert zwar
30 Produktion und Inlandsprodukt, beansprucht aber gleichzeitig natürliche Rohstoffe und schafft erhebliche Entsorgungs-, Abfall- und Umweltprobleme. [...]

Das Inlandsprodukt berücksichtigt nicht den Wert
35 *der Freizeit.*
Das Inlandsprodukt kann beispielsweise deswegen steigen, weil aufgrund einer verlängerten Wochenarbeitszeit mehr gearbeitet und produziert wird. Dabei wird aber nicht berück-
40 sichtigt, dass der durch die Steigerung des Inlandsprodukts bedingte Verzicht auf Freizeit eine Wohlstandsminderung darstellt.
(Viktor Lüpertz, Problemorientierte Einführung in die Volkswirtschaftslehre, Winklers Verlag, Darmstadt, 4. Aufl. 2005, S. 69)

Des Weiteren werden im Inlandsprodukt die **Umweltschäden** nicht oder fehlerhaft erfasst.
45 Obwohl Raubbau an Umwelt und Ressourcen* erfolgt, werden keine Abschreibungen* auf das Gut „Umwelt" vorgenommen. Sie würden das Nettoinlandsprodukt verringern. Umweltschutzausgaben (z. B. Kosten eines Klärwerkes) gehen
50 dagegen positiv in das Inlandsprodukt ein (s. Kasten). Es wird damit ein „Wachstum" ausgewiesen, obwohl diese Ausgaben möglicherweise noch nicht einmal ausreichen, die Verschlechterungen der Umweltqualität auszugleichen.
55
(Gerhard Mussel/Jürgen Pätzold, Grundfragen der Wirtschaftspolitik, Verlag Vahlen, München, 6. Aufl. 2005, S. 157)

Schäden als „Wertsteigerung"
Jede statistisch erfasste wirtschaftliche Aktivität, die Schäden nur beseitigt – Reparaturen, Krankheitskosten, Entgiftung von Böden, Reinigung verseuchter Flüsse –, wird als Wertsteigerung erfasst, obgleich sie im besten Fall nur werterhaltend ist. Erfasst wird nicht der Schaden selbst (negativ), sondern die Maßnahme zur Eindämmung oder Reparatur des Schadens geht (positiv) als Wertschöpfung in die Berechnung z. B. des Bruttoinlandsproduktes ein: Die Vergiftung eines Flusses durch einen Ölunfall wird nicht erfasst, wohl aber die Aufwendung der Feuerwehr oder die Maßnahmen zur Reinigung der Ufer. Die „Erfolge" des Wirtschaftswachstums, ausgedrückt im Bruttoinlandsprodukt, sind daher möglicherweise nur mit vorübergehenden bzw. „netto" gar nicht zutreffenden Wohlfahrtsgewinnen verbunden.
(Jörn Altmann, Wirtschaftspolitik, Lucius & Lucius, Stuttgart, 7. Aufl. 2000, S. 137)

Zwei Autos fahren auf der Landstraße friedlich aneinander vorbei, nichts passiert, und sie tragen beide nur minimal zum Bruttosozialprodukt bei. Aber dann passiert es, der Lenker des einen Autos passt nicht auf, gerät auf die Gegenfahrbahn und verursacht mit einem inzwischen anrollenden dritten Auto einen schweren Verkehrsunfall. Da freut sich das Bruttosozialprodukt und klettert sprunghaft nach oben: Rettungshubschrauber, Ärzte, Krankenschwestern, Abschleppdienst, Autoreparatur oder Neukauf, Rechtsstreit, Verwandtenbesuche zu den Unfallopfern, Ausfallgeld, Versicherungsagenten, Zeitungsberichte, Alleebaumsanierung, all das sind beruflich erfasste Tätigkeiten, die bezahlt werden müssen. Und Wert hat in der gängigen Wirtschaft nur, was bezahlt wird. Auch wenn kein Beteiligter einen Gewinn an Lebensqualität und einige einen großen Verlust haben, so steigt doch der Wert unseres „Wohlstandes", den das Bruttosozialprodukt angibt.
(Ernst Ulrich von Weizsäcker, Erdpolitik, Primus Verlag, Darmstadt, 5. Aufl. 1997, S. 247)

Die Diskussion um die Belastung der Umwelt durch wirtschaftliche Aktivitäten und deren mangelhafte Erfassung im traditionellen System der VGR führten international zu Bestre-
60 bungen, die Umweltstatistik zu verbessern und kompatibel zur VGR auszugestalten. Im Rahmen der nationalen Berichterstattung wurde als ein ergänzendes Rechensystem („Satelliensystem") zur VGR eine **Umweltökono-**
65 **mische Gesamtrechnung** (UGR) durch das Statistische Bundesamt eingeführt. Dargestellt werden im Rahmen der UGR einige Beziehungen zwischen Wirtschaft und Umwelt, (a) Umweltbelastungen durch verbrauchte Roh-
70 stoffe und emittierte Schadstoffe, (b) Bestandsveränderungen des Naturvermögens, z. B. von Landschaften und Öko-Systemen (gemessen jeweils in physischen Einheiten), sowie (c) monetäre Aufwendungen für Umweltschutzmaß-
75 nahmen. Die UGR-Daten enthalten ferner sektorale Berichte zu einzelnen Sektoren von umweltpolitischer Bedeutung, wie z. B. den Verkehrsbereich. Die konzeptionellen Leitlinien der UGR folgen dem **Prinzip der Nach-**

UMWELTNUTZUNG UND WIRTSCHAFT

Bericht zu den Umweltökonomischen Gesamtrechnungen

(https://www.ec.destatis.de/csp/shop/sfg/bpm.html.cms.
cBroker.cls?cmspath=struktur,vollanzeige.cps &ID=1021208;
© Statistisches Bundesamt, Wiesbaden; Cover von Umweltnutzung und Wirtschaft)

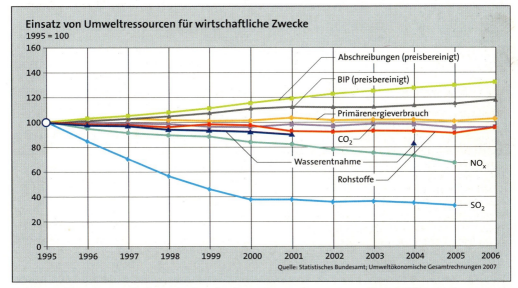

Einsatz von Umweltressourcen für wirtschaftliche Zwecke
1995 = 100

- Abschreibungen (preisbereinigt)
- BIP (preisbereinigt)
- Primärenergieverbrauch
- CO_2
- Wasserentnahme
- Rohstoffe
- NO_x
- SO_2

Quelle: Statistisches Bundesamt; Umweltökonomische Gesamtrechnungen 2007

In Deutschland entwickelte sich die absolute Menge der meisten Einsatzfaktoren im vergangenen Jahrzehnt rückläufig oder sie stagnierte (Schaubild). Die Nutzung der Umwelt als Ressourcenquelle für energetische Rohstoffe und Rohstoffe insgesamt wurde im Jahr 2006 gegenüber 1995 leicht reduziert. Der Rohstoffverbrauch ging um 5,3 % zurück, der Energieverbrauch
5 stieg geringfügig um 1,4 %. Bei Berücksichtigung der Auswirkung witterungsbedingter Schwankungen kann für den betrachteten Zeitraum von einer Stagnation des Energieverbrauchs ausgegangen werden.

(https://www-ec.destatis.de/csp/shop/sfg/bpm.html.cms.cBroker.cls?cmspath=struktur,vollanzeige.csp&ID=1021, S. 18; Grafik: © Statistisches Bundesamt, Wiesbaden, aus Umweltökonomische Gesamtrechnungen 2007)

80 **haltigkeit**: Die Substanz der natürlichen Ressourcen, der Umweltgüter bzw. der Güter des Naturvermögens, soll durch ökonomische Aktivitäten möglichst nicht reduziert werden. Ein solcher Substanzverlust würde die ökonomischen Werte des *Inlandsprodukts* langfristig mindern. Solide integrierte Berechnungen eines **„Ökoinlandsprodukts"** mit einer integrierten Kombination von VGR und UGR liegen allerdings bisher nicht vor.

(Heinz Dieter Hardes/Alexandra Uhly, Grundzüge der Volkswirtschaftslehre, Oldenbourg Wissenschaftsverlag, München, 9. Aufl. 2007, S. 293)

1. *Setzen Sie sich mit der Problematik des Begriffs „Wohlstand" auseinander. Wie lässt er sich gegenüber den Begriffen Lebensstandard und Lebensqualität abgrenzen (s. Kasten S. 25 u.)? Inwiefern lässt sich zwar die Güterversorgung, kaum aber der Nutzen der Güter „objektiv" erfassen?*

2. *Erläutern Sie die drei für den Wohlstand relevanten Bereiche, die im Bruttoinlandsprodukt nicht erfasst werden (M 5, Z. 8ff.).*

3. *Erläutern Sie die besondere Bedeutung der Berücksichtigung von Umweltschäden bei der Berechnung des BIP. Erörtern Sie folgende These: „Je anfälliger und kränker eine Volkswirtschaft ist, desto höher ist das Sozialprodukt."*

4. *Fassen Sie zusammen, welche Versuche bisher unternommen wurden, um die beschriebenen „Schwachstellen" des BIP zu vermindern, und gehen Sie dabei vor allem auf die Bemühungen des Statistischen Bundesamtes ein. Erläutern Sie, welche Probleme mit der Erfassung von Umweltschäden und ihrer Bewertung verbunden sind. Woran ist die Berechnung eines „Ökosozialprodukts" gescheitert? Was leistet demgegenüber eine „Umweltökonomische Gesamtrechnung" (Z. 44ff.)?*

5. *Wie hat sich der Verbrauch von Umweltressourcen für wirtschaftliche Zwecke in den letzten 15 Jahren entwickelt (s. Grafik S. 27 u.)? Nähere Einzelheiten zur Methode und zu Ergebnissen der UGR können Sie ggf. dem Bericht 2007 (s. Abb. mit Internet-Adresse zum Download) entnehmen.*

M 6 Exkurs: Schwarzarbeit als volkswirtschaftliches Problem

M 6 a Ohne Schwarzarbeit mehr Arbeitsplätze und mehr Staatseinnahmen

Fünf Stunden muss ein Facharbeiter in Deutschland arbeiten, um sich eine Stunde lang die Dienste eines Kollegen leisten zu können. Der Grund für dieses Missverhältnis ist 5 die hohe Steuer- und Abgabenlast. Sie führt dazu, dass viele Bundesbürger kleinere Tätigkeiten unter der Hand ausführen lassen oder selbst am Fiskus vorbeiarbeiten – ein klassischer Fall von Schwarzarbeit.

10 Schwarzarbeit leistet definitionsgemäß, wer Dienstleistungen erbringt oder produktiv tätig wird und dabei gegen Sozialversicherungs- oder Steuerpflichten verstößt. Auch wer die Zulassungsvorschriften für sein Gewerbe oder 15 Handwerk nicht einhält, arbeitet schwarz. Gleiches gilt für Arbeitslosengeld- und Sozialhilfeempfänger, die ihre Zuverdienste nicht angeben. Erlaubt ist lediglich die sogenannte Nachbarschaftshilfe, sofern sie nicht darauf 20 ausgelegt ist, nachhaltige Gewinne zu erzielen,

und von Angehörigen, Freunden oder Nachbarn erbracht wird.

So steht es im Gesetz zur Be-
25 kämpfung der Schwarzarbeit, das im März dieses Jahres seinen 50. Geburtstag feiert. Das fällige Strafmaß für Schwarzarbeit hat sich im Laufe der
30 Jahre drastisch erhöht: War die Sache anfangs mit maximal 10 000 Mark gegessen, können heute Geldbußen bis zu 500 000 Euro und eine
35 Freiheitsstrafe von bis zu fünf Jahren zum Beispiel für die illegale Beschäftigung von Ausländern verhängt werden. Doch weder die Gefahr, vor-

Kontrolle auf einer Baustelle
(Foto: Bilderberg/Stefan Enders)

40 bestraft zu sein, noch die drohenden Geldbußen scheinen die Bundesbürger zu schrecken (vgl. Grafik S. 28 u.):

Nach einer Umfrage der Meinungsforscher von TNS Emnid für das Institut der deutschen Wirtschaft Köln (IW) hat jeder fünfte Deutsche schon einmal schwarzgearbeitet und fast jeder dritte Arbeiten ohne Rechnung ausführen lassen.

45 Männer haben dabei noch deutlich weniger Bedenken als Frauen, unter der Hand Geld zu verdienen oder Schwarzarbeiter zu beauftragen. Gut die Hälfte der Befragten meinte zudem, dass Schwarzarbeit durch die zu Jahresbeginn erhöhte Mehrwertsteuer noch verlockender geworden sei.

Die insgesamt rund 13 Millionen Schwarzarbeiter im Alter von über 18 Jahren haben eigenen Angaben zufolge 2006 im Mittel sechs Stunden pro Woche an der Steuer vorbeigearbeitet – für
50 einen Brutto-gleich-netto-Stundenlohn von durchschnittlich 10 Euro. Mithilfe dieser Informationen und auf Basis früherer Umfragen kann der Umfang der Schwarzarbeit in Deutschland kalkuliert werden, wobei in dieser Schätzung weitere Bestandteile des Schattenwirtschaftssektors* wie illegale und kriminelle Tätigkeiten sowie der Materialeinsatz im Rahmen der Schwarzarbeit nicht enthalten sind.

55 **Somit könnten durch eine wirksame Eindämmung der Schwarzarbeit 800 000 bis 1 Million Vollzeitarbeitsplätze entstehen.**

Der Fiskus (Staatshaushalt) nähme dann bis zu 5 Milliarden Euro zusätzlich an Ein-
60 kommensteuer ein, und die Sozialversicherungen könnten sich über ein Budgetplus von bis zu 12 Milliarden Euro freuen.

(iwd – Informationsdienst des Instituts der deutschen Wirtschaft Köln, Nr. 11/2007 v. 15.03.2007, S. 4; © Deutscher Instituts-Verlag GmbH, Köln)

M 6 b Ist Schwarzarbeit wohlstandsfördernd? Interview mit dem Experten Prof. Schneider

ABENDBLATT: *Wie viele Menschen arbeiten in Deutschland schwarz?*

SCHNEIDER: Etwa 8,2 Millionen Menschen verdienten sich 2007 schwarz etwas dazu – darunter rund 961 000 Ausländer.

ABENDBLATT: *Wie sieht der typische Schwarzarbeiter aus?*

SCHNEIDER: Oft sind es Menschen, die einem steuerpflichtigen Job nachgehen und sich in ihrer Freizeit noch etwas dazuverdienen – im Durchschnitt etwa 300 bis 400 Euro im Monat. Es sind all jene, die Güter und Dienstleistungen anbieten, die in der Schattenwirtschaft* nachgefragt werden – wie Architekten, Rechtsanwälte, Maurer, Fliesenleger oder Putzfrauen.

ABENDBLATT: *Welche Arbeiten werden am häufigsten ausgeübt?*

SCHNEIDER: Die meiste Schwarzarbeit findet am Bau und im Handwerk statt. Etwa 38 Prozent aller Schwarzarbeiten werden dort ausgeführt. Danach folgt die Gastronomie mit 17 Prozent, Gewerbe- und Industriebetriebe mit etwa auch 17 Prozent. Dazu kommen haushaltsnahe Dienstleistungen wie Putzen, Nachhilfe, Babysitten und Friseurarbeiten.

ABENDBLATT: *Ist Schwarzarbeit eine Gefahr für unsere Volkswirtschaft?*

SCHNEIDER: Im Gegenteil. Schwarzarbeit ist wohlstandsfördernd. Ohne Schwarzarbeit ginge es uns viel schlechter. Unser Bruttoinlandsprodukt würde um mindestens 100 Milliarden Euro sinken. Denn das Geld, das schwarz verdient wird, wird in der Regel sofort wieder in der offiziellen Wirtschaft ausgegeben. Davon profitiert die reguläre Wirtschaft.

ABENDBLATT: *Ganz so harmlos ist dies wohl nicht. Immerhin verliert der Staat ja auch Steuereinnahmen und die Sozialversicherungen* Beiträge.*

SCHNEIDER: Dem Staat und den Sozialversicherungsträgern gehen durch die Schwarzarbeit geschätzt 20 bis 30 Milliarden Euro pro Jahr verloren.

ABENDBLATT: *Geld, das die Ehrlichen mehr aufzubringen haben.*

SCHNEIDER: Das stimmt nicht ganz. Da ein Großteil des Schwarzgeldes wieder ausgegeben wird, kommt zumindest über die Mehrwertsteuer ein Teil des Geldes wiederum in der Staatskasse an. Darüber hinaus sind etwa Zweidrittel aller Schwarzarbeiter Selbstständige oder Angestellte und Arbeiter, die bereits ihre Versicherungslast über ihren Erstjob bezahlt haben.

ABENDBLATT: *Schwarzarbeit findet in der Bevölkerung dennoch eine hohe Akzeptanz, oder?*

SCHNEIDER: Allerdings. In einer Befragung bezeichneten 67 Prozent der Bevölkerung Schwarzarbeit als Kavaliersdelikt.

ABENDBLATT: *Was könnte die Bundesregierung gegen Schwarzarbeit tun?*

SCHNEIDER: Alles, was den Faktor Arbeit finanziell entlastet, ist förderlich. So sollte die steuerliche Absetzbarkeit* von haushaltsnahen Dienstleistungen von heute 500 auf mindestens 1 000 Euro ausgeweitet werden. Das würde die Schwarzarbeit in Deutschland um mindestens fünf Milliarden Euro verringern. So konnten zum Beispiel offizielle Handwerkerrechnungen von der Steuer abgesetzt werden. Diese Maßnahme wäre einfach umzusetzen und hochwirksam. Darüber hinaus sollte die Verdiensthöhe von Minijobs auf 500 Euro erhöht werden.

ABENDBLATT: *Ist ein Staat ohne Schwarzarbeit denkbar?*

SCHNEIDER: Bisher kenne ich kein Land ohne Schwarzarbeit. Schwarzarbeit ist dort am höchsten, wo die staatliche Abgabenlast am größten

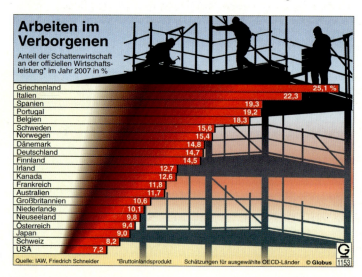

Arbeiten im Verborgenen

Anteil der Schattenwirtschaft an der offiziellen Wirtschaftsleistung* im Jahr 2007 in %

Land	%
Griechenland	25,1 %
Italien	22,3
Spanien	19,3
Portugal	19,2
Belgien	18,3
Schweden	15,6
Norwegen	15,4
Dänemark	14,8
Deutschland	14,7
Finnland	14,5
Irland	12,7
Kanada	12,6
Frankreich	11,8
Australien	11,7
Großbritannien	10,6
Niederlande	10,1
Neuseeland	9,8
Österreich	9,4
Japan	9,0
Schweiz	8,2
USA	7,2

Quelle: IAW, Friedrich Schneider   *Bruttoinlandsprodukt   Schätzungen für ausgewählte OECD-Länder   © Globus   1153

und das Vertrauen in den Staat am geringsten ist.
85 Deutschland belegt international einen Platz im Mittelfeld (s. Grafik). Sehr niedrig ist sie in der Schweiz, hoch dagegen in Italien und Griechen-land. Solange es Steuern gibt, wird es auch Schwarzarbeit geben.

(http://www.abendblatt.de/daten/2008/01/07/834233.html?prx=1)

1. *Erläutern Sie, was genau unter „Schwarzarbeit" verstanden wird und welche gesetzlichen Strafen dafür vorgesehen sind (M 6a, Z. 10ff.).*

2. *Beschreiben Sie das Ausmaß der Schwarzarbeit (Personen, Anteil am BIP) in Deutschland (M 6a, M 6b).*

3. *Welche volkswirtschaftlichen Schäden (Arbeitsplätze, Einnahmen des Staates und der Sozialversicherung*) werden angenommen (M 6a)?*

4. *Unter welchen Gesichtspunkten kommt der Experte Prof. Schneider zu dem Urteil, dass Schwarzarbeit auch als wohlstandsfördernd gesehen werden kann (M 6b, Z. 28ff.)?*

5. *Erläutern Sie, worin er die Ursachen für die verbreitete Schwarzarbeit sieht und welche Maßnahmen dagegen er vorschlägt.*

M 7 Sinkt oder wächst das Bruttoinlandsprodukt?

Stellen Sie fest, ob das Inlandsprodukt aufgrund folgender Vorgänge steigt, sinkt oder unverändert bleibt. Begründen Sie Ihre Antworten.
  a) Ein Junggeselle stellt eine Haushälterin ein. Es werden ordnungsgemäß Lohnsteuer und Sozialversicherungsbeiträge abgeführt.
5 b) Der Junggeselle heiratet seine bisherige Haushälterin. Auch nach der Heirat führt sie den Haushalt weiter.
  c) Es werden vermehrt langlebige Energiesparlampen statt herkömmlicher Glühbirnen verwendet. Die Mehraufwendungen aufgrund des höheren Preises der Energiesparlampen gegenüber den herkömmlichen Lampen können schon nach kurzer Zeit durch geringeren Energie-
10 verbrauch und längere Lebensdauer ausgeglichen werden.
  d) Die Regierung ergreift steuerpolitische Maßnahmen zur Einkommensumverteilung, um untere Einkommensschichten zu entlasten und höhere Einkommensschichten zu belasten.
  e) Einer der bisherigen gesetzlichen Feiertage wird gestrichen. Die Arbeitnehmer müssen jetzt bei gleichem Monatslohn einen Tag mehr arbeiten.
15 f) Ein Hobbygärtner versorgt seine Familie regelmäßig mit Obst und frischem Gemüse.
  g) Ein kranker Familienvater wird zu Hause von seinen Familienangehörigen gepflegt.
  h) Der Kranke (Fall g) wird vom Arzt in ein Krankenhaus eingewiesen.
  i) Ein Bauherr erstellt einen Teil des Rohbaus durch Eigenleistung und Nachbarschaftshilfe.
  j) Ein Malergeselle tapeziert nach Feierabend die Wohnung des Nachbarn gegen Entgelt.
20 k) Ein Landwirt spezialisiert sich auf biologischen Anbau. Wegen des Verzichts auf Pflanzenschutzmittel gehen die Produktionsmengen in der Umstellungsphase zunächst zurück. Er kann aber seine Produkte wegen der besseren Qualität teurer verkaufen, sodass sein Erlös nicht sinkt.
  l) Nach einem Unfall müssen mehrere Personen im Krankenhaus behandelt werden. Eine Person stirbt an den Folgen des Unfalls.
25 m)Die Außenmauern einer denkmalgeschützten Kirche werden durch Luftschadstoffe beschädigt und müssen restauriert werden.
  n) Es werden Solarzellen aus dem benachbarten Ausland importiert.
  o) Die Regierung genehmigt den Verkauf von U-Booten an ein Entwicklungsland.
  p) An einer Autobahn werden die Anwohner durch die Errichtung von Schallschutzwänden gegen den Verkehrslärm geschützt.
30 q) Wegen hoher Gefährdung durch den Straßenverkehr bringen Eltern ihre Kinder mit dem Pkw zum Kindergarten, statt sie zu Fuß laufen zu lassen.
  r) Durch Überdüngung der Böden mit Gülle aus der Massentierhaltung wird das Grundwasser mit Nitrat belastet. (Viktor Lüpertz [= M 5], S. 80f.)

II Die wirtschaftliche Entwicklung in Deutschland

„Wirtschaftsentwicklung" – das ist ein weiter Begriff, der in verschiedene *Bereiche* zerlegt werden muss. Diese Bereiche lassen sich nach ihrer Zuordnung zu bestimmten *Zielen* unterscheiden, die in einer Volkswirtschaft erreicht werden sollen. Wir wollen daher in einem ersten Abschnitt genauer untersuchen, welche wirtschaftspolitischen Ziele es gibt, wie sie sich begründen lassen und wie sie sich zueinander verhalten (Abschnitt 1.). Danach soll die jeweilige Entwicklung in vier Zielbereichen näher beschrieben und analysiert werden (Abschnitte 2.–5.: Wachstum, hoher Beschäftigungsstand, Preisniveaustabilität und außenwirtschaftliches Gleichgewicht).

Natürlich kann die Erarbeitung der Wirtschaftsentwicklung auch gleich mit Abschnitt 2. oder 3. begonnen werden, wenn zuvor das in M 12 beschriebene Problem (Konkretisierung der Ziele) behandelt wurde.

1. Die Ziele der Wirtschaftspolitik

▬▬ M 8 Das „magische Viereck" des „Stabilitätsgesetzes"

Ob die **Festsetzung wirtschaftspolitischer Ziele** zu den Aufgaben der Volkswirtschaftslehre gehört, ist seit langem umstritten. Das Problem liegt darin, dass Ziele bereits eine Bewertung wirtschaftlicher Sachverhalte voraussetzen und etwas Gewolltes, Angestrebtes zum Ausdruck bringen, also ein Urteil über das enthalten, was „sein soll",

5 ein sogenanntes **Werturteil** (s. Kasten). Setzt man z. B. als Ziel eine gleichmäßigere Einkommens- und Vermögensverteilung fest, so beinhaltet dies das Werturteil, dass eine solche Verteilung erstrebenswert ist. Ob und inwieweit

10 nun Werturteile Platz in einer Wissenschaft haben, darüber waren und sind die Meinungen sehr geteilt (sogenannte Werturteilsproblematik) – eine Frage, die weit über den Bereich der Volkswirtschaftslehre hinausgehend zu den

15 Grundproblemen der Wissenschaften überhaupt zählt (vgl. Glossar zu Max Weber*). In der Regel wird die Meinung vertreten, dass Werturteile (und damit auch Ziele) wissenschaftlich nicht ableitbar und überprüfbar sind

20 und deshalb mit Wissenschaft im strengen Sinn nichts zu tun haben. Wo sie dennoch in die Beschreibung, Erklärung oder Prognose des Wirtschaftsprozesses einfließen, sind sie eindeutig als Wertungen kenntlich zu machen,

25 um der Argumentation jede Scheinobjektivität

Sachaussagen und Werturteile*

Umstritten ist insbesondere die Frage einer klaren Trennung zwischen objektiver wissenschaftlicher Analyse und Werturteilen und zum anderen die des Engagements des Wirtschaftswissenschaftlers für bestimmte Ziele. [...]

Allgemein lässt sich sagen: In der wirtschaftswissenschaftlichen Analyse sollte man, wie es insbesondere *Max Weber* (1864–1920) gefordert hat, Sachaussagen und Werturteile* möglichst auseinanderhalten.

Das schließt nicht aus, dass sich Wirtschaftswissenschaftler als Staatsbürger für bestimmte Ziele engagieren. Wenn ein Wissenschaftler Werturteile fällt, dann sollte er diese jedoch in jedem Fall entsprechend kennzeichnen, entweder als persönliche Stellungnahme (meine persönliche Überzeugung ist ...) oder indem er die Aussage als Hypothese formuliert (wenn man ... als Ziel ansieht, dann ...).

(Wilhelm Henrichsmeyer/Oskar Gans/Ingo Evers, Einführung in die Volkswirtschaftslehre, Ulmer, Stuttgart 1993, S. 39 f.)

zu nehmen. Um Missverständnisse zu vermeiden: Auch diese „wertfreie" Position erkennt die Existenz von Werturteilen, z. B. in Form der Zielsetzungen von Unternehmen, Haushalten
30 und politischen Entscheidungsträgern, an. Sie nimmt diese Wertungen aber als „von außen gegeben", als Daten hin. Die *Festsetzung* von gesellschaftspolitischen Zielen jedenfalls kann nach dieser Auffassung niemals Aufgabe der
35 Wissenschaft sein, sondern muss rein politisch erfolgen. Dies wird an der gesellschaftspolitischen Diskussion über Einkommens- und Vermögensverteilung, Wachstum und Umwelt besonders deutlich.

Das magische Viereck

40 In der Bundesrepublik Deutschland sind die gesamtwirtschaftlichen Ziele im *„Gesetz zur Förderung der Stabilität und des Wachstums der Wirtschaft"* vom 8. Juni 1967 (im sogenannten „Stabilitätsgesetz") festgelegt worden.

Je nachdem, wie viele Ziele in den gesamtwirtschaftlichen Zielkatalog einbezogen sind, spricht
45 man vom „magischen" Dreieck, Viereck oder allgemein vom „magischen" Vieleck. Die Bezeichnung „magisch" soll dabei zum Ausdruck bringen, dass das Verhältnis zwischen den Zielen sehr komplex und allgemein kaum zu erfassen ist und vor allem, dass es schwierig ist, alle Ziele zugleich zu erreichen.

(Ulrich Baßeler/Jürgen Heinrich/Burkhard Utecht, Grundlagen und Probleme der Volkswirtschaft, Schäffer-Poeschel Verlag, Stuttgart, 18. Aufl. 2006, S. 7 f.)

In § 1 des **Gesetzes zur Förderung der Stabilität und des Wachstums der Wirtschaft** (StWG) heißt
50 es zunächst, dass *„Bund und Länder ... bei ihren wirtschafts- und finanzpolitischen Maßnahmen die Erfordernisse des gesamtwirtschaftlichen Gleichgewichts zu beachten"* haben (eine ähnlich lautende Formulierung wurde im gleichen Jahr in das Grundgesetz, Art. 109, Abs. 2, aufgenommen).

Der Begriff „gesamtwirtschaftliches Gleichgewicht" wird dann (§1 Satz 2 StWG) näher erläutert. Danach sind „die Maßnahmen ... so zu treffen, dass sie im Rahmen der marktwirtschaftlichen
55 Ordnung **gleichzeitig zur Stabilität des Preisniveaus, zu einem hohem Beschäftigungsstandard und außenwirtschaftlichem Gleichgewicht bei stetigem und angemessenem Wirtschaftswachstum** beitragen."

Ein fünftes Ziel ist „die *Bildung und Verteilung von Ein-*
60 *kommen und Vermögen*". Dieses Ziel wurde in das „Stabilitätsgesetz" nicht aufgenommen, weil offenbar unter den Parteien über diese Ziel-
65 setzung kein Konsens erreicht werden konnte. Gleichwohl findet das Verteilungsziel allgemeine Akzeptanz. Die in den 1970er-Jahren aufgekom-
70 mene Diskussion über Umweltprobleme und ihren Zusammenhang mit der Herstellung und dem Verbrauch von Gütern hat zu der grund-
75 sätzlich berechtigten Forderung geführt, auch das Um-

weltziel in den Katalog der wirtschaftspolitischen Ziele aufzunehmen, sodass sich insgesamt ein Sechseck der Ziele der Wirtschaftspolitik ergäbe (vgl. Abb. S. 33 u.).
(Autorentext)

1. *Erklären Sie, warum die Festlegung wirtschaftspolitischer Ziele nicht durch die Wissenschaft, sondern nur durch die Politik erfolgen kann (M 8, Z. 17ff.). Was hat Max Weber mit der „Werturteilsfreiheit" der Wissenschaft gemeint (s. Kasten)?*

2. *Charakterisieren und diskutieren Sie die Zuordnung der folgenden Aussagen (Sachaussagen, Vorurteile, Werturteile, Vorhersagen):*

1. Die Sonne kreist um die Erde.
2. Menschen über dreißig Jahre gehören zum „alten Eisen".
3. Der Himmel ist grau, es wird bald regnen.
4. Der Finderlohn in Höhe von 700 Euro für die auf dem Fundamt abgegebene Brieftasche war zu hoch.
5. Verhandeln ist besser als Krieg führen.
6. Frauen sind schlechtere Autofahrer als Männer.
7. Amerikaner sind geldgierige Menschen.

8. Diese Partei hat den hohen Wahlsieg bei den letzten Europawahlen verdient.
9. Wer fünfzig Jahre alt ist, ist kein Kind mehr.
10. Du wirst diese Prüfung nicht bestehen.
11. Wer einmal lügt, lügt immer wieder.
12. Der Weg von Stuttgart nach Freiburg ist zu weit.
13. Eidechsen gehören zur Familie der Säugetiere.
14. Weil er kein Geld hatte, konnte er sich kein Auto kaufen.

3. *Die zitierte Formulierung des „Stabilitätsgesetzes" (§1 Satz 2; M 8, Z. 54ff.) ist für die gesamte wirtschaftspolitische Diskussion (und auch für die weitere Arbeit mit diesem Band) von so zentraler Wichtigkeit, dass wir Ihnen vorschlagen möchten, die beiden Sätze auswendig zu lernen.*

4. *Zu der Frage, ob die Ziele der gerechten Einkommens- und Vermögensverteilung und z. B. auch des Umweltschutzes nicht eigentlich in den Zielkatalog des „Stabilitätsgesetzes" gehören, könnten Sie brieflich die Meinungen der im Bundestag vertretenen Parteien (Fraktionsvorsitzenden, wirtschaftspolitischen Sprecher) einholen. – Wie stehen Sie selbst zu dieser Frage? Begründen Sie Ihre Meinung.*

M 9 a Wirtschaftspolitische Ziele und gesellschaftspolitische Grundwerte

Als gesellschaftspolitische Grundziele (Grundwerte) werden hauptsächlich genannt:
– der *Freiheitsspielraum des Einzelnen* (im Hinblick auf den wirtschaftlichen Bereich u. a. die Freiheit der Berufswahl und des Arbeitsplatzes, die Freiheit bei der Verwendung des Einkommens und Vermögens),
5 – die *soziale Gerechtigkeit* (z. B. als Leistungsgerechtigkeit, als Chancengerechtigkeit, als Bedarfsgerechtigkeit; hier wäre mit engerem Bezug auf den ökonomischen Bereich das Ziel der gerechten Einkommens- und Vermögensverteilung einzuordnen),
– der *soziale Frieden* (verstanden etwa als ein Zustand, in dem die in jeder Gesellschaft notwendig bestehenden Interessengegensätze so weit ausgeglichen sind, dass kein offener Konflikt
10 ausbricht),
– die *soziale Sicherheit* (z. B. als Sicherung vor den materiellen Auswirkungen von Krankheit, Invalidität und Arbeitslosigkeit, als Sicherung vor dem Verlust von Einkommen und Vermögen, als Sicherheit, in einer gesunden Umwelt leben zu können),
– die *Förderung des Wohlstandes* für alle Bürger (als Förderung wirtschaftlichen Wachstums um-
15 stritten; vgl. M 9 b).
Es müsste sich nun zeigen lassen, dass die Verletzung der im engeren Sinne wirtschaftlichen Ziele, wie sie im Stabilitätsgesetz formuliert sind, mehr oder weniger immer auch die Erreichung solcher übergeordneter gesellschaftspolitischer Ziele beeinträchtigt.

Für die Verletzung des *Beschäftigungsziels* ist das unmittelbar einleuchtend: Arbeitslosigkeit beein-
20 trächtigt nicht nur die unmittelbar Betroffenen im Hinblick auf alle genannten Grundwerte; als
Massenarbeitslosigkeit gefährdet sie auch das gesamte politisch-gesellschaftliche System, da sie
nach allgemeiner Auffassung z. B. der Verbreitung antidemokratischer Strömungen Vorschub
leistet.
Das Ziel der *Inflationsbekämpfung* wird aufgrund überlieferter Erfahrungen mit der Hyperinfla-
25 tion* der 1920er-Jahre in Deutschland generell akzeptiert. Dass Inflation die soziale Sicherheit,
aber auch die soziale Gerechtigkeit und den Wohlstand gefährden kann, ist leicht einzusehen (vgl.
später M 45 über die Folgen der Inflation).
Inwieweit das *Wachstumsziel* die Verwirklichung der gesellschaftlichen Grundwerte fördert oder
gefährdet, ist zwar im Hinblick auf die ökologischen Folgen nicht unumstritten; als Vorausset-
30 zung für die Schaffung von mehr Arbeitsplätzen und weniger Arbeitslosigkeit wird Wachstum
aber gerade in den letzten Jahren (seit 2001) schmerzlich vermisst (s. dazu M 9 b).
Das *außenwirtschaftliche Gleichgewicht* als viertes Ziel des Stabilitätsgesetzes wird in Abschnitt 5.
dieses Kapitels (S. 105 ff.) in seinen grundlegenden Aspekten beschrieben. Es lässt sich vorläufig als
eine Situation beschreiben, „die dadurch gekennzeichnet ist, dass von den wirtschaftlichen Aktivi-
35 täten des Inlandes mit dem Ausland keine negativen Auswirkungen auf die binnenwirtschaftliche
Entwicklung (insbesondere auf Preisniveau und Beschäftigung) ausgehen. So interpretiert, ist außenwirtschaftliches Gleichgewicht notwendige Voraussetzung (Vorziel) zur Realisierung der binnenwirtschaftlichen Ziele." (J. Pätzold, Stabilisierungspolitik, Bern und Stuttgart 1998, S. 64)
(Autorentext)

▌▌▌**M 9 b** „Wachstum ist nicht alles, aber ohne Wachstum ist alles nichts"

Zunächst einmal gibt es sicher zutreffende konzeptionelle Einwände, vom BIP-Wachstum immer bedenkenlos auf eine Zunahme des gesellschaftlichen Wohlergehens zu schließen (vgl.
M 5). So ist das Bruttoinlandsprodukt als Einkommensgröße nur bedingt aussagefähig für die
Entwicklung des Gesamtvermögens einer Volkswirtschaft. Bei Naturkatastrophen etwa kommt
5 es beim reinen Blick auf das BIP zu einer glatten Fehleinschätzung: Das BIP wird in der Regel
durch die Schadensbeseitigung positiv beeinflusst, während das gesamtwirtschaftliche Vermögen sinkt. Weitere Schwächen ergeben sich aus verzerrten Informationen über die umfassende
Wertschöpfung, weil nicht am Markt bewertete Leistungen (etwa bei der Hausarbeit) oder externe Effekte (Umweltschäden) nicht in die Betrachtung mit eingehen.
10 Hinzu treten in jüngerer Zeit empirisch begründete Aspekte, die sich aus dem Zusammenhang
zwischen BIP-Wachstum und der *Zufriedenheit der Menschen* ergeben. In dieser sogenannten
„Glücksforschung" tritt Folgendes zutage: Eine Zunahme des BIP im Zeitverlauf hat kaum einen
direkten Einfluss auf die in Umfragen ermittelte Zufriedenheit der Menschen mit ihrem Leben.
Beispielsweise ist die Zufriedenheit der Japaner von 1960 bis in die Neunziger praktisch konstant
15 geblieben, obwohl sich das reale Pro-Kopf-Einkommen in dieser Zeit verfünffacht hat. [...]
Gerade dieser letzte Befund ist in der Tat ein ernst zu nehmendes Argument: Warum eigentlich
sollten Regierungen danach streben, das BIP zu mehren, wenn dadurch die Menschen nicht
glücklicher werden? Sollte man den Erfolgsindikator BIP also über Bord werfen? Die Antwort ist
ein klares Nein. Betrachtet man die folgenden Gesichtspunkte, dann wird die Eignung des BIP
20 als sinnvoller Kompass für die Wirtschaftspolitik gestärkt.
● Für das BIP spricht zunächst, dass diese Größe das Lebensglück der Menschen zwar nicht
direkt, aber über viele indirekte Kanäle massiv beeinflusst. So ist *Arbeitslosigkeit* einer der stärksten Negativfaktoren, der in vielen Analysen der Glücksforschung immer wieder unterstrichen
wird. Arbeitslosigkeit ist ein Ereignis, welches unabhängig von den damit verbundenen finan-
25 ziellen Folgen die Zufriedenheit mit dem eigenen Leben massiv mindert. Der Zuwachs an Freizeit für die Arbeitslosen, den die BIP-Kritiker gerne auf der Aktivseite ihrer umfassenderen Bi-
lanzen verbuchen würden, ist für die Betroffenen eindeutig kein Zuwachs an Lebensqualität.
Dass das BIP diesen Freizeitkonsum nicht einbezieht, ist also eher eine Stärke als eine Schwäche
des Konzepts. Bemerkenswert ist noch dazu, dass die Zufriedenheit eines Menschen sinkt, wenn

30 in seinem Land die Arbeitslosigkeit steigt, er persönlich aber nicht betroffen ist. Kaum ein empirischer* Zusammenhang in der Makroökonomie* ist so unzweifelhaft wie die positive Beziehung zwischen Wachstum und Beschäftigung. Eine Politik, die unter den heutigen Bedingungen des deutschen Arbeitsmarkts auf eine Steigerung des BIP setzt, ist daher sehr wohl eine die Zufriedenheit der Menschen steigernde Politik.

35 ● Daneben gibt es eine ganze Reihe weiterer indirekter Kanäle, über die das BIP-Wachstum das Wohlergehen der Menschen positiv beeinflusst. Ein höheres BIP erhöht ohne Steuersatzerhöhung das Steuer- und Abgabenaufkommen. Es erleichtert so die Finanzierung von öffentlicher Infrastruktur, von Bildungs- und Sozialpolitik*. Es erleichtert außerdem die Konsolidierung von Staatsschulden und eröffnet damit größere politische Handlungsspielräume. Ein funktionie-
40 rendes Gemeinwesen und ein stabiler Sozialstaat, wichtige Faktoren für die individuelle Zufriedenheit, lassen sich unter den heutigen Bedingungen nur durch BIP-Wachstum gewährleisten.

● Auch laufen in einer umfassenden Sichtweise viele der konzeptionellen Einwände ins Leere. So wird etwa kritisiert, dass das BIP Faktoren wie steigende Kriminalität nicht berücksichtige. Hier kann man entgegenhalten, dass es dies indirekt sehr wohl tut. Weil höheres Wachstum die
45 Arbeitslosigkeit senkt, die wiederum eine wichtige Determinante der Kriminalität ist, bleibt das BIP auch in dieser Hinsicht eine hilfreiche Orientierungsmarke. Mit anderen Worten: BIP-Wachstum ist mit vielen gesellschaftlichen Zielgrößen wie sozialem Frieden, politischer Stabilität, Rechtssicherheit positiv korreliert.

● Natürlich ist das BIP insgesamt nichts anderes als eine recht grobe Näherungsgröße für die
50 gesamtgesellschaftliche Wohlfahrt. Genauso sicher ist aber auch: Wir haben heute keine bessere umfassende Orientierungsgröße. Daher bleibt es sinnvoll, den Erfolg der Wirtschaftspolitik anhand dieses Indikators* zu beurteilen. Denn auch wenn BIP-Wachstum nicht alles ist, so ist doch ohne BIP-Wachstum alles nichts.

(Friedrich Heinemann, Der beste Kompass für die Wirtschaftspolitik. In: Frankfurter Allgemeine Zeitung v. 11.8.2004, S. 10)

1. *Machen Sie sich die Bedeutung der in M 9a (Z. 1–15) genannten gesellschaftlichen Grundwerte klar, indem Sie sie auf ihre eigene jetzige und zukünftige Lebenssituation zu beziehen versuchen.*

2. *Vielleicht werden Sie in der Reihe der Grundwerte den äußeren Frieden (Sicherheit vor Kriegen und Terrorismus) vermissen. Überlegen Sie, inwiefern dieses Ziel auf einer anderen Ebene liegt als die übrigen genannten (gesellschaftspolitischen) Ziele. Wie verhält es sich zu ihnen?*

3. *Überprüfen Sie im Einzelnen die Behauptung des Textes (M 9a, Z. 16ff.), dass durch Arbeitslosigkeit alle Grundziele beeinträchtigt werden.*

4. *Auf die umstrittene Bedeutung des Bruttoinlandsprodukts als „Wohlstandsindikator" waren wir in M 5 bereits eingegangen (insbesondere im Hinblick auf die Bewertung von Umweltschäden). M 9b knüpft an einige der dort genannten Gesichtspunkte an und untersucht die grundsätzliche Bedeutung des Wachstumsziels für das Beschäftigungsziel und einige „gesellschaftliche Zielgrößen". Heben Sie die einzelnen Argumente hervor und setzten Sie sich damit auseinander.*

▬▬ **M 10** Sind die Ziele miteinander vereinbar?

Das „Stabilitätsgesetz" verlangt zur Herstellung eines „gesamtwirtschaftlichen Gleichgewichtes" die „gleichzeitige" Erreichung aller vier Ziele (s. M 8). Die Erfahrung zeigt, dass diese Forderung in der Realität kaum jemals erfüllt wurde, welche Zielgröße auch immer man ansetzt. Daher rührt die Bezeichnung *magisches* (d.h. nur durch Wunderkraft realisierbares) Viereck.
5 Grundsätzlich lassen sich folgende Zielbeziehungen unterscheiden:
– *Komplementarität* (die Verfolgung eines Ziels führt gleichzeitig zur Annäherung an ein anderes/die anderen),
– *Inkompatibilität* (Zielkonflikt: die Erreichung des einen Ziels behindert die des anderen/der anderen),
10 – *Neutralität* (die Förderung des einen Ziels beeinflusst weder negativ noch positiv die des anderen/der anderen).

Abbildung 1: Die Phillips-Kurve

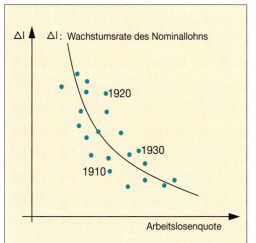

Abbildung 2: Die modifizierte Phillips-Kurve

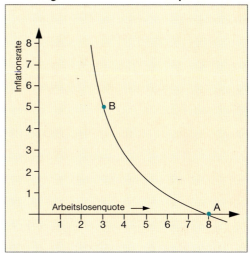

(B. Gahlen u. a., Volkswirtschaftslehre, J. C. B. Mohr/Paul Siebeck, Tübingen 1983, S. 132)

Während die Ziele Wachstum und Vollbeschäftigung zumindest miteinander vereinbar, eher sogar komplementär erscheinen (vgl. M 9b) gilt die Beziehung zwischen Vollbeschäftigung und Preisniveaustabilität im Allgemeinen als typischer Fall eines *Zielkonfliktes*.

15 Im Jahre 1958 veröffentlichte der neuseeländische Wirtschaftswissenschaftler A. W. Phillips die Ergebnisse einer Untersuchung, die auf Beobachtungen über einen Zeitraum von 100 Jahren in England beruhte. Für jedes Jahr wurden die Arbeitslosigkeit und der Prozentsatz der Lohnsteigerungen gemessen. Dabei wurde festgestellt, dass bei *Vollbeschäftigung* in der Regel *stärkere Lohnforderungen* durchgesetzt wurden (grafische Darstellung dieser Korrelation

20 in der sog. „Phillips-Kurve", Abb. 1).
In einer weiteren Untersuchung (von Samuelson und Solow, 1960) wurde so der enge Zusammenhang von Lohn- und Preissteigerungen festgestellt, so dass der Nachweis für die Unvereinbarkeit von Preisniveaustabilität und Vollbeschäftigung erbracht erschien (modifizierte Phillips-Kurve; s. Abb. 2). Er kann aber nur als gesichert gelten, wenn und insoweit

25 Preissteigerungen durch Lohnsteigerungen determiniert sind. Hier kann durchaus auch die umgekehrte Beziehung gelten, von anderen Inflationsursachen ganz abgesehen (vgl. dazu später M 46).
„Der skizzierte ‚Phillips-Zusammenhang' wird allgemein akzeptiert. Empirische Untersuchungen zeigen, dass die Phillips-Kurve aber nur *kurzfristig* zutrifft. In der Vergangenheit der

30 Bundesrepublik Deutschland gab es immer wieder Phasen, in denen die Phillips-Kurve zutreffend schien. Dann jedoch kamen wieder Jahre, in denen gleichzeitig hohe Inflationsraten und hohe Arbeitslosenquoten auftraten (s. Abb. 3, S. 38). Die Phillips-Kurve verschob sich dadurch, bildhaft gesprochen, nach rechts. Dann folgten Zeitabschnitte, in denen die Kurve wieder nach links wanderte. Fest steht: *Langfristig* ist die in Abbildung 2 dargestellte Phillips-

35 Kurve *nicht gültig*. Das heißt zugleich, dass auf längere Sicht die Arbeitslosigkeit nicht durch Inkaufnahme steigender Inflationsraten bekämpft werden kann." (Gerhard Mussel [= M 1], S. 111 f.) In der Bundesrepublik und auch in anderen europäischen Ländern (vgl. die Karikatur M 11 a/b) traten etwa seit 1975 Inflation und Arbeitslosigkeit gleichzeitig (zunehmend oder sich verringernd) auf. Besonders in den Jahren 1980–1981 herrschte **Stagflation**, d. h.

40 deutliche Stagnation (Wachstumsschwäche verbunden mit Arbeitslosigkeit) und hohe Inflation zugleich (vgl. M 13, S. 41).
(Autorentext)

Abbildung 3: Entwicklung der Phillips-Kurve in der Bundesrepublik Deutschland (alte Bundesländer)

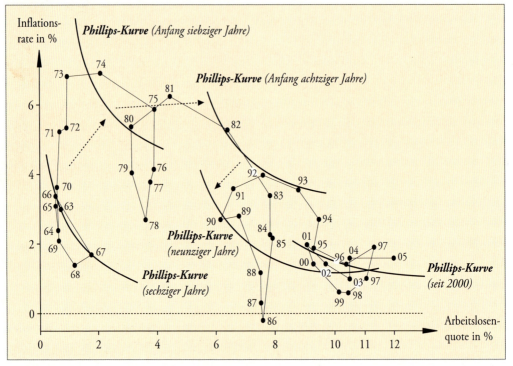

(Gerhard Mussel/Jürgen Pätzold, Grundfragen der Wirtschaftspolitik, Verlag Vahlen, München, 6. Aufl. 2005, S. 96)

Ob es aber für die praktische Wirtschaftspolitik tatsächlich eine Entweder-oder-Entscheidung gibt zwischen mehr Beschäftigung, aber dafür mehr Inflation, oder stabilem Preisniveau, aber dafür mehr Arbeitslosigkeit – also einer Bewegung auf der Phillips-Kurve, der sog. Trade-Off –, ist umstritten. [...] Nicht nur für Deutschland ergeben die empirischen Daten keineswegs einen eindeutigen und stabilen Zusammenhang. Für Deutschland sind **mehrere Phasen** zu unterscheiden:
(1) Bis Anfang der 70er-Jahre lässt sich zwar eine Phillips-Kurve mit einem Entweder-Oder erkennen.
(2) Ab Mitte der 70er-Jahre aber war das gleichzeitige Auftreten von hoher Arbeitslosigkeit und relativ hohen Inflationsraten zu beobachten, also nicht „entweder-oder", sondern „weder-noch", ein Zustand, der als **Stagflation** (Stagnation plus Inflation) bezeichnet wird. (3) Ab Anfang der 80er-Jahre bis Anfang der 90er-Jahre verringerte sich der kräftige Preisauftrieb, aber zu Lasten zunehmender Arbeitslosigkeit: Die Phillips-Kurve hatte sich praktisch nach rechts verschoben. (4) Und ab Anfang der 90er-Jahre rutschte die Phillips-Kurve nochmals nach rechts, da sich der Preisauftrieb deutlich verringerte, aber bei zunehmender Arbeitslosigkeit, die auf sehr hohem Niveau verharrte. Langfristig gesehen ist daher durchaus ein gegenläufiger Zusammenhang zwischen Inflation und Arbeitslosigkeit zu beobachten.
(Jörn Altmann, Wirtschaftspolitik, Lucius & Lucius Verlag, Stuttgart, 8. Aufl. 2007, S. 177f.)

Dass in der praktischen Wirtschaftspolitik der Zielkonflikt zwischen Vollbeschäftigung und Geldwertstabilität weiterhin von Bedeutung ist und kontrovers diskutiert wird, zeigt die Bedeutung des Modells „Phillips-Kurve". Insgesamt gesehen liegt aufgrund der Erfahrungen die Ver-
45 mutung nahe, dass alle vier Ziele des „Stabilitätsgesetzes" kaum gleichzeitig realisiert werden können, dass also das geforderte „gesamtwirtschaftliche Gleichgewicht" ständig gefährdet ist.
(Autorentext)

M 11 a

(Zeichnung: Auth)

„Hurra, sie zieht sich zurück!"

M 11 b

1. Erläutern Sie mit eigenen Worten die möglichen Zielbeziehungen zwischen den vier Zielen des „magischen Vierecks" (M 10, Z. 5ff.).

2. Verdeutlichen Sie, was es mit der sog. „Philips-Kurve" auf sich hat und wodurch sich die ursprüngliche von der modifizierten Phillips-Kurve unterscheidet. Erläutern Sie, welche wirtschaftlichen Situationen durch die Punkte A und B (M 10, Abb. 2) gekennzeichnet sind. Sie entsprechen in etwa der Situation der Jahre 1980 (B) und 1986 (A). Vgl. Abb. 3 und M 13.

3. Untersuchen Sie genauer die Entwicklung in der Bundesrepublik im Hinblick auf den Phillips-Zusammenhang anhand von Abb. 3 (vgl. zu den Daten M 13). – Die Darstellung betont durch die Verbindungslinien den zeitlichen Ablauf der Kombinationspunkte. Sie fasst die Gesamtentwicklung mehr oder weniger grob nach fünf Zeiträumen zusammen. Erläutern Sie, was die Verschiebung der verschiedenen Teilkurven (Phillips-Kurven-Shift) für den Phillips-Zusammenhang zu bedeuten hat. Was zeigt z. B. eine deutliche Verschiebung nach rechts an? Was bedeutet der Unterschied zwischen einer langfristigen und einer kurzfristigen Betrachtung der Phillips-Kurve?

4. Für welche Abschnitte ist ein deutlicher Entweder-oder-Zusammenhang zwischen Inflation und Arbeitslosigkeit erkennbar, für welche gilt dagegen eine Sowohl-als-auch-Beziehung (s. Abb. 3)? Wie verlief die Entwicklung z. B. in den Abschnitten 1973–1975, 1987–7986, 1986–1992? Inwiefern kann man z. B. für 1992–1993 kaum, für 1998–2003 schon eher von einem „Phillips-Zusammenhang" sprechen?

5. In einer wirtschaftswissenschaftlichen Untersuchung heißt es: „Aus dem empirischen* Zusammenhang zwischen Arbeitslosenquote und Inflationsrate in der Bundesrepublik lässt sich weder eine Bestätigung noch eine Widerlegung der Phillips-Kurve ableiten." Diskutieren Sie diese Aussage anhand von M 10 und Abb. 3 (mit Erläuterung im Kasten).

6. Erläutern Sie, in welcher Weise die Karikaturen M 11 a/b zu den Zielkonflikten Stellung nehmen.

M 12 Was bedeuten die Ziele konkret?

Das „Stabilitätsgesetz" beschreibt die vier Ziele in einer Form, die grundsätzlich offen lässt, wann (bei welchem Grad der Realisierung) sie als erfüllt gelten können oder nicht. Nun wird zwar niemand darüber streiten wollen, dass Arbeitslosigkeit von Millionen von Menschen eine deutliche Abweichung von der Norm „hoher Beschäftigungsstand" darstellt, dass man nicht mehr von „Stabilität" sprechen kann, wenn der Geldwert jährlich um 10% abnimmt, und dass ein „Minuswachstum" nicht der Forderung des Stabilitätsgesetzes entspricht. Dass es andererseits in einer Marktwirtschaft immer eine bestimmte Zahl von Arbeitslosen geben wird und dass der Geldwert nicht hundertprozentig stabil bleiben kann, ist ebenso unbestritten. Schwierig bleibt die Beurtei-

lung von Entwicklungen, die zwischen
10 den genannten Extremen liegen.
Es besteht daher die Notwendigkeit, die
gesetzlichen Zielformulierungen zu
konkretisieren, wenn man zu einem ver-
allgemeinerungsfähigen Urteil über
15 eine gegebene oder nicht gegebene
Normabweichung (und damit über eine
erfolglose oder erfolgreiche Wirtschaftspolitik) kommen will.
● Das bedeutet, dass jedem Ziel zu-
20 nächst ein **Indikator*** zuzuordnen ist,
ein „Anzeiger", eine messbare Größe,
die sozusagen stellvertretend für den betreffenden, als solchen nicht quantifi-
zierbaren Zielbegriff steht und den Be-
25 deutungsinhalt des Ziels möglichst
„gültig" erfasst. Dabei hat man sich für
folgende Indikatoren entschieden: „An-

	Arbeitslosen-quote[1]	Inflationsrate[1]	Wachstums-rate des BIP[1]
1967	0,8 (2,1)	1 (1,7)	4 (−0,3)
1969	1 (0,9)	2 (1,9)	4,5 (7,5)
1982	7 (7,5)	5 (5,2)	1−1,5 (−0,9)
1986	8,5 (9,0)	1,5−2 (−0,1)	3 (2,3)
1993	7−7,5 (9,8)	3,5 (3,6)	0−1 (−1,1)
1995	7,5−8 (10,4)	2 (1,7)	2,5 (1,7)
2000	10,2 (10,7)	1−1,5 (1,4)	2,5 (2,9)
2005	10,7 (13,0)	1,4 (2,0)	1,6 (0,9)
2007	9,6 (9,0)	2,3 (2,2)	1,7 (2,5)

[1] Zielwerte des Jahreswirtschaftsberichts (in Klammern er-reichte Ist-Werte); zu den Definitionen vgl. die Anmerkungen zu M 13.

gemessenes Wirtschaftswachstum" soll erfasst und gemessen werden an der jährlichen Verände-rung des **Bruttoinlandsprodukts**, „Stabilität des Preisniveaus" an der Entwicklung des **„Index der**
30 **Verbraucherpreise"** und „hoher Beschäftigungsstand" („Vollbeschäftigung") an der **„Arbeitslo-senquote"** (Anteil der Arbeitslosen an den Erwerbspersonen). Zum Ziel „außenwirtschaftliches Gleichgewicht" s. M 47.
● In einem *zweiten Schritt der Konkretisierung* sind nun den jeweiligen Indikatoren angestrebte quantitative „Bestwerte" zuzuordnen. Bei welcher Höhe der Arbeitslosenquote kann/soll das
35 Ziel des hohen Beschäftigungsstandes als erreicht gelten (absolute Vollbeschäftigung kann es nicht geben)? Bei welcher Höhe der Zunahme des Bruttoinlandsprodukts („Wachstumsrate") ist das Wirtschaftswachstum „angemessen"? Bei welcher Veränderung des Verbraucherpreisindex kann man das Preisniveau als „stabil" bezeichnen (völlig gleich kann der Verbraucherpreisindex nicht bleiben).
40 Diese Zielwerte sind natürlich nicht gesetzlich festgelegt, sie unterliegen der politischen Ent-scheidung der jeweiligen Regierung, die in ihrem **Jahreswirtschaftsbericht** zu Beginn eines Jah-res die von ihr angestrebten Zielwerte bekannt geben muss („Jahreszielprojektionen" nach § 2 StWG; zeitliche Festlegung als *dritte Stufe der Operationalisierung*). Sie kann sich dabei natürlich nicht am „Wünschbaren", sondern – angesichts der Ausgangslage – nur am „Machbaren" orien-
45 tieren.
Ein Vergleich der Zielprojektionen (s. Tab.; in Klammern sind die jeweils erreichten Ist-Werte angegeben) für ausgewählte Jahre (alte Bundesländer) zeigt mit aller Deutlichkeit, wie abhängig die Zielwerte von der jeweiligen wirtschaftlichen Situation sind (die Werte von 1967, dem Jahr des ersten Jahreswirtschaftsberichtes, können als die „Wunschziele" des Stabilitätsgesetzes be-
50 zeichnet werden).
(Autorentext)

Anmerkungen zu M 13 (S. 41):

[1] Prozentuale jährliche Veränderung des Bruttoinlandsproduktes bis 1970 in Preisen von 1991, ab 1971 in Preisen von 1995
[2] Prozentuale jährliche Veränderungsraten errechnet aus dem Preisindex für die Lebenshaltung aller privaten Haushalte (bezogen bis 1963 auf das jeweilige Originalbasisjahr; 1963–1990 errechnet aus Index 1985 = 100; 1992–2007 aus Index 2000 = 100)
[3] Prozentualer Anteil der registrierten Arbeitslosen an den abhängigen Erwerbspersonen (beschäftigte Arbeit-nehmer + registrierte Arbeitslose); ab 1992 in Klammern Quote für **alle** zivilen Erwerbspersonen

M 13 Wirtschaftsentwicklung der Bundesrepublik 1956 – 2007

Jahr	Wachstums-rate[1]	Preisent-wicklung[2]	Arbeits-losenquote[3]		Politisch-ökonomische Daten
1956	7,7	2,6	4,2		1948–60 Wiederaufbau und Zeit des „Wirtschaftswunders"
1957	6,1	2,1	3,5		1949–63 Regierung Adenauer (CDU/CSU u. a.)
1958	4,5	2,1	3,6		
1959	7,9	1,0	2,5		
1960	8,6	1,4	1,3		
1961	4,6	2,3	0,8		
1962	4,7	3,0	0,7		
1963	2,8	3,2	0,8		1963–66 Regierung Erhard (CDU/CSU u. FDP)
1964	6,7	2,1	0,8		
1965	5,4	3,2	0,7		
1966	2,8	3,6	0,7		1966–69 Regierung Kiesinger (CDU/CSU u. SPD)
1967	−0,3	1,7	2,1		1. Rezession
1968	5,5	1,5	1,5		
1969	7,5	2,1	0,9		1969–74 Regierung Brandt (SPD u. FDP)
1970	5,0	3,3	0,7		
1971	3,3	5,4	0,8		
1972	4,1	5,5	1,1		
1973	4,6	7,0	1,2		1973/74 1. Ölpreisschock
1974	0,5	7,0	2,6		1974 Anstieg von Löhnen und Gehältern um 11,4%
1975	−1,0	5,9	4,7		1974–82 Regierung Schmidt (SPD u. FDP)
1976	5,0	4,3	4,6		1975 2. Rezession
1977	3,0	3,7	4,5		
1978	3,0	2,7	4,3		
1979	4,2	4,1	3,8		
1980	1,3	5,5	3,8		1980 2. Ölpreisschock
1981	0,1	6,3	5,5		3. Rezession
1982	−0,8	5,3	7,5		1982 Regierung Kohl (CDU/CSU u. FDP)
1983	1,5	3,3	9,1		
1984	2,8	2,4	9,1		
1985	2,2	2,0	9,3		
1986	2,4	−0,1	9,0		
1987	1,5	0,2	8,9		
1988	3,7	1,3	8,7		
1989	3,9	2,8	7,9		
1990	5,7	2,7	7,2		1990 Deutsche Vereinigung
1992	2,2	5,1	8,5	(7,7)	Strukturwandel in Ostdeutschland
1993	−0,8	4,4	9,8	(8,9)	4. Rezession
1994	2,7	2,7	10,6	(9,6)	
1995	1,9	1,7	10,4	(9,4)	
1996	1,0	1,5	11,5	(10,4)	
1997	1,8	1,9	12,7	(11,4)	
1998	2,0	0,9	12,3	(11,1)	1998 Regierung Schröder (SPD u. Grüne)
1999	2,0	0,6	11,7	(10,5)	5. Rezession
2000	3,2	1,4	10,7	(9,6)	
2001	1,2	2,0	10,3	(9,4)	
2002	0,1	1,4	10,8	(9,8)	
2003	−0,2	1,1	11,6	(10,5)	
2004	1,1	1,6	11,7	(10,5)	
2005	0,8	2,0	13,0	(11,7)	2005 Regierung Merkel (CDU/CSU u. SPD)
2006	2,9	1,7	12,0	(10,8)	
2007	2,5	2,2	10,1	(9,0)	

(Zusammengestellt aus: Jahresgutachten des Sachverständigenrates 2007/2008 und Mitteilungen der Deutschen Bundesbank; bis 1990 westdeutsche Länder, ab 1992 Gesamtdeutschland)

1. Erläutern Sie den Begriff Indikator und grenzen Sie die genannten Konkretisierungsschritte voneinander ab (M 12).

2. Machen Sie sich die Bedeutung der Indikatoren „Arbeitslosenquote", „Preisniveaustabilität" und „Wachstumsrate des Bruttoinlandsprodukts" vorläufig anhand der Anmerkungen zu M 13, S. 40 u. klar (methodische Probleme, die mit der Festlegung der beiden erstgenannten Indikatoren verbunden sind, werden später in M 23 b und M 36 ausführlich erläutert).

3. Erläutern Sie die Probleme, die mit der Festlegung der Zielgröße verbunden sind (M 12). Wenn man von den Zielwerten des Jahres 1967 (s. Tabelle S. 40 o.), in dem das Stabilitätsgesetz verabschiedet wurde, ausgeht: In welchen (wie vielen) Jahren wurden seitdem diese Werte für Inflation und Arbeitslosigkeit erreicht (s. M 13)?

4. Warum orientiert sich die Projektion des jeweiligen Jahreswirtschaftsberichtes offenbar an den realisierbaren, nicht an den eigentlich wünschbaren Zielwerten? In welchem der aufgeführten Beispieljahre (s. Tab. S. 40 o.) hat sich die Bundesregierung insgesamt am stärksten (am schmerzlichsten) geirrt?

5. Informieren Sie sich über Art und Aufbau eines Jahreswirtschaftsberichts anhand des Berichts für 2008 (http://www.bmwi.de/BMWi/Redaktion/PDF/Publikationen/jahreswirtschaftsbericht-2008, property=pdf,bereich=bmwi,sprache=de,rwb=true.pdf). Recherchieren Sie, ob sich die Projektionen der Bundesregierung für das Jahr 2008 (S. 53 des Berichts: Wachstum: 1,7%; Inflation: 2,0%; Arbeitslosenquote: 8,2%) als realistisch erwiesen haben.

6. Nehmen Sie (möglicherweise in Gruppenarbeit) anhand von M 13 eine erste vorläufige Überprüfung der Frage vor, ob bzw. inwieweit die drei Ziele Wachstum, Vollbeschäftigung und Preisniveaustabilität in der Geschichte der Bundesrepublik „gleichzeitig" (Stabilitätsgesetz) erreicht bzw. annähernd erreicht wurden (gemessen in etwa an den Wunschzielen von 1967; vgl. Tab. S. 40 o.). Überprüfen Sie dabei auch, ob sich bestimmte typische Phasen in der zeitlichen Entwicklung der Zielbeziehungen erkennen lassen:
   – In welchen Jahren war das „gesamtwirtschaftliche Gleichgewicht" am wenigsten gefährdet, in welchen war das Ungleichgewicht am größten?
   – Von welcher Zeit an etwa lässt sich feststellen, dass die wirtschaftliche Entwicklung in allen drei Zielbereichen deutlich instabiler wurde?
   Fassen Sie die Ergebnisse Ihrer Überprüfung in möglichst präzisen Aussagen zusammen.

2. Die Entwicklung von Wachstum und Konjunktur

M 14 Wachstum „nominal" und „real"

Um das wirtschaftliche Wachstum einer Volkswirtschaft zu messen, wird die zeitliche Entwicklung des Bruttoinlandsprodukts (BIP) häufig als empirischer Indikator* verwendet. Soll das BIP in dieser Weise als Indikator eines im Zeitverlauf gewachsenen Güterbündels dienen, muss der *Wertmaßstab der Preise* von Periode zu Periode konstant bleiben. Der Ausweis des nominellen
5 BIP zu laufenden Preisen erfüllt diese Bedingung des konstanten, vergleichbaren Wertmaßstabs nicht, wenn die Reise von Periode zu Periode steigen. Bei Preisinflation dehnt sich der Wertmaßstab der Marktpreise aus, sodass ein nominelles Wachstum des BIP analytisch aus zwei Komponenten besteht, einer preislichen Inflations- und einer mengenbezogenen Wachstumskomponente. Bei allgemeinen Preisniveauänderungen fallen daher die Entwicklung des nominellen
10 BIP zu laufenden Preisen und die Wachstumskomponente auseinander. Um das wirtschaftliche Wachstum zu ermitteln, muss ein Preisindex – bezogen auf das Güterbündel des BIP – zur rech-

nerischen Bereinigung der Preisinflation verwendet werden. Der rechnerische
15 Wachstumsindikator wird als reales* (preisbereinigtes) BIP bezeichnet. Das **reale BIP** beschreibt die preisbereinigte zeitliche
20 Entwicklung des Inlandsprodukts, ausgedrückt im Preisniveau eines Basisjahres.

Ein optischer Vergleich
25 der Zeitreihen des nominellen und realen BIP der Jahre 1970–2005 zeigt, dass die Entwicklung der Nominalwerte zu über-
30 wiegenden Teilen inflationär gewesen ist; das reale Wachstum der Produktion in der BRD war erheblich bescheidener als die Dynamik des BIP zu laufenden Preisen (s. Abb. 1 und 2).

(Heinz Dieter Hardes/Alexandra Uhly [= M 5], S. 282)

Abb. 1: Entwicklung des nominellen und realen Bruttoinlandsprodukts, BRD (bis 1990: D-West) 1970–2005 (Index 1970 = 100)

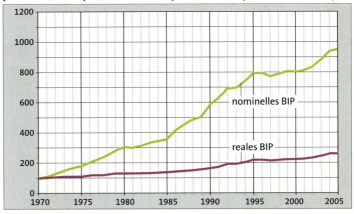

Abb. 2

Bruttoinlandsprodukt					
	in jeweiligen Preisen		preisbereinigt		
Jahr	Mrd. EUR	Veränderung gegenüber Vorjahr in %	Kettenindex 2000 = 100	Veränderung gegenüber Vorjahr in %	Mrd. EUR
1991	1 534,60	x	85,36	x	1 760,55
1992	1 646,62	7,3	87,26	2,2	1 799,74
1993	1 694,37	2,9	86,56	−0,8	1 785,30
1994	1 780 78	5,1	88,86	2,7	1 832,74
1995	1 848,45	3,8	90,54	1,9	1 867,39
1996	1 876,18	1,5	91,44	1,0	1 885,95
1997	1 915,58	2,1	93,09	1,8	1 919,98
1998	1 965,38	2,6	94,98	2,0	1 958,96
1999	2 012,00	2,4	96,89	2,0	1 998,36
2000	2 062,50	2,5	100,00	3,2	2 062,50
2001	2 113,16	2,5	101,24	1,2	2 088,08
2002	2 143,18	1,4	101,24	0,0	2 088,08
2003	2 163,80	0,9	101,02	−0,2	2 084,16
2004	2 211,20	2,1	102,09	1,1	2 110,14
2005	2 244,60	1,5	102,89	0,8	2 129,33
2006	2 322,20	3,4	105,84	2,9	2 191,08
2007	2 423,80	4,4	108,47	2,5	2 245,86

Für die Zeit ab 1991 hat das Statistische Bundesamt im Jahre 2005 ein neues Verfahren der Preisbereinigung angewendet. Während bis 1990 der „reale" Wert des BIP durch Umrechnung der „jeweiligen Preise" auf die Preise eines „Basisjahres" (1991 bzw. 1995) errechnet wurde, wird nunmehr der BIP-Wert in Preisen des *jeweiligen Vorjahres* ausgewiesen und dann als Indexzahl (2000 = 100) ausgewiesen (sog. „Kettenindex").

(Horst Wagenblaß, Volkswirtschaftslehre, öffentliche Finanzen und Wirtschaftspolitik, C. F. Müller Verlag, Heidelberg, 8. Aufl. 2008, S. 99; aktualisiert)

M 15 Bergauf oder bergab? – Zwei Darstellungsformen der Entwicklung des Bruttoinlandsprodukts

M 15 a

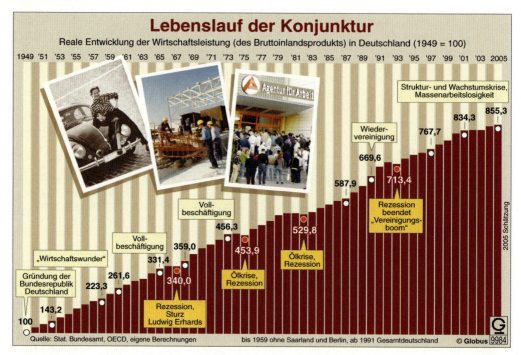

Lebenslauf der Konjunktur

Reale Entwicklung der Wirtschaftsleistung (des Bruttoinlandsprodukts) in Deutschland (1949 = 100)

1949 '51 '53 '55 '57 '59 '61 '63 '65 '67 '69 '71 '73 '75 '77 '79 '81 '83 '85 '87 '89 '91 '93 '95 '97 '99 '01 '03 2005

Struktur- und Wachstumskrise, Massenarbeitslosigkeit

855,3
834,3
767,7
Wiedervereinigung
669,6
713,4
587,9
Rezession beendet „Vereinigungs-boom"
529,8
Voll-beschäftigung
456,3
453,9
Ölkrise, Rezession
Voll-beschäftigung
359,0
331,4
340,0
„Wirtschaftswunder"
261,6
Ölkrise, Rezession
223,3
Gründung der Bundesrepublik Deutschland
143,2
Rezession, Sturz Ludwig Erhards
100

2005 Schätzung

Quelle: Stat. Bundesamt, OECD, eigene Berechnungen   bis 1959 ohne Saarland und Berlin, ab 1991 Gesamtdeutschland   © Globus 9984

M 15 b

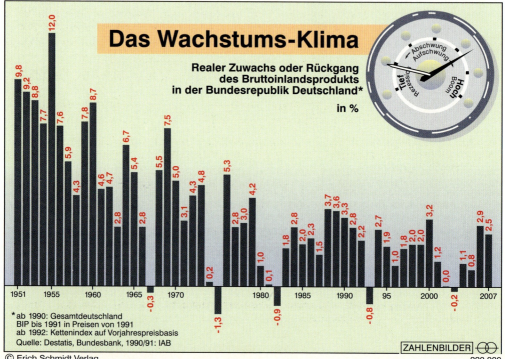

Das Wachstums-Klima

Realer Zuwachs oder Rückgang des Bruttoinlandsprodukts in der Bundesrepublik Deutschland* in %

Abschwung Aufschwung
Tief
Rezession
Hoch
Boom

9,8 9,2 8,8 7,7 12,0 7,6 5,9 4,3 7,8 8,7 4,6 4,7 2,8 6,7 5,4 2,8 5,5 5,0 3,1 4,8 0,2 2,8 3,0 5,3 1,0 4,2 0,1 1,8 2,8 2,0 2,3 1,5 3,7 3,6 3,3 2,8 2,2 2,7 1,9 1,0 1,8 1,8 2,0 3,2 1,2 0,0 1,1 0,8 2,9 2,5

-0,3 -1,3 -0,9 -0,8 -0,2

1951   1955   1960   1965   1970   1980   1985   1990   95   2000   2007

*ab 1990: Gesamtdeutschland
BIP bis 1991 in Preisen von 1991
ab 1992: Kettenindex auf Vorjahrespreisbasis
Quelle: Destatis, Bundesbank, 1990/91: IAB

ZAHLENBILDER ⊕

220 000

M 15 c „Wachstumsraten sind relative Zahlen"

[Bei der Betrachtung des prozentualen Zuwachses des Bruttoinlandsprodukts] sollte man sich der Tatsache bewusst sein, dass es sich bei **Wachstumsraten** stets um Relativzahlen handelt. Ein bestimmter prozentualer Zuwachs gewinnt erst dann an Aussagekraft, wenn man die Prozentzahl in Verbindung mit dem *Ausgangsniveau* sieht. So kann ein Entwicklungsland eine zweistel-
5 lige Wachstumsrate aufweisen, obwohl die Menschen dort wegen des sehr niedrigen Ausgangsniveaus weiterhin mit einer äußerst schlechten Güterversorgung leben müssen. Umgekehrt suggerieren etwa geringe Wachstumsraten in Industrieländern eine wirtschaftliche „Katastrophe", obwohl das Versorgungsniveau bereits sehr hoch ist und sogar noch weiter wächst. Die Vorstellung, eine Gesellschaft könne auf Dauer mit einer konstant hohen Wachstumsrate wach-
10 sen, ist zumindest für hochentwickelte Volkswirtschaften schlicht unrealistisch. Eine konstante Wachstumsrate würde ja bedeuten, dass eine Volkswirtschaft exponentiell wächst. Je reicher die Menschen werden, umso größer würde auch der absolute Wohlstandszuwachs. Bereits von daher ist es wenig erstaunlich, dass sich die Zuwachsraten des Inlandsprodukts in Westdeutschland im Trend immer weiter abgeflacht haben.
15 Für die Aussagefähigkeit des Inlandsprodukts bzw. dessen Entwicklung spielt des Weiteren die Entwicklung der **Bevölkerung** eine entscheidende Rolle. Wächst das reale Inlandsprodukt genauso schnell, wie die Bevölkerung zunimmt, so liegt quasi ein stationärer Zustand vor. Das Pro-Kopf-Realeinkommen der Bevölkerung steigt erst dann, wenn die Zuwachsrate des realen Inlandsprodukts über dem Bevölkerungswachstum liegt. Aussagekräftiger als das Inlandsprodukt
20 ist daher das *Pro-Kopf-Inlandsprodukt*. Speziell in Entwicklungsländern ist zu beobachten, dass das Inlandsprodukt zwar wächst, infolge eines noch schnelleren Wachstums der Bevölkerung ist jedoch pro Kopf ein Verarmungsprozess zu konstatieren.

(Gerhard Mussel/Jürgen Pätzold, Grundfragen der Wirtschaftspolitik, Verlag Vahlen, München, 6. Aufl. 2005, S. 155 f.)

1. Machen Sie deutlich, warum ein „vergleichbarer Wertmaßstab" notwendig ist, wenn man die Entwicklung des Bruttoinlandsprodukts als „Güterbündel" im Zeitverlauf beurteilen will (M 14). Auf welche Weise wird das „reale" BIP des jeweiligen Jahres ermittelt? Welches Verfahren (Stichwort „Kettenindex") wendet das Statistische Bundesamt an (s. Anmerkung zu Abb. 2, S. 43 u.)?

2. Um die Bedeutung des Begriffs „Wachstumsrate" (Veränderungsrate) konkret nachzuvollziehen, sollten Sie diese Größe (reale prozentuale Veränderung gegenüber dem Vorjahr) an ein oder zwei Beispielen selbst berechnen und das Ergebnis an den entsprechenden Werten in der Tabelle (Abb. 2) überprüfen.

3. Werfen Sie einen vorläufigen Blick auf die beiden verschiedenen grafischen Darstellungen (M 15a/b) und beschreiben Sie zunächst die unterschiedlichen Eindrücke, die die Darstellungen beim Betrachten hervorrufen. Analysieren Sie nun, worauf die unterschiedlichen Darstellungen und die dadurch erzeugten Eindrücke beruhen: Was stellen die Säulen in M 15a, was in M 15b dar?

4. Für welche Zeitabschnitte sind die unterschiedlichen Eindrücke, die beide Darstellungen vermitteln, am auffälligsten (s. z. B. die Jahre 2001 – 2003)? Wie ist das zu erklären? Stimmen Sie der Aussage zu: „Relative Werte (M 15b) verstellen den Blick für Reales (M 15a)"?

5. Im Hinblick auf die Darstellung M 15b spricht man häufig von einer „Verlangsamung des Wachstumstempos" oder von einem „negativen Wachstumstrend". Machen Sie deutlich, was es bei dieser Betrachtungsweise zu bedenken gilt (M 15c). Welche Rolle spielt bei Prozentangaben das „Ausgangsniveau" (der sog. „Basiseffekt*")? Welche Aussagekraft hat das Pro-Kopf-BIP?

6. Berechnen Sie für das deutsche Pro-Kopf-BIP (2004: 26 400, 2005: 26 600, 2006: 27 400) die Steigerungsraten 2005 und 2006 und vergleichen Sie sie mit den Raten für das gesamte reale BIP (Abb. 2).

7. Welche Darstellungsform der Wachstumsentwicklung halten Sie für die korrekteste bzw. sinnvollste? Begründen Sie Ihre Entscheidung.

M 16 **Konjunktur und Konjunkturzyklus**

Als **Konjunktur** bezeichnet man die Gesamtsituation einer Volkswirtschaft, die sich aus der gleichzeitigen Betrachtung (lat.: *conjungere* = zusammenfügen) verschiedener volkswirtschaftlicher Größen ableitet. Die Entwicklung der Konjunktur ist von wellenförmigen Schwankungen gekennzeichnet.

5 Diese Konjunkturschwankungen lassen sich auf verschiedene Weise erfassen. Zunächst einmal bedeuten Konjunkturschwankungen, dass das gegebene **Produktionspotenzial** einer Volkswirtschaft unterschiedlich stark ausgelastet wird; dies wird in Abschnitt c (S. 48) noch näher betrachtet werden. Die Wachstumsrate des realen Bruttoinlandsprodukts (BIP) unterliegt Schwankungen. Üblicherweise zieht man diese Größen zur Darstellung der Konjunkturbewegungen 10 heran (vgl. die Darstellung M 15 b).

Abgesehen von den Jahren 1967, 1975, 1982, 1993 und 2003 ist das BIP in der Bundesrepublik in jedem Jahr gewachsen, wobei aber die „Geschwindigkeit" des Wachstums (die Wachstumsrate) unterschiedlich war (s. M 15 b). Lediglich in den genannten Jahren ist das BIP real tatsächlich kleiner geworden. Um bei der Geschwindigkeitsanalogie zu bleiben: Aus der Vorwärtsbewegung 15 ist – nach Bremsen und Stillstand – eine Rückwärtsbewegung geworden. Daraus leiten sich auch die im Sprachgebrauch üblichen Begriffe des **„Nullwachstums"** bzw. des **„negativen Wachstums"** ab, womit eine absolute und nicht nur relative Verkleinerung des BIP bezeichnet wird.

a) Konjunkturzyklus

Wenn man die Wachstumsraten des realen BIP im Zeitablauf grafisch darstellt, so ergibt sich ein 20 typischer „S"-förmiger Verlauf (Sinuskurve), den man in verschiedene Phasen unterteilt. An einen Tiefststand (**Talsohle**) schließt sich der **Aufschwung** (bzw. Expansion oder Erholung) an. Danach beginnt die **Hochkonjunktur** (bzw. **Boom** oder Anspannung), die nicht exakt als Punkt, sondern allenfalls als Bereich bestimmt werden kann. Die Hochkonjunktur geht über in die Krise[1], und der Aufschwung kippt um in einen **Abschwung** (**Rezession**, Entspannung, Abschwä-

---

[1] Im Sprachgebrauch wird als ‚Krise' auch die Talsohle im Sinne von ‚Wirtschaftskrise' bezeichnet.

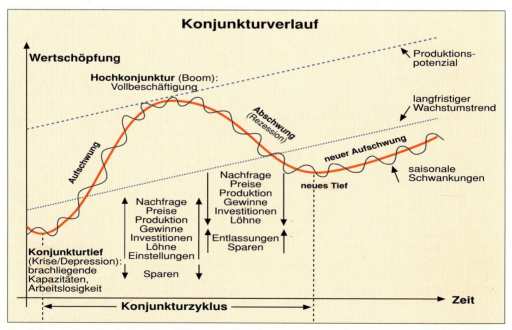

(Bundesverband deutscher Banken (Hg.): SCHUL/BANK Wirtschaft, Materialien für den Unterricht, Kapitel 2.5/5, 1995)

25 chung, Kontraktion). Dieser setzt sich fort bis zu einem neuen Tiefststand, wonach sich der Phasenablauf wiederholt. Das Durchlaufen aller Phasen bezeichnet man als **Konjunkturzyklus**.

● Der *Begriff „Rezession"* wird in der Literatur allerdings unterschiedlich verwendet. Nach unserem Verständnis bezieht sich Rezession (von lat.: *recedere* = zurückgehen) auf eine Verringerung des betrachteten Wachstums*indikators*, also z. B. der Wachstumsrate des realen BIP. Sinkt
30 diese unter die Vorjahreswerte ab, so wächst das Inlandsprodukt zwar noch absolut, aber langsamer bzw. weniger als vorher. In Analogie von „Wachstum" zu „Geschwindigkeit" eines Autos bedeutet Rezession ‚Bremsen', also eine Verringerung der Geschwindigkeit, wobei das Auto aber noch vorwärtsfährt. Eine Rezession ist also eine *Verringerung der Wachstumsrate* des Inlandsprodukts, was ein absolutes (aber geringeres) Wachstum des Inlandsprodukts nicht ausschließt.
35 ● Andere Ökonomen vertreten die Auffassung, dass der Begriff Rezession im Gegensatz zu einem bloßen Abschwung mit sinkenden positiven Wachstumsraten einen absoluten Rückgang des BIP, also *negative* Wachstumsraten voraussetzt (das Auto fährt rückwärts). Diese Interpretation ist zwar verständlich, vor allem aus Politikermund, weil dann von 1983–92 ein anhaltender Aufschwung vorgelegen hätte, ist aber sachlich falsch: Ich bin vielmehr der Meinung, dass jeder
40 *Rückgang der Wachstumsraten* des BIP (jede Verringerung der Vorwärtsbewegung), egal ob mit positiven oder negativen Werten, eine Rezession – nur mit unterschiedlicher Schärfe – darstellt. „Aufschwung" impliziert somit „Wachstum", doch kann umgekehrt Wirtschaftswachstum auch in Abschwungphasen vorliegen und ist nicht synonym mit Aufschwung. [...] Abb. M 14 b macht deutlich, dass es seit dem 2. Weltkrieg zweifelsfrei diverse Konjunkturabschwünge (= Rezessio-
45 nen) gegeben hat. [...] Eine positive Wachstumsrate ist folglich *nicht* zwangsläufig gleichbedeutend mit Aufschwung; hierfür sind ‚zunehmende' Wachstumsraten erforderlich.

(Jörn Altmann, Wirtschaftspolitik, Lucius & Lucius, Stuttgart, 8. Aufl. 2007, S. 56 ff.)

b) Typische Merkmale von Konjunkturphasen

Für die einzelnen Phasen sind jeweils bestimmte Entwicklungen in den Bereichen des Investitionsverhaltens der Unternehmer, der Lohn- und Preisentwicklung und des Beschäftigungsstan-
50 des typisch, die sich – in Kürze und auf die wichtigsten Aspekte reduziert – so beschreiben lassen (vgl. die Angaben in der Abb. S. 46). Wie bei der Abb. handelt es sich auch hier um eine „idealtypische*" Betrachtung: Von einem wirklichen „Boom" und damit verbundenem „Arbeitskräftemangel" kann in Deutschland seit vielen Jahren keine Rede mehr sein.

„Im **Konjunkturaufschwung**, der im Wesentlichen durch Nachfrage- und Produktionssteige-
55 rungen gekennzeichnet ist, sind die Wirtschaftseinheiten in der Regel optimistisch gestimmt. Die Unternehmer rechnen mit einer günstigen Absatzlage. Sie nehmen verstärkt Investitionen vor und stellen zusätzliche Arbeitskräfte ein. In der anschließenden **Hochkonjunktur** (Boom) steigen angesichts zunehmenden Arbeitskräftemangels die Löhne und somit die Haushaltseinkommen. Steigende Konsumausgaben treiben die Preise auf den Gütermärkten in die Höhe. Der
60 **Konjunkturabschwung** (zunächst als Rezessionsphase, später möglicherweise in eine Depressionsphase mündend) ist durch stagnierende bzw. rückläufige Nachfrage und Produktion gekennzeichnet. Es entstehen unterausgelastete Kapazitäten, Arbeiter werden entlassen. Die optimistischen und vor allem in der Hochkonjunktur übertriebenen Erwartungen sind in pessimistische Erwartungen umgeschlagen: Sie verstärken sich im Verlaufe des Konjunkturabschwungs
65 regelmäßig noch. Erst nach Durchschreiten der psychologischen Talsohle zeigen sich wieder optimistische Einschätzungen der wirtschaftlichen Entwicklung; diese bereiten den Boden für einen neuerlichen Konjunkturaufschwung. (Henrichsmeyer/Gans/Evers, Einführung in die Volkswirtschaftslehre, Stuttgart 1993, S. 27)

Schwierigkeiten bereitet der Versuch, die einzelnen Phasen des Konjunkturzyklus klar voneinander
70 abzugrenzen. Wann genau z. B. der Aufschwung in den Boom übergeht, lässt sich nicht sagen. Der gesamte Zyklus wird jedoch üblicherweise dadurch abgegrenzt, dass die *Aufschwungphase* (und damit ein neuer Zyklus) in dem Jahr beginnt, dessen *Wachstumsrate* (des realen BSP) *erstmalig höher liegt als im Vorjahr*, in dem also der Abschwung mit seinen sinkenden Wachstumsraten endet.

(Autorentext)

> **Auslastungsgrad**: Prozentsatz, bis zu dem die Produktionskapazität* (Maschinen, Anlagen, Arbeitskräfte) eines Betriebs tatsächlich ausgenutzt wird; gesamtwirtschaftlich das Verhältnis des tatsächlich erwirtschafteten Sozialprodukts zum Produktionspotenzial.*
> (Autorentext)

c) Konjunktur und Wachstum

75 Die beiden Begriffe Konjunktur- und Wachstumsentwicklung werden im allgemeinen Sprachgebrauch nicht selten synonym gebraucht. Das folgende Zitat zeigt aber, dass man zwischen *Konjunktur* und *Wachstum* un-80 terscheiden muss. Aus dieser Unterscheidung ergibt sich sodann die Frage, die im folgenden Abschnitt beantwortet werden soll. Wodurch wird das Wachstum der Produktionskapazität bestimmt?

„Es ist heute in der praktischen Wirtschaftsanalyse üblich, zwischen dem Wachstum der Produk-85 tionskapazität (dem sog. **Produktionspotenzial**) und ihrer Auslastung, gemessen am tatsächlichen Sozialprodukt, zu unterscheiden. Die Messung des *Wirtschaftswachstums* stellt dabei auf den Zuwachs des Produktionspotenzials ab, während der *Konjunkturverlauf* danach beurteilt wird, in welchem Ausmaß das Produktionspotenzial durch die tatsächliche Produktion (gemessen am realen Bruttoinlandsprodukt) ausgelastet wird: Ein sinkender Auslastungsgrad bedeutet 90 danach Rezession, während ein steigender Auslastungsgrad mit wirtschaftlicher Aufwärtsentwicklung (Prosperität) identifiziert wird." (Ulrich van Suntum, Angemessenes und stetiges Wirtschaftswachstum, Beilage zu Das Parlament B 18/19, 27.4.1990, S. 7)

Ein Vergleich des Produktionspotenzials (also der Produktionsleistung, die bei voller Auslastung aller Produktionsfaktoren [Maschinen, Gebäude, Erwerbspersonen] möglich wäre) mit der tat-95 sächlich erzeugten Gütermenge (= Bruttoinlandsprodukt) lässt erkennen, inwieweit (vollständig oder nur zu einem gewissen Teil) die vorhandenen Produktionskapazitäten ausgelastet wurden, und gibt damit Aufschluss über die Konjunkturentwicklung (s. die folgende Abb.).
(Autorentext)

Abb.: Produktionspotenzial und tatsächliche Entwicklung des realen BIP

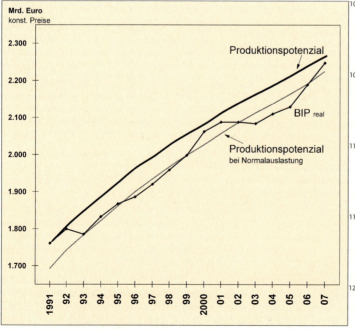

Quelle: Jahresgutachten des Sachverständigenrates 2007/08, S. 451

Schätzungen [des Sachverständigenrates] zufolge 100 ist das Produktionspotenzial in den Neunzigerjahren jahresdurchschnittlich um knapp 2 Prozent gewachsen. Im ersten Jahr-105 zehnt dieses Jahrhunderts hat sich das Potenzialwachstum dagegen auf nur noch knapp 1,4 Prozent jahresdurchschnitt-110 lich abgeflacht. Für die gesamte Schätzperiode 1991 bis 2012 ergibt sich ein Anstieg des Produktionspotenzials um etwa 42 Pro-115 zent. Die tatsächliche Entwicklung des realen Bruttoinlandsprodukts lag teils unter, teils über dem Wert des jeweiligen Produk-120 tionspotenzials.
(Jürgen Pätzold/Daniel Baade, Stabilisierungspolitik, Verlag Franz Vahlen, München, 7. Aufl. 2008, S. 27; Grafik S. 28)

1. *Grenzen Sie die Begriffe Konjunktur, Konjunkturschwankungen, Konjunkturphase und Konjunktur-zyklus möglichst exakt voneinander ab und erläutern Sie die begrifflichen Unklarheiten, die sich bei den Phasenbezeichnungen feststellen lassen (M 16a). Stellen Sie fest, in welcher Konjunkturphase (nach der begrifflichen Abgrenzung des Autors) sich Deutschland im Jahre 2007 befand (s. M 15b), und erkunden Sie den aktuellen Stand der Konjunkturentwicklung.*

2. *Zur kurzen Beschreibung des typischen Verlaufs einzelner Phasen des Konjunkturzyklus (M 16b) und dabei zu beobachtender Merkmale können Sie die empirischen Daten vergleichen, z. B. für die Jahre 1987–1990 (Investitionen: M 18a; private Konsumnachfrage: M 18b; Beschäftigung und Arbeitslosigkeit: M 26, M 27).*

3. *Machen Sie sich klar, wie Konjunktur und Wachstum unterschieden werden, und erläutern Sie dazu die Begriffe Produktionspotenzial (Produktionskapazität) und Auslastungsgrad (M 16c).*

4. *Das gesamtwirtschaftliche Produktionspotenzial wird vom Sachverständigenrat auf sehr komplizierte (seit 1990 leicht veränderte) Weise berechnet, die wir hier nicht vorführen können. Wichtig zu wissen ist aber, dass darin nicht nur der Unternehmenssektor, sondern z. B. auch die Beiträge des Staates und der privaten Haushalte zur realen Bruttowertschöpfung* berücksichtigt werden. Den „normalen" Auslastungsgrad (95%) bestimmt der Sachverständigenrat nach dem „langfristigen Durchschnitt" der Jahre 1963–1993. Beschreiben Sie anhand der Grafik S. 48 u. die Entwicklung des Produktions-potenzials in diesem Verständnis und die des realen BIP (Konjunkturentwicklung) seit 1991 und vergleichen Sie diese Darstellung mit der „idealtypischen*" in M 16b und den Daten in M 15b.*

Ursachen von Konjunkturschwankungen – Faktoren der gesamtwirtschaftlichen Nachfrage

In der wirtschaftswissenschaftlichen Literatur gibt es eine Vielfalt von Theorien, welche die Ursa-chen von Konjunkturschwankungen zu bestimmen versuchen (**Konjunkturtheorien**). Keine von ihnen kann bisher für sich in Anspruch nehmen, eine allgemein gültige und bestätigte Erklärung zu liefern. Das liegt offenbar auch darin begründet, dass die auslösenden Momente eines Auf- und Abschwungs im Einzelfall zu vielfältig und unterschiedlich sind, als dass sie auf einen dominie-renden Faktor zurückgeführt werden könnten, wie es die meisten Theorien versuchen (*monokau-sale* Theorien*).

Keine Rolle spielt heute mehr die sog. *Sonnenfleckentheorie* (von Jevons, 1835–1882), die Wirt-schaftskrisen durch periodisch auftretende Sonnenflecken und dadurch bedingte Missernten (in deren Folge: Preissteigerungen im Agrarbereich und abnehmende Nachfrage nach Industriegü-tern) zu erklären versuchte. Sie ist das typische Beispiel einer exogenen (die Ursachen in außer-wirtschaftlichen Faktoren suchenden) Theorie.

Bis zur Zeit der Weltwirtschaftskrise* (1929–1933) herrschte in den Wirtschaftswissenschaften die Lehre der **Klassiker***, die der festen Überzeugung waren, dass in einer freien marktwirtschaft-lichen Ordnung längerfristige Krisen nicht auftreten könnten. Diese Überzeugung basierte auf der Annahme, dass auf den Märkten eine Tendenz zum Ausgleich zwischen Angebot und Nachfrage herrsche und sich daraus von selbst ein ständiges Gleichgewicht herstelle. Es wurde lediglich zu-gestanden, dass es kurzfristig und vorübergehend in einzelnen Bereichen zu Absatzstockungen kommen könne. Falls trotzdem Krisen aufträten, könnten sie nur durch exogene Faktoren, mögli-cherweise sogar durch das Eingreifen des Staates, verursacht werden. Ansonsten gelte der Grund-satz, dass jede Produktion sich ihre Nachfrage schaffe, weil durch die Entlohnung des Einsatzes von Kapital und Arbeit Einkommen entstünden, die den Verkauf der Produktion sicherstellten (sog. *Say'sches Theorem*, vgl. dazu später M 56b).

Nach **Joseph A. Schumpeter** (1883–1950) ergeben sich (langfristige) zyklische Schwankungen aus der technologischen und der dadurch bedingten industriellen Entwicklung. Einzelne „dynamische Unternehmer" vollbringen „Pionierleistungen", indem sie neue technische Erfindungen („Inven-tionen") in ihren Unternehmen verwerten („Innovationen*") und die übrige Wirtschaft zur Anpas-sung an den Fortschritt zwingen (Preissenkungen, Produktionsumstellungen, Investitionen*).

Der österreichische Volkswirtschaftler und Sozialwissenschaftler **Joseph A. Schumpeter** lebte von 1883 bis 1950. Er war seit 1909 Professor, unter anderem in Graz (1911 bis 1919), Bonn (1925 bis 1932) und seit 1932 an der Harvard University (USA). Schumpeter entwickelte eine Theorie der wirtschaftlichen Entwicklung des kapitalistischen* Wirtschaftssystems, die er durch innerwirtschaftliche Veränderungen erklärte. [...] Den durch den Wettbewerb ausgelösten *Prozess der „schöpferischen Zerstörung"*, d. h. der ständigen Erneuerung und Verbesserung der Produktionsverfahren und Erzeugnisse [...], bei dem alte Güter und Produktionsverfahren ständig durch neue ersetzt werden, sieht Schumpeter als Motor der wirtschaftlichen Entwicklung. Eine zentrale Rolle spielt dabei der *„dynamische"*, der schöpferische, einfallsreiche *Unternehmer*, der durch neue Ideen und den Einsatz neuer Produktionsmethoden, Techniken und Verarbeitungsmöglichkeiten den wirtschaftlichen und technischen Fortschritt immer wieder vorantreibt. [...]

(Foto: Bilderdienst Süddeutscher Verlag)

Damit leistete Schumpeter einen wichtigen Beitrag zur Konjunkturtheorie. Er befürchtete aber auch das Ende des Kapitalismus*, da der innovative* Prozess vor allem durch Bürokratisierung in den Unternehmen und eine verstärkte Rolle des Staates erlahme. Schumpeter gilt als einer der einflussreichsten Volkswirtschaftler des 20. Jahrhunderts.

(Das Lexikon der Wirtschaft, Bibliographisches Institut & Fa. Brockhaus AC, Mannheim, 2. Aufl. 2004, Lizenzausgabe für die Bundeszentrale für politische Bildung, Bonn 2004, S. 44)

Nach vollzogener Anpassung setzt ein neuer „Schub" ein, sobald dynamische Unternehmer wieder neue Erfindungen anwenden (vgl. Kasten).

Einen gegenüber den Klassikern neuen Erklärungsansatz lieferte der englische Nationalökonom John Maynard **Keynes*** (1883–1946). Keynes setzte zur Erklärung von Konjunkturschwankungen bei der *gesamtwirtschaftlichen Nachfrage* an, die sich in vier Sektoren (s. M 17a) unterteilen lässt: *die Konsumgüternachfrage der privaten Haushalte, die Investitionsgüternachfrage der privaten Unternehmen, die Nachfrage des Staates* (Staatsverbrauch und Investitionen) und die *Nachfrage des Auslandes*. Hauptursache für konjunkturelle Schwankungen sind nach Keynes *Schwankungen der Investitionsgüternachfrage der privaten Unternehmen*. Wir wollen im Folgenden die Keynes'sche Konjunkturerklärung zum Ausgangspunkt nehmen für eine nähere Untersuchung des Einflusses der einzelnen Nachfragekomponenten, insbesondere der Investitions- und der privaten Konsumnachfrage, auf die Konjunkturentwicklung.

Der **quantitative** Anteil der vier Faktoren der gesamtwirtschaftlichen Nachfrage entwickelte sich seit 1991 wie folgt (vollständige Daten: www.ec.destatis.de, Fachserie 18, Reihe 1.1; Tab. 1.3):

Der Anteil der *privaten Konsumausgaben* lag zwischen 57,3 % (1991) und 59,5 % (2003; 2005: 59,3 %). Die *gesamte Investitionsgüternachfrage* (Staat und Unternehmen) entwickelte sich rückläufig von 24 % (1991) auf 17,2 % (2005). Der *staatliche Konsum* schwankte nur geringfügig zwischen 19,1 % (1991) und 18,5 % (2005), während der *Außenbeitrag* von −0,4 (1991) auf 5,0 % (2005) zunahm.

1. *Erläutern Sie mit eigenen Worten die unterschiedlichen Erklärungsansätze zu Konjunkturschwankungen bei den Klassikern, bei Schumpeter und bei Keynes (Einleitungstext S. 49f.).*

2. *Erläutern Sie (möglichst an konkreten Beispielen) die einzelnen Faktoren von Nachfrage und Angebot (M 17a). Sie können dabei für die Nachfrage ggf. zurückgreifen auf M 4b (Verwendungsrechnung des BIP) und M 4c (Einkommen). Vgl. auch die Übersicht S. 18.*

3. *Beschreiben Sie, an welchen Stellen des Schemas M 17a die im Folgenden genannten wirtschaftspolitischen Maßnahmen ansetzen und welche (wachstumsfördernden oder hemmenden) Veränderungen sie tendenziell hervorrufen könnten (vorausgesetzt, dass die übrigen Bedingungsfaktoren gleich bleiben):*

– *Erhöhung der Unternehmenssteuern (Gewerbesteuer, Körperschaftssteuer),*
– *Kürzung staatlicher Transferzahlungen* (z. B. des Kindergeldes) an private Haushalte,*
– *Erhöhung der Kreditzinsen durch die Zentralbank,*
– *Senkung der Einkommensteuer,*
– *Erhöhung der Rohölpreise durch Beschluss der OPEC.**

▰ **M 17 a** Bestimmungsfaktoren der gesamtwirtschaftlichen Entwicklung

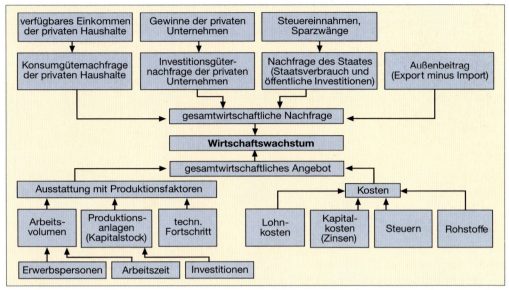

(© Globus)

▰ **M 17 b** Der Einfluss der Nachfragekomponenten auf die Konjunkturentwicklung

Eine genauere Analyse konjunktureller Abläufe zeigt, dass Niveau und Entwicklung des **aktuellen Produktionsvolumens** – und damit des Auslastungsgrades* der volkswirtschaftlichen Produktionskapazitäten – entscheidend vom Niveau und der Entwicklung der einzelnen **Nachfrageaggregate** determiniert werden. [...]

5 Ein wichtiger Baustein zur Analyse konjunktureller Dynamik ist das Verständnis darüber, welchen Einfluss die einzelnen Nachfragekomponenten auf die gesamtwirtschaftliche Entwicklung nehmen. [Die folgende] Übersicht gibt einen Überblick über Erkenntnisse zum Wirkungszusammenhang aus der empirischen Konjunkturforschung.

Nachfragekomponente		Wirkungstendenz
Privater Konsum	C_{pr}	–
Private Investitionstätigkeit	I_{pr}	+
Staatsnachfrage	A_{st}	+
Auslandsnachfrage	Ex-Im	+/–

Anmerkung: + = Zyklusverstärker, – = Zyklusdämpfer

(1) Die **private Konsumgüternachfrage** hat einen retardierenden Einfluss auf die gesamtwirtschaftliche Ent-
10 wicklung. Im Aufschwung liegt die Wachstumsrate des privaten Verbrauchs häufig unter, im Abschwung häufig über der des Bruttoinlandsprodukts. Der private Verbrauch kann somit als **„Zyklusdämpfer"** eingestuft werden. [...] Das schwache zyklische Muster der Entwicklung der Konsumnachfrage schließt allerdings nicht aus, dass Änderungen im Konsumverhalten nicht doch einen maßgeblichen Einfluss auf die konjunkturelle Entwicklung der Gesamtwirtschaft haben. Unterstellt man, dass die private Investitionstätigkeit über-
15 proportional auf Veränderungen der privaten Konsumnachfrage reagiert, so bewirken geringe Veränderungen beim Konsum überproportionale Ausschläge der privaten Investitionstätigkeit.

(2) Die **private Investitionsgüternachfrage** zählt zu den „**Zyklusverstärkern**". Dies gilt speziell für die Bruttoanlageinvestitionen und nur bedingt für die Lagerinvestitionen. Die Anlageinvestitionen beeinflussen einerseits über den *Nachfrageeffekt der Investitionstätigkeit* den Auslastungsgrad der Produktionskapazitäten, sie
20 bestimmen jedoch andererseits über ihren Kapazitätseffekt entscheidend die künftige Zuwachsrate der Ka-
pazitätsentwicklung, also die Zuwachsrate des Produktionspotenzials*. [...] Als *Bestimmungsgründe der Investitionsgüternachfrage* fungieren vor allem die *Gewinnerwartungen der Unternehmen*. Diese hängen ihrerseits
von der erwarteten Umsatzentwicklung (erwarteter Absatz mal erwarteter Produktpreis) und der künftigen
Kostenentwicklung ab. Die Vielfalt der Investitionsdeterminanten und die faktische Unmöglichkeit, die
25 funktionellen Zusammenhänge eindeutig zu quantifizieren, wirft in der Praxis erhebliche Prognose- und
wirtschaftspolitische Steuerungsprobleme auf. [...]
(3) Die **Staatsnachfrage** setzt sich aus der staatlichen Investitionstätigkeit (Infrastrukturausgaben*) und dem
staatlichem Verbrauch (insbesondere die unentgeltliche Bereitstellung öffentlicher Dienstleistungen und
militärische Ausgaben) zusammen. Sie dienen der Bereitstellung öffentlicher Güter*, also von materiellen
30 Gütern (insbesondere Infrastruktur) und vor allem Dienstleistungen.
Speziell die **Investitionstätigkeit** des Staates entwickelt sich in der Realität eher **parallel zur Konjunktur** als
entgegengesetzt; Die Schwankungsintensität ist jedoch i. d. R. geringer als die der privaten Investitionsnachfrage. Die staatliche Verbrauchsentwicklung ist dagegen relativ stetig. Insgesamt hat die Finanzpolitik – ent-
gegen der vorherrschenden Lehrbuchvorstellung – eher prozyklisch* auf die Konjunkturentwicklung einge-
35 wirkt. Eine antizyklische* Gestaltung der öffentlichen Haushalte ist kaum zu beobachten! Speziell die **öffent-**
liche Ausgabenpolitik erweist sich per Saldo in der Realität als **Zyklusverstärker**.
(4) Die **Auslandsnachfrage** hat sich in der Bundesrepublik **sowohl als Zyklusverstärker als auch als Zyklus-**
dämpfer erwiesen. Die Bestimmungsfaktoren des Außenbeitrages sind vielfältig. Zu den wesentlichsten
Determinanten zählen die Entwicklung der Gesamtnachfrage im Ausland im Verhältnis zur Nachfrageent-
40 wicklung im Inland, die Preisniveauentwicklung im Ausland im Vergleich zu der im Inland, die Wechselkurse*, Zölle, Export- bzw. Importsteuern, nicht-tarifäre Handelshemmnisse*, u. a. m.

Dieser vereinfachte Überblick verdeutlicht zwar, dass Auslastungsschwankungen des Produktionspotenzials entscheidend auf **Nachfrageschwankungen** zurückgeführt werden können. Damit sind jedoch lediglich die Symptome, keineswegs die eigentlichen Ursachen des zyklischen
45 Prozesses aufgedeckt.

(Jürgen Pätzold/Daniel Baade, Stabilisierungspolitik, Verlag Franz Vahlen, München, 7. Aufl. 2008, S. 50 ff.)

M 18 **Bruttoinlandsprodukt, Investitionen und privater Konsum**

M 18 a **Prozentuale Veränderung von BIP und Investitionen**

Quelle: Statistisches Bundesamt

M 18 b Prozentuale Veränderung von **BIP** und privatem Konsum

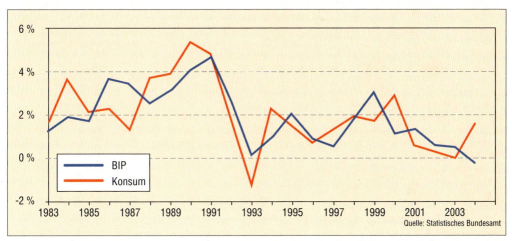

(Grafiken aus: Bernd Nolte, Volkswirtschaft konkret, Wiley VCH Verlag, Weinheim 2003, S. 92 ff., 3-527-50079-0; ergänzt; Quelle: Statistisches Bundesamt)

M 18 c Bestimmungsgründe für private Konsum- und Investitionsentscheidungen

Für die gesamtwirtschaftliche **Konsumnachfrage** lassen sich u. a. folgende Bestimmungsgründe anführen:
– das Einkommen,
– die Einkommensverteilung,
5 – Präferenzen für Gegenwarts- oder Zukunftskonsum,
– das Vermögen,
– die Zinsen,
– Steuern und Abgaben,
– Erwartungen über die künftige wirtschaftliche Entwicklung,
10 – Sicherheit des Arbeitsplatzes.
Nach keynesianischer* Auffassung ist kurzfristig das **Einkommen** die wichtigste Einflussgröße.
[...] Bei zunehmendem Einkommen steigen Konsum und Ersparnis, bei sinkendem Einkommen gehen beide zurück. Das Ausmaß der Veränderung ist abhängig von der Konsumquote (Sparquote), d. h. dem Anteil des Konsums (der Ersparnis) am Einkommen. [...] Welche Faktoren die
15 **Investitionstätigkeit der Unternehmen** bestimmen, ist bisher nicht eindeutig zu beantworten.
U. a. werden folgende Gründe genannt (vgl. M 17 b, Z. 21 ff.):
– Gewinnerwartungen,
– Absatzerwartungen,
– Konkurrenzdruck,
20 – Zinshöhe,
– Kosten und Steuern,
– psychologische Faktoren wie politisches Klima, Pessimismus oder Optimismus.
(Gerd Jan Krol/Alfons Schmid, Volkswirtschaftslehre, Mohr Siebeck Verlag/UTB, Tübingen, 21. Aufl. 2002, S. 232 ff.)

Jeder einzelwirtschaftliche Akteur steht bei einer Investitionsentscheidung vor einem **Wahlproblem**: Eine Möglichkeit besteht darin, verfügbare Finanzierungsmittel am Kapitalmarkt* anzule-
25 gen und relativ risikolose Wertpapiere* zu erwerben. Eine risikobehaftete Sachinvestition als Alternative muss im Prinzip zumindest eine erwartete Rendite* in Höhe des realen Zinssatzes einer risikolosen Finanzinvestition am Kapitalmarkt erbringen. Denn der Akteur steht bei Annahme verfügbarer Finanzierungsmittel generell vor der Alternative einer Finanzanlage ohne

Risiko (Kauf festverzinslicher Wertpapiere) oder einer Sachinvestition (Kauf einer Maschine etc.).
30 Die Finanzinvestition erbringt den realen Zinssatz des Kapitalmarktes als Mindestrendite. Diese
finanzwirtschaftliche Mindestrendite ist mit der realen Rendite einer geplanten Sachinvestition
zu vergleichen. Nur wenn eine risikobehaftete Sachinvestition eine höhere Rendite als den realen
Marktzinssatz der Finanzinvestition erwarten lässt, wird die Entscheidung zugunsten einer Sachinvestition positiv ausfallen.

(Heinz Dieter Hardes/Alexandra Uhly, Grundzüge der Volkswirtschaftslehre, Oldenbourg Wissenschaftsverlag, München, 9.
Aufl. 2007, S. 393)

1. *Fassen Sie zusammen, wie in M 17b der Einfluss der einzelnen Nachfragekomponenten auf den
   Konjunkturverlauf beurteilt wird, und untersuchen Sie zu den Investitionen und zum privaten
   Konsum die beiden empirischen Darstellungen (Kurvendiagramme) für die Zeit von 1983 bis 2004
   (M 18a und b). Beschreiben Sie den Verlauf der jeweiligen Kurve (Investitionen, privater Konsum)
   im Vergleich mit dem Kurvenverlauf zum BIP (unterschiedlicher Maßstab in M 18a und b).
   Inwieweit werden die Aussagen in M 17b durch diese Darstellungen bestätigt? Wird Keynes'
   Auffassung von der „ausschlaggebenden" Bedeutung der Investitionsnachfrage (s. S. 50) gestützt?*

2. *Die Feststellung des Einflusses bestimmter Nachfragekomponenten auf den Konjunkturzyklus besagt
   noch nichts über die Bestimmungsgründe für die Entwicklung der Komponenten selbst. Stellen Sie
   heraus, was darüber in M 18c gesagt wird. Woran liegt es, dass man vor allem für die Investitionsnachfrage der privaten Unternehmen keine sicheren Aussagen machen kann? Worin besteht das
   grundsätzliche Wahlproblem, vor das sich jeder gewinnorientierte Investor gestellt sieht (Z. 23ff.)?*

M 19 nimmt die Überlegungen zur Vielfalt der Bedingungsfaktoren für die konjunkturelle Entwicklung (s. M 17a) auf und führt sie unter einem wichtigen Aspekt weiter.

M 19 a Impulse und Selbstbeschleunigungseffekte der Konjunktur-entwicklung – „Multiplikator" und „Akzelerator"

In einer Marktwirtschaft werden die Aktivitäten von individuellen Entscheidungen getragen.
Diese Entscheidungen werden unter dem Einfluss einer **Vielzahl von Impulsen** gefällt, die un-
aufhörlich auf uns einwirken und unser Handeln bestimmen (vgl. Abbildung S. 55). Ein kom-
plexes Zusammenspiel aller wirtschaftlichen Entscheidungen und der dadurch ausgelösten Ak-
5 tivitäten führt zu Veränderungen an den verschiedenen Märkten und damit letztlich zu Konjunkturschwankungen.
Diese Marktveränderungen beeinflussen verschiedene volkswirtschaftliche Größen, die wir bereits kennengelernt haben, wie den Konsum, das Sparverhalten, die Investitionen, die Gewinne
oder die Löhne. Wie Sie ebenfalls wissen, haben Veränderungen einer Größe auch Verände-
10 rungen von anderen Größen zur Folge: Im volkswirtschaftlichen Gesamtsystem sind alle Größen
miteinander vernetzt. [...]
Die durch die genannten Impulse ausgelösten Schwankungen haben die Tendenz, sich aus eigener Kraft zu beschleunigen. Diese Selbstbeschleunigung ist auf verschiedene Verstärker zurückzuführen.
15 Da Entscheidungen zukunftsgerichtet sind, spielen die *Erwartungen* der Wirtschaftsakteure eine
wichtige Rolle. Diese Erwartungen hängen im großen Maße von *Stimmungswellen* ab. Auch wenn
psychische Faktoren nicht von jedermann als eigentliche Ursache von Konjunkturschwankungen
erachtet werden, sind sie doch als *psychologische Verstärker* anerkannt.
Bei der Betrachtung von Konjunkturindikatoren haben wir bereits festgestellt, dass die **Investi-**
20 **tionen** eine überdurchschnittliche Schwingungsintensität aufweisen. Investitionen bewirken
zweierlei:
● Erstens lösen sie einen *Kapazitätseffekt* aus, das heißt, es werden Kapazitäten geschaffen, die
das *Wachstum des Produktionspotenzials* (vgl. M 16c, S. 48) mitbestimmen.

Konjunkturauslösende Impulse

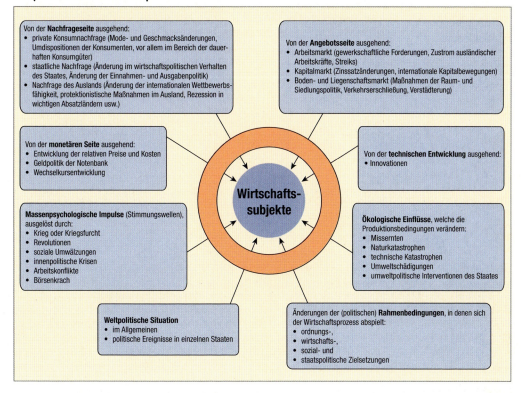

Von der **Nachfrageseite** ausgehend:
- private Konsumnachfrage (Mode- und Geschmacksänderungen, Umdispositionen der Konsumenten, vor allem im Bereich der dauerhaften Konsumgüter)
- staatliche Nachfrage (Änderung im wirtschaftspolitischen Verhalten des Staates, Änderung der Einnahmen- und Ausgabenpolitik)
- Nachfrage des Auslands (Änderung der internationalen Wettbewerbsfähigkeit, protektionistische Maßnahmen im Ausland, Rezession in wichtigen Absatzländern usw.)

Von der **Angebotsseite** ausgehend:
- Arbeitsmarkt (gewerkschaftliche Forderungen, Zustrom ausländischer Arbeitskräfte, Streiks)
- Kapitalmarkt (Zinssatzänderungen, internationale Kapitalbewegungen)
- Boden- und Liegenschaftsmarkt (Maßnahmen der Raum- und Siedlungspolitik, Verkehrserschließung, Verstädterung)

Von der **monetären Seite** ausgehend:
- Entwicklung der relativen Preise und Kosten
- Geldpolitik der Notenbank
- Wechselkursentwicklung

Von der **technischen Entwicklung** ausgehend:
- Innovationen

Wirtschaftssubjekte

Massenpsychologische Impulse (Stimmungswellen), ausgelöst durch:
- Krieg oder Kriegsfurcht
- Revolutionen
- soziale Umwälzungen
- innenpolitische Krisen
- Arbeitskonflikte
- Börsenkrach

Ökologische Einflüsse, welche die Produktionsbedingungen verändern:
- Missernten
- Naturkatastrophen
- technische Katastrophen
- Umweltschädigungen
- umweltpolitische Interventionen des Staates

Weltpolitische Situation
- im Allgemeinen
- politische Ereignisse in einzelnen Staaten

Änderungen der (politischen) **Rahmenbedingungen**, in denen sich der Wirtschaftsprozess abspielt:
- ordnungs-,
- wirtschafts-,
- sozial- und
- staatspolitische Zielsetzungen

● Im Zuge der Herstellung dieser Kapazitäten entsteht zweitens ein *Einkommenseffekt*, das heißt,
25 es entstehen Einkommen, die über die Konsumausgaben der Einkommensempfänger Nachfragewirkungen entfalten und somit die Potenzialauslastung mitbestimmen. [...]

Multiplikator

Welche gesamtwirtschaftlichen **Einkommenswirkungen** entstehen nun, wenn dank einer Investition ein Nachfrageimpuls in Höhe von 100 Millionen Euro ausgelöst wird? Vermutlich über-
30 rascht es Sie, dass die Einkommen gesamthaft um mehr als die Höhe des ursprünglichen Investitionsimpulses in Höhe von 100 Millionen Euro zunehmen werden. Der Grund dafür liegt darin, dass die Bezieher dieser Einkommen, ob als Arbeitnehmer und Lohnempfänger oder als Unternehmer und Gewinnbezieher, einen Teil davon wieder ausgeben und damit ihrerseits weitere Nachfrage- und Einkommenseffekte auslösen. Die Stärke dieses Prozesses ist vom Anteil der
35 Einkommen abhängig, welcher wieder ausgegeben, also nicht auf Konten gespart wird. In der Fachsprache nennt man das die „Grenzneigung zum Konsum". Eine **Erhöhung der Nachfrage** wirkt also *multiplikativ*, weil ein Einkommenseffekt erzeugt wird, der bedeutend größer ist als die ursprüngliche Nachfrageerhöhung. Deshalb bezeichnet man diese Erkenntnis als *Multiplikatortheorie*.
40 Wir wollen diese Theorie an einem Beispiel verdeutlichen: Nehmen wir an, der Staat löse eine zusätzliche Investition in Höhe von 100 Millionen Euro aus und die Grenzneigung zum Konsum sei 0,8 oder 80 Prozent („Sparquote*" von 20 %) . Dadurch wird der in der Tabelle (S. 56) dargestellte Prozess ausgelöst.
Der Multiplikator lässt sich folgendermaßen berechnen:

45 $$\text{Multiplikator} = \frac{1}{1 - \text{Grenzneigung zum Konsum}}$$

Tabelle:
Die Wirkung
des Einkommens-
multiplikators

Periode	ursprüngliche Nachfrage-änderung	ausgelöste Nachfrage-änderung	Veränderung der Produktion	Veränderung des Einkommens	Veränderung des Konsums
1	100		+ 100	+ 100	+ 80
2		+ 80	+ 80	+ 80	+ 64
3		+ 64	+ 64	+ 64	+ 51,2
4		+ 51,2	+ 51,2	+ 51,2	+ 41,0
5	+	41,0			
...	...				
	100	+ 400	+ 500	**+ 500**	+ 400

In unserem Fall beträgt er 5, der gesamte Einkommenseffekt ist also fünfmal so groß wie die ursprüngliche Investition. Die Wirkung des Multiplikators wird aber immer kleiner und verpufft schließlich ganz. Man kann sich den zeitlichen Ablauf des Multiplikatorprozesses veranschaulichen, indem man sich vorstellt, in einem Auto zu sitzen und kräftig auf das Gaspedal zu drücken.
50 Das Auto beschleunigt zunächst stark und erreicht schließlich eine höhere Geschwindigkeit, mit der es anschließend ausrollt, wenn man nicht weiter Gas gibt. In genau derselben Weise kann eine Nachfrageerhöhung um 100 Millionen Euro multiplikative *Beschäftigungswirkungen* auslösen. Denn auch auf dem Arbeitsmarkt kann die Summe der gesamthaft geschaffenen Arbeitsplätze größer sein als die unmittelbar entstandenen. Ebenso wie die Einkommen oder die Be-
55 schäftigung bei einer Erhöhung der Nachfrage um ein Vielfaches zunehmen, nehmen sie bei einer Verringerung der Nachfrage um ein Vielfaches ab.

(Bernd Nolte, Volkswirtschaft konkret, Wiley VCH Verlag, Weinheim 2003, S. 92 ff.)

Natürlich läuft in der Realität ein solcher Multiplikatorprozess niemals „rein" und ungestört ab. Berücksichtigt man nur, dass aus dem wachsenden Volkseinkommen auch wachsende *Steuern* zu zahlen sind, sodass also weniger für den Konsum verbleibt, und dass ferner ein Teil der zu-
60 sätzlichen Nachfrage auf *Importe* entfällt und insoweit nicht das Sozialprodukt des eigenen Landes erhöht, so wird der Gesamteffekt bereits viel geringer ausfallen, ganz abgesehen davon, dass der Ablauf des skizzierten Verstärker-Prozesses Zeit erfordert. Dennoch wird hier ein in nahezu allen Konjunkturerklärungen verwandtes Prinzip sichtbar, das dazu beiträgt, eine einmal eingeschlagene (positive oder negative!) Entwicklung der Volkswirtschaft zu verstärken.

(Peter Czada, Wirtschaft. Aktuelle Probleme des Wachstums und der Konjunktur, Opladen 1984, S. 93)

65 **Akzelerator**

Die Multiplikatorwirkung wird verstärkt durch Akzeleratoreffekte („Beschleuniger"). Das Akzeleratorprinzip ist im Grunde ebenfalls ein Multiplikator. Es stellt darauf ab, dass Veränderungen der Konsumnachfrage nicht nur direkte, multiplikative Einkommenswirkungen erzeugen, sondern dass eine (dauerhafte) Nachfrageerhöhung nach *Konsumgütern* bei ausgelasteten Produk-
70 tionskapazitäten eine erhöhte **Nachfrage nach Investitionsgütern** auslöst, um die erhöhte Konsumgüternachfrage befriedigen zu können. Die ausgelöste Investitionsgüternachfrage „beschleunigt" oder verstärkt den Konsummultiplikator.

(Jörn Altmann, Wirtschaftspolitik, Lucius & Lucius, Stuttgart, 8. Aufl. 2007, S. 67)

Der Akzelerator wirkt sich weniger ausgeprägt aus, wenn leer stehende Kapazitäten oder ausreichende Lager vorhanden sind. Mitentscheidend für Neuinvestitionen sind neben der Nachfrage

75 natürlich noch weitere Kriterien, so beispielsweise die **Zukunftserwartungen**. So ist es einerseits durchaus denkbar, dass bei pessimistischen Erwartungen trotz Nachfrageerhöhung zunächst keine Neuinvestitionen getätigt werden, andererseits kann Optimismus zu Neuinvestitionen führen, auch wenn sich die Nachfrage zunächst nicht erhöht.

Der Multiplikator- und der Akzeleratoreffekt *verstärken* sich gegenseitig. Bereits ein Rückgang 80 des Nachfragewachstums kann zu sinkenden Aufträgen in der Investitionsgüterindustrie führen und so Multiplikatorprozesse in Gang setzen und ein Umkippen der Konjunktur bewirken. Allein diese beiden Effekte können also die Konjunktur in Schwingungen versetzen.

(Bernd Nolte [s. o.], S. 94)

M 19 b Ein Unternehmen siedelt an – Beispiel eines Multiplikatoreffekts

[...] Nehmen wir an, in einer Kleinstadt siedelt sich ein neues Maschinenbauunternehmen mit 500 Beschäftigten an. Auch wenn vielleicht einige Mitarbeiter mitgebracht werden, so eröffnen sich 5 dadurch doch neue Kooperationschancen für Arbeitsuchende in der Gegend; sie bieten ihre Arbeitskraft an und erhalten im Gegenzug vom Unternehmen Lohn, und für das Unternehmen lohnt sich das Tauschgeschäft, weil für die produ- 10 zierten Maschinen zahlungsbereite Nachfrage besteht.

Das ist so weit nichts Neues. Interessant ist nun, nach weiteren Folgewirkungen der Ansiedlung zu fragen, deren es natürlich sehr viele gibt, und 15 es hängt, wie immer, vom Problem ab, welche man betrachtet. Eine der Folgewirkungen, die für makroökonomische [gesamtwirtschaftliche] Fragestellungen zentral ist, betrifft die Tatsache, dass die Arbeitnehmer in dem neuen Betrieb Einkom- 20 men erhalten und dass daraus etwas folgt. Denn sie werden

– einen Teil dieses Einkommens als *Steuern* abführen müssen – mit der Folge, dass sich dem Staat neue Möglichkeiten der Finanzierung öf- 25 fentlicher Güter eröffnen,

– einen Teil *sparen* – mit der Folge, dass jenen Akteuren, die Kredite aufnehmen möchten, hier neue Gelegenheiten erwachsen,

– und einen Teil *konsumieren* – mit der Folge, 30 dass nun wiederum die Hersteller bzw. Verkäufer der von ihnen gekauften Güter und Dienstleistungen Einkommen erhalten und eine neue Runde in diesem Prozess beginnt.

Betrachten wir den letzten Unterpunkt noch ein- 35 mal genauer: Nehmen wir an, Herr J., ein neuer Mitarbeiter des Unternehmens, hat durch seinen neu gefundenen Arbeitsplatz nun 1000 Euro im Monat mehr zur Verfügung, und er gibt davon 500 Euro für Konsumzwecke aus. Was er ausgibt, 40 muss notwendigerweise bei anderen Akteuren als Einnahme anfallen, also als Einkommen, das sie nicht erhalten hätten, wenn Herr J. nicht seinen neuen Arbeitsplatz gefunden hätte. Nun werden diese Akteure ihrerseits das so erhaltene Einkommen für verschiedene Zwecke verwenden, und 45 sie werden verschiedene Güter und Dienstleistungen *zusätzlich* nachfragen, die sie sonst nicht nachgefragt hätten; und ihre Tauschpartner werden dann ihrerseits neues Einkommen erhalten usw. 50

Nachdem also durch die Ansiedlung des Unternehmens sich in einer ersten Runde neue Kooperationschancen [Chancen der Beteiligung am Wirtschaftsprozess] für die neuen Mitarbeiter eröffneten, ergeben sich daraus wiederum, in einer 55 zweiten Runde, neue Kooperationschancen für neue Interaktionspartner der Mitarbeiter, die von deren gestiegenen Möglichkeiten profitieren; sie können ein paar Brötchen, mehr Kleider, größere Autos und dergleichen mehr verkaufen, mehr 60 Geld verdienen. In einer dritten Runde werden diese das so erworbene Mehreinkommen möglicherweise dazu nutzen, neue Investitionen zu tätigen und/oder neue Mitarbeiter einzustellen usw. Die so stattfindende Ausweitung von Koope- 65 rationsmöglichkeiten trägt den passenden Namen **Multiplikatoreffekt**.

Solche Prozesse – und auch ihre Umkehrung, die entsprechenden kontraktiven* Entwicklungen – finden in einer Volkswirtschaft ständig 70 statt. Man kann nun natürlich nicht all diese Einzelfälle nachzeichnen. Stattdessen werden in makroökonomischen *Modellen* solche Wirkungsketten im Aggregat* [zusammengefasst] betrachtet; es wird nicht nur die Kleinstadt, sondern die 75 gesamte Volkswirtschaft betrachtet, und dies nicht nur im Hinblick auf eine bestimmte Branche, sondern hinsichtlich aller wirtschaftlichen Tätigkeiten.

(Karl Homann/Andreas Suchanek, Ökonomik. Eine Einführung, Mohr Siebeck, Tübingen 2000, S. 307 f.)

1. Für die zentrale Bedeutung, welche die privaten Investitionen für die Entwicklung der Konjunktur (und des Wachstums) haben, sind die in M 19a dargestellten Überlegungen besonders wichtig. Verschaffen Sie sich einen Überblick über die Vielfalt der „konjunkturauslösenden Impulse" (Grafik S. 56), d. h. der Faktoren, welche die Entscheidungen der „Wirtschaftssubjekte" (gedacht ist hier vornehmlich an die privaten Unternehmen als Investoren) beeinflussen. Durch welche Faktorenbündel werden hier die in M 18c genannten möglichen Motive für Investitionsentscheidungen erweitert? Sie brauchen nicht alle dargestellten Impulse näher zu erläutern, sollten aber vielleicht aus jedem der acht Bereiche einen der genannten Impulse durch ein konkretes (vielleicht aktuelles) Beispiel verdeutlichen.

2. Beschreiben Sie die „gesamtwirtschaftlichen Einkommenswirkungen", die sich in der Folge einer Erweiterungsinvestition (s. Glossarbegriff Investition*) ergeben, und zeigen Sie anhand des Zahlenbeispiels auf, wie es zu einer „Multiplikation" des ursprünglichen Effektes kommt. Wovon hängt die Größe des Multiplikatoreffekts ab? Sie können an dieser Stelle auch das in M 19b dargestellte konkrete Beispiel heranziehen.

3. Der „Multiplikatoreffekt" ist ein Beispiel für ökonomische Modellbildung (s. M 3, S. 16f.). Auf welche möglichen Unterschiede zwischen Modell und Realität wird in M 19a, Z. 57ff. hingewiesen?

4. Erklären Sie den sich in der Folge des Multiplikatoreffekts ergebenden „Akzeleratoreffekt" (S. 56f.). Unter welcher Modellbedingung tritt er ein?

5. Nicht zu vergessen: Multiplikatoreffekte können sich nicht nur „expansiv" (wachstumsfördernd), sondern auch „kontraktiv*" (als Schrumpfungsprozess) ergeben. Benutzen Sie das in M 19b dargestellte Beispiel, um analog die multiplikativen Auswirkungen der Schließung eines bestehenden Unternehmens in den wichtigsten Zügen zu beschreiben.

3. Die Entwicklung der Beschäftigung – Massenarbeitslosigkeit in Deutschland

Trotz der seit 2006 erkennbaren erfreulichen Entwicklung auf dem Arbeitsmarkt (s. Grafik 1): Zeitungsberichte und Umfrageergebnisse (vgl. Grafik 2) zeigen: Massenarbeitslosigkeit ist immer noch das bedrückendste Problem der Bundesrepublik, auch im Jahre 2008 lag die Zahl der Arbeitslosen immer noch deutlich über 3 Millionen.

Der Analyse dieses Problems kommt deshalb auch im Rahmen unseres Buches eine besondere Bedeutung zu. Die Darstellung und Erörterung der ökonomischen und sozialen Folgen der Arbeitslosigkeit für den *einzelnen Betroffenen* und für die *gesamte Gesellschaft* können hier allerdings nur kurz dargestellt werden (M 20 – M 22). Im Vordergrund stehen die (quantitative und strukturelle) *Beschreibung* der Beschäftigungssituation, ihrer vergangenen und vermutlich zukünftigen *Entwicklung* sowie die Darstellung ihrer *Ursachen* (M 23 – M 33) und der Diskussion über mögliche wirtschaftspolitische *Strategien* zu ihrer *Überwindung*.

(stern Nr. 43 v. 16.10.2003, Cover)

Grafik 1

Bewegung auf dem Arbeitsmarkt
Angaben für Deutschland in Millionen

2007 und 2008 geschätzt (mittlere Variante)   Quelle: IAB
1602

Grafik 2

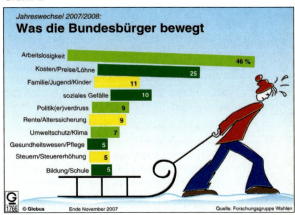

Was Arbeitslosigkeit für den Einzelnen und die Gesellschaft bedeutet

▮▮ **M 20** Psychische Auswirkungen lang anhaltender Arbeitslosigkeit

Wie reagieren Menschen, wenn trotz großer persönlicher Anstrengungen der Arbeitsplatz verloren geht und längerfristige Arbeitslosigkeit ein-
5 tritt?
In den großen psychologischen Studien zu den Folgen von Arbeitslosigkeit werden seit Jahrzehnten ähnliche Phasen von Verlauf und Reaktionen
10 beschrieben: Nach anfänglichem Schock und Aufbegehren gibt es eine Phase des Befreiungsgefühls, das bald von verstärkter Aktivität und Umtriebigkeit (Bewerbungen, Fort-
15 bildungen) abgelöst wird. Bleiben diese Bemühungen erfolglos, nimmt das Interesse ab, Mattigkeit und Hoffnungslosigkeit breiten sich aus. Dem Leben Arbeitsloser fehlen vor
20 allem Zeitstruktur und soziale Anerkennung als mentale Haltepunkte für eine sinnvolle persönliche Existenz. Arbeitslose antworten darauf mit Gefühlen von persönlichem Versagen.

(Christine Morgenroth, Arbeitsidentität und Arbeitslosigkeit – ein depressiver Zirkel, in: Aus Politik und Zeitgeschichte B 6–7/2003 v. 3.2.2003, S. 17 f.)

Die menschliche Erfahrung mit der Arbeitslosigkeit

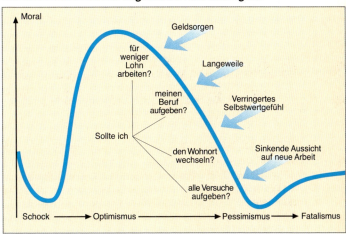

(Nach: Überlegungen II zu einer vorausschauenden Arbeitsmarktpolitik, Hrsg. Bundesanstalt für Arbeit, 1978, S. 209; Primärquelle: Department of Employment Gazette, April 1976)

▮▮ **M 21** Familie und Arbeitslosigkeit

● Generell müssen verschiedene Gruppen von Arbeitslosen und ihren Familien unterschieden werden. So sind die negativen Folgen von Arbeitslosigkeit zum Beispiel besonders groß, wenn beide Ehepartner, der einzige Ernährer der Familie oder ein alleinerziehender Elternteil davon

betroffen sind, wenn eine besonders große Familie zu versorgen ist oder wenn eine Person länger als ein Jahr ohne Arbeit ist. Die Belastungen sind aber auch für viele junge Familien sehr
groß, da sie hohe Ausgaben (insbesondere wenn sie Wohnungseigentum erworben haben) und
oft nur geringe Ersparnisse haben. Arbeitslosigkeit führt fast immer zu einer *Verschlechterung der
materiellen Situation* einer Familie. Dieses ist besonders dann der Fall, wenn keine oder nur niedrige Ansprüche an die Arbeitslosenversicherung bestehen. [...]
● Das verminderte Haushaltseinkommen führt natürlich auch zu Einschränkungen im Fami-
lienbudget. So kommt es häufig zu einer Verschlechterung von *Kleidung* und *Ernährung*, sind
viele *Freizeitaktivitäten* nicht mehr finanzierbar, muss oft auf eine Urlaubsreise verzichtet werden. Sind die materiellen Ressourcen* aufgebraucht, muss vielfach ein Teil des Eigentums ver-
äußert werden. Kann die Familie ihre Wohnung nicht mehr finanzieren, muss sie in eine preis-
wertere umziehen oder wird im Extremfall sogar obdachlos. Die mit andauernder Arbeitslosigkeit zunehmende Verarmung kann zu sozialem Abstieg und unter Umständen zum Abgleiten in
gesellschaftliche Randständigkeit führen.
● Jedoch sind für die meisten Arbeitslosen die finanziellen Probleme leichter zu bewältigen als
die *psychosozialen Belastungen*. So werden sie aus gewohnten Zeitstrukturen herausgerissen, haben keinen Feierabend und kein wirkliches Wochenende mehr (Entrhythmisierung des Tages
und der Woche). Zumeist wissen sie nicht, wie sie die ihnen nun zur Verfügung stehende Zeit
auf sinnvolle und befriedigende Weise verbringen können. Einige entwickeln neue Hobbys oder
nutzen Weiterbildungsmöglichkeiten beziehungsweise Angebote von Kirchen, Verbänden und
staatlichen Organisationen. Die meisten wissen aber nicht, wie sie die Zeit verbringen sollen,
leiden unter Nichtstun und klagen über Langeweile. In der Regel kommt es zu einem gesteigerten *Medienkonsum*. Vor allem verheiratete Männer empfinden Arbeitslosigkeit als Zerstörung
ihrer Identität als Ernährer ihrer Familie. Sie erleben oft einen Autoritäts- und Bedeutungsverlust
als Ehepartner und Elternteil.
● Generell tendieren Arbeitslose dazu, sich überflüssig zu fühlen, einen *Mangel an Lebenssinn*
zu verspüren und ein negatives Selbstbild zu entwickeln. Sie machen sich häufig für ihre Situation verantwortlich und zweifeln an sich selbst. Da sie ihr weiteres Leben nicht mehr planen
können, fühlen sie sich hilflos und ihrem Schicksal ausgeliefert. Mit zunehmender Dauer der
Arbeitslosigkeit wird ihre Grundstimmung immer negativer, verlieren sie die Hoffnung auf Bes-
serung ihrer Situation, werden sie immer passiver, unzufriedener und verbitterter. [...] Obwohl
Arbeitslose heute weniger stigmatisiert* werden als in den 1960er- und 1970er-Jahren, erleben
sie weiterhin Vorurteile, Diskriminierung und eine Beeinträchtigung ihrer sozialen Beziehungen. So nimmt vor allem der Kontakt zu früheren Kollegen bald ab. Vereinzelt kommt es aber
auch zur Selbstisolation. Anzumerken ist noch, dass die Stärke der beschriebenen psychosozialen Belastungen und anderen von der Dauer der Arbeitslosigkeit und der subjektiven Einschätzung der eigenen Chancen am Arbeitsmarkt abhängig ist.
● Die Arbeitslosigkeit eines Elternteils führt auch zu *Veränderungen in der Familie*. So mag ein
arbeitsloser Vater seine Frau im Haushalt oder bei der Kindererziehung entlasten, können seine
Kinder für ihn eine neue Bedeutung erlangen (zum Beispiel als Sinn des Lebens). Viele arbeitslose Männer nutzen jedoch ihre freie Zeit nicht für Familientätigkeiten. [...] So kommt es vielfach
zu einer Verschlechterung familialer Kommunikation, zu häufigen Auseinandersetzungen (unter Umständen mit Gewaltanwendung) und zu einer Beeinträchtigung des körperlichen und
seelischen Wohlbefindens aller Familienmitglieder. Ferner nimmt die *Scheidungsgefahr* zu. Auch
mag sich die Familie aus Angst vor Stigmatisierung* nach außen hin abschotten beziehungsweise in soziale Isolation geraten. Generell bestimmt die vor Eintritt der Arbeitslosigkeit vorhandene
Qualität des Familienlebens weitgehend darüber, ob und wie eine Familie die Arbeitslosigkeit
eines Elternteils und deren Folgen bewältigt. [...]
● Aufgrund der finanziellen Situation müssen *Kinder* oft Abstriche beim Taschengeld hinnehmen oder auf dieses ganz verzichten. Sie dürfen nicht mehr zu Kindergeburtstagsfeiern, auf
Klassenfahrt, ins Kino oder in den Zoo. Auch können sie bezüglich Kleidung und Freizeitausga-
ben nicht mit Gleichaltrigen mithalten, was vor allem in der Pubertät ein Problem sein kann. Oft
schämen sie sich ihrer Eltern und fürchten den Spott ihrer Klassenkameraden.

(Martin R. Textor, Familie und Arbeitslosigkeit, www.kindergartenpaedagogik.de/34.html)

███ **M 22** Gesamtgesellschaftliche Belastungen durch Arbeitslosigkeit

Arbeitslosigkeit belastet auch die Gesellschaft. Sie muss über Sozialbeiträge (zur Sozialversicherung*) und Steuern das Geld auf-bringen, mit dem die Ar-beitslosen von den Ar-beits- und Sozialämtern unterstützt werden. Sie muss damit umgehen, dass Arbeitskollegen, Nachbarn, Familienange-hörige mit ihrer Arbeits-stelle einen Lebens-schwerpunkt verlieren und von Existenzängsten geplagt werden. Die Unsi-cherheit über den Erhalt des eigenen Arbeitsplatzes nimmt zu. Angstsparen

Die wahren Kosten der Arbeitslosigkeit
Staatliche Ausgaben bzw. Mindereinnahmen je Arbeitslosen im Jahr 2004:

19 580 Euro
davon

Ausgaben — **Mindereinnahmen**

Arbeitslosengeld/-hilfe **6 174**		
Beiträge Rentenversicherung **1 862**	**1 352** Bundesagentur für Arbeit	
Beiträge Kranken- u. Pflegeversicherung **1 490**	**1 823** Beiträge Kranken- u. Pflegeversicherung	
Sozialhilfe **823**	**2 215** Beiträge Rentenversicherung	
Wohngeld **216**	**3 626** Steuern*	

Quelle: IAB   rundungsbedingte Differenzen   0153 © Globus   *Einkommen- und Verbrauchsteuern

und die gesunkene Kaufkraft der Arbeitslosen belasten das lokale Wirtschaftsleben. Regionale Schwerpunkte hoher Arbeitslosigkeit lösen oftmals soziale Spannungen vor Ort aus. Tatsäch-liche oder vermutete Aktivitäten von Arbeitslosen, sich neben den Transferleistungen* illegal weitere Einkünfte zu verschaffen oder auch ungerechtfertigt staatliche Leistungen zu „erschlei-chen", sorgen für Unmut bei der „zahlenden" Bevölkerungsgruppe. Die gesellschaftliche Solida-rität bröckelt. Zudem sinkt die gesellschaftliche Leistungskraft, weil das erworbene Wissen und die beruflichen Fähigkeiten der Arbeitslosen (ihr Human-Kapital*) nicht im Wirtschaftsprozess genutzt werden können und schrittweise veralten.

(Bundesministerium für Wirtschaft und Arbeit [Hg.], Wirtschaftsbericht 2003, Berlin 2003, S. 9 f.)

1. Beschreiben Sie mit eigenen Worten, wie sich nach entsprechenden Untersuchungen die psychische Situation von Arbeitslosen i. d. R. entwickelt. Erläutern Sie die Bedeutung des Hinweises, dass Arbeitslose unter dem Fehlen von „Zeitstruktur" und „sozialer Anerkennung" leiden (M 20; vgl. M 21).

2. Stellen Sie anhand von M 21 im Einzelnen heraus,
   – für welche Familienformen die Auswirkungen von Arbeitslosigkeit besonders belastend sind,
   – zu welchen Folgen das verringerte Einkommen führen kann,
   – welche Probleme sich im Hinblick auf den Umgang mit der zur Verfügung stehenden Zeit und auf die sozialen Beziehungen ergeben und
   – welche verschiedenen Folgen sich für die familiäre Situation ergeben können.

3. Machen Sie deutlich, inwiefern Massenarbeitslosigkeit auch unter gesamtgesellschaftlichen Gesichtspunkten eine vielfältige Belastung darstellt. Inwiefern gehören zu den finanziellen Kosten nicht nur Mehrausgaben, sondern auch Mindereinnahmen?

Hinweis: Die in der Grafik aufgeführten Ausgaben für „Arbeitslosengeld/-hilfe" betreffen seit Ein-führung der Arbeitsmarktreform 2005 und der damit verbundenen Abschaffung der „Arbeitslosen-hilfe*" („Hartz IV") die Ausgaben für „Arbeitslosengeld I*" und „Arbeitslosengeld II*".

Wie Arbeitslosigkeit gemessen wird

M 23 a Angebot und Nachfrage auf dem Arbeitsmarkt

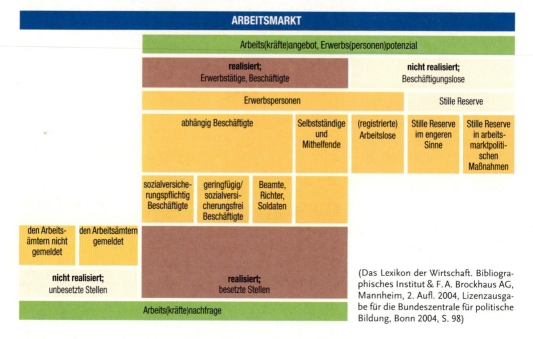

ARBEITSMARKT					
Arbeits(kräfte)angebot, Erwerbs(personen)potenzial					
realisiert; Erwerbstätige, Beschäftigte				**nicht realisiert;** Beschäftigungslose	
Erwerbspersonen				Stille Reserve	
abhängig Beschäftigte		Selbstständige und Mithelfende	(registrierte) Arbeitslose	Stille Reserve im engeren Sinne	Stille Reserve in arbeits- marktpoliti- schen Maßnahmen
sozialversiche- rungspflichtig Beschäftigte	geringfügig/ sozialversi- cherungsfrei Beschäftigte	Beamte, Richter, Soldaten			
den Arbeits- ämtern nicht gemeldet	den Arbeitsämtern gemeldet				
nicht realisiert; unbesetzte Stellen		**realisiert;** besetzte Stellen			
Arbeits(kräfte)nachfrage					

(Das Lexikon der Wirtschaft. Bibliographisches Institut & F. A. Brockhaus AG, Mannheim, 2. Aufl. 2004, Lizenzausgabe für die Bundeszentrale für politische Bildung, Bonn 2004, S. 98)

M 23 b Was besagt die Arbeitslosenquote?

Arbeitslosenquoten zeigen die relative Unterauslastung des Arbeitskräfteangebots an, indem sie die (registrierten) Arbeitslosen zu den Erwerbspersonen (EP = Erwerbstätige + Arbeitslose) in Beziehung setzen.
Der Kreis der Erwerbspersonen bzw. der Erwerbstätigen kann unterschiedlich abgegrenzt werden. Insofern werden zwei unterschiedliche Arbeitslosenquoten ermittelt:
10 1. Die *Arbeitslosenquote bezogen auf alle zivilen Erwerbspersonen*, [...] d. h. bezogen auf die Summe aus den abhängigen zivilen Erwerbstätigen (*alle sozialversicherungspflichtig Beschäftigten einschl. Auszubildender, geringfügig Beschäftigten,*
15 *Personen in Arbeitsgelegenheiten [Ein-Euro-Jobs] und alle Beamten ohne die Soldaten*) sowie den Selbstständigen und mithelfenden Familienangehörigen. Die Quote errechnet sich entsprechend als

20
$$\frac{\text{Arbeitslose}}{\text{alle zivilen Erwerbstätigen + Arbeitslosen}} \times 100$$

Wer gilt als arbeitslos?
Im Sozialgesetzbuch III (SGB III; vor 1998: im Arbeitsförderungsgesetz AFG) ist festgelegt, wer als arbeitslos gilt. Demnach wird als „offiziell" arbeitslos gezählt, wer sich bei der zuständigen Arbeitsagentur persönlich gemeldet hat, nicht (oder nur kurzzeitig[1]) beschäftigt ist und eine versicherungspflichtige, mindestens 15 Stunden wöchentlich umfassende Beschäftigung anstrebt, arbeitsfähig ist (also nicht arbeitsunfähig erkrankt) und der Arbeitsvermittlung zur Verfügung steht, d. h. bereit ist, zumutbare Arbeitsangebote anzunehmen. Zu den offiziell „registrierten Arbeitslosen gehören somit nur diejenigen, welche die genannten Kriterien des SGB III erfüllen. Arbeitslose, die sich nicht bei der Arbeitsagentur persönlich gemeldet haben, tauchen in der Arbeitslosenstatistik nicht auf.

[1]kurzzeitig bedeutet: beschränkt auf zwei Monate im Jahr
(Daten: Bundesagentur für Arbeit)

2. Die *Arbeitslosenquote, bezogen auf die abhängigen zivilen Erwerbspersonen*: Der Nenner enthält nur die abhängigen zivilen Erwerbstätigen (*siehe oben – ausgeschlossen sind also die Selbstständigen und mithelfenden Familienangehörigen*).[...]

$$\frac{\text{Arbeitslose}}{\text{alle abhängigen zivilen Erwerbstätigen + Arbeitslosen}} \times 100$$

Diese Art der Quotenberechnung hat in Deutschland die längere Tradition. Aus datentechnischen Gründen beziehen sich bisher die Arbeitslosenquoten einzelner Personengruppen regelmäßig nur auf die abhängigen zivilen Erwerbspersonen. [...]

(Bundesagentur für Arbeit – Bereich Statistik; Berechnung von Arbeitslosenquoten und Bezugsgrößen [Stand 21.1.2008]; in: www.pub.arbeitsamt.de – Zugriff v. 26.3.2008)

M 23 c Wer in Deutschland nicht als „arbeitslos" gilt

Nach den derzeitigen Vorgaben des Sozialgesetzbuches gelten folgende Gruppen nicht als arbeitslos:

- Beschäftigte Personen, die mindestens 15 Stunden in der Woche arbeiten, aber wegen zu geringem Einkommen bedürftig nach dem SGB II sind und deshalb Arbeitslosengeld II erhalten, werden nicht als arbeitslos gezählt (*Hartz-IV-„Aufstocker"*).
- Erwerbsfähige hilfebedürftige Personen, die keine Arbeit aufnehmen können, weil sie kleine Kinder erziehen oder Angehörige pflegen, erhalten Arbeitslosengeld II; sie werden nicht als arbeitslos gezählt, weil sie für die Arbeitsaufnahme nicht verfügbar sein müssen.
- Mit dem dritten Gesetz für moderne Dienstleistungen am Arbeitsmarkt (*in Kraft seit 1. Januar 2004 – „Hartz III"*) wurde [...] klargestellt, dass *Teilnehmer in Maßnahmen aktiver Arbeitsmarktpolitik** prinzipiell nicht als arbeitslos gelten. [...] Dies entsprach jedoch grundsätzlich der schon vorher angewandten Praxis. Denn wer eine berufliche Weiterbildung macht oder einen Gründungszuschuss für den Schritt in die Selbstständigkeit erhalten hat, steht dem Arbeitsmarkt momentan nicht zur Verfügung.

(Bundesagentur für Arbeit [Hg.], Monatsbericht Dezember und Jahr 2007, S. 37)

1. *Verschaffen Sie sich einen Überblick über die wichtigsten Begriffe, die in allen Darstellungen des Arbeitsmarktes verwendet werden (M 23 a): Arbeitskräfteangebot und -nachfrage, Erwerbstätige, Erwerbspersonen (drei Teilgruppen), Erwerbspersonenpotenzial. Zum Begriff der Stillen Reserve s. später M 25.*
2. *Machen Sie sich klar, unter welchen Voraussetzungen jemand als arbeitslos registriert wird (M 23 b, Kasten) und wie die beiden unterschiedlichen Arbeitslosenquoten berechnet werden. Rechnen Sie nach, ob die Quoten von 10,03 (1. Quote) und 11,09 (2. Quote) richtig angegeben sind, wenn es 4 093 216 registrierte Arbeitslose gab, die Zahl der abhängig Beschäftigten (Arbeitnehmer) 32 799 674 und die aller Erwerbstätigen 36 704 964 betrug.*
3. *Stellen Sie fest, welche drei Personengruppen aufgrund der gesetzlichen Festlegungen nicht zu den registrierten Arbeitslosen gerechnet werden, obwohl sie Arbeitslosengeld II* (dazu später M 107) erhalten bzw. sich in keinem Arbeitsverhältnis befinden (M 23 c). Zu dem damit angesprochenen Problem der „verdeckten Arbeitslosigkeit" und dem „wahren" Ausmaß der Arbeitslosigkeit s. M 25.*

M 24 „Erwerbslose" und „Arbeitslose"

Seit Beginn des Jahres 2005 erhebt das Statistische Bundesamt nach den Kriterien der International Labour Organisation (ILO) in Genf monatlich die Erwerbslosenzahl in Deutschland. Diese, so Experten, würde einen monatlichen Vergleich der Arbeitsmarktlage in verschiedenen Staaten ermöglichen und obendrein weniger anfällig für statistische Manipulationen sein als die von der Bundesagentur für Arbeit (BA) veröffentlichte Arbeitslosenzahl. Der Unterschied zwischen beiden Zahlen liegt zum einen in der *Erhebungsmethode*. Während die BA mitteilt, wie viele Menschen bei den Arbeitsagenturen als Arbeitslose registriert sind, beruht die ILO-Statistik auf einer Telefonbefragung von 30 000 repräsentativ ausgewählten Teilnehmern, die dann auf die Gesamtheit der Bevölkerung hochgerechnet werden muss. Zum anderen ist auch die *Definition* der Erwerbslosigkeit eine andere

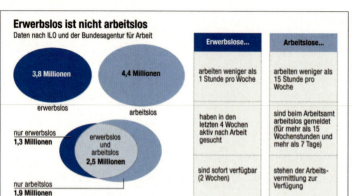

Erwerbslos ist nicht arbeitslos
Daten nach ILO und der Bundesagentur für Arbeit

3,8 Millionen   4,4 Millionen

erwerbslos   arbeitslos

nur erwerbslos
1,3 Millionen

erwerbslos und arbeitslos
2,5 Millionen

nur arbeitslos
1,9 Millionen

Quelle: Statistisches Bundesamt

Erwerbslose...	Arbeitslose...
arbeiten weniger als 1 Stunde pro Woche	arbeiten weniger als 15 Stunden pro Woche
haben in den letzten 4 Wochen aktiv nach Arbeit gesucht	sind beim Arbeitsamt arbeitslos gemeldet (für mehr als 15 Wochenstunden und mehr als 7 Tage)
sind sofort verfügbar (2 Wochen)	stehen der Arbeitsvermittlung zur Verfügung

F.A.Z.-Grafik Kaiser

(Grafik: Eckhard Kaiser; Quelle: Frankfurter Allgemeine Zeitung v. 23.2.2005, S. 12)

¹⁰ als die der Arbeitslosigkeit. Als *erwerbslos* gilt jeder im Alter zwischen 15 und 74 Jahren, der *weniger als eine Stunde* in der Woche arbei-¹⁵ tet, in den vorangegangenen vier Wochen aktiv eine Beschäftigung gesucht hat und in den nächsten zwei Wochen zur Ver-²⁰ fügung steht. Für die Bundesarbeitsagentur hingegen ist die Person arbeitslos, die weniger als 15 Stunden pro Woche arbei-²⁵ tet und der Arbeitsvermitt-

lung generell verfügbar ist (s. M 23 b). Die unterschiedlichen Definitionen von Erwerbs- bzw. Arbeitslosigkeit haben zwangsläufig zur Folge, dass auch die Zahlen unterschiedlich hoch ausfallen. Die ILO-Berechnung ist einerseits umfassender, da Rentner, die sich etwas zur Rente hinzuverdienen wollen, oder Frauen, die nach der Familienpause an einen Wiedereinstieg in den Beruf denken, ³⁰ genauso berücksichtigt werden wie Schüler, die nach einem Nebenjob suchen. Dieser Effekt wird allerdings dadurch überlagert, dass alle Menschen, die nur wenige Stunden in der Woche arbeiten, zwar für die Bundesagentur als arbeitslos gelten, der ILO-Statistik zufolge allerdings als Erwerbstätige gehandelt werden müssen (vgl. die Darstellung in der Grafik für 2005).

(Bundesverband deutscher Banken, Schul/Bank Nr. 6/2005, S. 1)

Erläutern Sie, warum das Statistische Bundesamt im Auftrag der Bundesregierung ein zusätzliches Verfahren zur Berechnung der Arbeitslosigkeit eingeführt hat (M 24). Wodurch unterscheidet es sich von dem der Bundesagentur für Arbeit? Wie ist es zu erklären, dass danach die Zahl der „Erwerbslosen" (so der Begriff für die nach diesem Verfahren erfassten Personen) deutlich geringer ist als die der „registrierten Arbeitslosen"?

M 23 und M 24 haben gezeigt, dass es von der Definition abhängt, ob jemand „arbeitslos" ist oder nicht, und dass die durch die Bundesagentur für Arbeit erfasste Zahl der Arbeitslosen nur die registrierten Arbeitslosen beziffert. Neben dieser „offenen" Arbeitslosigkeit gibt es aber verschiedene Formen versteckter Arbeitslosigkeit, z. B. von Menschen, die sich nicht registrieren lassen, weil sie keinen Anspruch auf Arbeitslosengeld haben (dafür müssen bestimmte Voraussetzungen erfüllt sein). Oder: Wenn infolge eines Nachfragerückgangs Unternehmen „Kurzarbeit" einführen, dann steigt zwar nicht die Zahl der registrierten Arbeitslosen, aber es entsteht in einem gewissen Ausmaß Arbeitslosigkeit (als Unterbeschäftigung). Die verschiedenen Formen versteckter Arbeitslosigkeit werden von der Bundesagentur mit dem Begriff **„Stille Reserve"** zusammengefasst, der „Sachverständigenrat zur Begutachtung der gesamtwirtschaftlichen Entwicklung" erfasst sie in einer etwas anderen Abgrenzung – als **„verdeckte Arbeitslosigkeit"**. M 25 soll darüber informieren, wie das „wahre" Ausmaß der Arbeitslosigkeit berechnet wird und wie hoch es sich darstellt.
M 23 a gab bereits einen Überblick über die am gesamten *Arbeitsmarkt* beteiligten Gruppen (auf diesem Markt stellen die Beschäftigten und die *Arbeitsuchenden* das „Angebot" dar, sie bieten ihre Arbeitskraft an; die *Nachfrageseite* bilden die *Unternehmen*).

■ **M 25** **Das „wahre Ausmaß" der Arbeitslosigkeit – „Stille Reserve" und „verdeckte Arbeitslosigkeit"**

Die Begriffe „Stille Reserve" und „verdeckte Arbeitslosigkeit" werden in vielen Veröffentlichungen unterschiedlich verwendet und meistens nicht klar genug abgegrenzt. Das *Institut für Arbeitsmarkt- und Berufsforschung der Bundesagentur für Arbeit* (IAB) verwendet den Begriff **„Stille Reser-**

ve" im Allgemeinen als Oberbegriff für die *Gesamtheit der nicht registrierten Arbeitslosen* und unterscheidet dabei (vgl. Grafik 1) zwischen

- einem Teil, der sich in bestimmten *arbeitsmarktpolitischen Maßnahmen* der Bundesagentur befindet und sich daher statistisch erfassen lässt, und

- der *„Stillen Reserve im engeren Sinn"* als dem Teil der nicht registrierten Arbeitslosigkeit, der sich statistisch nicht erfassen lässt, also nur geschätzt werden kann (Personen, die grundsätzlich an einer Beschäftigung interessiert sind, sich aber erst gar nicht bei der Arbeitsagentur melden, weil sie z. B. nach langer erfolgloser Arbeitsplatzsuche entmutigt sind („discouraged workers") oder ihre Beschäftigungschancen für zu gering erachten (darunter z. B. auch viele Verheiratete oder Freiberufler, die keine abhängige Beschäftigung suchen).

Die quantitative Erfassung der Stillen Reserve im engeren Sinne erfolgt durch das IAB nicht (wie z. B. in den USA und Österreich) durch direkte Befragungen (Stichprobenmethode), sondern gewissermaßen auf einem Umweg – durch die *Schätzung des sogenannten „konjunkturellen Erwerbspersonenpotenzials"*, d. h. der Gesamtheit aller Erwerbswilligen, die in Zeiten günstiger konjunktureller Gegebenheiten dem Arbeitsmarkt als Erwerbspersonen zur Verfü-

Grafik 1

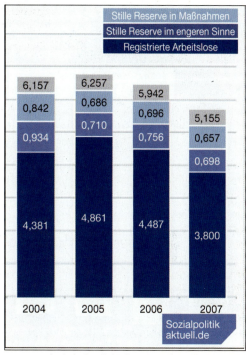

(www.sozialpolitik-aktuell.de/datensammlung/4/ab/abblV34.pdf)

gung stehen würden. Es orientiert sich dabei (in einem im Einzelnen recht komplizierten Verfahren) an der *Erwerbsbeteiligung früherer Hochkonjunkturperioden*. Für das Jahr 2007 ergibt sich eine gesamte Stille Reserve von 1,355 Mio., die sich aus der „Stillen Reserve in Maßnahmen" (nach der Abgrenzung des IAB: 0,657 Mio.) und der „Stillen Reserve im engeren Sinn" (0,698 Mio.) zusammensetzt (s. Grafik).

Die „Stille Reserve in Maßnahmen" überschneidet sich stark mit der vom *Sachverständigenrat* berechneten **„verdeckten Arbeitslosigkeit"**; dieses Konzept bezieht einige weitere Gruppen ein, wie z. B. Kurzarbeiter (s. Kasten), enthält aber eben nicht die „Stille Reserve im engeren Sinn". Für 2007 beziffert der Sachverständigenrat die „verdeckte Arbeitslosigkeit" auf 1,20 Mio. Die „wahre" Arbeitslosigkeit umfasste also nach dem Konzept des Sachverständigenrats (2007) 4,98 Mio. (3,78 registrierte + 1,20 verdeckte) Arbeitslose (0,175 Mio. weniger als nach dem Konzept des IAB). Näheres dazu: s. Quellenangabe im Kasten.

(Autorentext)

Seit dem Jahr 2005 werden die **Arbeitslosen in zwei Rechtskreisen** registriert (s. Grafik S. 66). Die Personen im Rechtskreis SGB II („Versicherungsbereich") sind meist erst seit kurzer Zeit arbeitslos und beziehen großenteils *Arbeitslosengeld**. Jene im Rechtskreis SGB II („Grundsicherungsbereich") sind meist länger arbeitslos und beziehen *Arbeitslosengeld II**. Personen, die länger als ein Jahr arbeitslos waren, werden allgemein als *Langzeitarbeitslose*

Zu den **verdeckt Arbeitslosen** zählt der Sachverständigenrat all jene, die entweder *subventioniert beschäftigt* sind (Kurzarbeiter mit ihrem Arbeitsausfall, Teilnehmer an Arbeitsbeschaffungs- und Strukturanpassungsmaßnahmen) oder als *Maßnahmeteilnehmer nicht erwerbstätig* sind (Vollzeitäquivalente von Teilnehmern beruflicher Weiterbildung, Teilnehmer an Deutsch-Sprachlehrgängen, Leistungsempfänger nach §§ 125 und 428 SGB III, Empfänger von Altersübergangs- und Vorruhestandsgeld sowie Bezieher von Altersrente wegen Arbeitslosigkeit). [...]

(www.sachverstaendigenrat-wirtschaft.de/download/gutachten/ga05_ges.pdf, Anhang IV B, Tabelle B 1)

Grafik 2: Registrierte Arbeitslosigkeit und Stille Reserve 1991 bis 2008

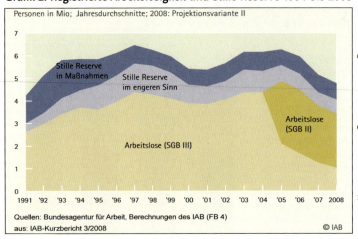

Quellen: Bundesagentur für Arbeit, Berechnungen des IAB (FB 4)

aus: IAB-Kurzbericht 3/2008   © IAB

bezeichnet. Ihre Anteile an allen Arbeitslosen lagen im Jahresdurchschnitt 2007 bei 25 Prozent im Rechtskreis SGB III und bei 49 Prozent im Rechtskreis SGB II. Hier ist allerdings zu beachten, dass die Arbeitslosigkeit nicht selten nur kurze Zeit unterbrochen wird und dass die statistische Dauer die individuelle faktische Betroffenheit nicht immer vollständig abbildet.

(Bundesagentur für Arbeit [Hg.], IAB-Kurzbericht 3/2008, S. 5; http://doku.iab.de/kurzber/2008/kb0308.pdf)

1. Anhand von M 25 und der darin enthaltenen Grafik 1 können Sie etwas genauer nachvollziehen, auf welche Weise das IAB zu seinen Annahmen über den Umfang der Stillen Reserve kommt. Welcher Anteil ist zahlenmäßig erfassbar, welcher kann nur geschätzt werden? Welche Aspekte und welche Annahmen gehen in diese Schätzung ein? Worin liegen aus Ihrer Sicht Probleme dieses Verfahrens (auch das IAB spricht von „manchen Unzulänglichkeiten")?

2. Worin unterscheidet sich das Konzept der „verdeckten Arbeitslosigkeit" des Sachverständigenrats von dem der „Stillen Reserve" des IAB?

3. Seit dem Inkrafttreten des „Hartz-IV-Gesetzes" (2005) trifft die Bundesagentur für Arbeit auch eine Unterscheidung der Arbeitslosen nach zwei Rechtskreisen. Erklären Sie, nach welchen Gesichtspunkten diese beiden Gruppen unterschieden werden, und beschreiben Sie anhand der Grafik 2, wie sie sich zahlenmäßig in den letzten Jahren entwickelt haben (nähere Informationen zu „Arbeitslosengeld*" und „Arbeitslosengeld II*" s. M 107).

Entwicklung und Struktur der Arbeitslosigkeit

▬▬ **M 26** Die langfristige Entwicklung der Arbeitslosigkeit

Der Aufbau der Arbeitslosigkeit vollzog sich in drei Schritten, zunächst bedingt durch die beiden Ölpreisschocks* in den Jahren 1973 und 1981 und zuletzt durch die 1992/93 einsetzende Rezession. Zwischen diesen Zeitpunkten ging die Arbeitslosigkeit nur schleppend zurück. (Die „Ausreißer" für 1991 sind mit der Wiedervereinigung zu erklären und damit nur bedingt mit den
5 restlichen Werten vergleichbar.)
Die Entwicklung der Arbeitslosigkeit in Deutschland ist durch eine beträchtliche Persistenz (*Dauerhaftigkeit*) gekennzeichnet, obwohl die Beschäftigung in den Achtzigerjahren spürbar gestiegen war. Zwar erreichte die Erwerbstätigenquote kurz vor der Wiedervereinigung wieder das Niveau zu Beginn der 70er-Jahre, als in Deutschland Vollbeschäftigung herrschte. Gleichzeitig
10 war jedoch im Zeitraum 1970–1990 ein starker Anstieg des Arbeitskräfteangebots zu verzeichnen, sodass – trotz des Beschäftigungsanstiegs – die Arbeitslosenquote vom Höchststand der 80er-Jahre (9,3 Prozent) nur auf 7,2 Prozent (1990) zurückging.
Im Laufe der 90er-Jahre ging durch die Wiedervereinigung und den damit verbundenen Systemwechsel rund ein Drittel aller Arbeitsplätze in Ostdeutschland verloren. Gleichzeitig setzte in

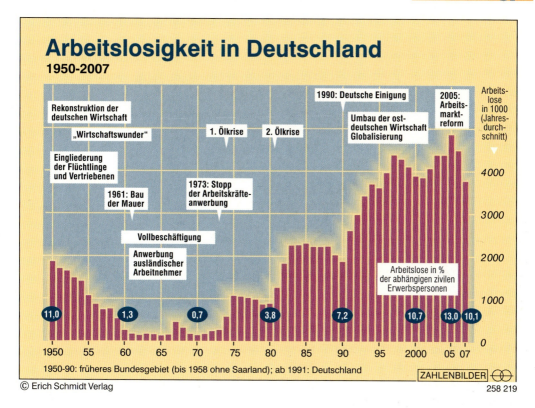

Arbeitslosigkeit in Deutschland
1950-2007

Rekonstruktion der
deutschen Wirtschaft

„Wirtschaftswunder"

Eingliederung
der Flüchtlinge
und Vertriebenen

1961: Bau
der Mauer

1. Ölkrise

2. Ölkrise

1990: Deutsche Einigung

Umbau der ost-
deutschen Wirtschaft
Globalisierung

2005:
Arbeits-
markt-
reform

Arbeits-
lose
in 1000
(Jahres-
durch-
schnitt)

1973: Stopp
der Arbeitskräfte-
anwerbung

Vollbeschäftigung

Anwerbung
ausländischer
Arbeitnehmer

Arbeitslose in %
der abhängigen zivilen
Erwerbspersonen

4000

3000

2000

1000

0

11,0   1,3   0,7   3,8   7,2   10,7   13,0   10,1

1950   55   60   65   70   75   80   85   90   95   2000   05   07

1950-90: früheres Bundesgebiet (bis 1958 ohne Saarland); ab 1991: Deutschland

ZAHLENBILDER

© Erich Schmidt Verlag

258 219

Westdeutschland eine Rezession ein. Beides zusammen bewirkte, dass die gesamtdeutsche Arbeitslosenquote rapide stieg und zugleich die Erwerbstätigenquote sank. Zwischen 1998 und 2001 sorgte ein kurzer Wirtschaftsaufschwung zwar für eine Verbesserung des Arbeitsmarktes. Sie beschränkte sich jedoch im Wesentlichen auf Westdeutschland. [Nachdem es, auch aufgrund statistischer Umstellungen durch die „Hartz IV-Reform", im Jahre 2005 zu einem Höchststand der Arbeitslosigkeit gekommen war, reduzierte sich in der Folge des wirtschaftlichen Aufschwungs seit 2006 die Arbeitslosigkeit spürbar; vgl. Grafik 1 S. 59.]

(Susanne Koch/Ulrich Walwei/ Frank Wießner/Cerd Zika, Wege aus der Arbeitsmarktkrise, in: IAB-Werkstattbericht Nr. 11/2002 v. 22.8.2002, S. 8 f.)

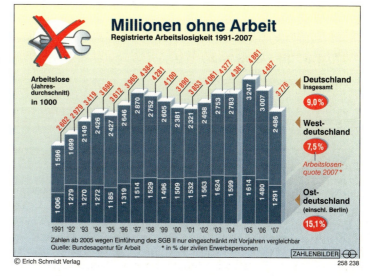

Millionen ohne Arbeit
Registrierte Arbeitslosigkeit 1991-2007

Arbeitslose
(Jahres-
durchschnitt)
in 1000

Jahr	Gesamt	West	Ost
1991	2 602	1 596	1 006
'92	2 979	1 699	1 279
'93	3 419	2 149	1 270
'94	3 698	2 426	1 272
'95	3 612	2 427	1 185
'96	3 965	2 646	1 319
'97	4 384	2 870	1 514
'98	4 281	2 752	1 529
'99	4 100	2 605	1 496
'00	3 890	2 381	1 509
'01	3 853	2 321	1 532
'02	4 061	2 498	1 563
'03	4 377	2 753	1 624
'04	4 381	2 783	1 599
'05	4 861	3 247	1 614
'06	4 487	3 007	1 480
'07	3 776	2 486	1 291

Deutschland
insgesamt

9,0 %

West-
deutschland

7,5 %

*Arbeitslosen-
quote 2007**

Ost-
deutschland
(einschl. Berlin)

15,1 %

Zahlen ab 2005 wegen Einführung des SGB II nur eingeschränkt mit Vorjahren vergleichbar
Quelle: Bundesagentur für Arbeit   * in % der zivilen Erwerbspersonen

ZAHLENBILDER

© Erich Schmidt Verlag

258 238

M 27 Erwerbstätigkeit und Arbeitslosigkeit 1970 – 2007

Jahr[1]	Erwerbs-per-sonen[2]	Erwerbsquoten der Wohnbevölkerung		Erwerbstätige[5] Inländer		Erwerbs-lose[6]	Regis-trierte Arbeits-lose[7]	Arbeits-losen-quote[8]	Gemel-dete Stellen[7]
		insge-samt[3]	15- bis unter 65-Jährigen[4]	insge-samt	darunter: Arbeit-nehmer				
	Tausend	vH		Tausend Personen				vH	Tausend
Früheres Bundesgebiet									
1972	27 134	44,0	66,8	26 957	22 911	177	246	0,9 (1,1)	–
1974	27 334	44,0	66,6	26 988	23 178	346	582	2,1 (2,6)	–
1975	26 920	43,5	66,6	26 307	22 642	613	1 074	4,0 (4,7)	–
1976	26 847	43,6	66,2	26 213	22 720	634	1 060	3,9 (4,6)	235
1978	27 085	44,2	66,4	26 519	23 216	566	993	3,6 (4,3)	246
1979	27 503	44,8	66,8	27 019	23 791	484	876	3,2 (3,8)	304
1980	27 935	45,4	67,1	27 542	24 239	483	889	3,2 (3,8)	308
1981	28 280	45,8	66,9	27 482	24 928	798	1 272	4,5 (5,5)	208
1982	28 576	46,4	66,9	27 274	24 127	1 302	1 833	6,4 (7,5)	105
1983	28 881	47,0	66,2	27 031	23 914	1 850	2 258	7,9 (9,1)	76
1984	29 180	47,7	66,5	27 250	24 137	1 930	2 266	7,9 (9,1)	88
1985	29 608	48,5	67,2	27 632	24 514	1 976	2 304	8,0 (9,3)	110
1986	29 964	49,1	67,7	28 157	25 015	1 807	2 228	7,6 (9,0)	154
1987	30 289	49,6	68,3	28 530	25 416	1 759	2 229	7,6 (8,9)	171
1988	30 680	49,9	68,8	28 920	25 811	1 760	2 242	7,6 (8,7)	189
1989	31 045	50,0	69,0	29 450	26 316	1 595	2 038	6,8 (7,9)	251
1990	31 699	50,1	70,8	30 276	27 116	1 423	1 883	6,2 (7,2)	314
1991	32 136	50,2	70,5	30 870	27 667	1 266	1 596	– (6,2)	331
Deutschland									
1991	40 823	51,0	72,6	38 664	35 101	2 159	2 602	–	363
1992	40 600	50,4	72,4	38 066	34 482	2 534	2 979	7,7 (8,5)	356
1993	40 598	50,0	71,9	37 541	33 930	3 057	3 419	8,9 (9,8)	279
1994	40 811	50,1	72,1	37 488	33 791	3 323	3 698	9,6 (10,6)	285
1995	40 774	49,9	71,9	37 546	33 852	3 228	3 612	9,4 (10,4)	321
1996	40 939	50,0	71,4	37 434	33 756	3 505	3 965	10,4 (11,5)	327
1997	41 198	50,2	71,7	37 390	33 647	3 808	4 384	11,4 (12,7)	337
1998	41 566	50,7	71,7	37 834	34 046	3 732	4 281	11,1 (12,3)	422
1999	41 742	50,9	72,2	38 339	34 567	3 403	4 100	10,5 (11,7)	456
2000	42 175	51,3	72,1	39 038	35 229	3 137	3 890	9,6 (10,7)	515
2001	42 402	51,5	72,6	39 209	35 333	3 193	3 853	9,4 (10,3)	507
2002	42 517	51,5	72,8	38 994	35 093	3 523	4 061	9,8 (10,8)	452
2003	42 551	51,6	73,3	38 633	34 653	3 918	4 377	10,5 (11,6)	355
2004	42 954	52,1	73,3	38 794	34 658	4 160	4 381	10,5 (11,7)	286
2005	43 322	52,5	73,7	38 749	34 490	4 573	4 861	11,7 (13,0)	413
2006	43 256	52,5	74,8	39 006	34 696	4 250	4 487	10,8 (12,0)	564
2007	43 289	52,6	…	39 687	35 319	3 602	3 776	9,0 (10,1)	621

[1]Ab 2004 vorläufige Ergebnisse. – [2]Inländerkonzept; nach dem ESVG 1995. – [3]Anteil der Erwerbspersonen (Erwerbstätige und Erwerbslose) an der Wohnbevölkerung insgesamt. – [4]Anteil der Erwerbspersonen im Alter von 15 bis unter 65 Jahren an der Wohnbevölkerung in diesem Alter nach den Ergebnissen des Mikrozensus. – [5]Arbeitnehmer, Selbstständige und mithelfende Familienangehörige. – [6]Abgrenzung gemäß Definition der

internationalen Arbeitsorganisation (ILO). Ab 2005 Ergebnisse der ILO-Telefonerhebung. Angaben für frühere Zeiträume basieren auf Schätzungen unter Einbezug verschiedener Quellen. – [7]Quelle: BA – [8]Anteil der registrierten Arbeitslosen an *allen* zivilen Erwerbspersonen (abhängig Beschäftigte, Selbstständige und mithelfende Familienangehörige), in Klammern: Anteil der reg. Arbeitslosen an den *abhängigen* zivilen Erwerbspersonen (sozialversicherungspflichtig und geringfügig Beschäftigte, Beamte, Arbeitslose).

(Eigene Zusammenstellung nach Angaben des Statistischen Bundesamtes, des Sachverständigenrates zur Begutachtung der gesamtwirtschaftlichen Entwicklung [verschiedene Jahrgänge, zuletzt 2007/2008] und der Bundesagentur für Arbeit)

1. *Beschreiben Sie anhand von M 26, wie sich die Arbeitslosigkeit langfristig entwickelt hat. Inwiefern ist im Text von „drei Schritten" die Rede? Versuchen Sie, die angesprochenen Gründe für die Entwicklung in Ostdeutschland näher zu erläutern.*

2. *Wenn nach einem durch die schlechte Wirtschaftslage bedingten deutlichen Anstieg im sich anschließenden wirtschaftlichen Aufschwung die Arbeitslosigkeit sich nur wenig wieder zurückbildet, erhöht sich jedes Mal der „Sockel" der Arbeitslosigkeit. Wo sind zwischen 1960 und 2002 solche Entwicklungen erkennbar (s. Grafik)? Zu zugrunde liegenden gesamtwirtschaftlichen und politischen Entwicklungen vgl. auch die Stichworte in der Grafik S. 67o.*

3. *Die Tabelle M 27 ist in vielerlei Hinsicht aufschlussreich. Klären Sie zunächst die in der Kopfzeile enthaltenen Begriffe und Kategorien (zum Unterschied zwischen „Erwerbslosen" und „registrierten Arbeitslosen" s. M 24) und achten Sie bei der Auswertung auch auf folgende Aspekte:*
– Die Einwohnerzahl der Bundesrepublik verringerte sich von 1974 (rd. 62 Mio.) bis 1985 (rd. 61 Mio.) aufgrund der demographischen Entwicklung um 1 Million. Wie ist es zu erklären, dass in diesem Zeitraum die Zahl der Erwerbspersonen (also des Arbeitskräfteangebots) um etwa 2,3 Mio. zunahm (vgl. dazu M 26 und M 34)?
– Im Zeitraum zwischen 1983 und 1989 wurden rd. 2,4 Mio. neue Arbeitsplätze geschaffen. Wie ist es zu erklären, dass im gleichen Zeitraum die Zahl der Arbeitslosen nahezu gleich blieb? Vergleichen Sie dazu die Entwicklung der Erwerbsbeteiligung (3. Sp.) und bedenken Sie die Bedeutung der Stillen Reserve (vgl. auch M 28a).

▬ **M 28** Die Struktur der Arbeitslosigkeit

„Die öffentliche Diskussion zur Arbeitslosigkeit stellt die empirische Entwicklung der gesamtwirtschaftlichen Arbeitslosenquote in den Vordergrund. Diese auf einen Indikator beschränkte Betrachtungsweise soll nunmehr um drei Aussagen erweitert werden, die **generelle Beobachtungen** zur Struktur der Arbeitslosigkeit zusammenfassen.

Die **erste** Aussage: Eine Mehrheit von Personen, die im Verlauf eines Jahres arbeitslos werden, verbleibt nur relativ kurzfristig in der Arbeitslosigkeit, obwohl der Stand der Arbeitslosigkeit fortgesetzt auf einem hohen Niveau verbleibt. Mit anderen Worten, trotz einer persistenten, hohen Arbeitslosigkeit lässt sich eine **hohe Bewegung** der arbeitslosen Personen beobachten. [...]

Eine **zweite** Aussage: Demgegenüber verteilen sich die Lasten der Arbeitslosigkeit faktisch nicht gleichmäßig. Ein großer Teil der Bestandsgröße der Arbeitslosen verteilt sich auf Personen mit **langfristiger Dauer** von Arbeitslosigkeit. Ein Grund liegt in der ungleichen Verteilung von Abgangs- oder Arbeitsplatzchancen; mit zunehmender Dauer der Arbeitslosigkeit sinken die Chancen eines Abgangs aus der Arbeitslosigkeit stark ab. [...]

Die **dritte** Aussage: Zwischen verschiedenen Personengruppen von Arbeitnehmern bestehen erhebliche Unterschiede der **gruppenspezifischen Quoten** der Arbeitslosigkeit." (Heinz Dieter Hardes/Frieder Schmitz, Grundzüge der Volkswirtschaftslehre, Oldenbourg Verlag, München 2000, S. 325–327)

Die folgenden Materialien sollen diese drei Aspekte verdeutlichen.

M 28 a Zugänge und Abgänge

Auf dem Arbeitsmarkt in Deutschland herrscht reges Kommen und Gehen – trotz konjktureller Dauerflaute. Das zeigt eine Untersuchung des Instituts für Arbeitsmarkt- und Berufsforschung. Danach meldeten sich im Jahr 2002
5 über sechs Millionen Männer und Frauen arbeitslos. Die meisten von ihnen, knapp 3,5 Millionen, hatten ihre Arbeitsplätze verloren oder aufgegeben. Fast 1,2 Millionen hatten die „Stille Reserve" verlassen, um mithilfe der Arbeitsämter nach einem Job zu suchen. Auf der anderen Sei-
10 te meldeten sich rund 5,8 Millionen Menschen bei den Arbeitsämtern ab; für sie war die Zeit der Arbeitslosigkeit vorüber. Rund die Hälfte von ihnen hatte einen neuen Arbeitsplatz gefunden; gut ein Viertel war in die „Stille Reserve" abgewandert, unter anderem, weil sie keinen An-
15 spruch mehr auf Leistungen hatten. (Globus)

	Bewegungen	
	Zugänge in	Abgänge in
	registrierte/r Arbeitslosigkeit[1]	
	Deutschland	
1991	5 103	4 760
1992	5 535	5 178
1993	6 046	5 483
1994	6 076	6 205
1995	6 525	6 294
1996	7 142	6 785
1997	7 269	6 895
1998	7 157	7 481
1999	7 068	7 218
2000	6 811	7 049
2001	6 898	6 744
2002	7 255	6 992
2003	7 622	7 534
2004	8 179	8 030
2005	6 986	6 865
2006	6 877	7 380

[1] Jahressummen
(www.sachverstaendigenrat-wirtschaft.de/
download/tabellen/Tab21jg.pdf)

M 28 b Dauer der Arbeitslosigkeit

Tendenz steigend
Langzeitarbeitslose in Deutschland
©Handelsblatt 144/05
28. Juli 2005
*Stand Juni 05; Quelle: Bundesagentur für Arbeit, Strukturanalysen,
Daten jeweils Ende September eines Jahres
HANDELSBLATT-GRAFIK

Entwicklung der Langzeitarbeitslosigkeit 2004 – 2007:

2004: 38,4 %	2006: 41,7 %
2005: 36,2 %	2007: 41,1 %

(Handelsblatt Nr. 144 v. 28.7.2005, S. 2)

M 28 c

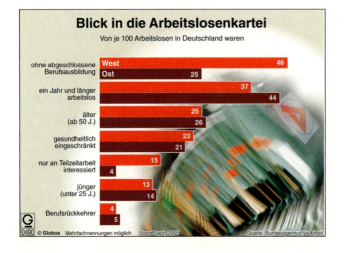

Blick in die Arbeitslosenkartei
Von je 100 Arbeitslosen in Deutschland waren

© Globus Mehrfachnennungen möglich Stand Sept. 2005 Quelle: Bundesagentur für Arbeit

M 28 d
„Bildung schützt vor Arbeitslosigkeit"

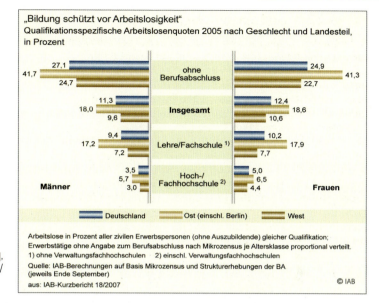

„Bildung schützt vor Arbeitslosigkeit"
Qualifikationsspezifische Arbeitslosenquoten 2005 nach Geschlecht und Landesteil, in Prozent

	Männer		Frauen
ohne Berufsabschluss	27,1 / 41,7 / 24,7		24,9 / 41,3 / 22,7
Insgesamt	11,3 / 18,0 / 9,6		12,4 / 18,6 / 10,6
Lehre/Fachschule 1)	9,4 / 17,2 / 7,2		10,2 / 17,9 / 7,7
Hoch-/Fachhochschule 2)	3,5 / 5,7 / 3,0		5,0 / 6,5 / 4,4

Deutschland   Ost (einschl. Berlin)   West

Arbeitslose in Prozent aller zivilen Erwerbspersonen (ohne Auszubildende) gleicher Qualifikation;
Erwerbstätige ohne Angabe zum Berufsabschluss nach Mikrozensus je Altersklasse proportional verteilt.
1) ohne Verwaltungsfachhochschulen   2) einschl. Verwaltungsfachhochschulen
Quelle: IAB-Berechnungen auf Basis Mikrozensus und Strukturerhebungen der BA
(jeweils Ende September)
aus: IAB-Kurzbericht 18/2007   © IAB

(Bundesagentur für Arbeit [Hg.], IAB-Kurzbericht 18/2007; http://doku.iab.de/forschungsbericht/2007/fb0907.pdf)

- Die Analyse der qualifikationsspezifischen Arbeitslosigkeit liefert seit Jahr und Tag den gleichen Befund: niedrige Qualifikation – hohes Arbeitsmarktrisiko, hohe Qualifikation – niedriges Risiko. Dieser Trend ist seit Jahrzehnten ungebrochen.
- Dabei verlaufen die langfristigen Beschäftigungsverluste der Geringqualifizierten ebenso
5 (weitgehend) konjunkturneutral wie die massiven Arbeitsplatzgewinne bei den Hochqualifizierten. Selbst eine kräftige Konjunkturbelebung dürfte deshalb die Lage der Geringqualifizierten kaum merklich bessern.
- Der Niedriglohnsektor ist längst Realität. Zwischen 20 Prozent und 40 Prozent aller Erwerbstätigen ohne Berufsabschluss sind nurmehr geringfügig beschäftigt. Für viele ist das der einzige
10 Job. [...]
- Eine gute Ausbildung schützt also nicht nur vor Arbeitslosigkeit. Sie hilft offensichtlich, das Arbeitsvermögen bis zum Rentenalter länger und besser zu nutzen.

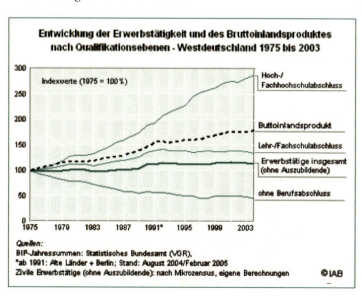

Entwicklung der Erwerbstätigkeit und des Bruttoinlandsproduktes nach Qualifikationsebenen - Westdeutschland 1975 bis 2003

Indexwerte (1975 = 100 %)

Hoch-/Fachhochschulabschluss
Bruttoinlandsprodukt
Lehr-/Fachschulabschluss
Erwerbstätige insgesamt (ohne Auszubildende)
ohne Berufsabschluss

Quellen:
BIP-Jahressummen: Statistisches Bundesamt (VGR),
*ab 1991: Alte Länder + Berlin; Stand: August 2004/Februar 2005
Zivile Erwerbstätige (ohne Auszubildende): nach Mikrozensus, eigene Berechnungen   © IAB

(IAB Kurzbericht Nr. 9 v. 13.6.2005, S. 1)

M 29 Fachkräfte-Mangel trotz Massenarbeitslosigkeit

Die günstige konjunkturelle Entwicklung hat seit 2006 zu einem deutlichen Anstieg der Beschäftigung und zu einer erhöhten Nachfrage nach Fachkräften geführt. Auch wenn noch kein genereller Fachkräftemangel herrscht, zeigen sich erste Engpässe in einigen Regionen und bei einzelnen Berufen wie den Ingenieuren und Informatikern. Um Mangelsituationen entgegenzuwir-
5 ken, sind Anstrengungen im Bildungs- und Ausbildungsbereich erforderlich. Hinzu kommen muss eine bessere Nutzung des vorhandenen Arbeitskräftepotentials bei Frauen und Älteren sowie eine zukunftsfähige Zuwanderungsstrategie [Erleichterung der Zuwanderungs- und Aufenthaltsbedingungen für qualifizierte Ausländer]. [...]
2007 blieben nach VDI-Angaben rund 70 000 Ingenieurs-Stellen unbesetzt. Im Vergleich zum
10 Vorjahr sei dies eine Steigerung von 45 Prozent. „Wenn wir diesen Trend nicht stoppen, wird sich der Technikstandort Deutschland künftig nicht mehr mit Japan, den USA und China messen, sondern mit Ländern, die heute auf der Hightech-Landkarte noch gar nicht existieren", sagte der Direktor des Vereins, Fuchs. Dabei sei das Problem seit Jahren bekannt. Laut einer Umfrage fordern Unternehmen als wichtigste politische Maßnahme, den technisch-naturwissenschaft-
15 lichen Unterricht an den Schulen zu stärken.
Bundesbildungsministerin Schavan sagte der Deutschen Presse-Agentur dpa in Berlin: „Angesichts der herausgehobenen Bedeutung, die technologische Innovationen* für unsere Volkswirtschaft haben, werden wir gerade in den MINT-Fächern (Mathematik, Informatik, Naturwis-
20 senschaften und Technik) attraktivere Studienbedingungen schaffen sowie verstärkt für ein MINT-Studium werben." Allein bei Naturwissenschaftlern werde in den nächsten Jahren die Lücke fehlender Absolventen pro Jahrgang
25 bei rund 30 Prozent liegen.
Einer Studie des arbeitgebernahen Instituts der deutschen Wirtschaft in Köln zufolge gibt es siebenmal so viele offene Ingenieursstellen wie der Bundesagentur für Arbeit gemeldet
30 werden. Vor allem die Elektroindustrie und der Fahrzeugbau suchten derzeit intensiv neue Ingenieure.

Kaum ein Tag vergeht, ohne dass sich ein Unternehmen über den Ingenieurmangel beklagt. Geichzeitig suchen mehrere Ingenieure nach einer Stelle. Wie passt das zusammen? Die Spezialisierung in den Unternehmen steigt, Detailwissen ist gefragt. Über das verfügen aber nur die wenigsten arbeitslosen, oft älteren Ingenieure. Angesichts des demographischen Wandels dürfte sich dieses Problem in Zukunft verschärfen. Um es zu lösen, stürzen sich die Unternehmen vor allem auf die Jugend. Von Kindesbeinen an soll diese für Technik – und am besten gleich auch für einen potenziellen Arbeitgeber – begeistert werden. Von der Weiterbildung älterer Mitarbeiter ist dagegen nur selten die Rede.
(Frankfurter Allgemeine Zeitung v. 19./20.4.2008, S. C 10; Verf.: Julia Löhr)

(dpa; http://www.n24.de/news/newsitem_769274.html; Zugriff am 22.4.2008)

---

1. „Die Bestandszahl an registrierten Arbeitslosen lässt für sich genommen nur ein begrenztes Urteil über die Arbeitslosigkeit zu. Es ist für das ökonomische Urteil, aber auch für die sozialen Belastungen durch Arbeitslosigkeit ein Unterschied, ob in dem Bestand an Arbeitslosen dauerhaft immer dieselben Personen enthalten sind oder ob sich der Kreis der Betroffenen ändert, jeder Einzelne vielleicht nur kurzfristig arbeitslos ist" (Jahresgutachten 1990/91 des Sachverständigenrats). Erläutern Sie diese Aussage (M 28 a).

2. Erläutern Sie, was man unter „Langzeitarbeitslosigkeit" versteht und wie sie sich in den letzten Jahren entwickelt hat (Deutschland steht hier im europäischen Vergleich sehr schlecht da). (M 28 b)

3. Im Durchschnitt dauerte 2003 Arbeitslosigkeit für die Betroffenen 8,5 Monate, für die 55- bis 60-Jährigen lag der Durchschnitt bei 16 Monaten. Wie erklären Sie sich das?

4. Beschreiben Sie in M 28 d die unterschiedliche Betroffenheit von Arbeitslosigkeit bei unterschiedlichen Bildungsabschlüssen und stellen Sie heraus, welche Entwicklung seit 1980 besonders auffällig ist. Wie lässt sich diese Entwicklung erklären? Inwieweit „schützt Bildung vor Arbeitslosigkeit"?

5. *Seit Ende 2007 wird verstärkt über „Fachkräftemangel" diskutiert, Beschreiben Sie, in welchen Bereichen dieses Problem aufgetreten und worauf es zurückzuführen ist. Wie schätzen Sie die angesprochenen politischen Maßnahmen zur Bekämpfung des Problems ein? Inwiefern gehört das Problem überhaupt zum Thema „Struktur der Arbeitslosigkeit"?*

Hinweis zu M 28 d und M 29: Angesichts der absehbaren Entwicklung auf dem Arbeitsmarkt erscheint für Jugendliche eine sorgfältige, zwischen Neigung und Berufschancen abwägende **Berufswahl** wichtig. Studieninteressierten will das „Informationssystem Studienwahl und Arbeitsmarkt" (ISA) der Universität Essen „internetseitig überschaubare datengestützte Informationen zur Studienwahl der am meisten nachgefragten Fächer anbieten und darüber hinaus mit Blick auf deren Arbeitsmarktperspektiven weiterführende Informationen geben" (www.uni-essen.de/isa). Eine „Jobampel" gibt relativ klare Auskunft über die Berufschancen für 27 Studiengänge. Die Prämissen, unter denen die jeweilige Prognose entwickelt wurde, werden transparent gemacht.

▰▰ **M 30**
Die „Landkarte" der Arbeitslosigkeit

Arbeitslosenquoten im Mai 2008

– Regionaldirektionen und Agenturen für Arbeit –

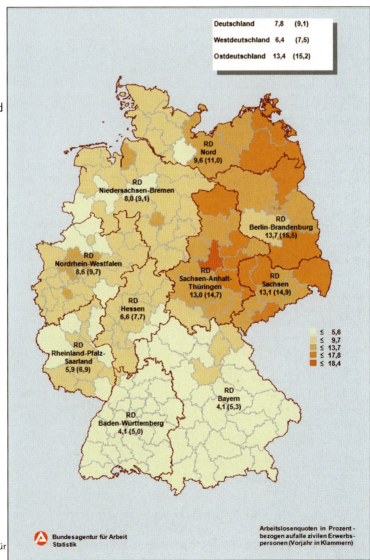

Deutschland	7,8	(9,1)
Westdeutschland	6,4	(7,5)
Ostdeutschland	13,4	(15,2)

RD Nord 9,6 (11,0)

RD Niedersachsen-Bremen 8,0 (9,1)

RD Berlin-Brandenburg 13,7 (15,5)

RD Nordrhein-Westfalen 8,6 (9,7)

RD Sachsen-Anhalt-Thüringen 13,0 (14,7)

RD Sachsen 13,1 (14,9)

RD Hessen 6,6 (7,7)

RD Rheinland-Pfalz-Saarland 5,9 (6,9)

RD Bayern 4,1 (5,3)

RD Baden-Württemberg 4,1 (5,0)

≤ 5,6
≤ 9,7
≤ 13,7
≤ 17,8
≤ 18,4

 Bundesagentur für Arbeit Statistik

Arbeitslosenquoten in Prozent - bezogen auf alle zivilen Erwerbspersonen (Vorjahr in Klammern)

(http://www.pub.arbeitsamt.de/hst/services/statistik/000000/html/start/karten/aloq_aa.gif; 22.05.2008; © Bundesagentur für Arbeit)

Zur Struktur der Arbeitslosigkeit gehört auch ihre unterschiedliche regionale Verteilung. Beschreiben Sie dazu die „Landkarte der Arbeitslosigkeit" (M 30). Welche Unterschiede zwischen den Bundesländern, aber auch zwischen bestimmten Regionen innerhalb von Bundesländern sind auffällig? Versuchen Sie, für einige dieser Unterschiede Erklärungen zu finden.

Ursachen der Dauerkrise auf dem Arbeitsmarkt

▬▬ **M 31** Typisierungen von Arbeitslosigkeit nach Ursachen

Fast täglich werden Sie Zeitungsnachrichten finden können, in denen verschiedene Gründe angesprochen werden, die in einzelnen Betrieben und Sparten zum Abbau von Arbeitsplätzen führen. In diesem Abschnitt wird gleichsam aus der Vogelperspektive nach gesamtwirtschaftlichen und gesamtgesellschaftlichen Ursachen für die Massenarbeitslosigkeit gefragt. Die Ursachen der Arbeitslosigkeit sind vielfältig. Um die Vielfalt dieser Ursachen gedanklich zu ordnen, werden häufig aus gesamtwirtschaftlicher Sicht folgende Typen der Arbeitslosigkeit unterschieden:

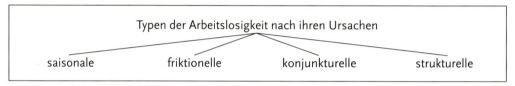

Typen der Arbeitslosigkeit nach ihren Ursachen

saisonale   friktionelle   konjunkturelle   strukturelle

Nach einer Schätzung von Gerhard Willke entfallen (von saisonalen Ursachen abgesehen) zurzeit 60 % der bestehenden Unterbeschäftigung auf strukturelle (im weitesten Sinn; vgl. dazu den Einführungstext S. 76 f.) Ursachen, 30 % auf konjunkturelle und 10 % auf friktionelle. (G. Willke, in: Georg Weißeno [Hrsg.], Politik und Wirtschaft unterrichten, Bundeszentrale für politische Bildung, Bonn 2006, S. 50 f.)

▬▬ **M 31 a** Friktionelle und saisonale Arbeitslosigkeit

Die friktionelle sowie die saisonale Arbeitslosigkeit zählen nicht zu den zentralen Sorgenkindern der Vollbeschäftigungspolitik. Es handelt sich hierbei um eine Art „Sockelarbeitslosigkeit". Sie kann auch in Zeiten guter Konjunktur- und Wachstumsentwicklung regelmäßig nicht unter einen gewissen „Bodensatz"
5 gedrückt werden. Selbst in den besten konjunkturellen Zeiten (wie beispielsweise 1970) meldeten sich etwa 150 Tsd.
10 Personen als arbeitslos (vgl. M 27).
Friktionelle Arbeitslosigkeit wird auch als „Sucharbeitslosigkeit" bezeichnet.
15 Sie ist kurzfristiger Natur und tritt auf, wenn Arbeitskräfte entlassen werden und infolge von Suchprozessen bis zum Antritt der
20 neuen Stelle für eine gewisse Zeit nicht beschäftigt sind. Das Auftreten dieser Form von Arbeitslo-

Arbeitsmarkt Deutschland (Arbeitslose in 1000)

Originalwert und saisonbereinigter Wert

— Originalwert
— Saisonbereinigter Wert

(http://www.destatis.de/indicators/d/gkarb820z5.htm; © Statistisches Bundesamt Deutschland 2005)

sigkeit ist nicht überraschend, wenn man bedenkt, dass in Deutschland pro Jahr ca. 7 Mio. Beschäf-
25 tigungsverhältnisse begonnen bzw. beendet werden (vgl. M 28a). Im Durchschnitt liegt die Dauer
eines Beschäftigungsverhältnisses bei knapp 4 Jahren. Nach der Definition der Bundesagentur für
Arbeit gilt jede Arbeitslosigkeit, die nicht länger als drei Monate gedauert hat, als Sucharbeitslosigkeit. Das erforderliche Arbeitsplatzangebot ist vorhanden, allerdings kennt die arbeitslose Person
die offene Stelle noch nicht bzw. wählt unter den alternativen Angeboten aus. Durch Verbesse-
30 rungen des Stelleninformations- und -vermittlungssystems (z. B. durch computergestützte Stellen-
vermittlungen) kann diese Arbeitslosigkeit verringert werden. [...] Zur Verbesserung der Vermitt-
lungseffizienz wurden in Deutschland auch private Arbeitsvermittler zugelassen.

Saisonale Arbeitslosigkeit ist die Folge jahreszeitlicher Schwankungen (s. Grafik). Sie tritt sowohl
auf der Angebotsseite, d.h. bei der Produktion (Land- und Forstwirtschaft, Bauwirtschaft), als auch
35 auf der Nachfrageseite (Touristikgewerbe, Weihnachts- und Ostergeschäft) auf. Eine ursachenge-
rechte Bekämpfung dieser Art von Arbeitslosigkeit ist naturgemäß kaum möglich. Hierzu müssten
ja die Saisoneinflüsse beseitigt werden. Daher muss saisonale Arbeitslosigkeit weitgehend hinge-
nommen werden wie „der Hagel, der die Ernte vernichtet". Eine begrenzte Abhilfemaßnahme stellt
die sog. produktive Winterbauförderung dar [Investitions- und Mehrkostenzuschüsse für die Be-
40 triebe]; hierdurch soll die Beschäftigung an Baustellen auch im Winter aufrechterhalten werden.

(Gerhard Mussel/Jürgen Pätzold, Grundfragen der Wirtschaftspolitik, Vahlen, 6. Aufl., München 2005, S. 38)

▉ **M 31b** Konjunkturelle Arbeitslosigkeit

Generell kann gesagt werden, dass die friktionelle
und die saisonale Arbeitslosigkeit nur kurzfristiger
Natur sind. Eher mittelfristiger, aber dem Grunde
nach vorübergehender, also temporärer Art ist die
5 konjunkturelle Arbeitslosigkeit. Sie ist dadurch gekennzeichnet, dass infolge eines Rückgangs der
gesamtwirtschaftlichen Nachfrage, also eines Konjunkturabschwungs (vgl. M 16a), in nahezu sämtlichen Branchen und Regionen der Volkswirtschaft
10 die Produktion gedrosselt wird. Damit geht üblicherweise zunächst Kurzarbeit, in der Folgezeit jedoch eine sinkende Beschäftigung einher.
Konjunktureinbrüche können allerdings auch auf
bestimmte Wirtschaftszweige, Regionen oder Be-
15 rufe beschränkt sein (z. B.
„schlechte Baukonjunk-
tur"). [...] Kennzeichnend
für konjunkturelle Ein-
brüche ist, dass die daraus
20 resultierende Arbeitslosigkeit im nächsten Boom
wieder verschwindet.
Bleibt der Aufschwung
auf Dauer aus, dann han-
25 delt es sich nicht um einen vorübergehenden
konjunkturellen Ein-
bruch, sondern um eine
länger anhaltende Wachs-
30 tumsschwäche.
Die Abbildung rechts zeigt,
dass die Entwicklung der
Erwerbstätigkeit mit der

(Zeichnung: Jan Tomaschoff/CCC, www.c5.net)

Abb.: Beschäftigung im Konjunkturverlauf in Deutschland

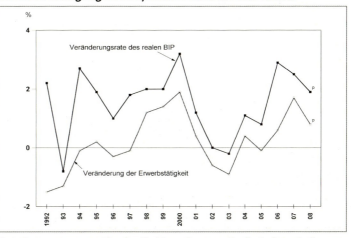

Veränderungsraten gegenüber dem Vorjahr; p: Prognose; Quelle: Sachverständigenrat

des BIP eng korreliert ist. Zur Diagnose der konjunkturellen Unterbeschäftigung können in der
35 Praxis z. B. Unternehmensbefragungen dienen. Angesichts des sehr hohen Ausgangsniveaus der
Unterbeschäftigung in Deutschland wird aber auch deutlich, dass die konjunkturelle Komponente
der Unterbeschäftigung im Vergleich zur nichtkonjunkturellen Komponente vergleichsweise gering ist. Der *Sachverständigenrat* schätzt den konjunkturellen Anteil der Arbeitslosigkeit für das
Jahr 2004 auf weniger als 2 Prozentpunkte (von insgesamt knapp 12 Prozent), das sind etwa 16
40 Prozent der registrierten Arbeitslosigkeit. Mehr als 80 Prozent der Unterbeschäftigung wären damit in Deutschland struktureller Natur.

(Jürgen Pätzold/Daniel Baade, Stabilisierungspolitik, Verlag Franz Vahlen, München, 7. Aufl. 2008, S. 54)

1. *Beschreiben Sie die drei Arten von Ursachen („Typen") der Arbeitslosigkeit, die sich klar voneinander abgrenzen lassen (M 31a und b), auch unter den Gesichtspunkten ihrer zeitlichen Begrenzung
und ihrer Vermeidbarkeit. Ziehen Sie zur Klärung auch die beiden Grafiken heran. Wodurch ist bei
der saisonalen Arbeitslosigkeit der „W-förmige" Jahresverlauf (Grafik S. 74) bedingt? Wie spiegelt
sich „konjunkturelle" Arbeitslosigkeit in der Darstellung der Grafik (S. 75) wider?*

2. *Zu dem Hinweis (M 31b), dass konjunkturelle Arbeitslosigkeit „im nächsten Boom wieder
verschwinde", ist darauf hinzuweisen, dass nach allgemeiner Auffassung zusätzliche Beschäftigung
erst ab einer bestimmten Höhe des Wirtschaftswachstums im konjunkturellen Aufschwung entsteht
(in den letzten Jahren lag diese „Beschäftigungsschwelle" in Deutschland bei einer Wachstumsrate
von ca. 1,5 % [vgl. M 33, Z. 63 ff.]). Was will die Karikatur (S. 75) dazu sagen? Vergleichen Sie
dazu auch die in der Grafik (S. 75) dargestellte Entwicklung.*

„Derjenige Teil der Arbeitslosigkeit, der weder saisonaler noch friktioneller noch konjunktureller
Natur ist, wird vielfach auch als ‚strukturelle Arbeitslosigkeit im weitesten Sinne' bezeichnet"
(Mussel/Pätzold [= M 31 b], S. 37). Im Vergleich zu den drei anderen Typen ist „strukturelle Arbeitslosigkeit ‚zählebiger' Natur und nicht mittels schnell wirkender Maßnahmen bekämpfbar". Unter
dieser formalen Abgrenzung werden in der Literatur unterschiedliche inhaltliche Typisierungen
vorgenommen, die sich etwa wie folgt zusammenfassen lassen.
Strukturelle Arbeitslosigkeit im weitesten Sinn kann sich darauf beziehen,
● dass ganze *Wirtschaftszweige* wegen mangelnder Nachfrage oder Konkurrenz auf dem Weltmarkt in die Krise geraten, wie z. B. die Textilindustrie, oder fast ganz verschwinden, wie z. B. der
Kohlebergbau (**„Strukturwandel"** von der Industriegesellschaft zur Dienstleistungsgesellschaft);
● dass der Einsatz neuer Techniken und Technologien zu Rationalisierungsmaßnahmen und damit zum Abbau von Arbeitsplätzen führt (**„technologisch bedingte** Arbeitslosigkeit");
● dass der beschleunigte Strukturwandel veränderte oder insgesamt höhere *Qualifikationen der
Erwerbstätigen* erfordert, die (noch) nicht gege-
ben sind (**„merkmalsstrukturelle"** bzw. **„qualifikationsspezifische"** Arbeitslosigkeit; oft spricht
man hier auch von „Mismatch"-Arbeitslosigkeit,
d.h., dass die Qualifikationsmerkmale der Arbeitsuchenden nicht zu den angebotenen Arbeitsplätzen (offenen Stellen) passen;
● dass die Unternehmen mit wachsendem internationalen Konkurrenzdruck zu kämpfen haben, weil im Ausland z. T. billiger produziert
werden kann und deshalb Arbeitsplätze ins
Ausland verlegt werden; die durch das *Wirt-
schafts- und Sozialsystem* gegebenen Rahmenbedingungen (*Standortbedingungen*) erscheinen
den Unternehmen nicht attraktiv genug, um
hier zusätzliche Investitionen zu tätigen (und
damit neue Arbeitsplätze zu schaffen), oder sie

Strukturelle Arbeitslosigkeit: Mit dauerhaft
verhärteter Arbeitslosigkeit ist zu rechnen, wenn
im Aufbau der Volkswirtschaft tiefgreifende
Veränderungen und starke Ungleichgewichte
auftreten, etwa wenn ganze Branchen ihre
Wettbewerbsfähigkeit auf dem Weltmarkt
verlieren oder der technischen Entwicklung
nicht mehr folgen können, wenn traditionelle
Standortvorteile verloren gehen oder bestehende
Nachteile nicht überwunden werden können.
Strukturelle Arbeitslosigkeit kann aber auch die
Folge von Mängeln im Ausbildungssystem,
fehlender Flexibilität auf dem Arbeitsmarkt und
beschäftigungshemmenden rechtlichen
Rahmenbedingungen sein.

(Schmidt-Zahlenbilder)

machen es ihnen schwer, sich an veränderte Verhältnisse anzupassen (**„systemische"** Arbeitslosigkeit im Rahmen des Prozesses der *Globalisierung*);
- dass längerfristig eine zu *geringe Nachfrage* nach Gütern besteht (z. B. wegen stagnierender oder gar sinkender Einkommen oder weil die **Nachfrage** nach bestimmten Gütern **„gesättigt"** ist);
- dass aufgrund der *Bevölkerungsentwicklung*, des *Zuzugs* nicht qualifizierter Arbeitskräfte und der wachsenden *Erwerbsbeteiligung von Frauen* sich das *Angebot* von Arbeitskräften stark vermehrt, während der Bedarf an Arbeitskräften (die Nachfrage der Unternehmen) nicht im gleichen Maße steigt (**„demographische"** Arbeitslosigkeit).

Gerhard Mussel und Jürgen Pätzold, deren Darstellung wir bei der folgenden näheren Erläuterung zu den wichtigsten Aspekten folgen wollen, fassen die beiden zuerst genannten Typisierungen unter dem Begriff **strukturwandelbedingte** oder „strukturelle Arbeitslosigkeit im engeren Sinn", die vier weiteren Ursachentypen unter dem Begriff **„wachstumsdefizitäre"** (durch eine anhaltende Wachstumsschwäche bedingte) Arbeitslosigkeit zusammen.
Für die folgende, etwas ausführlichere, für das Verständnis des komplexen Problems der Arbeitslosigkeit und seiner Bekämpfung wichtige Darstellung schlagen wir Ihnen arbeitsteilige **Gruppenarbeit** vor. Die Aufteilung könnte nach den Abschnitten der folgenden Texte erfolgen (vgl. auch die *Übersicht*, Kasten). Im Hinblick auf die Arbeitsergebnisse, die gruppenweise dem Plenum vorzustellen sind, sollten Sie auf eine verständliche, Fachbegriffe erläuternde und Akzente setzende Darstellung und nach Möglichkeit auf die Heranziehung von konkreten Beispielen aus Ihrem Wissens- und Erfahrungshorizont achten. Auf einzelne Arbeitshinweise zum Text haben wir verzichtet.

Strukturelle Arbeitslosigkeit – Inhaltsübersicht zu M 32 – M 34:
- **M 32: Strukturelle Arbeitslosigkeit im engeren Sinn: strukturwandelbedingte Arbeitslosigkeit**
Beschreibung (S. 77 f.):
Wandel der *Wirtschaftsstruktur* von der Industriegesellschaft zur „Dienstleistungsgesellschaft"
Ursachen und Auswirkungen (S. 78 f.):
Wandel der *Nachfragestruktur* und Strukturwandel auf der Angebotsseite
Freisetzung und Aufnahme von Arbeitskräften zwischen und innerhalb der Wirtschaftssektoren; regionale Strukturkrisen
- **M 33: Wachstumsdefizitäre Arbeitslosigkeit**
Charakter: Gesamtwirtschaftliche Arbeitsplatzlücke infolge eines anhaltend „zu geringen" Wirtschaftswachstums (S. 80)
Ursachen und Auswirkungen:
a) *technischer Fortschritt und „technologische Arbeitslosigkeit"* (S. 81 f.)
   (Arbeitskräftefreisetzung und Wohlstandssteigerung)
b) *Wachstumsschwäche* und *Stagnationsarbeitslosigkeit* (S. 82 f.)
   (*Sättigungsthese*, angebotsseitige Störungen, *Lohnkosten, Arbeitsplatzverlagerung*)
- **M 34: Demographische Arbeitslosigkeit** (S. 83 f.)
Ausdehnung des Arbeitskräfteangebots durch Geburtenentwicklung, Zuwanderungen, Erwerbsbeteiligung von Frauen
(Autorentext)

▌▌▌**M 32** Strukturwandelbedingte Arbeitslosigkeit

Ein entscheidender Auslöser der strukturellen Arbeitslosigkeit ist der **Strukturwandel** in der Volkswirtschaft. Struktureller Wandel ist eine normale und zugleich notwendige Begleiterscheinung des wirtschaftlichen Wachstums- und Entwicklungsprozesses. Bestimmte Branchen, Produkte, Regionen oder Berufe stagnieren, während andere Branchen, Produkte, Regionen oder
5 Berufe überdurchschnittlich wachsen. Aus dem Strukturwandel gehen also immer Verlierer und Gewinner hervor. Wenngleich die strukturellen Verschiebungen in einer Volkswirtschaft für die Verlierer schmerzhaft ausfallen, darf nicht übersehen werden, dass ohne Strukturwandel auf Dauer kein Wachstum möglich ist. Eine Wirtschaftspolitik, die versuchen würde, „alte" Strukturen und damit „alte" Arbeitsplätze zu konservieren, würde langfristig nicht nur den Wohlstand
10 in einer Gesellschaft, sondern auch die Beschäftigung gefährden. Vollzieht sich der Strukturwan-

Abb. 1

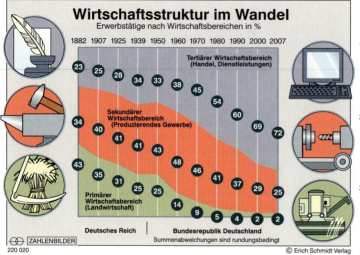

Wirtschaftsstruktur im Wandel
Erwerbstätige nach Wirtschaftsbereichen in %

1882 1907 1925 1939 1950 1960 1970 1980 1990 2000 2007

Tertiärer Wirtschaftsbereich
(Handel, Dienstleistungen)

23 25 28 34 33 38 45 54 60 69 72

Sekundärer Wirtschaftsbereich
(Produzierendes Gewerbe)

34 40 41 41 43 48 46 41 37 29 25

Primärer Wirtschaftsbereich
(Landwirtschaft)

43 35 31 25 25 14 9 5 4 2 2

Deutsches Reich | Bundesrepublik Deutschland
Summenabweichungen sind rundungsbedingt

ZAHLENBILDER
220 020

© Erich Schmidt Verlag

del nicht zu rasch, so sind auch die beschäftigungs-politischen Anpassungs-probleme lösbar – aller-
15 dings nicht zwingend für jeden einzelnen Arbeit-nehmer; denn in der Pra-xis wird sich beispiels-weise ein älterer Bleisetzer
20 kaum noch beruflich um-orientieren. In jedem Fall aber bringt der Struktur-wandel einen geänderten Bedarf an Arbeitskräften
25 mit sich. Der Struktur-wandel hat also unmittel-bare Auswirkungen auf die **Arbeitsnachfrage**.
Die **Ursachen des Struk-**
30 **turwandels** sind ausge-

sprochen komplex. Sie werden in der Wissenschaft entsprechend kontrovers diskutiert. Im Fol-genden können diese Ursachenfaktoren, die zu bestimmten Arten der strukturellen Arbeitslosig-keit führen, daher nur kurz gestreift werden.
● Sichtbarer Ausdruck des Strukturwandels sind die Ergebnisse, wie sie in der bekannten **Drei-**
35 **Sektoren-Hypothese** (C. Clark, J. Fourastié) zum Ausdruck kommen. So ging in Deutschland während der letzten Jahre der Anteil der Erwerbstätigen im **primären Sektor** (Land- und Forst-wirtschaft, Fischerei) stetig zurück. Im Zuge der Industrialisierung nahm der Beschäftigtenanteil im **sekundären Sektor** (Waren produzierendes Gewerbe) bis Anfang der Siebzigerjahre kontinu-ierlich zu; seitdem ist jedoch auch in diesem Bereich ein Rückgang des Erwerbstätigenanteils
40 festzustellen. Ungebrochen verlief die Zunahme der Erwerbstätigkeit lediglich im tertiären Sek-tor (private und staatliche Dienstleistungen). Die Entwicklungstendenz kann Abbildung 1 ent-nommen werden.
Aus diesem Bild geht eindrucksvoll der wirtschaftliche und soziale Wandel in unserer Gesell-schaft hervor. Aus einer **Agrargesellschaft** (sog. primäre Gesellschaft) heraus vollzog sich die
45 Entwicklung zunächst hin zur **Industriegesellschaft** (sekundäre Gesellschaft). Aber auch dieses Stadium war nur vorübergehend, danach bewegten sich die „reifen" Volkswirtschaften in Rich-tung einer **Dienstleistungsgesellschaft** (tertiäre Gesellschaft). Im internationalen Vergleich nimmt die Bundesrepublik Deutschland bei den Dienstleistungen mit einem Anteil von 71 Pro-zent im Jahr 2004 einen Platz im Mittelfeld ein. Dies gilt sowohl für den Beschäftigtenanteil im
50 tertiären Sektor als auch dessen Beitrag zur Gesamtproduktion.

Abb. 2: Der Strukturwandel der deutschen Wirtschaft seit 1970

	Jahr	Landwirtschaft	Industrie	Dienstleistungen
Bruttowertschöpfung (in Mrd. €, in Preisen von 1995)	1970	12,36	381,63	429,49
	2000	24,51	548,23	1331,17
		+98,4%	**+43,7%**	**+209,9%**
Erwerbstätige in Tausend	1970	2302	12362	11954
	2000	940	11104	26729
		−59,2%	**+10,2%**	**+123,6%**
Arbeitsproduktivität in €	1970	5400	64500	140800
	2000	25200	90300	171100
		+366,7%	**+40%**	**+21,5%**

(Bernd Nolte, Volkswirtschaft konkret, Wiley VHC Verlag, Weinheim 2003, S. 156)

● Die **Ursachen** für die Veränderungen in der Zusammensetzung der Produktion werden sowohl in Entwicklungen auf der Nachfrageseite als auch auf der Angebotsseite der Volkswirtschaft erblickt. Auf der **Nachfrageseite** sind Veränderungen der Nachfragestruktur und damit *geänderte Bedürfnisse* entscheidend. Sind die *Grundbedürfnisse* der Bevölkerung gedeckt (primärer Sektor), so entstehen zunehmend *gehobene Bedürfnisse* nach materiellen Gütern (sekundärer Sektor). Aber auch hier treten im Zeitablauf *Sätti-*

Abb. 3

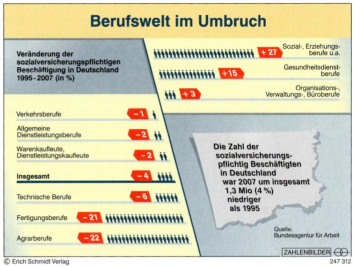

gungstendenzen ein, und es entstehen wachsende Bedürfnisse nach Dienstleistungen (tertiärer Sektor). Bei diesem Erklärungsansatz steht also die Änderung der Bedürfnisstruktur der privaten Haushalte im Vordergrund. Angesichts der aufgezeigten Entwicklungsphasen steigt damit die Nachfrage nach **konsumbezogenen Dienstleistungen**. Sie sind nach diesem Ansatz als Träger des Wachstums der Wirtschaft anzusehen. Über die Marktsignale passt sich die Produktionsstruktur der veränderten Nachfragestruktur an.

● Zum anderen liegen die Ursachen des Strukturwandels auf der **Angebotsseite der Volkswirtschaft**. Das Wachstum des tertiären Sektors kommt nämlich zunehmend auch durch Dienstleistungen zustande, welche die Unternehmen selbst zunehmend benötigen und deshalb nachfragen. Man spricht hier von **produktionsbezogenen Dienstleistungen**. Sie entstehen einerseits infolge von Auslagerungen bestimmter Tätigkeiten, die bislang von den Unternehmen in eigener Regie erbracht wurden (sog. **„outsourcing"** oder „outhousing", z. B. vergibt eine Firma ihre Putzarbeiten, die bisher von betriebseigenen Reinigungskräften erbracht wurden, an eine Gebäudereinigungsfirma, oder die bislang selbst durchgeführte Personalauswahl wird von externen Personalberatern vorgenommen). Zum anderen erfolgt die Produktion mit einem ständig wachsenden Dienstleistungsanteil, sie wird also immer *dienstleistungsintensiver*. Beispiele für diese inkorporierten Dienstleistungen sind Beratungsleistungen, Forschung und Entwicklung, Werbung, After-Sale-Services u. a. m.

● Ungeachtet der Frage, welche Determinanten nun letztlich für den Strukturwandel verantwortlich sind, bleibt festzuhalten, dass sich im Zuge der Umstrukturierung von Nachfrage und Produktion auch der Bedarf der Wirtschaft an **Arbeitskräften** verändert (vgl. Abb. 3). Statt Landarbeitern werden Industriearbeiter und schließlich vermehrt Dienstleister nachgefragt. Erfahrungsgemäß passen sich jedoch die Arbeitskräfte nicht schnell genug an die neuen Gegebenheiten in der Produktionssphäre an. Die Folge sind offene Stellen in den wachsenden Wirtschaftszweigen und Arbeitslosigkeit in den vom Strukturwandel negativ betroffenen Branchen. Man spricht deshalb von **branchenspezifischer** oder **sektoraler Arbeitslosigkeit**. Sie tritt als Folge geballter Entlassungen in ein-

Abb. 4

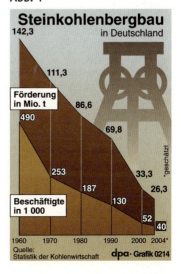

Abb. 5: Beschäftigtenzahl in der Textilindustrie

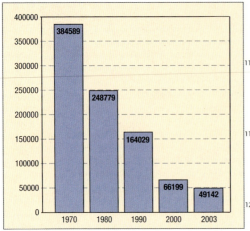

(Quelle: Gesamtverband der deutschen Textil- und Mode-industrie/Textilwirtschaft)

105 zelnen Branchen auf, während gleichzeitig in anderen Wirtschaftsbereichen die Produktionstätigkeit infolge von Arbeitskräfteknappheit behindert wird (vgl. Abb. 4 und 5).

● Die branchenspezifische Arbeitslosigkeit
110 kann durch **Fusionen*** eine Verstärkung erfahren. In der jüngeren Vergangenheit sorgten verschiedene spektakuläre Unternehmenszusammenschlüsse für Schlagzeilen. Dabei handelte es sich zu einem beträchtlichen Teil um grenz-
115 überschreitende Fusionen, die als Ausdruck der zunehmenden Globalisierung zu werten sind. Ein wesentlicher Grund für Fusionen liegt in der Hoffnung begründet, dass Größenvorteile und Synergieeffekte [sich aus dem Zusammen-
120 schluss ergebende positive Wirkungen] zu Kosteneinsparungen führen sollen. Davon sind insbesondere auch die Arbeitskosten und damit Arbeitsplätze betroffen. Ungeachtet der Tatsache, dass im Durchschnitt nur etwa jede zweite
125 Fusion ein Erfolg wird, gehen von Unternehmenszusammenschlüssen unbestreitbare *Gefahren für die Beschäftigung* aus. Die im Zuge von Zusammenschlüssen auftretenden Arbeitsplatzverluste können daher als **unternehmensgrößenbezogene Arbeitslosigkeit** bezeichnet werden.

● Strukturkrisen treten einerseits auf, weil die Nachfrage nach den Produkten einer Branche nur noch unterdurchschnittlich wächst oder gar absolut zurückgeht. Beispiele hierfür sind die Land-
130 wirtschaft oder der Bergbau. Zum anderen können Branchen aber auch deshalb in Strukturkrisen geraten, weil sie den Anschluss an neuere technologische Veränderungen (z. B. Mikroelektronik) verpassen bzw. weil sie aufgrund veränderter internationaler Wettbewerbsbedingungen an Konkurrenzfähigkeit verlieren (z. B. Auftreten von Schwellenländern wie z. B. China im Textilbereich).

(Gerhard Mussel/Jürgen Pätzold [= M 31 a], S. 58–61)

M 33 Ursachen und Arten der „wachstumsdefizitären" Arbeitslosigkeit

Arbeitslosigkeit kann auch Folge eines über längere Perioden anhaltenden Arbeitsplatzmangels aufgrund eines „zu geringen" wirtschaftlichen Wachstums sein. Wie bei der konjunkturellen Arbeitslosigkeit handelt es sich hierbei um einen allgemeinen Mangel an Arbeitsplätzen, also um ein **gesamtwirtschaftliches Phänomen**. Im Unterschied zur konjunkturellen Arbeitslosigkeit
5 liegt „**wachstumsdefizitäre Arbeitslosigkeit**" dann vor, wenn der Beschäftigungsrückgang nicht nur vorübergehender Natur, sondern Folge einer **dauerhaften Wachstumsschwäche** ist.
Kennzeichnend für die wachstumsdefizitäre Arbeitslosigkeit ist, dass das wirtschaftliche Wachstum über eine längere Phase hinweg zu gering ist, um Vollbeschäftigung der Arbeitskräfte zu sichern. Das vollbeschäftigungssichernde Wirtschaftswachstum ist allerdings keine absolute
10 Größe. Vielmehr sind verschiedene Einflussfaktoren für diejenige Wachstumsrate der Produktion verantwortlich, die man benötigt, um das Vollbeschäftigungsziel zu erreichen. Grundsätzlich ist die Entwicklung des Beschäftigungsstandes von folgenden Determinanten abhängig:

● *Entwicklung des realen Inlandsprodukts*; je höher die Zuwachsrate des Inlandsprodukts ausfällt, umso mehr zusätzliche Arbeitsplätze werden unter sonst gleichen Umständen geschaffen;
15 ● *Entwicklung der Arbeitsproduktivität**; sie entscheidet über die potenzielle Freisetzung von Arbeitskräften im Zuge des technischen und organisatorischen Fortschritts;
● *Entwicklung des Erwerbspersonenpotenzials**; nimmt das Arbeitskräfteangebot zu, so ist unter sonst gleichen Umständen ein höheres Produktionswachstum erforderlich, um Vollbeschäftigung aufrechtzuerhalten. Bei einem abnehmenden Arbeitskräfteangebot ist umgekehrt nur ein
20 geringeres Wachstum erforderlich, damit die Vollbeschäftigungssituation bestehen bleibt. [...]

a) Technischer Fortschritt und technologische Arbeitslosigkeit

Häufig wird die These vertreten, die zentrale Ursache für die anhaltende Arbeitslosigkeit in
25 der Bundesrepublik liege im **technischen Fortschritt**. Er ziehe eine Beschleunigung des *Rationalisierungsprozesses** nach sich, die Folge sei Unterbeschäftigung. Tatsächlich sind in einzelnen Wirtschaftszweigen erhebliche Rationa-
30 lisierungsschübe als Folge der Anwendung neuer Technologien (Prozessinnovationen*) zu beobachten. [...]
Ungeachtet der Gefahren für den Arbeitsmarkt sind Produktivitätsfortschritte die zentrale

„Schauen Sie mal, was der für kostbare Eier legt!"
(Zeichnung: Horst Haitzinger/CCC, www.c5.net)

35 Grundlage für die Steigerung des Wohlstandes einer Gesellschaft. **Produktivitätssteigerung** heißt, dass im Extremfall

● die gleiche Produktionsmenge mit einem geringeren Arbeitskräfteeinsatz (**Arbeitskräfteeinsparungseffekt** des technischen Fortschritts) oder

● eine höhere Produktion mit gleichem Arbeitskräfteeinsatz (**Wohlstandssteigerungseffekt** des
40 technischen Fortschritts) erzeugt werden kann.

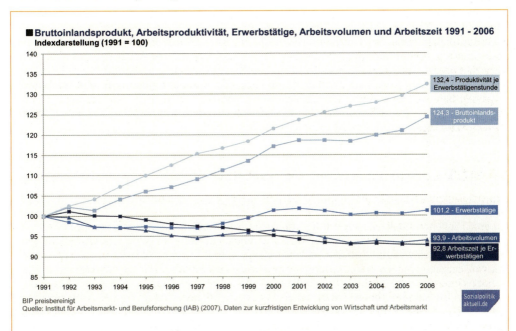

■ **Bruttoinlandsprodukt, Arbeitsproduktivität, Erwerbstätige, Arbeitsvolumen und Arbeitszeit 1991 - 2006**
Indexdarstellung (1991 = 100)

132,4 - Produktivität je Erwerbstätigenstunde
124,3 - Bruttoinlandsprodukt
101,2 - Erwerbstätige
93,9 - Arbeitsvolumen
92,8 Arbeitszeit je Erwerbstätigen

BIP preisbereinigt
Quelle: Institut für Arbeitsmarkt- und Berufsforschung (IAB) (2007), Daten zur kurzfristigen Entwicklung von Wirtschaft und Arbeitsmarkt

Sozialpolitik aktuell.de

Die Nachfrage nach Arbeitskräften steigt erst, wenn die Wirtschaft ein reales *Wachstum* aufweist, also mehr Güter und Dienstleistungen produziert werden als in der Vorperiode. Dieser Zusammenhang gilt jedoch nur, wenn die anderen Einflussfaktoren relativ unverändert bleiben. Ansonsten wird die zusätzliche Nachfrage durch einen höheren Ertrag der einzelnen Arbeitsstunde oder durch Mehrarbeit der Beschäftigten ausgeglichen. Für die tatsächliche Nachfrage nach Arbeit spielt daher die gesamtwirtschaftliche Arbeitsproduktivität* eine entscheidende Rolle. Beträgt etwa das Wachstum 3 % und die Steigerung der Arbeitsproduktivität ebenfalls 3 %, so gleichen sich die durch Wachstum induzierte steigende Arbeitskräftenachfrage und der produktivitätsbedingte Rückgang der Arbeitskräftenachfrage aus. Erst wenn das Wachstum der Produktion über dem Produktivitätsanstieg liegt, vergrößert sich das Arbeitsvolumen, so dass zusätzliche Arbeitsplätze entstehen können („Beschäftigungsschwelle"). Bei einem Wachstum, das unterhalb dieser Beschäftigungsschwelle bleibt, muss mit einem Abbau von

Arbeitsplätzen gerechnet werden. Für Deutschland zeigt sich, dass das Bruttoinlandsprodukt von 1991 bis 2006 um rund 24,3 % wuchs, aber die Produktivität je Erwerbstätigenstunde steigerte sich deutlicher, nämlich um knapp 32,4 %. Dadurch kam es zu einem Rückgang des gesamtwirtschaftlichen Arbeitsvolumens um rund 6 %.
(www.sozialpolitik-aktuell.de/datensammlung/4/ab/abbIV66.pdf)

Im *ersten Fall* wirken Produktivitätssteigerungen als „Jobkiller". Es gelingt nicht, den technischen Fortschritt in vollem Umfang in entsprechende Produktionssteigerungen „umzusetzen". Steigt die Produktivität um beispielsweise 3 % an und nimmt gleichzeitig die Produktion nur um 2 % zu, so werden einerseits 3 % der Arbeitsplätze „wegrationalisiert", andererseits benötigt man für
45 die Produktionssteigerung nur 2 % mehr Arbeitsplätze. Per Saldo geht 1 % der Arbeitsplätze verloren (*Arbeitskräfteeinsparungseffekt*).
Im *zweiten Fall* hingegen steht der Produktivitätssteigerung von 3 % eine Zunahme der Produktion von ebenfalls 3 % gegenüber. Hier werden zwar ebenfalls 3 % der Arbeitsplätze durch den technischen Fortschritt „wegrationalisiert", gleichzeitig aber entstehen 3 % mehr Arbeitsplätze, um die
50 Produktionssteigerung bewältigen zu können. Dies bedeutet, dass die rechnerische Freisetzung von Arbeitsplätzen infolge des technischen Fortschritts vollständig kompensiert wird durch den Mehrbeschäftigungseffekt infolge der Zunahme der Produktion (*Wohlstandssteigerungseffekt*). [...]
Umstritten ist allerdings, ob die auftretende Arbeitslosigkeit als „technologisch" etikettiert werden sollte. Ursache der *Produktivitäts-Produktions-Wachstums-Lücke* war nämlich nicht die Beschleuni-
55 gung des technischen Fortschritts. Im Gegenteil: Die Zuwachsraten der Arbeitsproduktivität*
sind im Zeitablauf gesunken. Die potenzielle Freisetzung hat sich also – prozentual betrachtet – abgeschwächt. Noch rascher als die Produktivität sind allerdings die *Zuwachsraten der Produktion* gesunken. Die (verringerte) Freisetzung von Arbeitskräften konnte somit nicht mehr durch Produktionssteigerungen kompensiert werden. Es wurden dadurch per Saldo Arbeitskräfte einge-
60 spart. Die eigentliche Ursache dieser Arbeitslosigkeit liegt insoweit nicht in der Beschleunigung des Rationalisierungsprozesses, sondern in der **Verlangsamung des wirtschaftlichen Wachstums**. Die zunehmende Arbeitslosigkeit in der Bundesrepublik seit Mitte der Siebzigerjahre ist damit zu einem erheblichen Teil auf die *anhaltende Wachstumsschwäche* zurückzuführen. So zeigen Berechnungen, dass für eine Verbesserung der Arbeitsmarktsituation gegenwärtig eine Zuwachsrate des
65 realen BIP von etwa 1,5 % erforderlich ist. Diese **„Beschäftigungsschwelle"** hat sich im Laufe der Jahre allerdings deutlich nach unten verlagert [sie lag also früher deutlich höher]. Es ist deshalb sachgerechter, diese Art der Arbeitslosigkeit als **„Stagnationsarbeitslosigkeit"** zu bezeichnen.

b) Wachstumsschwäche und Stagnationsarbeitslosigkeit

[...] Von Stagnation spricht man, wenn ein *anhaltender Rückgang* der Zuwachsraten des realen In-
70 landsprodukts zu verzeichnen ist. Die **Ursachen** einer anhaltenden „Wachstumsschwäche" sind strittig. Vertreter der **Sättigungsthese** weisen darauf hin, dass Volkswirtschaften ohnehin nicht über längere Zeiträume hinweg mit konstanten Raten wachsen können. Denn ein derartiges Wachstum müsste exponentiell verlaufen. Die Konsequenz wäre, dass der absolute Wohlstandszuwachs (in Mrd. Euro) fortwährend progressiv zunehmen würde. Es ist unbestritten, dass Wirtschaftssysteme
75 in diesem Fall an „Grenzen des Wachstums" (Club of Rome) stoßen müssen. Die Vertreter der Sättigungsthese verweisen zudem darauf, dass es mit zunehmendem Wohlstand auf immer mehr Märkten zu Nachfragesättigungen kommt, d.h. das Wirtschaftswachstum von der **Nachfrageseite** her begrenzt werde. In modernen Gesellschaften verlagern sich, so die Hypothese*, die Bedürfnisse zunehmend weg von denjenigen Bedürfnissen, die über die Märkte befriedigt werden, hin zu sol-
80 chen Bedürfnissen, die „nicht marktorientiert" sind. Verwiesen wird insbesondere auf das Verlangen nach mehr Freizeit und nach mehr immaterieller Lebensqualität. Die Folge eines derartigen **Wertewandels** von der marktorientierten Wohlstandsgesellschaft hin zur Freizeitgesellschaft sei die zu beobachtende Stagnation von Produktion und damit realem Volkseinkommen.
Angebotstheoretiker (s. dazu später M 60), wie beispielsweise der Sachverständigenrat, sind hin-
85 gegen der Auffassung, dass „Sättigung" der über den Markt befriedigten Bedürfnisse keine reale Erscheinung ist. Die in der Realität zu beobachtende Stagnation des Produktions- und Volksein-

kommenswachstums sei vielmehr Folge „falscher Rahmenbedingungen" für die Investoren. Der Wunsch nach mehr materiellen und über die Märkte bereitgestellten immateriellen Gütern sei ohnehin vorhanden. Nach Auffassung des Rates sind die **Bedürfnisse** noch **keineswegs „gesät-**
90 **tigt"**. Es gibt, so die Angebotstheoretiker, auch heute noch einen unbefriedigten Wunsch nach mehr Wohlstand und damit einen Wunsch nach noch höheren Realeinkommen – diese latenten Wünsche müssten nur geweckt und seitens der Produzenten befriedigt werden. Richtig sei zwar, dass auf einzelnen Märkten (Landwirtschaft, Haushaltsgeräte u. a. m.) Sättigungstendenzen zu beobachten seien. Diese „partiellen" Sättigungen dürften jedoch nicht mit „allgemeiner" Sätti-
95 gung gleichgesetzt werden. Die zentrale Ursache der beobachtbaren Wachstumsschwäche wird vielmehr in angebotsseitigen Störungen gesehen. Es gibt – so die zentrale These – nicht mehr genug wagemutige **Pionierunternehmer**, die durch das Eröffnen neuer Märkte das Wirtschafts-system und damit das Wachstum in einem „Prozess der schöpferischen Zerstörung" (Joseph Alois Schumpeter) vorantreiben (s. S. 50).
100 Die Gründe für die angebotsseitigen Hemmnisse sind vielschichtig. Sie werden vor allem in leistungs- und motivationshemmenden Steuern und sozialpolitischen Regelungen sowie in einem Netz staatlicher Regulierungen und Bevormundungen erkannt. Derartige Faktoren erwei-sen sich als Innovations- und Investitionshemmnisse. [...]
Verwiesen wird in diesem Zusammenhang auch auf *überhöhte Löhne*, die zu einer Verschlechte-
105 rung der internationalen Wettbewerbsfähigkeit führen und damit den deutschen Standort für die Produzenten zunehmend unattraktiver machen (s. dazu später M 99 ff.). [...] Nach diesen Überle-gungen ist Arbeitslosigkeit also die Folge zu hoher Löhne, man spricht daher auch von „**Hoch-lohnarbeitslosigkeit"**.
Zu beachten ist jedoch, dass bei diesem Ansatz nur der Kostencharakter der Löhne [Löhne stellen
110 auch Nachfrage dar] betont wird. [...] Außerdem sind Löhne nach unten hin nicht flexibel; die Existenz von Tarifverträgen zwischen Gewerkschaften und Arbeitgebern sorgt für Mindestlöhne, die nicht ohne weiteres unterschritten werden können (vgl. dazu später M 109 ff.).
(Gerhard Mussel/Jürgen Pätzold, Grundfragen der Wirtschaftspolitik, Vahlen, München, 6. Aufl. 2005, S. 74 – 80)

M 34 Demographische Arbeitslosigkeit

Arbeitsmarktprobleme können auch Folge einer zu starken Ausdehnung des Arbeitskräfteange-bots sein. Auslöser dieses Effekts sind Faktoren wie:
- Eintritt *geburtenstarker Jahrgänge* auf dem Arbeitsmarkt,
- *Zuwanderungen* aus dem Ausland,
5 - Zunahme der *Erwerbstätigkeit von Frauen* (s. Tabelle).
Steigt die Arbeitsnachfrage nicht im entspre-chenden Ausmaß an, d. h., ist der Arbeitsmarkt nicht in der Lage, das zusätzliche Arbeitskräf-
10 teangebot zu absorbieren, so kommt es zu Un-terbeschäftigung. Die Ursache für Arbeitslo-sigkeit liegt also in diesem Fall in der demogra-phischen Entwicklung (Demographie ist die Bevölkerungswissenschaft). Man spricht daher
15 von „**demographischer Arbeitslosigkeit"**. [...] Eine solche Erhöhung des Arbeitskräfteange-bots ist in der Bundesrepublik Deutschland seit Ende der Siebzigerjahre beobachtbar. Folgt man den Schätzungen des Instituts für Ar-
20 beitsmarkt- und Berufsforschung, so hat sich das Arbeitskräfteangebot von 1977 bis 1989 um etwa 2,4 Mio. Personen erhöht. Das ent-spricht einem durchschnittlichen jährlichen Anstieg des Angebots an Arbeitskräften von

Erwerbsquoten von Frauen im Alter von 15 – 65 Jahren

	Jahr	insge-samt	ledig	verh.
West	1970	46,2	69,9	39,1
	1980	50,2	60,7	46,1
	1990	58,5	68,1	53,9
	2002	63,6	66,2	61,7
	2004	64,9		
Ost	1991	77,2	67,8	81,5
	2002	72,6	64,1	77,7
	2004	73,4	64,7	78,7
D	1995	62,6	65,6	60,8
	2001	64,9	66,2	63,9
	2002	65,3	65,8	64,5
	2004	66,1	65,2	65,7

(Deutschland in Zahlen 2004, Hrsg. Institut der deutschen Wirtschaft Köln, 28.05.2004, © Deutscher Instituts-Verlag GmbH, Köln)

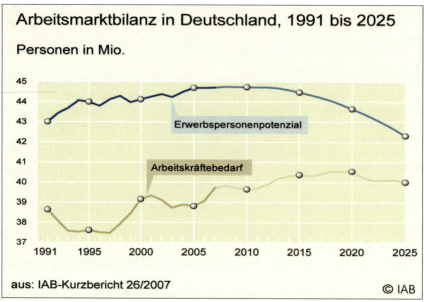

Arbeitsmarktbilanz in Deutschland, 1991 bis 2025

Personen in Mio.

Erwerbspersonenpotenzial

Arbeitskräftebedarf

aus: IAB-Kurzbericht 26/2007

© IAB

(Bundesagentur für Arbeit [Hg.], IAB-Kurzbericht 26/2007; http://doku.iab.de/kurzber/2007/kb2607.pdf)

25 über 200 000 Personen. Der enorme Anstieg des Erwerbspersonenpotenzials seit 1978 war insbesondere Folge der Entwicklung der [hohen] **Geburtenraten** in den Sechzigerjahren sowie Folge der erheblich gestiegenen **Erwerbsbeteiligung von Frauen**. Soll ein derartiger demographisch bedingter Anstieg des Arbeitskräfteangebots nicht zu Arbeitslosigkeit führen, so müsste (unter sonst gleichen Umständen) die Zuwachsrate der gesamtwirtschaftlichen Produktion kräftig gesteigert

30 werden. Das ist aber in den Achtzigerjahren nicht in ausreichendem Maße gelungen. Das Produktionswachstum reichte nicht nur nicht aus, um die durch Rationalisierung* eingesparten Arbeitsplätze neu entstehen zu lassen; es war zudem auch „zu gering", um den demographisch bedingten Anstieg des Erwerbspersonenpotenzials* zu kompensieren. Die Arbeitslosigkeit in der Bundesrepublik war insoweit zu einem erheblichen Teil auch demographischer Natur. [...]

35 Bei der Einschätzung der künftigen Entwicklung [ist] unsicher, wie sich das Erwerbsverhalten der Frauen vollziehen wird und welche Größenordnungen die (Netto-)**Zuzüge aus dem Ausland** annehmen werden. [...]
Ungeachtet dieser Unsicherheiten kommt das IAB in einer neueren Studie (vgl. Grafik) zum Ergebnis, dass das Angebot an Arbeitskräften in Deutschland langfristig drastisch sinken wird.

40 [...] Dadurch wird zwar der Arbeitsmarkt Deutschland entlastet, parallel hierzu ergeben sich jedoch gravierende Probleme bei der Finanzierung der Renten.

(Gerhard Mussel/Jürgen Pätzold, Grundfragen der Wirtschaftspolitik, Verlag Franz Vahlen, München, 6. Aufl. 2005, S. 81 f.)

4. Die Entwicklung des Preisniveaus – Inflation in Deutschland

In einer Umfrage des Instituts für Demoskopie Allensbach wurde im Jahre **1963** einem repräsentativen Querschnitt der Bevölkerung eine Liste von Problemen vorgelegt, mit der Frage, welches Problem man für das schlimmste halte und am meisten fürchte. Die mit deutlichem Abstand größte Zahl der Antworten (23 %, von den über 60-Jährigen sogar 33 %) entfiel auf das Problem der

Inflation (das Problem der Arbeitslosigkeit rangierte mit 10% der Nennungen an 6. Stelle). Es ist nicht überraschend (vgl. hierzu auch die Einleitung zu Abschnitt 3.), dass bei der Beantwortung einer ähnlichen Frage im Jahre **2004** die mit Abstand größte Sorge der Befragten dem Problem der Arbeitslosigkeit galt; die Geldentwertung war an die 7. Stelle gerückt.

Nachdem nach einem enormen Anstieg zu Beginn der 1980er-Jahre (s. M 41; 1981 wurde eine Inflationsrate von 6,3 gemessen) sich die Preisniveauent-

wicklung wieder schnell beruhigte (1986 herrschte mit −0,1% Deflation*), kam es im Gefolge des deutschen Einigungsprozesses 1991/1992 zu einem vorübergehenden deutlichen Anstieg auf 5,1% im Jahr 1992, danach aber schnell wieder zu „Ruhe an der Preisfront". Die Einführung des Euro als Bargeld (in 12 Ländern der EU, der sog. „Eurozone*") zum 1.1.2002 sorgte allerdings bald für z. T. lebhafte Diskussionen in der breiten Öffentlichkeit über tatsächliche und vermeintliche Preissteigerungen, die sich, wie der folgende Zeitungsbericht zeigt, immer noch nicht beruhigt haben.

Ende des Jahres 2007 setzte dann eine lebhafte Diskussion über drastische Preissteigerungen (vor allem bei Lebensmitteln und Energie) ein, die sich bis Mitte des Jahres 2008 noch verstärkte. „Inflationsangst" herrschte in vielen Ländern Europas (s. Zeitungsbericht). Grund genug, sich über die Bedeutung von Inflation, die Methode ihrer Messung sowie ihre Ursachen und Folgen zu informieren.

Jeder Dritte wünscht sich die D-Mark zurück

Jeder dritte Deutsche würde den Euro abschaffen und die D-Mark wieder einführen. Das jedenfalls ist das Ergebnis einer Umfrage, die der Bundesverband deutscher Banken (BdB) in Auftrag gegeben hat. Nach Einschätzung des Geschäftsführenden Vorstands des BdB, Manfred Weber, ist
5 das Umfrageergebnis vor allem mit prägenden Erinnerungen zu erklären. [...]
Zu der Skepsis gegenüber dem Euro dürfte zudem beitragen, dass die neue Währung weiterhin vielfach als „Teuro" wahrgenommen wird. Nach der BdB-Umfrage machten 53 Prozent der 1011 befragten erwachsenen Bürger den Euro direkt und hauptsächlich für die Preissteigerungen der vergangenen Jahre verantwortlich. [...]
10 Besonders viele Euro-Gegner gab es laut Umfrage in der Altersgruppe zwischen 40 und 49 Jahren (38 Prozent). Unter den jüngsten Umfrageteilnehmern im Alter zwischen 18 und 24 Jahren betrug der Anteil der Euro-Gegner dagegen nur 24 Prozent.
(Frankfurter Allgemeine Zeitung v. 3.5.2008, S. 10)

Angst vor Inflation

Die Deutschen haben Angst vor Inflation: 71 Prozent sorgen sich, dass ihr Geld künftig immer
15 weniger wert ist. Das ergab eine Forsa-Umfrage für den *stern*. Die Sorge ist berechtigt: Vergangenen Monat kletterte die Inflationsrate in Deutschland auf 3,1 Prozent. In den 15 Ländern der europäischen Währungsunion erreichte sie rekordverdächtige 3,6 Prozent.
Unter den steigenden Preisen leiden besonders die Empfänger niedriger Einkommen: Sie geben einen Großteil ihres Geldes für genau die Dinge aus, die jetzt teurer geworden sind. Entspre-

20 chend groß ist nach der *stern*-Umfrage bei dieser Gruppe auch die Inflationsangst: 84 Prozent der Bürger, die weniger als 1000 Euro netto im Monat verdienen, fürchten, dass ihr Geld künftig zum Leben nicht mehr reicht. Bei den Gehaltsempfängern mit mehr als 3 000 Euro in der Lohntüte ängstigen sich nur 49 Prozent.

Lorenz Fischer, Leiter des Instituts für Wirtschafts- und Sozialpsychologie an der Universität 25 Köln, sagt: „Die Inflation trifft die kleinen Leute und den unteren Mittelstand. Beim Sparkonto gleichen selbst vier Prozent Zinsen die Teuerung nicht aus, da von der Zinszahlung ja die Steuern abgehen. Auch die Rentner leiden. Besser dran sind Leute, die ihr Geld in Güter gesteckt haben, bei denen sich die Preise erhöhen, etwa Aktien oder Immobilien."

(stern Nr. 18 v. 24.4.2008, S. 27; Verf.: Matthias Weber)

■ **M 35** Preisniveaustabilität als Ziel der Wirtschaftspolitik in Deutschland

Ein weiteres zentrales Anliegen der Wirtschaftspolitik ist die Bekämpfung von Inflation. Dies mündet in das Ziel der **Stabilität des Preisniveaus**. Aus dieser Formulierung geht bereits hervor, dass bei diesem Ziel nicht die Vermeidung des Anstiegs einzelner Güterpreise, sondern die Verhinderung von Preisniveausteigerungen auf breiter Front im Mittelpunkt steht. Die Europäische 5 Zentralbank spricht etwas verkürzt von **Preisstabilität**. Gemeint ist damit ebenfalls die Stabilität des Preisniveaus*. Gleichwohl könnte diese Formulierung zu einer Fehlinterpretation in dem Sinne führen, dass im Zeitablauf sämtliche Preise stabil bleiben sollen. Für die Funktionsfähigkeit [...] der Marktwirtschaft sind jedoch Preiserhöhungen auf einzelnen Märkten ein unabdingbares Erfordernis; dem müssen jedoch entsprechende Preissenkungen auf anderen Märkten 10 gegenüberstehen. Vielfach spricht man auch vom Ziel der **Geldwertstabilität**. Die Inflationsbekämpfung nahm in der Wirtschaftspolitik der Bundesrepublik Deutschland stets einen hohen Rang ein. Zum einen sind **Bund** und **Länder** gemäß § 1 Stabilitäts- und Wachstumsgesetz explizit

---

1922/23 erlebte Deutschland die wohl stärkste Inflation aller Zeiten. Um die Staatsschulden nach dem Ersten Weltkrieg zu bezahlen, druckte die Deutsche Reichsbank viel mehr Geld, als zur Finanzierung der realen Wirtschaftsleistung notwendig gewesen wäre. In der Folge stiegen die Preise für alle Güter praktisch stündlich, und es entwickelte sich eine sogenannte „Hyperinflation". Auf ihrem Höhepunkt im Jahr 1923 erreichte die Inflationsrate unvorstellbare 100 Millionen Prozent. Schließlich wurde in der Währungsreform eine Billion Mark gegen nur eine Rentenmark umgetauscht. Millionen von Sparern verloren dadurch ihr gesamtes Vermögen. Nach dem Zweiten Weltkrieg kam es in Deutschland dann noch einmal zu einer „galoppierenden" Inflation (davon spricht man bei Teuerungsraten von mehr als 10 Prozent, eine Hyperinflation beginnt bei 50 Prozent). Am 20. Juni **1948** ersetzte in einer neuerlichen **Währungsreform** die D-Mark die wertlos gewordene Reichsmark. Jeder Bundesbürger erhielt damals 40 D-Mark. Die neu geschaffene Bundesbank, der als erster Zentralbank volle Unabhängigkeit von der Regierung zugestanden wurde, machte die D-Mark dann bekanntlich zu einer der stabilsten Währungen der Welt.

(Helmut Sperber, Wirtschaft verstehen – nutzen – ändern, Schäffer-Poeschel Verlag, Stuttgart 2002, S. 41)

Banknote von 1923

(Foto: © picture-alliance/akg-images)

„Kopfgeld" zur Währungsreform 1948

(Foto: © picture-alliance/Helga Lade Fotoagentur GmbH)

zur Erhaltung der Stabilität des Preisniveaus verpflichtet. Zum anderen hatte die **Deutsche Bundesbank** gemäß § 3 Bundesbankgesetz (alt) bis zum 31. Dezember 1998 die Aufgabe, „die Wäh-
15 rung zu sichern", d. h. ihre Geldpolitik primär am Ziel der Preisniveaustabilität auszurichten.
Sinkt das Preisniveau, so liegt eine **Deflation*** vor. Sie bedeutet genauso eine Verletzung des
Zieles der Stabilität des Preisniveaus wie die Inflation. [...]
Ihre herausragende Bedeutung verdankt die Geldwertstabilität in Deutschland zweifellos der
überdurchschnittlich ausgeprägten Inflationsmentalität. Sie ist vor allem bei älteren Menschen
20 anzutreffen. Die Ursache hierfür liegt in den **historischen Erfahrungen**, denn schon zweimal
musste die Bevölkerung in Deutschland auf schmerzliche Weise die Verletzung des Ziels der
Preisniveaustabilität erfahren. Die erste verheerende Inflation trat zu Beginn der Zwanzigjahre
des 20. Jahrhunderts auf. Sie kulminierte bis Oktober 1923 in einer **Hyperinflation** mit einer
monatlichen Inflationsrate von 32 000 Prozent (s. Kasten S. 86). Am *Ende des Zweiten Weltkrieges*
25 zeigten sich dann für die Bevölkerung zum zweiten Mal die verhängnisvollen Auswirkungen einer schweren Inflation: Abermals ging das Geld „kaputt" (s. Kasten S. 86). Auch in der Nach-
kriegszeit traten mehrfach Inflationsschübe auf, die jedoch bei weitem nicht das Ausmaß der
beiden vorangegangenen Inflationen erreichten. Im internationalen Vergleich kann man die
Bundesrepublik durchaus als eine Insel der Stabilität einstufen.

(Gerhard Mussel/Jürgen Pätzold [= M 31 a], S. 91)

1. *Erläutern Sie den Unterschied zwischen „Preisstabilität" und „Preisniveaustabilität" (selbst die Europäische Zentralbank beachtet diese Unterscheidung nicht; vgl. die Quellenangabe zum Kasten in M 36).*

2. *Welche historischen Erinnerungen und Erfahrungen spielen für die große Bedeutung, welche die Inflation in Deutschland vor allem bei älteren Menschen hat, eine Rolle? (M 35)*

Inflationsmessung durch Preisindizes und ihre Problematik

◼◼ M 36 Warenkorb, Preisindex, Inflationsrate

Wie kann man Inflation messen? In einer Volkswirtschaft gibt es Millionen von Preisen. Diese
Preise unterliegen ständigen Veränderungen, die im Grunde Veränderungen des Angebots von
und der Nachfrage nach einzelnen Waren und Dienstleistungen widerspiegeln und dadurch einen Hinweis auf die „relative Knappheit" der betreffenden Waren und Dienstleistungen liefern.
5 Es liegt auf der Hand, dass es weder praktikabel noch wünschenswert ist, all diese Preise zu be-
rücksichtigen. Gleichzeitig ist es aber auch nicht angemessen, nur einige von ihnen zu betrachten, denn sie sind möglicherweise nicht repräsentativ für das allgemeine Preisniveau.
Die meisten Länder verfolgen bei der Messung von Inflation einen einfachen, naheliegenden
Ansatz, indem sie den sogenannten **Verbraucherpreisindex** (VPI) heranziehen Dabei wird das
10 Kaufverhalten der Verbraucher analysiert, um festzustellen, welche Waren und Dienstleistungen
Verbraucher typischerweise kaufen und welche daher als in gewisser Weise repräsentativ für den
Durchschnittsverbraucher einer Volkswirtschaft betrachtet werden können. Dazu gehören nicht
nur die Artikel, die Verbraucher täglich kaufen (z. B. Brot und Obst), sondern auch Gebrauchsgü-
ter (z. B. Autos, PCs, Waschmaschinen usw.) und wiederkehrende Transaktionen* (z. B. Mietzah-
15 lungen). Die Zusammenstellung dieser „Einkaufsliste" von Artikeln und ihre Gewichtung ent-
sprechend ihrer Bedeutung in den Budgets der Verbraucher ergeben den sogenannten **Warenkorb**. Jeden Monat prüft eine Gruppe von Preisbeobachtern die Preise dieser Artikel an
verschiedenen Verkaufsstellen. In der Folge werden die Kosten dieses Korbs immer wieder ver-
glichen, sodass eine Zeitreihe für den Preisindex entsteht. Die jährliche Inflationsrate kann dann
20 berechnet werden, indem man die Veränderung der Kosten des Warenkorbs heute als Prozentsatz der Kosten des identischen Warenkorbs vor einem Jahr ausdrückt.
Die Entwicklungen des durch einen solchen Warenkorb bestimmten Preisniveaus spiegeln allerdings lediglich die Situation eines „durchschnittlichen" bzw. repräsentativen Verbrauchers wider.

Weichen die Kaufgewohnheiten einer Person wesentlich vom durchschnittlichen Konsumverhal-
25 ten und damit von dem Warenkorb, auf dem der Index basiert, ab, so erlebt diese Person möglicherweise eine Veränderung der Lebenshaltungskosten, die sich von der aus dem Index hervor-
gehenden unterscheidet. Daher wird es immer einige Menschen geben, die mit ihrem „persön-
lichen Warenkorb" eine höhere „Inflationsrate" feststellen, und andere, die eine niedrigere
„persönliche Inflationsrate" konstatieren. Mit anderen Worten: Die vom Index gemessene Teue-
30 rung ist lediglich ein Näherungswert für die durchschnittliche Situation in der Wirtschaft allgemein; sie ist nicht identisch mit den von jedem einzelnen Verbraucher wahrgenommenen Preisveränderungen insgesamt.

Im Folgenden werden die oben dargestellten Überlegungen anhand eines einfachen Zahlenbeispiels
verdeutlicht. Angenommen, ein repräsentativer Warenkorb der jährlichen Ausgaben von Teenagern
besteht aus 100 Hamburgern, 50 alkoholfreien Getränken, zehn Energy Drinks und einem Mountain-
bike.

	Menge	Preis (Jahr 1)	Preis (Jahr 2)	Preis (Jahr 3)
Hamburger	100	1,00 Euro	1,20 Euro	0,90 Euro
Softdrink	50	0,50 Euro	0,40 Euro	0,70 Euro
Energy Drink	10	1,50 Euro	1,70 Euro	1,20 Euro
Mountainbike	1	160,00 Euro	173,00 Euro	223,00 Euro
Kosten des Warenkorbs		300,00 Euro	330,00 Euro	360,00 Euro
Preisindex		100,00	110,00	120,00

Dann lassen sich die Gesamtkosten des Korbs berechnen, indem man die Mengen mit den betreffenden
Preisen multipliziert und alles addiert. Es ist leicht zu erkennen, dass die Kosten dieses Warenkorbs
vom ersten zum zweiten Jahr von 300 Euro auf 330 Euro bzw. um 10 % gestiegen sind. Vom ersten zum
dritten Jahr haben sich die Kosten von 300 Euro auf 360 Euro erhöht – das entspricht einem Anstieg von
20 %.
Dies kann man auch durch einen Preisindex ausdrücken. Um den Preisindex zu berechnen, werden die
Kosten des Warenkorbs jedes Zeitraums durch die Kosten des Warenkorbs im Basiszeitraum dividiert
und das Ergebnis mit 100 multipliziert. In der vorstehenden Tabelle ist Jahr 1 der Basiszeitraum. Der
Preisindex für Jahr 3 lautet demnach:
Preisindex = (P_3/P_1) x 100 = (360/300) x 100 = 120,00
Der Preisindex soll ein allgemeines Bild von dem vermitteln, was mit sehr vielen Preisen geschieht. Wie
aus dem Beispiel hervorgeht, kann der Preisindex steigen, selbst wenn einige Preise sinken.

(Europäische Zentralbank [EZB], Preisstabilität: Warum ist sie für dich wichtig?, Lehrerheft, Frankfurt am Main 2005, S. 24 f., 26)

Preisindex und Inflationsrate			
Jahr	Preis des Warenkorbs	Preisindex	Inflationsrate in % gegenüber Vorjahr
1	1 591,79	100	–
2	1 642,73	103,2	3,2
3	1 710,08	107,4	4,1
4	1 764,04	110,8	3,1

Wenn der Güterkorb im Jahre 1 einen Gesamtwert
35 von 1 591,79 Euro = 100 % hatte, dann resultiert aus dem Güterwert des Jahres 4 mit 1 764,04 Euro ein Preisindex von (1 764,04 : 1 591,79) x 100 = 110,8,
40 d. h., dass das durch-
schnittliche Preisniveau zwischen den Jahren 1 und 4 um 10,8 % gestiegen ist.
Mit der Ermittlung des **Preisindex** zusammenhängend, aber nicht gleichbedeutend, ist die **Inflationsrate**. Sie beschreibt die prozentuale Preisänderung nicht im Vergleich zu einem – meist
45 weiter zurückliegenden – Basisjahr, sondern zum Vorjahr (manchmal auch zum Vormonat, wobei sich außergewöhnliche und saisonale Veränderungen besonders stark bemerkbar machen,
wie z. B. die im Sommer generell sinkenden Heizölpreise). Die Inflationsrate für z. B. das Jahr 4
berechnet sich somit entweder durch Vergleich der Güterkorbwerte 1 710,08 (Jahr 3) und 1 764,04
(Jahr 4) = 1,031, d. h. 3,1 %, oder durch Vergleich der entsprechenden Indexwerte 107,4 (Jahr 3)
50 und 110,8 (Jahr 4) = 1,031, d. h. 3,1 %.

Dabei wird auch wiederum der Unterschied zwischen **Prozent** und **Prozentpunkten** deutlich: Der Preisindex veränderte sich zwischen den Jahren 3 und 4 um 110,8 – 107,9 = 3,4 *Prozentpunkte*, was – wie gezeigt – einer Veränderung von 3,1 *Prozent* entspricht. Diese beiden Begriffe werden leider häufig verwechselt.

(Jörn Altmann, Wirtschaftspolitik, Lucius & Lucius Verlag, Stuttgart, 8. Aufl. 2007, S. 134 f.)

1. *Das Verfahren der Messung des Preisniveaus ist ein einfaches Beispiel für das in den Sozialwissenschaften verbreitete Verfahren der Operationalisierung* von Begriffen. Machen Sie anhand der Begriffe Preisniveau, Lebenshaltungskosten, Warenkorbwert deutlich, worin hier die Operationalisierung besteht und warum sie notwendig ist. Warum werden z. B. zur Ermittlung der Lebenshaltungskosten nicht alle Güter einer Volkswirtschaft erfasst? Was bedeutet es, dass die Güterzusammensetzung des Warenkorbs „repräsentativ" sein muss?*

2. *Erörtern Sie, ob z. B. Rennpferde, Petroleumlampen oder Fertigpizza Bestandteile des Warenkorbes sein sollten (nur eines dieser Güter ist im Warenkorb enthalten).*

3. *Begründen Sie, warum der Warenkorb, nach der Struktur der Verbrauchsausgaben gewichtet, über einen bestimmten Zeitraum hin konstant gehalten werden muss, wenn man die Änderung des Preisniveaus messen will.*

4. *Machen Sie sich das Verfahren der Indexberechnung klar (Laspeyres*-Formel: Güterkorbwert des Berichtsjahres : Güterkorbwert des Basisjahres x 100 = Preisindex für das Berichtsjahr).*

5. *Überprüfen Sie: Wenn der Warenkorb eines bestimmten Jahres z. B. einen Wert von 3 148,03 € hatte, der des Vorjahres einen Wert von 3 107,63 €, wie berechnet sich daraus eine prozentuale Veränderung (Inflationsrate) von 1,3?*

6. *Erläutern Sie den Unterschied zwischen Prozenten und Prozentpunkten (Z. 50ff.) an folgendem Beispiel: „Beim diesjährigen Abitur sind 8% der Schüler nicht zur Prüfung zugelassen worden, ein Jahr zuvor waren es nur 6%." Wie hoch ist der Zuwachs in Prozent bzw. Prozentpunkten? Ausführliche und klar gegliederte Informationen und Erklärungen zu allen mit der Inflationsmessung zusammenhängenden Fragen (besonders zum Preisindex und zum Warenkorb) können Sie der **Broschüre „Preise in Deutschland" des Statistischen Bundesamtes** entnehmen, die im Internet zur Verfügung steht: https://www.ec.destatis.de/csp/shop/sfg/bpm.html.cms.cBroker.cls?cmspath=struktur, vollanzeige.csp&ID=1018409*

▓▓▓ M 37 Datenerhebung, Berechnung und Veränderung des Warenkorbes

Entsprechend ihrer relativen Bedeutung für den gesamten monatlichen Aufwand für die Lebenshaltung müssen die einzelnen Güter *gewichtet* in den Warenkorb eingehen. Diese *Aus-*
5 *gabenstruktur* wird in aufwendigen Erhebungen festgestellt. Hierzu zählen insbesondere die etwa alle fünf Jahre stattfindenden **Einkommens- und Verbrauchsstichproben** (EVS), die 40 – 50 000 Haushalte verschiedener Größe
10 und aller sozialen Schichten, Berufe und Regionen erfassen. [...] Um den Verbraucherpreisindex einmal im Monat festzustellen, erheben rund 560 Preisermittler im Auftrag der Statistischen Landesämter und 15 Mitarbeiter des
15 Bundesamtes Preise für die 750 Waren und Dienstleistungen des Warenkorbes. 190 Be-

So werden die Preise erfasst
Zwischen dem 10. und 15. jeden Monats schwärmen Tausende fleißige Statistiker in die Kaufhäuser, Supermärkte und Boutiquen unseres Landes aus, um die aktuellen Preise festzustellen. Für die meisten Erzeugnisse wird unter allen möglichen Qualitäten ein sogenannter „Preisrepräsentant" bestimmt. Etwa: Rotwein, mittlere Preislage, trocken, gängige Sorte. Aus den verschiedenen Geschäften einer Gemeinde wird ein Durchschnittspreis ermittelt, im jeweiligen Statistischen Landesamt werden diese Gemeindepreise zu einem Durchschnittspreis des Landes zusammengefasst. In Wiesbaden werden dann die Landespreise zusammengefasst und nach der Einwohnerzahl gewichtet, damit Schleswig-Holsteins Preise, die von 2,7 Millionen Einwohnern bezahlt werden, nicht genauso viel zählen wie die Preise aus Nordrhein-Westfalen mit 17,7 Millionen potenziellen Käufern.

(Wochenpost v. 14.9.1995; Verf: Wolfgang Kühn)

richtsgemeinden verschiedenster Größen und Regionen und knapp 400 000 sogenannte Berichts-
stellen – das sind zum Beispiel Einzelhandelsgeschäfte und Dienstleister – werden dabei abge-
fragt, wobei rund 350 000 Einzelpreise ermittelt werden. Diese werden von der lokalen über die
20 Landesebene zu Bundesdurchschnitten aggregiert. Die Abb. gibt Auszüge eines solchen Erfas-
sungsbogens wieder.

Gemeinde/Land: _____

Meldebogen A zur monatlichen Statistik der Verbraucherpreise

Lfd. Nr.	Erhebungs- gemeinden	Positions- Nr.	Ware und Sorte	Men- gen- einheit	Preis am 15. ____	Ver- gleich- barer Vor- monats- preis	Umrechnungs- art
			FLEISCH- UND FISCHKONSERVEN				
51	G	1 161 100	**Fleischsalat**, in Packungen zu etwa 200 g	1 kg			
52	G	1 184 100	**Rollmops** (feiner), in Gläsern zu etwa 250 g Fischeinwaage	1 kg			
53	G	1 782 100	**Eier-Ravioli** mit Pastetenfüllung in Tomatensoße, in Dosen	850 ml			
54	G	1 144 100	**Bockwurst**, in Dosen oder Gläsern zu etwa 300 g Wursteinwaage	1 kg			
55	G	1 151 100	**Rindsgulasch**, in Dosen zu etwa 150 g Frischfleischeinwaage	1 kg			
56	G	1 181 100	**Heringe in Tomatensoße**, in Dosen zu 190 – 200 g	1 Dose			
57	G	1 181 300	**Ölsardinen** ohne Haut und Gräten (1/4 club, 30 mm, Dose netto 125 g)	1 Dose			

(Jörn Altmann [= M 36], S. 140 f.)

Die Güterauswahl muss von Zeit zu Zeit daraufhin überprüft werden, ob sie noch den aktuellen
Verbrauchsgewohnheiten entspricht. Es ist dabei nicht nötig, jede kurzfristige Konsumverände-
rung exakt abzubilden. Längerfristige Veränderungen im Verbrauchsverhalten müssen aber be-
25 rücksichtigt werden. Darüber hinaus werden ständig neue Produkte angeboten, alte verschwinden vom Markt. Dies vollzieht sich aber nicht schlagartig, sondern über längere Zeiträume
hinweg. Die Veränderungen in der Zusammensetzung des Warenkorbs 2005 im Vergleich zu
2000 sind daher nicht spektakulär und haben
30 nur einen vergleichs-
weise geringen Ein-
fluss auf die Ergebnisse
der Verbraucherpreis-
statistik (vgl. Kasten S.
35 91).

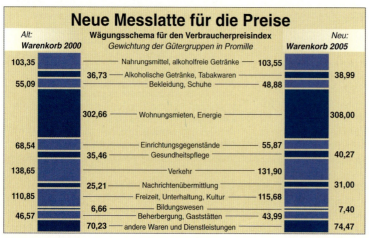

(© Globus 1953)

Wägungsschema

Viel wichtiger als die
Auswahl der einzelnen
Preisrepräsentanten,
40 also die Festlegung des

Warenkorbes, ist die **Be-stimmung des Gewichts**, mit dem die Preisentwicklung einzelner Preisrepräsentanten in die Gesamt-indizes eingeht. Das Wägungsschema quantifiziert, welchen Anteil zum Beispiel die Mietausgaben oder andere Ausgabepositionen an den gesamten Verbrauchsausgaben der privaten Haushalte haben. Höhe und Struktur der Ausgaben der privaten Haushalte werden vom Statistischen Bundesamt aus den Ergebnissen der Einkommens- und Ver-brauchsstichprobe, die al-

Zum Teil sind die zu beobachtenden Verschiebungen durch Preisände-rungen verursacht, so ist zum Beispiel Heizöl oder Fernwärme teurer geworden, die verbrauchten Mengen haben sich jedoch wenig geändert. In manchen Teilbereichen gab es zwischen 2000 und 2005 jedoch reale Strukturveränderungen, die nicht nur durch Preisänderungen bedingt sind, sondern auch Mengenänderungen widerspiegeln. So gaben im Bereich der *Telekommunikation* die Menschen für Internetzugang und Internetnutzung sowie für das Mobiltelefonieren 2005 deutlich mehr aus, ohne dass dies auf Preisänderungen zurückzuführen ist. Andere Bereiche haben beim privaten Konsum an Bedeutung verloren: Der *Absatz von Kraft- und Schmierstoffen* ist zwischen 2000 und 2005 zurückgegangen, wozu neben tendenziell verbrauchsärmeren Pkws und etwas niedrigeren durchschnittlichen Fahrleistungen auch der verstärkte Tanktourismus in die Nachbarstaaten beigetragen haben dürfte. Besonders starke Veränderungen waren beim *Konsum von Tabakwaren* zu beobachten. Während die Preise für Tabakwaren zwischen 2000 und 2005 um etwa 50 % anstiegen, ging die verbrauchte Menge drastisch zurück.
(http://www.destatis.de/jetspeed/portal/cms/Sites/destatis/Internet/DE/Presse/pk/2008/VPI/hgg_vpi_uebersicht.psml)

le fünf Jahre durchgeführt wird, und der jährlichen Statistik der laufenden Wirtschaftsrech-nungen abgeleitet.
[...] Nach jeweils circa fünf Jahren wird ein neues Wägungsschema und damit eine neue Basisperiode eingeführt. Veränderungen im Wägungsschema können sowohl durch veränderte Angebots- als auch durch veränderte Nachfragekonstellationen bedingt sein.
(© Statistisches Bundesamt, Wiesbaden)

1. Beschreiben Sie, auf welche Weise das Statistische Bundesamt zum einen die Ermittlung der laufenden Preise vornimmt, zum anderen die Mengenstruktur des Warenkorbes festlegt (M 37).

2. Warum erscheint es sinnvoll und notwendig, nicht nur die Zusammensetzung des Warenkorbs, sondern auch die Gewichtung der Gütergruppen i. d. R. alle fünf Jahre zu überprüfen und ggf. zu verändern? Warum wurde z. B. die im Warenkorb 1995 enthaltene „elektrische Schreibmaschine" im Warenkorb 2000 gestrichen, der „Scanner", der 1995 noch nicht im Warenkorb war, neu aufgenommen?

3. Untersuchen Sie die Veränderungen des Wägungsschemas (Gewichtung der Gütergruppen) 2005 gegenüber 2000 (Grafik S. 90 u. und Kasten S. 91): Welche Warengruppen wurden stärker, welche schwächer gewichtet? Welche Erklärungen lassen sich dafür geben?

M 38 Probleme bei der Messung

Aus verschiedenen Gründen ist jeder Versuch, die Veränderung der Preise insgesamt als einzelne Zahl auszudrücken, mit einigen Schwierigkeiten verbunden.
Zunächst einmal wird ein bestehender Korb in der Regel allmählich immer weniger repräsentativ, da die Verbraucher zunehmend teurere Waren durch billigere ersetzen. So mögen höhere Benzinpreise einige Menschen veranlassen, weniger Auto zu fahren und stattdessen eine größere Menge sonstiger Waren zu kaufen. Daher kann es sein, dass die Indexänderung die tatsächlichen Preiserhöhungen leicht überschätzt, wenn die Gewichte nicht angepasst werden. Zweitens sind **Qualitätsänderungen** manchmal nur schwer in den Preisindex zu integrieren. Wenn sich die Qualität eines Produkts im Laufe der Zeit erhöht und der Preis ebenfalls steigt, ist ein Teil der Preisveränderung auf die verbesserte Qualität zurückzuführen. Preiserhöhungen, die auf Qualitätsveränderungen zurückgehen, kann man nicht als inflationstreibend betrachten,

Preisänderungen, die aus **Qualitätsänderungen** resultieren, dürften idealerweise bei der Preismessung nicht berücksichtigt werden. Obwohl die amtliche deutsche Verbraucherpreisstatistik große Anstrengungen zur Ausschaltung von Qualitätsänderungen unternimmt, gelingt es dennoch nicht, alle Qualitätsveränderungen herauszurechnen. Die Deutsche Bundesbank schätzt diesen Messfehler auf etwa 3/4 Prozentpunkte. Um Qualitätsveränderungen besser zu erfassen, führt das Statistische Bundesamt sukzessive das sog. **hedonische Verfahren** in die Preisstatistik ein. Dabei wird ein Gut (z. B. ein PC oder ein Pkw) in Teilkomponenten zerlegt und Ausstattungsänderungen (z. B. ein leistungsfähigerer Prozessor oder Motor bzw. eine verbesserte Ausstattung) bei der Indexberechnung berücksichtigt.

(Jürgen Pätzold/Daniel Baade, Stabilisierungspolitik, Verlag Franz Vahlen, München, 7. Aufl. 2008, S. 20)

Um die Veränderungen der Lebenshaltungskosten in den **EU-Staaten** einheitlich erfassen zu können, wird seit 1997 ein **Harmonisierter Verbraucherpreisindex (HVPI)** verwendet. Ihm liegt ein vereinheitlichter Warenkorb zugrunde, damit nationale Besonderheiten weitgehend ausgeschaltet werden und eine größtmögliche Vergleichbarkeit der Werte erreicht wird. Die Statistischen Ämter der Mitgliedstaaten ermitteln den HVPI für ihr Gebiet monatlich und liefern die Daten an Eurostat, das daraus die Vergleichstabelle der EU-Staaten erstellt und den Durchschnittwert der Inflationsrate errechnet. Dieser ist wichtigster Indikator der Inflation für geldpolitische Entscheidungen des ESZB.

(Wolfgang W. Mickel/Jan Bergmann, Handlexikon der Europäischen Union, Omnia Verlag, Stuttgart, 3. Aufl. 2005, S. 425)

weil sie die Kaufkraft des Geldes nicht verringern. Qualitätsveränderungen über lange Zeiträume hinweg sind üblich. So unterschei-
15 det sich ein heutiges Auto erheblich von den in den Siebzigerjahren hergestellten Fahrzeugen, die sich wiederum deutlich von denen der Fünfzigerjahre abhoben. Die Statistischen Ämter verbringen viel Zeit damit, Anpassungen
20 aufgrund von Qualitätsveränderungen vorzunehmen, aber es liegt in der Natur der Sache, dass diese Anpassungen in Form von Schätzungen nicht leicht sind.

Abgesehen von den neuen Varianten *bestehen-*
25 *der* Waren (z. B. die Einführung neuer Frühstücksflocken) stellt die **Aufnahme neuer Produkte** eine wichtige, schwierige Frage dar. Als beispielsweise DVD-Player auf den Markt kamen, konnten sie unweigerlich nur mit einer
30 gewissen zeitlichen Verzögerung in den Preisstatistiken erfasst werden, da erst entsprechende Angaben über die Marktanteile, die Hauptvertriebskanäle, die beliebtesten Marken usw. erforderlich waren. Dauert es aber zu lan-
35 ge, bis neue Produkte in den Preisindex aufgenommen werden, spiegelt der Index die tatsächlichen durchschnittlichen Preisveränderungen, mit denen die Verbraucher konfrontiert sind, nicht völlig wider.

40 In der Vergangenheit hat eine Reihe volkswirtschaftlicher Studien gezeigt, dass bei nationalen Verbraucherpreisindizes ein geringer, aber positiver **Messfehler** auftritt, sodass eine gemessene Inflationsrate von beispielsweise
45 weniger als einem halben Prozentpunkt in Wirklichkeit der „wahren" Preisstabilität entsprechen könnte. Für den Euroraum (d. h. alle EU-Mitgliedstaaten, die den Euro eingeführt haben) liegen keine präzisen Schätzungen be-
50 züglich eines derartigen Messfehlers vor. Zwei Gründe sprechen jedoch dafür, dass ein solcher möglicher Fehler eher gering ausfallen dürfte. Erstens ist der **Harmonisierte Verbraucherpreisindex (HVPI)** – dabei handelt es sich um eine Harmonisierung der Verbraucherpreisindizes aller Länder des Euroraums – ein relativ neues Konzept (s. Kasten). Zweitens bemüht sich Eurostat – das von der Europäischen Kommission für diesen Bereich der Statistik auf EU-Ebene
55 eingesetzte Amt – darum, Messfehler im HVPI durch die Festlegung geeigneter statistischer Standards zu vermeiden.

(Europäische Zentralbank [= M 36], S. 26)

1. *Zu den Problemen bei der Messung der Preisniveauveränderungen gehören vor allem die Qualitätsveränderungen bei nicht wenigen Gütern. Erläutern Sie, wie das Statistische Bundesamt dieses Problem angehen will. Über erste Ergebnisse der „hedonischen Preismessung" (z. B. bei Pkw und PC) können Sie sich ggf. über die Internetadresse http://www.destatis.de/jetspeed/portal/cms/ Sites/destatis/Internet/DE/Content/Statistiken/Preise/HedonischeMethodenUebersicht,template Id=renderPrint.psml informieren.*

2. *Welches Problem kann sich daraus ergeben, dass innerhalb der Zeitspanne bis zur Änderung des Warenkorbs neue Produkte auf den Markt kommen?*

3. *Welche Bedeutung hat der 1997 eingeführte „Harmonisierte Verbraucherpreisindex" (HVPI)?*

▩ M 39 Alles teurer oder was? Statistische und „gefühlte" Inflation

Obwohl die Verbraucher 2008 nicht nur auf dem Papier, sondern auch real endlich wieder über mehr Geld verfügen werden, blickt die Mehrheit laut GfK-Umfrage (Gesellschaft für Konsumforschung) skeptisch in die Zukunft.

5 Wegen der Teuerung erwarten viele Bürger in den kommenden Monaten faktische Einbußen. Die positiven Effekte auf ihre Einkünfte, so wundern sich die Marktforscher, nehmen viele dagegen nicht wahr. Etliche Verbraucher glauben, das Leben sei viel teurer geworden, als es die

10 offizielle Inflationsrate wiedergibt. Milch, Butter und andere Molkereiprodukte stiegen zwar laut Nadin Sewald, Referentin Verbraucherpreise beim Statistischen Bundesamt, im Vergleich von Dezember 2006 zu Dezember 2007 um bis zu 44,9 Prozent, Heizöl um 25,1 Prozent und Diesel-

15 kraftstoff um 18,5 Prozent. Vieles ist allerdings auch billiger geworden: Fernseher und Computer um 20 bis über 25 Prozent, ein Grundnahrungsmittel wie Kartoffeln um 16,5 Prozent – so das Statistische Bundesamt in Wiesbaden.

(stern Nr. 1 v. 27.12.2007, Cover;
© Picture Press)

Preise steigen, Preise fallen Was im Jahr 2007 teurer – und was billiger wurde*			
Die 10 größten Preissteigerungen		**Die 10 größten Preisrückgänge**	
1. VHS- und Studiengebühren	+105,1%	1. Eintritt Freizeitpark	−32,5%
2. Deutsche Markenbutter	+44,9%	2. Computer	−25,3%
3. Speisequark	+37,8%	3. Farbfernseher	−20,5%
4. Vollmilch, frisch	+29,0%	4. Speisekartoffeln	−16,5%
5. Weizenmehl (Type 405)	+27,6%	5. Salatgurken	−11,8%
6. Zitronen	+25,2%	6. Camcorder	−10,0%
7. Heizöl	+25,1%	7. Blumenkohl	−9,5%
8. Tomaten	+24,9%	8. Video- / DVD-Rekorder	−9,4%
9. H-Milch	+23,9%	9. süße Mandeln	−8,5%
10. grüne Paprikaschoten	+22,8%	10. Grapefruits	−8,1%

*Vergleichsmonate Dezember 2006/2007; Quelle: Statistisches Bundesamt

Index misst gefühlte Teuerung

20 Statistikexperten wie Hans Wolfgang Brachinger von der schweizerischen Universität Fribourg arbeiten an alternativen Messkonzepten, um der Sache auf den Grund zu gehen. Zusammen mit dem Statistischen Bundesamt hat Brachinger einen Index zur Berechnung der „gefühlten Inflation" entwickelt. Große Anschaffungen, etwa Möbel oder ein neues Auto, gewichtet Brachinger relativ niedrig – auch wenn die Preise dafür überdurchschnittlich steigen sollten. Güter des täg-

25 lichen Bedarfs werden dagegen höher gewichtet als im offiziellen Warenkorb des Bundesamtes. Neben Benzin sind das vor allem Nahrungsmittel – beides Preistreiber der vergangenen Monate.

Wie wir die Preisentwicklung fühlen

Statistische und gefühlte Teuerung im Vergleich

Preissteigerung in %

— Preissteigerungsindex des Statistischen Bundesamtes
— Gefühlte Inflation laut IWI 2.0

2004 2005 2006 2007 2008

Quelle: Forschungszentrum für Wirtschaftsstatistik (ZWS), Universität Fribourg, Schweiz

Hier spürt der Verbraucher Preissteigerungen besonders und merkt,
³⁰ dass er für sein Geld immer weniger kaufen kann. Und das prägt sein subjektives Preisempfinden. „Neben Lebensmitteln ³⁵ sind in den vergangenen Monaten vor allem Dienstleistungen deutlich teurer geworden", macht Cordula Backes, Flugbegleiterin ⁴⁰ aus Bottrop, ihrem Ärger Luft. „Das gilt für meine Reinigung ebenso wie für den Besuch im Restaurant, wo die Rechnung im

⁴⁵ Schnitt bestimmt fünf bis zehn Euro höher geworden ist." Diesem Eindruck widerspricht Unternehmer Jens Grimm, der im Bergischen ein Café betreibt, nicht: „Die Kunden sind sehr preissensibel geworden, sodass kein Unternehmer besonders gerne die Preise erhöht. Aber wenn das Kostenniveau immer weiter steigt, habe ich gar keine andere Wahl, als zumindest einen Teil davon weiterzugeben." Heinz Wolbold, Filialleiter der Metzgerei Dietz in Sindelfingen, bemerkt dage-
⁵⁰ gen eine Veränderung im Einkaufsverhalten seiner Kunden: „Qualität ist noch immer gefragt, doch dafür darf es etwas weniger sein. Das dicke 350-Gramm-Hüftsteak wird immer öfter zur 250-Gramm-Scheibe. Darauf achten meine Kunden mittlerweile ganz massiv und gleichen gestiegene Verkaufspreise wieder aus." Ähnliche „Ausweichreaktionen" lassen sich beim Autofahren beobachten. „Mittlerweile geht die monatliche Spritrechnung richtig ins Geld", klagt Thomas Becker,
⁵⁵ Controller beim Industriekonzern 3 M. „Beim Weg zur Arbeit bin ich auf mein Auto angewiesen, aber privat lasse ich den Wagen nun öfter mal stehen und gehe kurze Strecken zu Fuß oder nehme das Fahrrad." Dass diese „gefühlte" Teuerung viel höher ist als die statistisch gemessene, erklären Wirtschaftsexperten mit einem psychologischen Effekt: „Wenn die Güter, die man häufig kauft, stärker im Preis steigen als die Güter, die man nicht so häufig kauft, dann kommt es zu dieser
⁶⁰ verzerrten Wahrnehmung", erklärt Peter Bofinger, Professor an der Universität Würzburg und Mitglied im Sachverständigenrat zur Begutachtung der gesamtwirtschaftlichen Entwicklung. Fakt ist auch: Preissteigerungen vor allem bei Gütern des täglichen Bedarfs schlagen bei Beziehern geringer Einkommen stärker zu Buche als bei Ottonormalverbrauchern. Je niedriger das Einkommen eines Haushalts, desto größer ist der Anteil am Monatsbudget, der auf Ausgaben für Nah-
⁶⁵ rungsmittel und Energiekosten entfällt – Dinge, auf die keiner verzichten kann.

(fondsmagazin Nr. 01/2008, S. 39–41; http://www.dekabank.de/db/de/fondsmagazin/aktuelle_ausgabe/rat_service.htm)

▬▬ M 40 Wie man „gefühlte Inflation" messen kann – Interview mit dem Experten Prof. Brachinger

Herr Brachinger, was ist „gefühlte Inflation"? Haben Sie den Begriff erfunden?
Nein, ich habe aber einen Index erfunden, mit dem man das Inflationsgefühl der Menschen ab-
⁵ schätzen kann.
Wie kam es dazu?
Schon bald nach der Euro-Einführung 2002 haben wir festgestellt, dass die Menschen Preiserhöhungen anders wahrnehmen, als sie der amtliche
¹⁰ Index des Statistischen Bundesamtes ausweist.

Kein Mensch konnte sich den Unterschied zwischen gefühlter und amtlicher Inflation erklären. Das Bundesamt hat mich dann angerufen, ob ich meine Berechnungen nicht in einem gemeinsamen Projekt umsetzen wollte. [...] ¹⁵
Und wie messen Sie?
Wir nähern uns der Inflation aus der Sicht des Käufers. Wir gehen auch von den amtlichen Preisänderungen aus, gewichten sie aber nicht mit den Ausgaben, sondern mit den Kaufhäufigkeiten. Je ²⁰

häufiger ich ein Gut kaufe, desto stärker nehme ich eine Preisänderung wahr. Das trifft vor allem auf Lebensmittel wie Butter und Brot zu, die regelmäßig gekauft werden. Zweitens unterstellen
25 wir eine Verlustabneigung. Dabei nehmen wir an, dass Menschen Preiserhöhungen doppelt so hoch wie Preissenkungen bewerten. Und schließlich beobachteten wir, dass immer noch viele Menschen in D-Mark umrechnen, aber diese Preise
30 sind mittlerweile fünf Jahre alt. Fast alle Preise sind seither gestiegen.

Also haben die Deutschen nicht geirrt, die 2002 nach der Währungsumstellung „Euro gleich Teuro" gerufen haben, obwohl die Statistiker immer
35 **beteuert haben, dass die Preise nicht gestiegen seien?**

Das Volk hat nicht geirrt. Was nicht heißt, dass das Statistische Bundesamt falsch rechnet. Es konnte das tatsächliche Phänomen mit seinen
40 Methoden nur nicht erfassen. Rechnet man nach

unserer Methode, schießt die Inflationskurve bei der Euro-Einführung steil nach oben. Grund heute wie damals: Die Güter, die häufig gekauft werden – und das sind vor allem Lebensmittel –, sind teurer geworden. [...]
45

Welche Chance hat der Verbraucher? Kann er der Inflation entgehen? Margarine anstatt Butter, Haare selbst schneiden oder aufs Auto verzichten?

Ja, durch Verzicht kann der individuelle Haushalt 50 spezielle Teuerungen vermeiden. Aber das bedeutet immer auch einen Verlust an Wohlfahrt. Wenn ich ersatzweise Dinge kaufe, die ich eigentlich weniger mag, nimmt mein Nutzen ab. Allerdings muss man sagen: Je enger das Haushaltsbudget 55 ist, desto weniger kann überhaupt ersetzt werden. Das Existenzminimum kann man nun mal nicht beliebig absenken. Ein Hartz-IV-Haushalt hat gegen die Inflation keine Chance. [...]

(stern Nr. 1 v. 27.12.2007, S. 56 f.; Interview: Elke Schulze)

1. *Nach der Einführung des Euro (2002) war der Eindruck verbreitet, dass „alles teurer geworden" sei. Das Statistische Bundesamt bestätigte zwar spürbare Preissteigerungen bei einigen Sachgütern und in einigen Dienstleistungsbereichen (so z. B. im Gaststättenbereich), konnte aber keine wesentliche, durch den Euro bedingte Steigerung des gesamten Preisniveaus feststellen und erklärte den Eindruck, der Euro sei ein „Teuro", mit dem Unterschied zwischen der „gefühlten" und der tatsächlichen Inflation. Erläutern Sie, was damit gemeint ist (M 39). Fragen Sie Ihre Eltern nach ihrem Eindruck von der Preisniveauentwicklung nach Einführung des Euro.*

2. *Beschreiben Sie, wie Prof. Brachinger in Zusammenarbeit mit dem Statistischen Bundesamt die „gefühlte Inflation" zu messen versucht. Worin liegt der entscheidende Unterschied zur „amtlichen Statistik"? (M 39, M 40)*

3. *Wie beurteilen Sie aus Ihrer Sicht die Bedeutung der beiden Messverfahren und ihrer Ergebnisse? Könnte man nicht auf den „amtlichen" Index ganz verzichten?*

Inflationsentwicklung in Deutschland, Ursachen, Erscheinungsformen und Folgen von Inflation

▬ **M 41**

Inflationsentwicklung in Deutschland – zwei Darstellungsformen

a) Veränderungsraten des Verbraucherpreisindex

p: Prognose; Quelle: Deutsche Bundesbank, Monatsberichte

(Jürgen Pätzold/Daniel Baade, Stabilisierungspolitik, Verlag Franz Vahlen, München, 7. Aufl. 2008, S. 20)

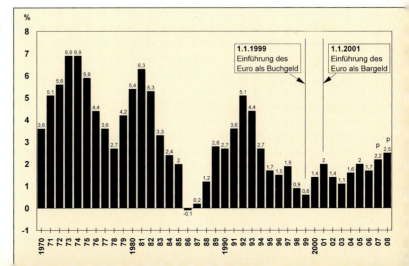

b)

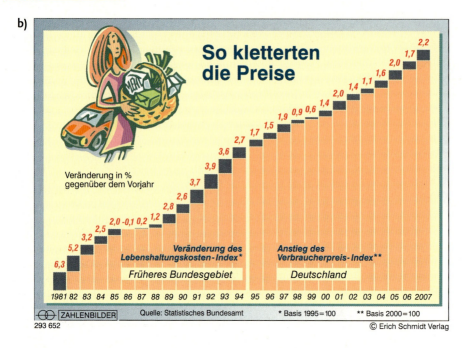

So kletterten die Preise

Veränderung in % gegenüber dem Vorjahr

Veränderung des Lebenshaltungskosten-Index*
Früheres Bundesgebiet

Anstieg des Verbraucherpreis-Index**
Deutschland

6,3 · 5,2 · 3,2 · 2,5 · 2,0 · -0,1 · 0,2 · 1,2 · 2,8 · 2,6 · 3,7 · 3,9 · 3,6 · 2,7 · 1,7 · 1,5 · 1,9 · 0,9 · 0,6 · 1,4 · 2,0 · 1,4 · 1,1 · 1,6 · 2,0 · 1,7 · 2,2

1981 82 83 84 85 86 87 88 89 90 91 92 93 94 95 96 97 98 99 00 01 02 03 04 05 06 2007

ZAHLENBILDER   Quelle: Statistisches Bundesamt   * Basis 1995 = 100   ** Basis 2000 = 100

293 652   © Erich Schmidt Verlag

M 42 **Verbraucherpreisindex für Deutschland 1991 – 2007** (2000 = 100)

Zeit-raum	Insge-samt	Verän-derung gegen-über Vorjahr in % (Infla-tions-rate)	1 Nah-rungs-mittel und alko-holfreie Ge-tränke	2 Alkoho-lische Ge-tränke, Tabak-waren	3 Beklei-dung und Schuhe	4 Woh-nung, Wasser, Strom, Gas und andere Brenn-stoffe	5 Einrich-tungs-gegen-stände u.Ä. für den Haus-halt incl. In-stand-haltung	6 Ge-sund-heits-pflege	7 Verkehr	8 Nach-richten-über-mitt-lung	9 Freizeit, Unter-haltung und Kultur	10 Bil-dungs-wesen	11 Beher-ber-gungs-und Gast-stätten-dienst-leistun-gen	12 Andere Waren und Dienst-leistun-gen
Gewicht	1000		103,55	38,99	48,88	308,00	55,87	40,27	131,90	31,00	115,68	7,40	43,99	74,47
2007	103,9	2,3	105,9	106,4	100,7	104,9	101,0	101,3	106,9	94,9	99,8	126,9	104,0	103,7
2006	101,6	1,6	102,0	103,0	99,4	102,9	99,8	100,5	103,0	96,0	99,5	101,5	101,2	101,1
2005	100,0	1,5	100,0	100,0	100,0	100,0	100,0	100,0	100,0	100,0	100,0	100,0	100,0	100,0
2004	98,5	1,7	99,9	92,2	101,9	97,3	100,3	98,3	96,1	101,8	101,1	98,1	99,9	99,3
2003	96,9	1,0	100,3	86,3	102,6	95,8	100,5	82,5	93,9	102,7	102,0	95,0	99,1	97,9
2002	95,9	1,5	100,4	82,0	103,4	94,4	100,2	82,1	91,9	102,0	102,6	93,0	98,3	96,3
2001	94,5	1,9	99,6	78,8	102,7	93,5	99,3	81,6	90,1	100,3	101,9	90,6	94,9	94,4
2000	92,7	1,4	95,3	77,5	101,9	91,3	98,4	80,6	87,9	106,8	101,3	89,5	93,1	91,7
1999	91,4	0,6	96,0	76,3	101,8	88,8	98,4	80,4	83,6	119,8	100,9	88,0	92,1	89,5
1998	90,9	1,0	97,2	75,3	101,5	87,7	98,1	83,1	81,3	152,2	100,6	84,6	90,9	88,0
1997	90,0	1,9	96,3	73,9	101,1	86,9	97,4	79,0	81,1	132,9	100,1	80,7	89,6	87,7
1996	88,3	1,4	94,9	72,6	100,6	84,7	97,0	73,8	79,5	137,1	98,0	77,7	88,7	86,1
1995	87,1	1,8	94,3	72,0	99,9	82,7	96,3	72,6	77,7	135,8	97,6	74,9	87,7	85,6
1994	85,6	2,8	93,4	71,6	99,2	80,2	95,3	71,9	76,4	136,3	96,6	72,0	86,6	82,9
1993	83,3	4,4	91,9	70,8	97,8	77,1	93,7	69,5	73,7	135,3	95,5	65,5	84,4	79,5
1992	79,8	5,1	91,5	68,2	95,1	71,3	91,5	67,7	70,5	133,7	93,2	59,3	80,1	74,7
1991	75,9		89,6	64,9	92,6	65,5	89,2	65,3	66,8	130,5	89,7	54,8	76,3	71,1

(http://www.destatis.de/jetspeed/portal/cms/Sites/destatis/Internet/DE/Content/Statistiken/Zeitreihen/WirtschaftAktuell/
Basisdaten/Content100/vpi101a,templateId=renderPrint. psml; © Statistisches Bundesamt, Wiesbaden)

▬▬▬ M 43 Phasen und Einflussfaktoren der Inflationsentwicklung 1970 – 2007

Anfang der Siebzigerjahre war die Bundesrepublik in den Strudel inflationärer Preisbewegungen geraten, gegen die sie sich zwar besser behauptete als die meisten anderen Industrieländer, denen sie sich wegen ihrer engen Verflechtung mit dem Ausland aber auch nicht völlig entziehen konnte. So dauerte es mehrere Jahre, bis der 1973 durch die Verteuerung der Öleinfuhren ausge-
5 löste und durch „hausgemachte" Faktoren verstärkte Preisschub (Inflationsrate 1974; 6,9 %) eingedämmt werden konnte.
Als die Preise für Erdöl und andere Rohstoffe 1981 wieder kräftig stiegen, bekamen die Verbraucher abermals höhere Rechnungen präsentiert (s. M 41 a). Der Preistrend flachte aber schon bald wieder ab, weil sich die Einfuhrpreise auf einem konstanten Niveau einpegelten und weil die
10 schwache Konjunktur zu Preis- und Lohndisziplin zwang. Als 1985 der Dollar-Wechselkurs* ins Rutschen kam und sich daraufhin die Ölimporte verbilligten, ging der Index der Lebenshaltungskosten 1986 sogar leicht zurück. An den Preissteigerungen der Jahre 1990 – 1992 waren zunächst die Erhöhungen einiger Verbrauchssteuern (Mineralöl, Kfz, Tabak) und der Telefongebühren, sodann die Steigerung der Mietpreise und einiger kommunaler Gebühren maßgeblich beteiligt.
15 Die Ursachen der – für eine Rezessionsphase eigentlich untypischen – Inflationsentwicklung im Jahre 1992 lagen in der Verteuerung vieler Dienstleistungen (Versicherungen, Kfz-Reparaturen, Friseurleistungen usw.) und zahlreicher „administrierter" (von öffentlichen Stellen fixierter) Preise (Postgebühren, Parkgebühren, TÜV-Gebühren usw.). Ende der 90er-Jahre herrschte in der deutschen Wirtschaft nach Feststellung der Deutschen Bundesbank weitgehende Preisstabilität.
(Schmidt-Zahlenbilder)

20 Der Preisniveauanstieg in den folgenden Jahren verlief moderat. Die Verteuerung der Mineralölprodukte durch die Ölpreisentwicklung des Jahres 2004 konnte bis Juli 2004 den gesamten Verbraucherpreisindex noch nicht wesentlich erhöhen. Für die erhöhte Inflationsrate des Jahres 2005 waren u. a. die Steigerung der Rohöl-/Benzinpreise und die Erhöhung der Tabaksteuer verantwortlich, wie die entsprechenden Gütergruppen (Tabakwaren, Verkehr) in M 42 zeigen. (Autorentext)

25 Als **Preistreiber** erwiesen sich 2007 erneut die *Energieprodukte*. Strom musste im Jahresvergleich um 6,8 % teurer bezahlt werden, Kraftstoff um
30 4,1 %, Gas um 2,9 %. Ein kräftiger Teuerungsschub ging 2007 auch von den *Nahrungsmitteln* aus, die sich in den zurückliegenden Jahren oft als
35 Preisbremse erwiesen hatten. Vor allem bei Milch-, Mehl- und Fettprodukten waren in der zweiten Jahreshälfte sprunghafte Preisanhebun-
40 gen zu beobachten. Im Durchschnitt kosteten Nahrungsmittel 3,1 % mehr als im Vorjahr. Um den gleichen Prozentsatz verteuerten sich
45 *alkoholfreie Getränke und Tabakwaren* (s. M 42).
Andere Posten des privaten Verbrauchs übten jedoch einen **dämpfenden Einfluss** auf

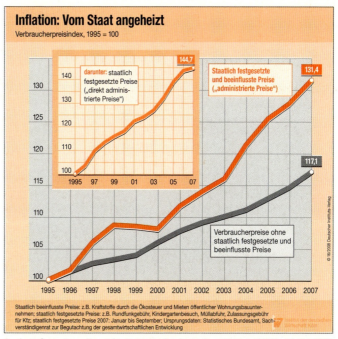

Inflation: Vom Staat angeheizt
Verbraucherpreisindex, 1995 = 100

darunter: staatlich festgesetzte Preise („direkt administrierte Preise")

144,7

Staatlich festgesetzte und beeinflusste Preise („administrierte Preise")

131,4

117,1

Verbraucherpreise ohne staatlich festgesetzte und beeinflusste Preise

© 16/2008 Deutsche Instituts-Verlag

Staatlich beeinflusste Preise: z.B. Kraftstoffe durch die Ökosteuer und Mieten öffentlicher Wohnungsbauunternehmen; staatlich festgesetzte Preise: z.B. Rundfunkgebühr, Kindergartenbesuch, Müllabfuhr, Zulassungsgebühr für Kfz; staatlich festgesetzte Preise 2007: Januar bis September; Ursprungsdaten: Statistisches Bundesamt, Sachverständigenrat zur Begutachtung der gesamtwirtschaftlichen Entwicklung

(iwd – Informationsdienst des Instituts der deutschen Wirtschaft Köln, Nr. 16/2008 v. 17.4.2008, S. 1; © Deutscher Instituts-Verlag GmbH, Köln)

50 die Preisentwicklung aus. So vor allem die Wohnungs(kalt)mieten, die im Budget der Privathaushalte schwer ins Gewicht fallen, sich 2007 aber nur um 1,0 % verteuerten. [...] Bei manchen Industrieerzeugnissen registrierte das Statistische Bundesamt auch massive Preisrückgänge, etwa bei Farbfernsehgeräten (−20,8 %) oder Computern (−25,0 %). (Schmidt-Zahlenbilder)

1. *Analysieren Sie die beiden Darstellungen der Inflationsentwicklung (M 41 a und b). Welchen unterschiedlichen Eindruck erwecken sie? Worauf ist das zurückzuführen? Welche Darstellung ist aus Ihrer Sicht sinnvoller bzw. aussagekräftiger?*

2. *Untersuchen Sie die Entwicklung des Verbraucherpreisindex im Hinblick auf die unterschiedliche Entwicklung in den einzelnen Gütergruppen (M 42). Was fällt Ihnen besonders auf? Wie sind die Entwicklungen bei „Gesundheitspflege" und „Nachrichtenübermittlung" zu erklären? Welche Entwicklungen haben Ihrer Einschätzung nach zur Steigerung der Inflationsrate von 2006 (1,6 %) auf 2007 (2,3 %) entscheidend beigetragen (vgl. M 43)?*

3. *M 43 gibt einen knappen Überblick über die längerfristige Inflationsentwicklung in Deutschland. Charakterisieren Sie bestimmte Phasen dieser Entwicklung (Grafik, Text und M 41 a) und achten Sie besonders darauf, welche Ursachen für die jeweilige Entwicklung genannt werden. Welche Rolle spielen „hausgemachte", welche von außen einwirkende Faktoren? Was ist mit „administrierten Preisen" gemeint? – Grundsätzliches zu den Inflationsursachen enthält M 46.*

 M 44 Wie viel ist der Euro noch wert?

a)

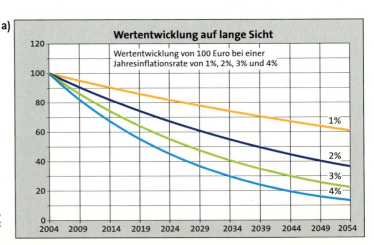

Wertentwicklung auf lange Sicht

Wertentwicklung von 100 Euro bei einer Jahresinflationsrate von 1%, 2%, 3% und 4%

(Deutsche Bundesbank [Hrsg.], Geld und Geldpolitik, Frankfurt am Main 2007, S. 71)

b)

Die Auswirkungen der Inflation auf den Preis zweier Maxi-CDs, die heute 10 Euro kosten (nach *n* Jahren)					
Jährliche Inflationsrate:	1%	2%	5%	10%	30%
	stabile Preise		inflationäres Umfeld		
1 Jahr später	10,10	10,20	10,50	11,00	13,00
2 Jahre später	10,20	10,40	11,03	12,10	16,90
3 Jahre später	10,30	10,61	11,58	13,31	21,97
4 Jahre später	10,41	10,82	12,16	14,64	28,56
5 Jahre später	10,51	11,04	12,76	16,11	37,13
6 Jahre später	10,62	11,26	13,40	17,72	48,27
7 Jahre später	10,72	11,49	14,07	19,49	62,75
8 Jahre später	10,83	11,72	14,77	21,44	81,57
9 Jahre später	10,94	11,95	15,51	23,58	106,04
10 Jahre später	11,05	12,19	16,29	25,94	137,86

(Europäische Zentralbank [= M 36], S. 84)

c)

1. Ich kann mich noch an Zeiten erinnern, da hat ein Brötchen..
2. .. da hat ein Brötchen...
3. .. da hat man für ein Brötchen...
4. ... noch ein ganzes Mittag-essen bekommen!!

(Zeichnung: Freimut Wössner/CCC, www.c5.net)

1. *Analysieren Sie anhand von M 44a, um wie viel Prozent sich die Kaufkraft des Geldes bei unterschiedlichen Inflationsraten vermindern würde. Berechnen Sie dazu aus M 42 die durchschnittliche Inflationsrate für die 16 Jahre 1992 bis 2007. Wie hoch war der Kaufkraftverlust in diesem Zeitraum?*

2. *Das Beispiel M 44b kann Ihnen (spiegelbildlich zu M 44a) verdeutlichen, was Sie bei unterschiedlichen Inflationsraten innerhalb von 10 Jahren für ein bestimmtes Produkt mehr zahlen müssten (inwiefern eine Inflationsrate von 2% hier der Kategorie „stabile Preise" zugerechnet wird, dazu informiert später M 67).*

3. *Was will der in der Karikatur (M 44c) dargestellte ältere Herr zum Ausdruck bringen? Könnte er recht haben? Nehmen Sie an, ein Brötchen kostet heute 40 Cent, ein einfaches Mittagessen 8 Euro: Wie alt etwa müsste der Herr sein, wenn die durchschnittliche Inflationsrate bei 10% gelegen hätte?*

M 45 Folgen der Inflation

a) Für die realen Folgen inflationärer Entwicklungen kommt es entscheidend darauf an, ob der Kaufkraftverlust pro Geldeinheit durch eine Erhöhung der verfügbaren Geldeinheiten ausgeglichen werden kann. Die Chancen für einen Inflationsausgleich sind bei den Wirtschaftssubjekten unterschiedlich. Neben den Folgen für einzelne Wirtschaftssubjekte* bzw. Bevölkerungsgrup-
5 pen ergeben sich auch Wirkungen für die Gesamtwirtschaft.

● **Inflation und Einkommen**

Einkommensbezieher sind, wenn sie Kaufkraft-
10 verluste vermeiden wollen, darauf angewiesen, inflationsbedingte Geldentwertungen durch Einkommenserhöhungen
15 auszugleichen. Das kann insbesondere für Bezieher fester Einkommen zu einem Problem werden. Wie gut es gelingt,
20 hängt nicht zuletzt von der Wirksamkeit der Interessenvertretung ab. Gewerkschaften können in der Regel in den Ta-

Preise knabbern an den Löhnen

Anstieg jeweils gegenüber dem Vorjahr in %

	2000	2001	2002	2003	2004	2005	2006	2007
Tariflöhne	+2,4%	2,1	2,7	2,5	2,0	1,6	1,6	2,3
Verbraucherpreise	+1,4%	1,9	1,5	1,0	1,7	1,5	1,5	2,2

1999 © Globus   Quelle: Statistisches Bundesamt, WSI-Tarifarchiv

25 rifverträgen zumindest einen Inflationsausgleich durchsetzen. Strittig ist dabei u. a. zwischen den Tarifparteien immer wieder die Frage, ob eine Lohnerhöhung eine zukünftige Preissteigerung vorwegnimmt und damit auf die zu erwartende Inflationsrate ausgerichtet werden muss oder ob die Preissteigerung vorausgeht und durch die Lohnerhöhung nachträglich ausgeglichen wird („Lohn-Preis-Spirale"; vgl. M 46, Karikatur).

30 ● **Inflation und Vermögen**

Geldvermögen wachsen durch Zinsen. Liegt der Zinssatz unter der Inflationsrate, nehmen Geldvermögen real ab. Inflation beeinträchtigt also die *Wertaufbewahrungsfunktion* des Geldes.
35 Da insbesondere einkommensschwache Bevölkerungskreise ihre Ersparnisse nur zu vergleichsweise geringen Zinssätzen anlegen (können), ergibt sich eine sozial bedenkliche Inflationsfolge.
40 *Sachvermögen* wachsen durch Wertsteigerungen. In der Regel liegen die Steigerungsraten über der Inflationsrate, sodass Sachvermögensbesitzer durch die Inflation kaum benachteiligt werden. Bei hohen Inflationsraten findet
45 daher oft eine *„Flucht in Sachwerte"* statt, d. h., Geldvermögen wird in Sachvermögen umgewandelt („Betongold").

> **Sparer verlieren, Schuldner gewinnen**
> Geldentwertung senkt die Kaufkraft aller Vermögenswerte, die auf einen festen Geldbetrag lauten. Darunter fallen Geld, festverzinsliche **Wertpapiere, Sparguthaben und Versicherungsverträge**. Je niedriger die Realzinsen fallen und insbesondere dann, wenn die Inflationsrate höher ist als die Zinsen, die die Bank für das Sparbuch zahlt, desto mehr gewinnen die Kreditnehmer auf Kosten der Eigentümer von Finanzanlagen. [...] Besonders betroffen sind dabei die Sparkonteninhaber, da die Realzinsen der Spareinlagen in Phasen hoher Inflation häufig unter Null sinken. Da Sparanlagen die typische Anlageform breiter Bevölkerungsschichten sind, tragen Sparkonteninhaber einen besonders hohen Teil der Kosten der Inflation.
> (Das Parlament Nr. 33–34 v. 8./15.8.1997, S. 5; Verf.: Gertrud Traud)

● **Inflation und Schulden**

Für Schulden gilt das *Nominalwertprinzip*. 1000 Euro Schulden bleiben auch bei hoher Inflation
50 1000 Euro Schulden. *Schuldner profitieren* und *Gläubiger verlieren* also durch die Inflation, wenn kein Inflationsausgleich durch Zinsanpassungen stattfindet. [...]

● **Inflation und Beschäftigung**

Die Zusammenhänge zwischen Inflation und Beschäftigung bzw. Wachstum sind nicht eindeutig. Die in der Realität oft zu beobachtende Gleichzeitigkeit von Inflation und Beschäftigungszu-
55 nahme bedeutet noch keineswegs, dass es sich um ein Ursache-Wirkungs-Verhältnis handelt und dass der Staat lediglich die Inflation anheizen müsse, um die Beschäftigung zu fördern. Bei einer Erhöhung der nachfragewirksamen Geldmenge (z. B. durch staatliche Kreditaufnahme) wächst die gesamtwirtschaftliche Nachfrage. Inwieweit die Mehrnachfrage zu mehr Beschäftigung oder zu mehr Inflation führt, hängt insbesondere vom Grad der bestehenden Kapazitäts-
60 auslastung* ab. Je höher die Auslastung, umso höher der Inflationseffekt; je geringer die Auslastung, umso höher der Beschäftigungseffekt. Aus dem Sowohl-als-auch ergibt sich für die Wirtschaftspolitik ein typischer Zielkonflikt. Der empirische Zusammenhang zwischen Beschäftigung und Inflation wird zumeist mithilfe der *Phillips-Kurve* dargestellt (s. dazu M 10).

(Hans Jürgen Albers [Hg.], Volkswirtschaftslehre, Verlag Europa-Lehrmittel, Haan-Gruiten, 6. Aufl. 2005, S. 257f.)

b) Jeder ist betroffen

65 Niemand sollte sich der Täuschung hingeben, er könne als Angehöriger dieser oder jener gesellschaftlichen Gruppe auf die Dauer von der Inflation ungeschoren bleiben. Niemand gehört nämlich nur einer einzigen – gewinnenden oder verlierenden – Gruppe
70 an, sondern gleichzeitig mehreren Gruppen, auf die sich die Inflationsfolgen auswirken:
– Wer als Unternehmer oder Arbeitnehmer evtl. die Preissteigerungen über seine eigenen Preise oder

(Zeichnung: Klaus Pielert)

seinen Lohn wettmachen kann, wird sicher von
der Steuerprogression, die mit der Aufblähung der
Einkommen Hand in Hand geht, eingeholt (vgl.
M 77). Seinen Tribut an die Inflation leistet er dann
mithin in seiner Eigenschaft als *Steuerzahler*.
– Oder er sieht als *Sparer* sein Barvermögen dahin-
schwinden (s. o.).
– Oder die Preise für sein privates oder gewerb-
liches *Bauvorhaben* laufen ihm davon.
– Oder die Zinssätze für die *Hypotheken*, mit denen
er gebaut hat, klettern mit dem allgemeinen
Zinsniveau nach oben.
– Oder er muss seine Leistungen an seine *Lebensver-*
sicherung verdoppeln, damit er eines ferneren Tages noch einigermaßen mit der ausbezahlten Ver-
sicherungssumme zu Rande kommt. [...]
– Oder er muss über kurz oder lang feststellen, dass
die Abschreibungen* und Erträge seines eigenen
(bzw. seines Arbeitgebers) *Unternehmens* nicht
mehr hinreichen, um die verteuerten, aber unab-
weislichen Ersatzinvestitionen und Modernisierungsmaßnahmen vorzunehmen; dann aber
steht das weitere Bestehen des Unternehmens
und seiner Arbeitsplätze im inländischen wie im
internationalen Wettbewerb auf dem Spiel.
– Oder er muss feststellen, dass die Kundenaufträge zurückgehen – sei es, weil die Kunden von
der Inflation abgewürgt worden sind; sei es, dass sie als Verbraucher gegen die hohen Preise
„streiken". [...]

(© Redaktion „WirtschaftsSpiegel" im Deutschen Sparkassen Verlag)

Ein Prozent weniger Inflation...

...bewahrt **Rentner** vor — 700 Mio € — Kaufkraft-verlust ihrer Renten

...bewahrt **Arbeit-nehmer** vor — 2600 Mio € — Kaufkraft-verlust ihrer Verdienste

...erspart **Sparern** — 9000 Mio € — Wert-verlust ihres Geld-vermögens

© Globus 5338

1. In M 45 werden die Folgen der Inflation zunächst eher aus gesamtwirtschaftlicher Sicht (M 45 a)
und danach aus der Sicht des einzelnen Bürgers als Angehöriger bestimmter Bevölkerungsgruppen
(M 45 b) beschrieben. Erläutern Sie die einzelnen Folgen (M 45 a) nach den hervorgehobenen
Stichworten und versuchen Sie dann einzelne Beispiele aus M 45 b diesen Gesichtspunkten
zuzuordnen. Legen Sie dabei besonderes Gewicht auf die Klärung folgender Fragen:
– Warum sind unter den Einkommensbeziehern vor allem die Arbeitnehmer und Rentner bzw.
Pensionäre (d. h. also diejenigen, die über einen längeren Zeitraum hin feste Einkommen
beziehen) betroffen? In welcher Lage sind im Vergleich dazu Selbstständige, z. B. Unternehmer?
– Inflation wirkt sich nicht nur auf die Einkommens-, sondern auch auf die Vermögensverteilung
aus. Welche Gruppe der Bevölkerung ist bei der Vermögensbildung im Wesentlichen auf
Spareinlagen angewiesen und warum werden Sparer durch inflationäre Entwicklungen beson-
ders geschädigt (vgl. Kasten S. 100)? Wie sieht es in dieser Hinsicht mit den Besitzern von
Sachvermögen (z. B. Grundstücken) aus?
– Inwiefern macht die Behauptung Sinn: „In der Inflation sollte man Schulden machen."?

2. Erläutern Sie die Aussageabsicht der Karikatur (S. 100 u.). Welche Textstellen werden durch sie
verdeutlicht?

3. Versuchen Sie, sich in folgende Rollen zu versetzen und Ihre Situation bei hoher oder steigender
Inflation zu beschreiben (als Inflationsverlierer oder auch Inflationsgewinner):
– Sie planen den Bau eines Eigenheims und haben dafür ein Sparguthaben angesammelt.
– Für den Bau eines Eigenheims nehmen Sie einen Kredit zu einem festen Zinssatz auf.
– Sie zahlen für Ihre Alterssicherung regelmäßig Beiträge in eine Lebensversicherung.
– Als Unternehmer haben Sie bei Ihrer Produktionsplanung eine bestimmte (hohe) Kundennach-
frage kalkuliert.

M 46 Ursachen der Inflation – Inflationstheorien

Die Theorien über die Ursachen inflationärer Prozesse sind zahlreich und deuten insgesamt darauf hin, dass in einer Inflation verschiedene Faktoren zusammenwirken, ohne dass ihr genauer Anteil an der Steigerung des Preisniveaus eindeutig bestimmt werden kann. Die wichtigsten von ihnen wollen wir kurz charakterisieren. Danach lassen sich **geldmengen-, nachfrage- und angebotsinduzierte** Inflationsentwicklungen unterscheiden.

> **Umlaufgeschwindigkeit**: Die Umlaufgeschwindigkeit des Geldes gibt an, wie oft innerhalb einer Periode das Geld den Besitzer wechselt. Sie ist u. a. abhängig von den Ausgabegewohnheiten der Wirtschaftssubjekte, ihren Erwartungen hinsichtlich Preissteigerungen und von Entlohnungsperioden (Monats- oder Wochenlohn). Eine Beschleunigung der Umlaufgeschwindigkeit hat dieselbe Wirkung wie eine Vermehrung der Geldmenge.
>
> (Autorentext)

● Die älteste Theorie führt Inflation (von lat. *inflare* = aufblähen) auf einen Anstieg (Aufblähen) der Geldmenge bei gleich bleibendem Güterangebot zurück (**Quantitätstheorie**). Diese Erklärung setzt voraus, dass die angewachsene Geldmenge sich automatisch auch in eine erhöhte Güternachfrage umsetzt, was nicht unbedingt der Fall sein muss (Geld kann auch „brachliegen", seine Umlaufgeschwindigkeit [s. Kasten] kann sinken). In aller Regel bedeutet aber eine übermäßige *Kreditausweitung* und eine dadurch bedingte *Ausdehnung des Geldvolumens* eine Gefahr für die Preisniveaustabilität. In modifizierter Form hat die Quantitätstheorie seit etwa 1960 in der Diskussion wieder an Bedeutung gewonnen (**Neoquantitätstheorie** von Milton Friedman, vgl. M 61).

(Autorentext)

● Von einer **Nachfrageinflation** kann dann gesprochen werden, wenn die Nachfrage nach Gütern und Dienstleistungen das im Inland mit den vorhandenen Produktionskapazitäten erstellbare Angebot übersteigt. Ein Nachfrageüberhang wird in der Regel die Güterpreise nach oben treiben. Er kann entstehen, wenn die privaten Haushalte weniger sparen und mehr für Konsumgüter ausgeben. Er kann aber auch darauf zurückgehen, dass sich die private Investitionstätigkeit verstärkt. Wenn die Unternehmer mehr in neue Anlagen (Fabrikgebäude, Maschinen) investieren, steigt die Nachfrage nach Gütern und Arbeitskräften. Demgegenüber bringen die neuen Betriebsstätten ihre Produkte erst zu einem späteren Zeitpunkt auf den Markt. Die Nachfrage eilt zunächst der Produktion voraus. Sind die Kapazitäten schließlich fertiggestellt, so kommen auch vermehrt Waren auf den Markt. Die Ausgaben wachsen dagegen langsamer. Zu einem gesamtwirtschaftlichen Nachfrageüberhang können neben der Konsum- und der Investitionsnachfrage des privaten Sektors auch die Nachfrage des Staates und die Nachfrage des Auslands nach heimischen Gütern (Exporten) beitragen. [...]

● [Insbesondere ist] der Preis, den unsere Wirtschaft für **importierte Güter** bezahlen muss, von erheblicher Bedeutung. Werden Konsumgüter eingeführt, steigen die Verbraucherpreise hierzulande unmittelbar. Da die Bundesrepublik Deutschland zudem arm an Rohstoffen und Energiequellen ist, müssen diese in großem Umfang eingeführt werden. Verteuerungen an den **Rohstoffmärkten** und Verteuerungen von Vorleistungen lassen die Produktionskosten steigen und damit auch tendenziell die Angebotspreise der Unternehmen. Die so **importierte Inflation** spielt also nicht nur auf der Nachfrageseite, sondern auch auf der Angebotsseite unserer Wirtschaft eine Rolle.

● Als **Angebotsinflation** bezeichnen wir deshalb einen Zustand, bei dem Preissteigerungen auf der Angebotsseite ausgelöst werden. Die Unternehmen versuchen, Kostensteigerungen über die Preise weiterzugeben (*Kostendruckinflation*). Angesichts des Einflusses der **Lohnkosten** auf die gesamten Kosten der Gütererzeugung steht dabei die Lohnentwicklung im Vordergrund. Die volkswirtschaftlichen Auswirkungen von Lohnsteigerungen hängen allerdings davon ab, in welchem Verhältnis diese zur Entwicklung der sogenannten Arbeitsproduktivität, also der Erzeugung von Gütern und Dienstleistungen je Arbeitsstunde, stehen. Können nämlich bei gleichem Arbeitseinsatz mehr Güter hergestellt werden, so muss ein Anstieg der Löhne nicht zu einem höheren Angebotspreis der Güter führen.

Inflationsursachen			
I. Nachfrageinflation		**II. Angebotsinflation**	
Hausgemachte Nachfrageinflation • Konsumnachfrage-inflation • Investitionsnachfrage-inflation • Staatsnachfrage-inflation	**Importierte Nachfrage-inflation** • Exportnachfrage-inflation	**Kostendruckinflation** • Lohnkosteninflation • Kapitalkosteninflation • Kostensteuerinflation • importierte Kosten-inflation	**Marktmachtinflation** (Gewinndruckinflation) • Preismissbrauch durch marktbeherr-schende Unterneh-men • Kartell-Absprachen und abgestimmtes Verhalten
		Verteilungskampfinflation	
III. Geldmengeninflation (quantitätstheoretischer Erklärungsansatz)			

(Jürgen Pätzold / Daniel Baade [= M 42 a], S. 57)

● Zur Angebotsinflation zählt ferner die sogenannte *Gewinndruckinflation*, bei der die Unternehmen die Preise bei unveränderten Kosten anheben, um ihre Gewinne zu erhöhen. Voraussetzung für diese Inflationsart ist jedoch eine unabhängig von den Marktbedingungen erfolgende Preissetzung durch marktbeherrschende Unternehmen und den Staat (administrierte Preisbildung; s. M 43).

Nicht auf allen Märkten funktioniert nämlich der Wettbewerb ausreichend. Offene und vor allem versteckte Kartellbildung, aber auch staatliche Preissetzungen behindern das freie Spiel von Angebot und Nachfrage in vielfältiger Weise. Manche Unternehmen sind deshalb in der Lage, Kostensenkungen in den Absatzpreisen nicht weitergeben zu müssen bzw. in ihrer Kalkulation auf die Durchschnittskosten unabhängig von der Marktlage eine bestimmte Gewinnmarge aufzuschlagen. Das führt zwar nicht zu einer sukzessiven Gewinn- und Preissteigerung. Dafür nimmt aber die Preisflexibilität nach unten ab. Preisstarrheiten in Teilbereichen begünstigen jedoch den Preissteigerungsprozess in der gesamten Volkswirtschaft.

(Geld und Geldpolitik. Ein Heft für die Schule, Sekundarstufe II, Ausgabe 2005/2006. Hrsg. im Auftrag der Arbeitsgemeinschaft zur Förderung der wirtschaftlichen und sozialen Bildung e.V. Bonn und der deutschen Bundesbank von Dr. Adalbert Kitsche und Prof. Dr. Heinz Markmann, Verlag Th. Mann, Gelsenkirchen-Buer 2005, S. 104 f.)

Abb. 1: Einfuhrpreise und Inflation in der Bundesrepublik (bis 1991: alte Bundesländer, ab 1992: Gesamtdeutschland)

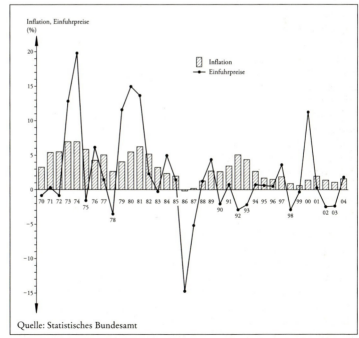

Quelle: Statistisches Bundesamt

(Gerhard Mussel / Jürgen Pätzold, Grundfragen der Wirtschaftspolitik, Verlag Franz Vahlen, München, 6. Aufl. 2005, S. 123)

● Die Darstellung hat gezeigt, dass man sowohl bei der Nachfragesog-Inflation als auch bei der Kostendruck-
80 Inflation nach *„hausgemachten"* und *„importierten"* Inflationsimpulsen unterscheiden kann, je nachdem, ob der Nachfragesog stärker aus dem Inland (z.B. erhöhte Konsumnachfra-
85 ge) oder aus dem Ausland (erhöhte Exporte bei gleich bleibenden oder verringerten Importen) erfolgt, und je nachdem, ob der Kostendruck stärker im Inland (z.B. Lohnerhöhungen)
90 entsteht oder vom Ausland (z.B. erhöhte Rohstoffpreise) erzeugt wird. Im Zusammenhang mit den hausgemachten Kostendruckimpulsen wird häufig die sog. **„Lohn-Preis-Spirale"**
95 als wichtige Inflationsursache diskutiert: Die Unternehmer berufen sich bei Preiserhöhungen auf gestiegene Lohnstückkosten (vgl. M 104), die Gewerkschaften verlangen bei den
100 Tarifverhandlungen einen entsprechenden „Inflationsausgleich"; die vereinbarten Lohnerhöhungen sind für die Unternehmer wiederum Anlass, die Preise zu erhöhen, usw. So
105 relevant der Zusammenhang zwischen Löhnen, Kosten und Preisen ist, so muss doch auf Folgendes hingewiesen werden: 1. Es lässt sich empirisch meist nicht feststellen, wer
110 die „Lohn-Preis-Spirale" in Bewegung gesetzt hat. Die Diskussion darüber ist häufig müßig. 2. Nachweisbar sind für Preiserhöhungen häufig insbesondere die sog. **„staatlich ad-**
115 **ministrierten"** Preise (z.B. Verkehrstarife, Post- und Fernmeldegebühren; s. M 43) verantwortlich. 3. Die Inflationsentwicklung in der Bundesrepublik zeigt, dass die Entwicklung
120 von Importgüterpreisen (z.B. Rohstoffe) ganz wesentlich die Inflationsentwicklung beeinflusst hat (vgl. dazu Abb. 1).   (Autorentext)

Abb. 2

(Zeichnung: Erik Liebermann/CCC, wwwc5.net)

Abb. 3

„Grausam, wie der Hase den armen Fuchs hetzt!"
(Zeichnung: Horst Haitzinger/CCC, www.c5.net)

1. *Erläutern Sie möglichst mit eigenen Worten die verschiedenen Inflationstheorien und ihre Klassifizierung (M 46). Auf welchen Voraussetzungen bauen sie jeweils auf? Welche Erscheinungen können Sie erklären, welche nicht?*

2. *Erläutern Sie mit eigenen Worten die folgende Aussage: „Eine Geldmengeninflation setzt voraus, dass bei konstanter Umlaufgeschwindigkeit (U) die Geldmenge (M) stärker wächst als die Güterproduktion (X) (Sozialprodukt). Sofern X und M in gleichem Maße wachsen, entsteht bei konstantem U kein Inflationsdruck." („Fisher'sche Verkehrsgleichung")*

3. *Erklären Sie, inwiefern die „Nachfrageinflation“ in den letzten Jahren in Deutschland wohl kaum eine Rolle gespielt hat (vgl. M 18b, S. 53). Welche Inflationsursachen können für die Inflationsentwicklung des Jahres 2007 als hauptverantwortlich angesehen werden (vgl. dazu die Entwicklung des Verbraucherpreisindex [M 42] und M 43)?*

4. *Beschreiben Sie, was es mit der „Lohn-Preis-Spirale“ auf sich hat, und verfolgen Sie daraufhin ggf. laufende Tarifverhandlungen. Welche Rolle spielen in der Argumentation der Tarifparteien Inflationsentwicklungen und Inflationsursachen (vgl. auch M 45, Z. 6ff. und Grafik S. 99u.)?*

5. *Interpretieren Sie die beiden Karikaturen Abb. 2 u. 3. Auf welche möglichen Inflationsursachen nehmen sie Bezug? Was wollen sie zum Ausdruck bringen? Nehmen Sie Stellung zur jeweiligen Aussageabsicht.*

5. Bedeutung und Entwicklung des Außenhandels

M 47 „Außenwirtschaftliches Gleichgewicht“ als wirtschaftspolitisches Ziel

Das vierte und damit letzte Ziel des „gesamtwirtschaftlichen Gleichgewichts“ ist das Außenwirtschaftsziel. Auch das Ziel des „außenwirtschaftlichen Gleichgewichts“ ist in § 1 des Stabilitäts- und Wachstumsgesetzes verankert. Es kann als eine Voraussetzung für die Erreichung der binnenwirtschaftlichen Stabilisierungsziele – Preisniveaustabilität, hoher Beschäftigungsstand, stetiges und angemessenes Wirtschaftswachstum – interpretiert werden. Das Ziel des außenwirtschaftlichen Gleichgewichts beinhaltet insoweit ganz allgemein die außenwirtschaftliche Absicherung der binnenwirtschaftlichen Entwicklung. Es ist sicherzustellen, dass internationale wirtschaftliche Transaktionen* sich nicht störend auf die nationale Wirtschaftsentwicklung auswirken.

(Gerhard Mussel/Jürgen Pätzold, Grundfragen der Wirtschaftspolitik, Verlag Franz Vahlen, München, 6. Aufl. 2005, S. 187)

Etwa ein Drittel des deutschen Bruttoinlandsprodukts wird exportiert; der Anteil der Importe am Bruttoinlandsprodukt beläuft sich auf ca. 30 Prozent. Diese – auch im internationalen Vergleich – hohe Außenverflechtung lässt erkennen, dass die außenwirtschaftlichen Beziehungen für die deutsche Volkswirtschaft von erheblicher Bedeutung sind und dass die wirtschaftliche Entwicklung nicht zuletzt von der außenwirtschaftlichen Position beeinflusst wird. Das Ziel „außenwirtschaftliches Gleichgewicht“ hebt auf ein angemessenes Verhältnis von Exporten und Importen ab. Aus gesamtwirtschaftlicher Sicht sind auf Dauer weder Überschüsse noch Defizite wünschenswert. Ständige Überschüsse bedeuten u.a., dass Inländer Güter produzieren,

Offenheitsgrad der deutschen Volkswirtschaft
Exporte und Importe in % des realen BIP

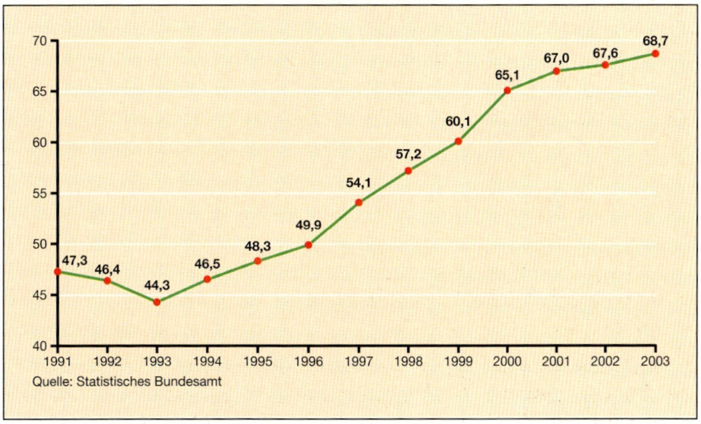
70
65
60
55
50
45
40
47,3
46,4
44,3
46,5
48,3
49,9
54,1
57,2
60,1
65,1
67,0
67,6
68,7
1991
1992
1993
1994
1995
1996
1997
1998
1999
2000
2001
2002
2003
Quelle: Statistisches Bundesamt

(Bundesministerium für Wirtschaft und Arbeit, Jahreswirtschaftsbericht 2004, S. 14)

die ihnen weder zum Verbrauch noch für Investitionen zur Verfügung stehen. Defizite müssen aus den Währungsreserven finanziert werden; stehen diese nicht ausreichend zur Verfügung, ergeben sich internationale Finanzierungs- und Verschuldungsprobleme.

Messgrundlage für die außenwirtschaftliche Situation ist die **Leistungsbilanz**. Darin sind enthal-
35 ten die *Handelsbilanz,* die *Dienstleistungsbilanz,* die Bilanz der *Erwerbs- und Vermögenseinkommen* und die Bilanz der *laufenden Übertragungen* (s. M 48). Als Indikator* für das außenwirtschaftliche Gleichgewicht verwendet die Bundesregierung den **Außenbeitrag**, genauer: den prozentualen Anteil des Außenbeitrages am Bruttoinlandsprodukt. Der Außenbeitrag ergibt sich aus den *Salden* von Handels- und Dienstleistungsbilanz.* [...]
40 Da die deutsche Übertragungsbilanz traditionell passiv ist, soll der Außenbeitrag in etwa so hoch sein, dass das Defizit der Übertragungsbilanz ausgeglichen werden kann. Leitlinie des Ziels „außenwirtschaftliches Gleichgewicht" ist also eine ausgeglichene Leistungsbilanz. Der Leistungsbilanzsaldo ist der umfassendste Ausdruck für den außenwirtschaftlichen Status eines Landes. Vor allem für internationale Vergleiche werden daher häufig die Anteile des Leistungsbilanzsaldos
45 am Bruttoinlandsprodukt gegenübergestellt.

(Hans Jürgen Albers/Gabriele Albers-Wodsack/Harald Manstein/Inge Maur-Manstein, Volkswirtschaftslehre, Verlag Europa-Lehrmittel, Haan-Gruiten, 6. Aufl. 2005, S. 218 f.)

M 48 Der Aufbau der Leistungsbilanz als Teil der Zahlungsbilanz

Die Zahlungsbilanz eines Landes ist ein Indikator seiner Außenwirtschaftspolitik. Sie erfasst statistisch die außenwirtschaftlichen Beziehungen eines Landes. In ihr schlagen sich alle wirtschaftlichen Transaktionen* zwischen In- und Ausländern in einer Periode nieder, wobei man üblicherweise von Monaten, Quartalen und Jahren ausgeht. Die Deutsche Bundesbank veröffent-
5 licht die Daten monatlich, wobei die ersten vorläufigen Ergebnisse etwa mit einem Zeitabstand von rund 30 Tagen veröffentlicht werden. [...]

[Der für das Ziel des außenwirtschaftlichen Gleichgewichts maßgebliche Teil der gesamten *Zahlungsbilanz* ist die *Leistungsbilanz,* die ihrerseits aus vier „Posten" besteht:]

(1) Die **Handelsbilanz** auch Warenbilanz oder Warenhandelsbilanz genannt, erfasst den Außen-
10 handel, d. h. Export und Import von *Sachgütern.*

(2) In die **Dienstleistungsbilanz** gehen Ein- und Ausfuhren von *Dienstleistungen* ein. Dies kann Verständnisschwierigkeiten hervorrufen, weil man immaterielle Güter nicht
15 immer physisch ins Inland importieren kann, z. B. den Service eines Hotels. Import bedeutet allgemein, dass Inländer
20 Güter in Anspruch nehmen, die Teil eines ausländischen Inlandsprodukts sind, oder anders ausgedrückt: die nicht im
25 Inland produziert worden sind. Wenn also ein Deutscher Dienstleistungen ausländischer Anbieter in Anspruch nimmt, dann
30 importiert er diese Dienstleistungen. Daher zählen Urlaubsreisen ins Ausland aus deutscher Sicht

Wichtige Posten der Leistungsbilanz

Mrd €			
Position	**2005**	**2006**	**2007**
1. Außenhandel[1]			
Ausfuhr (fob)	786,3	893,0	969,0
Einfuhr (cif)	628,1	734,0	770,4
Saldo	+ 158,2	+ 159,0	+ 198,6
Ergänzungen zum Außenhandel[2]	− 13,8	− 12,7	− 9,4
2. Dienstleistungen (Saldo)[1]	− 24,9	− 15,6	− 16,3
darunter: Reiseverkehr (Saldo)	− 36,3	− 32,8	− 34,2
3. Erwerbs- und Vermögenseinkommen (Saldo)	+ 25,7	+ 37,6	+ 42,0
darunter: Vermögenseinkommen (Saldo)	+ 27,1	+ 38,6	+ 42,6
4. Laufende Übertragungen (Saldo)	− 28,6	− 26,9	− 30,7
Saldo der Leistungsbilanz	+ 116,6	+ 141,5	+ 184,2

(Deutsche Bundesbank, Monatsbericht März 2008, S. 22)

zum Dienstleistungsimport, die Reisetätigkeit von Ausländern in Deutschland umgekehrt zum
35 Dienstleistungsexport. Weitere Beispiele sind Lizenzen, Patente, Werbe- und Messekosten, Montagen, Nachrichtenverkehr, Versicherungen, Transportleistungen und Beratung. Der zusammengefasste Saldo* von Handels- und Dienstleistungsbilanz (1 + 2) wird als Außenbeitrag zum BIP bezeichnet.

(Jörn Altmann, Wirtschaftspolitik, Lucius & Lucius Verlag, Stuttgart, 8. Aufl. 2007, S. 181)

(3) Der dritte Posten innerhalb der Leistungsbilanz erfasst die **Erwerbs- und Vermögenseinkom-**
40 **men**, die zwischen Inländern und Ausländern fließen. Hierzu gehören etwa die Löhne und Gehälter von „Grenzgängern", also Personen, die im Inland (Ausland) ihren Wohnsitz und im Ausland (Inland) ihren Arbeitsplatz haben. Ebenso sind hierin grenzüberschreitende Kapitalerträge wie Zinseinkommen erfasst. Bekanntlich bildet der Saldo der Erwerbs- und Vermögenseinkommen in der Volkswirtschaftlichen Gesamtrechnung den Unterschied zwischen dem Inlandspro-
45 dukt und dem Nationaleinkommen (frühere Bezeichnung: Sozialprodukt).

(4) Zur Leistungsbilanz gehören schließlich noch die **laufenden Übertragungen**. Es handelt sich dabei um wiederkehrende unentgeltliche Leistungen an das Ausland bzw. aus dem Ausland. Derartige einseitige Leistungen ohne Gegenleistung („Schenkungen") können sowohl öffentlich sein (z. B. Regierungszahlungen an internationale Organisationen wie die EU) als auch privat
50 (Überweisungen der Gastarbeiter in ihre Heimatländer, Renten und Pensionen, Erbschaften, Schenkungen). Das entscheidende Kriterium, dass eine Übertragung als „laufend" eingestuft wird, ist deren vorhandener Einfluss auf Einkommen und Verbrauch.

(Gerhard Mussel/Jürgen Pätzold, Grundfragen der Wirtschaftspolitik Verlag, Vahlen, München, 6. Aufl. 2005, S. 191)

M 47 und M 48 sollten Sie am besten im Zusammenhang miteinander erarbeiten.

1. *Erläutern Sie die Bedeutung des „außenwirtschaftlichen Gleichgewichts" als des vierten Ziels des Stabilitätsgesetzes (M 47; vgl. M 8). Wie verhält es sich zu den drei übrigen wirtschaftspolitischen Zielen?*

2. *Inwiefern spielen die außenwirtschaftlichen Beziehungen gerade für Deutschland eine so zentrale Rolle? Wie hat sich der „Offenheitsgrad" der deutschen Wirtschaft in den Jahren seit 1993 entwickelt?*

3. *Woran (an welchem Indikator*) wird das „außenwirtschaftliche Gleichgewicht" gemessen? Welche (allgemein gehaltene) quantitative Bestimmung wird zugrunde gelegt?*

4. *Machen Sie sich anhand von M 48 den Aufbau der Leistungsbilanz klar und überprüfen Sie Ihr Verständnis durch die Zuordnung folgender Transaktionen* zu den Teilbilanzen:*
   - *Kauf (Verkauf) von Kraftfahrzeugen aus dem (an das) Ausland;*
   - *eine deutsche Reederei lässt ihre Schiffe bei einem englischen Versicherungsunternehmen versichern;*
   - *Ausgaben amerikanischer Touristen für eine Reise nach Deutschland und umgekehrt;*
   - *Einkommen grenznah wohnender, in Deutschland arbeitender Franzosen („Pendler") und umgekehrt;*
   - *Katastrophenhilfe für ein von einem Erdbeben betroffenes Land;*
   - *Entwicklungshilfekredit für ein Dritte-Welt-Land;*
   - *Tilgung des Kredits durch das Entwicklungsland.*

▬ **M 49** „Fast nie ausgeglichen" – Die Entwicklung der Leistungsbilanz

Die Leistungsbilanz spiegelt die Wirtschaftskraft, die Leistung einer Volkswirtschaft im Sinne internationaler Wettbewerbsfähigkeit wider, die sich z. B. in der Fähigkeit ausdrückt, Importe durch den Erlös der Exporte zu finanzieren und ggf. Übertragungen an das Ausland zu leisten. Würde man das Ziel *außenwirtschaftlichen Gleichgewichts* so interpretieren, dass die Summe der
5 Importe der Summe der Exporte entsprechen soll – d. h. der Außenbeitrag wäre Null –, dann wür-

Abb. 1

Deutschlands Handel mit der Welt
Warenhandel in Milliarden Euro

	1997	1998	1999	2000	2001	2002	2003	2004	2005	2006	2007
Ausfuhr	454,3	488,4	510,0	597,4	638,3	651,3	664,5	731,5	786,3	893,0	969,1
Einfuhr	394,8	423,5	444,8	538,3	542,8	518,5	534,5	575,4	628,1	734,0	770,4
Ausfuhr-überschuss	+ 59,5	64,9	65,2	59,1	95,5	132,8	129,9	156,1	158,2	159,0	198,7

© Globus
Quelle: Stat. Bundesamt
1913

Abb. 2

Leistungsbilanz
der Bundesrepublik Deutschland

◄ Handelsbilanz
◄ Leistungsbilanz

189,2
184,2
146,3 144,4
139,6
141,5
124,2 118,8
116,6
102,9
88,1
55,5 60,4 57,1 50,1
47,9
41,4
36,0
29,2
16,5
9,8
Überschuss
44,0
43,0
0,4

Saldo
in Mrd €

-20,5
-18,1 -16,1   -10,8 -8,9
-30,3   -25,3 -21,7   -14,7
-34,6   -25,2   -27,8
-45,3   -35,2   -36,8
        -61,3 -63,1 -58,6   -74,8
              -64,4   -82,2 -85,3 -87,7 -81,3
        -75,0
Defizit
-4,8 -5,0

Bilanz der
„unsichtbaren
Leistungen"
(Dienstleistungen, Erwerbs-
und Vermögenseinkommen,
laufende Übertragungen)

Quelle:
Deutsche Bundesbank (6/08)

| 1991 | 92 | 93 | 94 | 95 | 96 | 97 | 98 | 99 | 00 | 01 | 02 | 03 | 04 | 05 | 06 | 2007 |

ZAHLENBILDER
394 015

© Erich Schmidt Verlag

de in der Bundesrepublik das erhebliche chronische Defizit in der Bilanz der laufenden Übertragungen
10 (s. M 48) – hervorgerufen vor allem aufgrund der Übertragungen an die Europäische Union, deren größter Nettozahler die
15 Bundesrepublik ist, und von Überweisungen ausländischer Arbeitnehmer in ihre Heimat – zu Finanzierungsproblemen füh-
20 ren. Die veröffentlichten Zahlen der Leistungsbilanz wie auch der übrigen Teilbilanzen der Zahlungsbilanz differenzieren übli-
25 cherweise nicht nach einzelnen Handelspartnern. Da auch die Dienstleistungsbilanz ein chronisches Defizit aufweist
30 (insbesondere aufgrund der Reisetätigkeit der Deutschen im Ausland), muss im *Warenhandel* ein beträchtlicher Exportüber-
35 schuss erwirtschaftet werden, um die beiden Löcher in der Dienstleistungs- und der Bilanz der laufenden Übertragungen zu
40 stopfen.
Außenwirtschaftliches Gleichgewicht wäre nach diesem Konzept verwirklicht, wenn die Leistungs-
45 bilanz ausgeglichen ist.
Dieser Zustand (wurde] praktisch nie erreicht.

Während es nach dem Zweiten Weltkrieg lange Jahre hindurch nur (zum Teil recht hohe) Leistungsbilanzüberschüsse gegeben hat (**aktive** Leistungsbilanz), wies die *Leistungsbilanz* in den Jah-
50 ren 1979–1981 erstmalig ein Defizit auf (**passive** Leistungsbilanz) – eine unmittelbare Folge der zweiten umfassenden *Ölpreiserhöhung*. Auch ab 1991 ergaben sich aufgrund der *Wiedervereinigung* hohe Leistungsbilanzdefizite: Der Importsog in den neuen Bundesländern löste eine entsprechende Verringerung des traditionellen Außenhandelsüberschusses aus; die Handelsbilanz rutschte ins Minus. Da gleichzeitig erhebliche Übertragungen zu leisten waren – u.a. bedingt
55 durch den Golfkrieg*, die Rückführung der sowjetischen Truppen und Nachzahlungen an den EU-Haushalt –, ergab sich ein kräftiges Leistungsbilanzdefizit auf anhaltend hohem, ungewohntem Niveau. [Erst ab 2001 ergaben sich aufgrund der aus Abb. 1 ersichtlichen stark ansteigenden Exportüberschüsse deutliche Leistungsbilanzüberschüsse.]

(Jörn Altmann, Wirtschaftspolitik, Lucius & Lucius Verlag, Stuttgart, 7. Aufl. 2000, S. 210 f.)

Analysieren Sie anhand von M 49 die Entwicklung der Leistungsbilanz für die Bundesrepublik.
- *Durch welche Teilbilanz wird die Entwicklung der Leistungsbilanz im Wesentlichen bestimmt?*
- *Erklären Sie anhand der Texthinweise, warum die Übertragungsbilanz und zumeist auch die Dienstleistungsbilanz der Bundesrepublik negativ sind. Wie hoch muss der Handelsbilanzüberschuss jeweils sein, damit a) die Leistungsbilanz und b) der Außenbeitrag (als Saldo von Handels- und Dienstleistungsbilanz) ausgeglichen bzw. positiv ist?*
- *Erläutern Sie die Erklärungen, die für die Entwicklung der Leistungsbilanz gegeben werden.*

■■■ **M 50** Bedeutung, Struktur und Entwicklung des deutschen Außenhandels

Der Außenhandel ist für die deutsche Wirtschaft von enormer und zunehmender Bedeutung. Jährlich werden zurzeit Güter im Wert von ca. 35 % des Bruttoinlandsprodukts ausgeführt (Exportquote) und von 30 %

5 eingeführt (Importquote; vgl. Grafik zum „Offenheitsgrad" der deutschen Volkswirtschaft, S. 105). Bei der Entwicklung seit den 1990er-Jahren ist al-
10 lerdings die Expansion des gesamten Welthandels zu berücksichtigen (vgl. M 54 a, Abb. 2). Die Position als „Exportwelt-
15 meister" seit 2003 ist auch darauf zurückzuführen, dass die in US-Dollar bewerteten Exporte rein rechnerisch (nominale
20 Berechnung) durch den gestiegenen Außenwert des Euro (vgl. M 53) höher ausgewiesen wurden. Der Anteil des deutschen Ex-
25 ports am Weltexport konnte seit 1995 gehalten werden, während u. a. amerikanische und britische Firmen erhebliche Markt-
30 anteile verloren (s. M 43). Zu bedenken ist auch, dass der Importanteil an der gesamten Wertschöpfung des Exports (aus dem
35 Ausland gelieferte Vorleistungen und Teilprodukte für deutsche Exportgüter) stark zugenommen hat (vgl. dazu M 51). In Schau-
40 bildern und Statistiken wird auch nicht immer deutlich gemacht, dass

Abb. 1

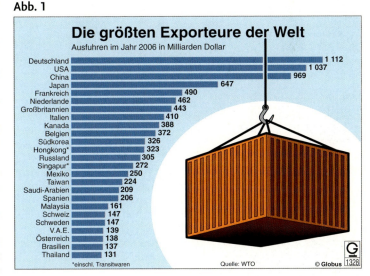

Die größten Exporteure der Welt
Ausfuhren im Jahr 2006 in Milliarden Dollar

Land	Mrd. Dollar
Deutschland	1 112
USA	1 037
China	969
Japan	647
Frankreich	490
Niederlande	462
Großbritannien	443
Italien	410
Kanada	388
Belgien	372
Südkorea	326
Hongkong*	323
Russland	305
Singapur*	272
Mexiko	250
Taiwan	224
Saudi-Arabien	209
Spanien	206
Malaysia	161
Schweiz	147
Schweden	147
V.A.E.	139
Österreich	138
Brasilien	137
Thailand	131

*einschl. Transitwaren   Quelle: WTO   © Globus 1328

Abb. 2

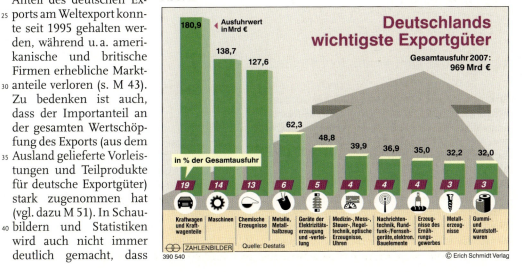

Deutschlands wichtigste Exportgüter

Ausfuhrwert in Mrd €

Gesamtausfuhr 2007: 969 Mrd €

Produkt	Mrd €	in % der Gesamtausfuhr
Kraftwagen und Kraftwagenteile	180,9	19
Maschinen	138,7	14
Chemische Erzeugnisse	127,6	13
Metalle, Metallhalbzeug	62,3	6
Geräte der Elektrizitätserzeugung und -verteilung	48,8	5
Medizin-, Mess-, Steuer-, Regeltechnik, optische Erzeugnisse, Uhren	39,9	4
Nachrichtentechnik, Rundfunk-/Fernsehgeräte, elektron. Bauelemente	36,9	4
Erzeugnisse des Ernährungsgewerbes	35,0	4
Metallerzeugnisse	32,2	3
Gummi- und Kunststoffwaren	32,0	3

⊞⊞ ZAHLENBILDER   Quelle: Destatis
390 540   © Erich Schmidt Verlag

Abb. 3

Deutschlands Kunden und Lieferanten

Angaben für 2007 in Milliarden Euro

Die größten Kunden (Ausfuhr)			Die größten Lieferanten (Einfuhr)
Frankreich	93,9	64,9	Frankreich
USA	73,4	64,3	Niederlande
Großbritannien	71,0	54,6	China
Italien	65,1	45,6	USA
Niederlande	62,4	44,3	Italien
Österreich	52,8	43,4	Großbritannien
Belgien	51,4	38,8	Belgien
Spanien	48,2	32,8	Österreich
Schweiz	36,4	29,8	Schweiz
Polen	36,1	28,8	Russland
China	29,9	26,2	Tschechien
Russland	28,2	24,1	Polen
Tschechien	26,0	24,1	Japan
Schweden	21,7	21,1	Spanien
Ungarn	17,3	18,1	Ungarn

Quelle: Stat. Bundesamt

© Globus 1960

Deutschland nur im Warenhandel „Exportweltmeister" ist; bezieht man den Dienstleistungsexport mit ein, liegen die USA unangefochten an der Spitze.

⁵⁰ Die „Exportabhängigkeit" des deutschen Arbeitsmarkts zeigt sich darin, dass rd. 20 % (8 Mio.) der deutschen Erwerbstätigen ⁵⁵ in irgendeiner Weise im Ausfuhrgeschäft tätig sind (bei der Herstellung von Exportgütern selbst sowie von Zubehör und Material ⁶⁰ und beim Transport- und mit Versicherungsleistungen). Im internationalen Vergleich liegt die Exportquote deutlich vor Japan (rd. 7 %) und den USA (rd. 10 %), aber weit hinter einigen kleineren ⁶⁵ europäischen Ländern wie Belgien (rd. 62 %), Niederlande (49 %), Irland (68 %). Dabei gehen fast zwei Drittel (2007: 65 %) aller deutschen Exporte in die Länder der EU (s. Abb. 3), aus denen auch rd. 60 % aller Importe stammen. Hauptausfuhrgüter sind Autos, elektrotechnische und chemische Erzeugnisse und Maschinen. So stammt z. B. in zwei Bereichen des Maschinenbaus (Fluidtechnik [Hydraulik, Pneumatik] und Papier- und Drucktechnik) ein Drittel des gesamten ⁷⁰ Weltexports aus Deutschland. Zu beachten (und durch die enorme Vielfalt der Produkte und der Präferenzen [Vorlieben] der Verbraucher zu erklären) ist die Tatsache, dass auch die wichtigsten Einfuhrgüter aus nahezu denselben Bereichen stammen wie die Exportgüter (Autos, elektrotechnische und chemische Erzeugnisse).

Neben den großen Vorteilen der starken Exportposition (Beitrag zum BIP, Sicherung von Ar- ⁷⁵ beitsplätzen) sind insgesamt auch Nachteile der Exportabhängigkeit zu bedenken, wie z. B. die Abhängigkeit von Konjunkturschwankungen im Ausland und die manchmal aus politischen Gründen bedenkliche Rücksichtnahme auf Länder, mit denen aus ökonomischen Gründen wichtige Handelsbeziehungen bestehen.

(Autorentext)

▮▮ **M 51** „Basar-Ökonomie"? Viel Import im Export

Wenn in Deutschland über die Entwicklung des Außenhandels diskutiert wird, sind stets auch jene zur Stelle, die eine angeblich drohende Basar-Ökonomie heraufbeschwören. Ihnen zufolge ⁵ sind Meldungen über den Weltmeisterschaftstitel der Bundesrepublik beim Warenexport nur Schall und Rauch – in Wirklichkeit wandele sich der Standort D zu einer reinen Handelsplattform, auf der Güter mehr oder weniger nur durchge- ¹⁰ reicht würden.

Der Wahrheitsgehalt solcher Aussagen ist nicht einfach zu klären. Licht ins Dunkel vermögen aber die sogenannten Input-Output-Tabellen des Statistischen Bundesamts zu bringen. Aus ihnen geht zunächst hervor, dass die mit dem Export ¹⁵ verbundene inländische Bruttowertschöpfung* zwischen 1995 und 2005 immerhin um fast 80 Prozent auf knapp 450 Milliarden Euro gestiegen ist.

Berücksichtigt man zudem die Dienstleistungen, ²⁰ fällt die Wachstumsrate für die gesamte ausfuhrbedingte Wirtschaftsleistung ähnlich hoch aus. Währenddessen legte jedoch das nominale Bruttoinlandsprodukt (BIP) nur um knapp 22 Prozent zu. Das Resultat: ²⁵

Der Anteil der durch den Export bewirkten Brut-

Offen für Importe

Importdurchdringung des deutschen Inlandsmarkts 2006 in Prozent

69
Chemische
Erzeugnisse

92
Textilien

39
Maschinen

62
Eisen- und Stahl-
erzeugnisse

48
Geräte der Elektrizitäts-
erzeugung und
-verteilung

22
Metallerzeugnisse

43
Kraftwagen
und Kraftwagen-
teile

51
**Industrieerzeugnisse
insgesamt**

25
Ernährungs-
güter

Verlags- und
Druckerzeugnisse

ZAHLENBILDER
390 661

Quelle: Destatis; eigene Berechnungen

© Erich Schmidt Verlag

towertschöpfung am BIP erhöhte sich von 15,6 Prozent im Jahr 1995 auf 23,2 Prozent 2005.

Dazu passt, dass zuletzt 21,4 Prozent aller Ar-
30 beitsplätze von den Verkäufen an das Ausland ab-
hingen – gegenüber 15,6 Prozent Mitte der Neun-
zigerjahre. Der Export erweist sich damit ... weiterhin als starker inländischer Wachstums- und
Beschäftigungsmotor.

35 Damit ist allerdings noch nicht die ganze Wahr-
heit gesagt. Denn dazu gehört auch die Erkenntnis, dass die von den Ausfuhren ausgelöste **inländische Wertschöpfung** nicht so stark gewachsen
ist wie die Warenexporte insgesamt (plus 105 Pro-
40 zent). Demzufolge schrumpfte der in den inländischen Montagehallen erbrachte Beitrag zum
Erfolg auf den Auslandsmärkten von 66 Prozent
im Jahr 1995 auf zuletzt 57 Prozent.

Gleichzeitig gewannen dagegen jene Warenex-
45 porte an Bedeutung, die aus *zuvor im Ausland ein-
gekauften Erzeugnissen* bestehen. Diese Ausfuhren
lassen sich im Wesentlichen in drei Kategorien
einteilen:

1. Importwaren, die unverändert in andere Län-
50 der weiterverkauft werden.

2. Eingeführte Waren, die in Deutschland auf
fremde Rechnung bearbeitet und anschließend in
ihr Herkunftsland reexportiert werden – Ökonomen sprechen hier von einer Lohnveredelung*.
55 Diese beiden Kategorien bezeichnet die Statistik
als Exporte ausländischer Waren.

3. Waren, die mit Hilfe importierter Vorleistungen in Deutschland hergestellt und dann ins Ausland geliefert werden.

Fasst man diese drei Gruppen zusammen, wird 60
offensichtlich, dass der Beitrag der im Ausland
ansässigen Lieferanten zum deutschen Export gestiegen ist:

**Stammten im Jahr 1995 erst 31 Prozent der deut-
schen Warenausfuhren aus ausländischer Wert-** 65
schöpfung, waren es 2005 bereits 42 Prozent.

Dies war in besonderem Maße den jenseits der
deutschen Grenzen produzierten Waren zuzu-
schreiben. Deren Exportwert schnellte im genannten Zeitraum um mehr als 200 Prozent in 70
die Höhe und erreichte im vergangenen Jahr 147
Milliarden Euro.

Angesichts solcher Zahlen lässt sich kaum leug-
nen, dass der Standort D inzwischen auch eine
Durchgangsstation für den internationalen Handel 75
geworden ist. Dies zeigt sich ebenso in den wichtigsten Exportbranchen – ungeachtet einiger Unterschiede (Grafik):

**Importierte Waren und Vorleistungen machten
im Maschinenbau 2006 lediglich 3,9 Prozent der** 80
**Exporte aus – in der Chemischen Industrie stieg
die Importquote bei den Ausfuhren dagegen zuletzt auf fast 69 Prozent.**

Während zudem in der Kfz-Branche allein die
eingeführten Vorleistungen ein knappes Drittel 85
zu den ins Ausland verkauften Autos beisteuer-
ten, spielten in der Chemiebranche vor allem importierte Fertigwaren mit 30 Prozent eine große
Rolle für das Exportgeschäft.

(iwd – Informationsdienst des Instituts der deutschen Wirtschaft Köln, Nr. 27/2006 v. 06.07.2006, S. 6; © Deutscher
Instituts-Verlag GmbH, Köln,)

Stellen Sie aus M 50 – M 51 die wichtigsten Aspekte zur Struktur, Entwicklung und Bedeutung des deutschen Außenhandels heraus:
- *Welche Bedeutung für die Wirtschaftsleistung (BIP) und die Beschäftigung hat der Export (M 50)?*
- *Was beschreibt der „Offenheitsgrad" (M 47)?*
- *Was ist bei der Position als „Exportweltmeister" zu beachten? Wie hat sich Deutschlands Anteil am Weltexport entwickelt? (M 50, M 49)*
- *Wie ist es zu erklären, dass die Hauptimportgüter ähnlicher Art sind wie die Hauptexportgüter?*
- *Mit welchen Ländern (Abb. 3, S. 110) besteht ein Importüberschuss? Um welche Güter könnte es sich dabei vornehmlich handeln?*
- *Worum geht es in der Diskussion über die „Basar-Ökonomie" (M 51)?*
- *Welche Argumentationen stehen sich gegenüber?*
- *Wie beurteilen Sie insgesamt die Vor- und Nachteile der deutschen „Exportabhängigkeit"?*

Außenhandel und Wechselkurse

M 52 Was der Wechselkurs bedeutet

Das Geld, das in einem Land als gesetzliches Zahlungsmittel benutzt wird, wird auch als Währung bezeichnet. Fast jedes Land hat eine eigene **Währung** (eine Ausnahme ist beispiels-
5 weise Panama, das den amerikanischen Dollar als Währung nutzt). Staatliche Grenzen und Währungsgrenzen sind in der überwiegenden Zahl der Fälle identisch. Mit der Europäischen Wirtschafts- und Währungsunion wurde dieser
10 Zusammenhang erstmals in größerem Rahmen aufgegeben. Allerdings bleibt die Währungsunion stets auf das Gebiet der Europäischen Union begrenzt.
Bei Geschäften über die Grenzen hinweg wird
15 – wenn man von den grenzüberschreitenden

> Beispiel:
> **Euro-Wechselkurs am 4.1.1999:**
> 1 Euro = 1,1789 Dollar
> **Euro-Wechselkurs am 31.12.2000:**
> 1 Euro = 0,9305 Dollar
> > **Aufwertung** des Dollar gegenüber dem Euro um 26,7 %
> > **Abwertung** des Euro gegenüber dem Dollar um 21,1 %
> Devisen- bzw. Wechselkurse bilden sich in den Ländern, in denen es keine Beschränkung des Devisenhandels gibt, frei nach Angebot und Nachfrage täglich an den Börsen; sie sind also reine Marktpreise.

Geschäften innerhalb der Europäischen Währungsunion und Spezialfällen, wie Panama, absieht – zumindest einer der beiden Geschäftspartner mit einer für ihn ausländischen Währung konfrontiert, entweder als Zahlender oder als Zahlungsempfänger. Mit grenzüberschreitenden Geschäften ist damit in der Regel ein *Tausch von Währungen* verbunden.
20 Der Preis, zu dem eine Währung in eine andere getauscht wird, heißt, je nachdem, von welcher Seite dieser Vorgang betrachtet wird, **Devisenkurs bzw. Wechselkurs:** Der *Devisenkurs* ist der Preis in inländischer Währung für eine Einheit ausländischer Währung. Beispiele: 1 US-Dollar = 1,0747 Euro, 1 britisches Pfund = 1,6023 Euro (Kurse vom 31.12.2000). In diesem Fall spricht man auch von *Preisnotierung.* Der *Wechselkurs* ist der Kehrwert, also der Preis in ausländischer
25 Währung für eine Einheit der inländischen Währung. Diese Art der Darstellung der Kursverhältnisse wird auch als *Mengennotierung* bezeichnet. Beispiele: 1 Euro = 0,9305 US-Dollar, 1 Euro = 0,6241 britische Pfund (Kurse vom 31.12.2000). Vielfach werden diese beiden Begriffe allerdings gleichberechtigt nebeneinander benutzt.
Steigt der Devisenkurs einer Währung gegenüber einer anderen Währung, spricht man von *Auf-*
30 *wertung,* wenn er sinkt, von *Abwertung* dieser Währung.

(Bundesverband deutscher Banken [Hrsg.], Schul/Bank Wirtschaft, Berlin 2002, Themenfeld 3.12, S. 119)

M 53 Der Euro-
Dollar-Kurs im Zeit-
verlauf

(Zeichnung: Felix Mussil/CCC, www.c5.net)

(Wirtschaftswoche Nr. 48 v. 26.11.2007, Cover)

*Die für den Außenhandel außerordentlich wichtigen Währungsbeziehungen können wir im Rahmen
dieses Kapitels nicht ausführlich analysieren. Anhand von M 52 – M 53 können Sie aber Einsicht in
einige grundlegende Aspekte gewinnen.*

1. *Machen Sie deutlich, welcher Sachverhalt mit dem Begriff Wechselkurs bezeichnet wird. Wann
spricht man von Preis-, wann von Mengenwechselkurs? Was versteht man unter „Aufwertung", was
unter „Abwertung" einer Währung (M 52)?*

2. Beschreiben Sie die Entwicklung, die der Wert des Euro gegenüber dem Dollar (Wechselkurs/ Mengennotierung) in den Jahren seit seiner Einführung im internationalen Zahlungsverkehr und an den Börsen (1.1.1999) genommen hat (M 53). Welche Berechnungen liegen den Aussagen zugrunde, dass der Euro
 – vom 7.7.1999 bis zum 26.10.2000 fast ein Drittel (30%) seines Wertes verloren hatte,
 – vom 26.10.2000 bis zum 27.2.2008 um mehr als 80% an Wert gewonnen hatte?

3. Erläutern Sie dazu die Darstellung der beiden karikaturistischen Darstellungen (M 53). Zu welchen Zeitpunkten könnten sie veröffentlicht worden sein?

<hr>

M 54 Euro-Kurs und deutscher Außenhandel

M 54a Starker Euro, Export steigt trotzdem

Die Höhe des Wechselkurses einer Währung beeinflusst nicht nur das Geschehen an den Finanzmärkten, sondern auch den **Außenhandel**. Sinkt der Wechselkurs des Euro gegenüber dem US-Dollar (der Euro verliert gegenüber dem US-Dollar an Wert), dann werden Waren aus Euroland in den USA billiger (der deutsche Export wird steigen) und Waren aus den USA in Euroland
5 teurer (der Import wird sinken). Ein (z. B. in Deutschland hergestelltes) Auto im Wert von 30 000 €, für das ein amerikanischer Importeur Anfang Januar 1999 rd. 35 360 $ bezahlen musste, kostete ihn Ende Dezember 2000 nur noch rd. 24 690 $ (vgl. die Wechselkursentwicklung in der Grafik M 53). Umgekehrt: Steigt der Kurs des Euro gegenüber dem Dollar, werden in Euro bewertete Güter in Amerika teurer, für das genannte Auto mussten (vorausgesetzt, sein €-Preis blieb
10 gleich) Ende Dezember 2004 rd. 40 900 $ gezahlt werden (s. Grafik M 53).

Abb. 1

Ausfuhr 2007 Ländergruppe/Land	Anteil in %	Veränderungen gegenüber Vorjahr in %
Alle Länder	100,0	8,5
darunter:		
EWU-Länder (13)	42,8	10,2
Übrige EU-Länder (14)	21,9	12,9
darunter:		
11 neue Mitgliedsländer	10,8	15,6
Vereinigte Staaten	7,6	−5,9
Russische Föderation	2,9	20,6
Japan	1,3	−5,8
Südostasiatische Schwellenländer	3,3	2,1
China	3,1	8,9
OPEC-Länder	2,4	6,8
Entwicklungsländer ohne OPEC	8,4	4,9

(Deutsche Bundesbank, Monatsbericht März 2008, S. 18)

Abb. 2: Entwicklung des Welthandels

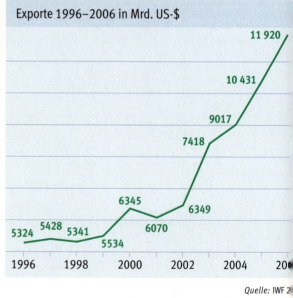

Exporte 1996–2006 in Mrd. US-$

11 920
10 431
9017
7418
6345
6349
6070
5324 5428 5341
5534

1996   1998   2000   2002   2004   200

Quelle: IWF 2

(Der Fischer Weltalmanach 2008. © Fischer Taschenbuch Verlag in der S. Fischer Verlag GmbH, Frankfurt am Main 2007, S. 689)

Dass der deutsche Export trotz der weiterhin bestehenden „Stärke" des Euro in den letzten Jahren fast eine Rekordhöhe erreichte (s. Abb. 3), lag zum einen daran, dass der Großteil des Exports nicht in den Dollar-Raum, sondern in die EU-Länder erfolgte (s. Abb. 1); zum anderen entwickelte sich bei zunehmender Expansion des gesamten Welthandels (s. Abb. 2) die Nachfrage (z. B. nach deutschen Autos) sehr stark, vor allem auch in den USA, wo sich eine steigende Einkommensentwicklung bemerkbar machte und sich daher die Nachfrage nach deutschen Gütern trotz des gestiegenen Euro-Dollar-Kurses verringerte (die „Preiselastizität"* der Nachfrage also gering war). Auf diese Weise wurde der deutsche Export durch die höheren Preise nicht entscheidend geschwächt.

(Autorentext)

Abb. 3: Deutsche Ausfuhr in Milliarden Euro (linke Skala) und Euro (rechte Skala) in US-Dollar

Mussste ein US-Amerikaner vor einem halben Jahr noch 1,20 Dollar mitbringen, um in Europa für einen Euro einzukaufen, braucht er heute mehr als 1,50 Dollar. Große Preise heißen jedoch nicht zwingend kleine Kundschaft: Seit Anfang 2006 sind Deutschlands Exporte mit kleinen Unterbrechungen gestiegen. Zuletzt gingen im Januar 2008 Waren für 84,4 Mrd. Euro über die Grenze - mehr als im Dezember, mehr als im Vorjahresmonat. Am meisten legten die Exporte in Länder außerhalb Europas zu. Sie stiegen im Vergleich zu 2007 um 11,5 Prozent.

ZEIT-Grafik; Quelle: onvista/destatis

(DIE ZEIT v. 19.3.2008, S. 29)

Abb. 4

Wieder Weltmeister   (Zeichnung: Pepsch Gottscheber/CCC, www.c5.net)

▰▰ M 54 b Kein Grund zur Panik? Die Situation im Jahre 2008

Das Überschreiten der psychologisch wichtigen Marke von 1,50 Dollar dürfte dem Euro noch weiteren Schub nach oben geben. Die Experten der Deutschen Bank rechnen mit einem Anstieg auf 1,55 Dollar bis 1,60 Dollar. [...]
Der schwache Dollar mindert in Europa die Folgen der Preisexplosion bei den Rohstoffen und Energieträgern, die in der Regel in Dollar abgerechnet werden. Das kommt den heimischen Verbrauchern durch weniger heftige Aufschläge bei Benzin, Heizöl und Gas zugute. Ein schwacher Dollarkurs verteuert aber die Produkte der europäischen Firmen am Weltmarkt und sorgt für ein Nachlassen der Nachfrage im Dollarraum. „Der starke Euro erzeugt Gegenwind für die Wirtschaft des Eurolandes", sagte am Mittwoch Thomas Mayer, Volkswirt der Deutschen Bank. Karsten Junius von der Deka-Bank berichtete: „Die Exporteure klagen schon ab einem Eurokurs von 1,40 Dollar."

Für den Maschinenbau, eine der Stützen der deutschen Exportwirtschaft, ist der schwache Dollar inzwischen „eine Belastung". Die Branche habe auf den Weltmärkten „starken Gegenwind",
25 sagte Olaf Wortmann vom Branchenverband VDMA. Manche Unternehmen müssten bereits Preiszugeständnisse machen, um im Geschäft zu bleiben. Die deutschen Maschinenbauer weiteten daher ihre Fabriken im Dollarraum aus und bezo-
30 gen von dort mehr Zulieferteile. Mit Folgen für den deutschen Arbeitsmarkt. „Wir konnten weniger Arbeitsplätze in Deutschland schaffen, als bei einem günstigeren Eurokurs möglich gewesen wäre", meint Wortmann.
35 Ähnlich ist es in der Autoindustrie. BMW hat den jetzt nötigen Zwang zum Abbau von 8 000 Arbeitsplätzen zum großen Teil mit der Dollarschwäche begründet. Sollte der Eurokurs bei 1,50 Dollar bleiben, wird das Münchner Unternehmen
40 laut Personalvorstand Ernst Baumann „auch beim Personalaufwand weitere Maßnahmen brauchen". BMW und VW wollen wegen des Dollarkurses die Produktion in Amerika erweitern. Mercedes hat diesen Schritt schon vor zwei Jahren getan. Alle drei großen deutschen Autoher- 45 steller reagieren auf die Dollarschwäche mit vermehrtem Einkauf von Teilen im Dollar-Raum. „Die Wechselkursentwicklung erschwert zunehmend das Geschäft und gibt uns beim Export in den Dollarraum keinen Rückenwind", erklärte 50 dazu der Präsident des Automobil-Verbandes (VDA), Matthias Wissmann.
Andere reagieren gelassener. Der Präsident des Bundesverbandes des Groß- und Außenhandels, Anton Börner, sieht in der Dollarentwicklung 55 „keinen Grund zur Panik". Der Verband vertritt aber auch Importeure, die durch den schwachen Dollar begünstigt sind.

(Süddeutsche Zeitung v. 28.2.2008, S. 29; Verf.: Karl-Heinz Büschemann und Helga Einecke)

1. Analysieren Sie anhand von M 54a die unterschiedlichen Auswirkungen eines „schwachen" bzw. eines „starken" Euro auf die Exportchancen der deutschen Industrie und beachten Sie dabei auch die folgenden Fragen:
   – Wie kann sich eine Aufwertung des Euro gegenüber dem Dollar auf die Import- und Exportbeziehungen auswirken? Wie entwickeln sich bei einer Aufwertung tendenziell die Importmenge einerseits und die Exportmenge andererseits?
   – Für welche Bereiche des Weltmarktes ist die Exportindustrie von den Wechselkursentwicklungen des Euro betroffen? Wie groß ist der Anteil des deutschen Exports, der davon nicht betroffen ist (vgl. Abb. 1)?
   – Welche Bedeutung hat ein „starker" Euro für die Importe nach Deutschland aus Bereichen außerhalb der Euro-Zone?
   – Wie wirkt sich ein „starker" bzw. „schwacher" Euro auf den Tourismus z. B. in die USA oder nach China aus?

2. Der Hinweis auf die (trotz der Euro-Stärke und der damit verbundenen Preissteigerung von Importgütern aus dem Euro-Raum) hohe US-Nachfrage (M 54a, Z. 26 f.) macht zugleich deutlich, dass bei der Darstellung wirtschaftlicher Kausalbeziehungen und Entwicklungstendenzen immer ihr modellartiger Charakter zu bedenken ist, d. h., dass keine anderen als die einbezogenen Faktoren die Entwicklung beeinflussen („Ceteris-paribus-Klausel"; s. S. 17). Die „Preiselastizität*" (das Ausmaß, in dem die Nachfrage bei steigenden/fallenden Preisen abnimmt/zunimmt) der US-Nachfrage war in diesem Fall also gering. Welche Entwicklung in den USA könnte z. B. dazu führen, dass die US-Nachfrage nach deutschen Gütern trotz einer Euro-Abwertung (!) nur wenig ansteigt (die „Elastizität" der Nachfrage also gering bleibt)?

3. Analysieren Sie den Zeitungsbericht M 54b, der die Situation im Frühjahr 2008 beschreibt (der Eurokurs lag Ende April bei 1,59 Dollar, Ende Mai bei 1,55 Dollar):
   – In welcher Hinsicht wirkt sich die Kursentwicklung günstig aus?
   – Warum belastet die Entwicklung u. a. vor allem die Maschinenbau- und die Autoindustrie (vgl. M 50)? Mit welchen Maßnahmen versuchen diese Industrien, die negativen Folgen zu verringern?
   – Wie erklärt sich die eher gelassene Position des Verbandspräsidenten des Groß- und Außenhandels?

4. Recherchieren Sie, wie sich die Situation im weiteren Jahresverlauf entwickelt hat.

■■■ M 55 Je höher, desto besser? Wie hoch sollte der Außenwert des Euro sein?

Tatsächlich gilt ein hoher Wechselkurs als Zeichen wirtschaftlichen Erfolgs. Er schmeichelt dem Selbstbewusstsein der Bürger (und der Regierenden). Doch ein zu hoher Wechselkurs kann Schaden stiften, Exporte werden erschwert, weil die Güter im Ausland teurer werden. Gewinne werden geschmälert, wenn Exporteure, um wettbewerbsfähig zu bleiben, ihre Preise in Euro
5 senken müssen. Ein zu starker Euro zwingt die Unternehmen, die in Länder außerhalb der Währungsunion exportieren, zu Kostensenkungen – zu zusätzlicher Rationalisierung und damit womöglich zum Abbau von Arbeitsplätzen.
Gleichzeitig kann ein zu hoher Außenwert auch die Firmen unter Kostendruck bringen, die nur für den Euro-Raum produzieren. Denn die Importgüter der ausländischen Konkurrenz werden
10 in diesem Fall billiger. Auch das kann am Ende Arbeitsplätze kosten. Ebenso kann sich aber auch eine Unterbewertung der Währung schädlich auswirken. Ein schwacher Außenkurs fördert zwar kurzfristig den Export und stützt damit die inländische Konjunktur. Doch er setzt falsche Preissignale: So täuscht ein zu niedriger Wechselkurs Unternehmen und Politikern eine höhere internationale Wettbewerbsfähigkeit vor, als sie real existiert. Er verführt dazu, Innovatio-
15 nen und Reformen zu unterlassen. Steigt der Kurs dann an, sind Marktanteile und Arbeitsplätze bedroht.
Erstrebenswert ist deshalb weder ein zu niedriger noch ein zu hoher Außenwert, sondern der Gleichgewichtskurs, der Preisverzerrungen vermeidet. So, wie sich eine Volkswirtschaft im Gleichgewicht befindet, wenn Vollbeschäftigung und stabile Preise erreicht sind, ist die Außen-
20 wirtschaft im Gleichgewicht, wenn der Wechselkurs für eine ausgewogene Leistungsbilanz sorgt: wenn sich Ein- und Ausfuhren bei Waren und auch bei Dienstleistungen die Waage halten.
In der Theorie ist dies am besten bei einer *Kaufkraftparität** zu erreichen. Die liegt dann vor, wenn sich ein Europäer, der seine Euro in Dollar umtauscht, in den Vereinigten Staaten dieselbe
25 Menge und dieselbe Qualität an Waren leisten kann wie in Euroland. Der britische *Economist* treibt dies alljährlich auf die Spitze und errechnet aus einem internationalen Preisvergleich des Big-Mac die „richtige" Währungsrelation. Demnach hätte im April (2000) ein Euro 0,98 Dollar wert sein müssen.
Doch Wechselkurse passen sich an solche Relationen nur langsam an. Deshalb taugt die Kauf-
30 kraftparität nur als langfristiger Maßstab. Sicher ist, dass für die Kursentwicklung volkswirtschaftliche Fundamentaldaten wie die Wachstumsraten des Bruttosozialprodukts, Inflationsraten, Zinsen und Leistungsbilanzsalden entscheidend sind. Und doch kommt es an den Devisenbörsen häufig zu einem „Überschießen" der Kurse – mal nach unten, mal nach oben. Bisher haben die Ökonomen deshalb kein Modell für eine verlässliche Prognose gefunden – erst im
35 abgelaufenen Jahr hat sich die gesamte Zunft mit ihren Vorhersagen blamiert. Der Wissenschaftler Hans-Werner Sinn hat Recht: „Es gibt zwei Dinge, bei denen man besser nicht weiß, wie sie gemacht wurden: Würstchen und Währungsprognosen."
(DIE ZEIT v. 28.12.2000, S. 23; Verf.: Wilfried Herz)

M 55 stellt eine zusammenfassende Erörterung der differenziert zu beurteilenden Auswirkungen dar, welche hohe oder niedrige Euro-Wechselkurse für die Wirtschaftsentwicklung haben können. Stellen Sie diese Auswirkungen stichwortartig gegenüber und beantworten Sie folgende Fragen:
– Was spricht für einen „Gleichgewichtskurs" als anzustrebende Währungsrelation? Welche Bedeutung hat für das Erreichen dieses Kurses die „Kaufkraftparität"?
– Warum ist die Theorie der Kaufkraftparität für die Kursentwicklung nur von eingeschränkter praktischer Bedeutung? Warum gibt es offenbar keine verlässlichen Prognosen für die Kursentwicklung an den Devisenbörsen?

III Wirtschaftspolitik in Deutschland – Theoretische Grundlagen, Bereiche und Instrumente

1. Theorien und Konzeptionen der Wirtschaftspolitik

Nachdem im vorausgehenden Kapitel die wirtschaftliche Entwicklung in vier wirtschaftspolitischen Zielbereichen in der Bundesrepublik beschrieben wurde, soll es in diesem Kapitel um eine nähere Erläuterung der Grundlagen der **Wirtschaftspolitik** gehen. Unter dem Begriff Wirtschaftspolitik lässt sich nach einer Definition des Wirtschaftswissenschaftlers Herbert Giersch die „Gesamtheit aller Maßnahmen politischer Entscheidungsträger" verstehen, die „darauf abzielen, den Ablauf des wirtschaftlichen Geschehens zu ordnen, zu beeinflussen oder unmittelbar festzulegen."
Da sich die praktische Wirtschaftspolitik in aller Regel an bestimmten **theoretischen Vorstellungen** orientiert, sollen in diesem ersten Abschnitt die Grundzüge der Theorien und ordnungspolitischen Leitbilder vorgestellt werden, die den Hintergrund der praktischen Wirtschaftspolitik in der Bundesrepublik gebildet und die wirtschaftswissenschaftliche und wirtschaftspolitische Diskussion bestimmt haben und weiterhin bestimmen.

Klassischer Liberalismus, Keynes'sche Theorie und Soziale Marktwirtschaft

▬▬ M 56 a Wirtschaftlicher Liberalismus

Als „Klassiker" der Volkswirtschaftslehre bezeichnet man eine Reihe von Ökonomen, die die Wirtschaftswissenschaft zum Range einer selbstständigen Disziplin mit eigenem Erkenntnisobjekt und eigener Methodik entwickelt haben. Nach überwiegender Anschauung sind dies insbesondere *Adam Smith* (1723–1790), *Jean Baptiste Say* (1767–1832), *David Ricardo* (1772–1823)
5 und *John Stuart Mill* (1806–1873).
Das Denken der Klassiker wendete sich gegen die von Staatsmännern und Verwaltungsbeamten dirigierte Ökonomie des merkantilistischen* Zeitalters.
Im Merkantilsystem, das in Frankreich bis zur Revolution von 1789 galt, war nach J. St. Mill jegliche gewerbliche Tätigkeit „der sich überall einmischende(n) und alles von sich aus regulierende(n)
10 Gesetzgebung unterworfen". Das klassische Denken war ein Protest gegen diese staatlichen Reglementierungen. Daher stammt die spätere Bezeichnung der klassischen Lehre als wirtschaftlicher Liberalismus*. Der Liberalismus betont die Eigengesetzlichkeit des Verhaltens von Gruppen und Individuen und versucht sie gegen Herrschaftsansprüche von (staatlichen) Institutionen zu schützen.

15 Der *individualistische Grundsatz der liberalen Wirtschaft* lässt sich in vier Prinzipien zusammenfassen (Götz Briefs):
   – Träger der wirtschaftlichen Handlungen ist das Individuum (und nicht der Staat). Das Individuum entscheidet in freier Selbstbestimmung über seine wirtschaftlichen Handlungen und Unterlassungen.
20 – Die Wirtschaftseinheiten haben einzustehen für die Folgen ihres Tuns und Unterlassens (Verantwortung für das wirtschaftliche Handeln, Haftungsprinzip).
   – Die Individuen handeln nach der Leitnorm des eigenen Interesses aufgrund ökonomisch-rationaler Entscheidungen.
   – Freie Konkurrenz ist die Voraussetzung für das Funktionieren des Gesamtsystems.
25 Diese Grundsätze galten als die natürlichen Ordnungs- und Funktionsgesetze der Wirtschaft. Wenn die Individuen nur ihren eigenen wirtschaftlichen Interessen nachgehen und in freier Konkurrenz auf den Märkten miteinander in Beziehung treten, tragen sie nach klassischer Auffassung „automatisch" zum Wohle der Gesamtheit bei. Die wirtschaftlichen Handlungen der Individuen sind – den Einzelnen unbewusst – naturgesetzlich bestimmt. Die Marktmechanis-
30 men sorgen dafür, dass sich die natürliche Ordnung einer sozial harmonischen Gesellschaft einstellt (s. M 56 c, Z. 90 ff.). Die Klassiker sahen ihre Aufgabe darin, nach den objektiven Gesetzen Ausschau zu halten, die Produktion und Verteilung der Güter regeln. [...]
   Die wirtschaftspolitische Aufgabe des Staates besteht nach Meinung von *Adam Smith* in der Schaffung von Bedingungen, die das individuelle Wirtschaften fordern, nämlich: Schaffung und
35 Unterhaltung von öffentlichen Infrastruktur-Einrichtungen, Aufrechterhaltung der Rechtsordnung, Sicherung der Individualrechte, Erhaltung der Verteidigungsbereitschaft (vgl. M 56, Z. 106 ff.). J. St. Mill fügte hinzu, dass der Staat auch für den Schutz von Kindern und Jugendlichen sorgen sowie im Bildungsbereich und im Fürsorgesystem Aufgaben übernehmen müsse.
(Günter Poser, Wirtschaftspolitik, Stuttgarts, 5. Aufl. 1994, S. 24 f.)

M 56 b Die Selbstheilungskräfte des Marktes – das „Say'sche Theorem"

„Jedes Angebot schafft sich die entsprechende Nachfrage. Durch den Preis- und Marktmechanismus werden Störungen von selbst überwunden und die Wirtschaft findet ohne Unterstützung den Weg zum Gleichgewicht. Durch einen Konjunkturabschwung werden die Übertreibungen in der Hochkonjunktur gedämpft und die Wirtschaft geht gestärkt aus dem Tief hervor. Solche
5 Störungen lassen sich zwar nicht abwenden, aber durch die Selbstheilungskräfte der Marktwirtschaft werden sie überwunden."
Diese Meinung war bis zum Ausbruch der Weltwirtschaftskrise Anfang der 1930er-Jahre vorherrschend. Nach Ansicht der sogenannten Klassiker* kann es keine gesamtwirtschaftliche Überproduktion geben, weil das Güterangebot sich seine Nachfrage selbst schafft (sogenanntes *Say'sches*
10 *Theorem*, benannt nach dem Ökonomen **Jean Baptiste Say**. Denn aus jeder Produktion resultiere Einkommen (beispielsweise Lohneinkommen), welches zu kaufkräftiger Nachfrage werde. Die Nachfrage stelle sicher, dass die Produktion auch abgesetzt wird. Eine gesamtwirtschaftliche Überproduktion sei somit allenfalls vorübergehend zu erwarten. Dagegen bestehe auf einzelnen Märkten durchaus die Gefahr von temporären Ungleichgewichten zwischen Angebot und Nach-
15 frage, die jedoch schon nach kurzer Zeit wieder abgebaut werden. Ein Konsumrückgang infolge einer erhöhten Sparanstrengung beispielsweise löse durch das Überangebot an Kapital* einen Zinsrückgang aus und bewirke vermittelt über diesen wieder zusätzliche Investitionen. An die Stelle der Konsumnachfrage trete dann eben die Investitionsnachfrage. In jedem Fall würde das Einkommen zu kaufkräftiger Nachfrage.
20 Denkbar seien zwar Absatzkrisen bei gewissen Produkten, die jedoch eine Übernachfrage nach anderen Produkten beziehungsweise einen absatzstimulierenden Preisrückgang der „überteuerten" Produkte zur Folge hätten. Der *Preismechanismus* führe demgemäß *automatisch* wieder zum Gleichgewicht zurück und lenke die Produktionsfaktoren in Gewinnchancen versprechende Möglichkeiten. Innovative* Unternehmen erschlössen über neue Produkte und neue technolo-
25 gische Produktionsverfahren immer wieder neue Märkte. Im Wege dieses Prozesses der „schöp-

ferischen Zerstörung" (vgl. S. 50) würden Nachfragesättigungen auf alten Märkten durch Mehrnachfrage nach neuen Gütern überkompensiert.

Nach Ansicht der Klassiker kann es also bei einem funktionierenden Preis- und Zinsmechanismus **keine dauerhaften Ungleichgewichte** geben. Ebenso wenig entstehen in dieser Konzeption
30 Ungleichgewichte auf dem Arbeitsmarkt: Besteht Arbeitslosigkeit aufgrund eines Überangebots von Arbeitskräften, dann werden die Löhne so lange sinken, bis es für die Unternehmer wieder interessant ist, weitere Arbeitskräfte einzustellen. Dadurch kommt es auf dem Arbeitsmarkt zu einem erneuten Gleichgewicht zwischen Angebot und Nachfrage. Der *Lohnmechanismus* sorgt dafür, dass alle eine Stelle finden, die bereit sind, zum Gleichgewichtslohn zu arbeiten.
35 Die Konsequenz dieser Ansichten für die Konjunkturpolitik ist, dass Eingriffe des Staates abgelehnt werden. Der Staat habe sich einzig darauf zu beschränken, ein reibungsloses Funktionieren der Marktwirtschaft sicherzustellen (sogenannte liberale „Laissez-faire*"-Staatsauffassung), indem er für die notwendigen Rahmenbedingungen sorge („Nachtwächterstaat"). Staatliche Eingriffe würden die marktwirtschaftlichen Kräfte nur behindern.
40 [...] Im Licht der Massenarbeitslosigkeit der 1930er-Jahre häuften sich die Zweifel an den Selbstheilungskräften der Marktwirtschaft. Die klassische Theorie wurde vor allem von John Maynard Keynes (1883–1946) aufs Heftigste bekämpft (s. M 57).

(Bernd Nolte, Volkswirtschaft konkret, Wiley VCH Verlag, Weinheim 2003, S. 101 f.)

1. *Vielleicht sind Ihnen aus dem Geschichtsunterricht einige Merkmale des in Europa verbreiteten Systems des Absolutismus* vertraut. Nennen Sie wesentliche Merkmale des Merkantilismus* (als des absolutistischen Wirtschaftssystems) und erläutern Sie, inwiefern der Liberalismus sich als Reaktion auf dieses Wirtschaftssystem verstehen lässt. Inwiefern stellt die Idee der Freiheit (Freiheit wovon?) das zentrale Element des liberalistischen Denkens dar? (M 56a)*

2. *Welche Beziehungen sieht der Liberalismus zwischen dem Prinzip der Freiheit, der wirtschaftlichen Leistungsentwicklung und dem Marktmechanismus? Versuchen Sie diese Beziehung in einem Schema (Tafelschema) darzustellen.*

3. *In der Sicht der Klassik sind Wirtschaftskrisen im System der (von staatlichen Eingriffen) freien Marktwirtschaft im Grunde unmöglich. Erläutern Sie die Bedeutung des für diesen Gedanken maßgeblichen „Say'schen Theorems" (M 56b). Auf welche Weise kommt – jedenfalls auf mittlere Sicht – ein Gleichgewicht zwischen Angebot (Güterproduktion) und der Nachfrage nach Gütern zustande? Welche Rolle spielen der Preis- und der Zinsmechanismus?*

4. *Erklären Sie, wie in der Sicht der Klassiker auch ein Gleichgewicht auf dem Arbeitsmarkt gewährleistet ist. Welche Voraussetzungen (Stichwort „Lohnmechanismus") werden angenommen?*

▋▋ **M 56 c** Adam Smith: Das einfache System der natürlichen Freiheit

Adam Smith (1723–1790)

Bei fast allen [...] Lebewesen ist jedes Einzelwesen, wenn es herangewachsen ist, vollkommen selbstständig und hat im Naturzustand den Bei-
5 stand keines anderen lebenden Wesens mehr nötig; der Mensch dagegen braucht fortwährend die Hilfe seiner Mit-
10 menschen und vergeblich erwartet er diese von ihrem Wohlwollen allein. Er wird viel eher sein Ziel erreichen, wenn er ihr Selbstinteresse zu sei-
15 nen Gunsten lenken und ihnen zeigen kann, dass sie auch ihren eigenen Vorteil verfolgen, wenn sie für ihn tun, was er von ihnen haben will. (*Man has almost constant occasion for the help of his brethren, and it is vain for him to expect it from their bene-
20 volence only. He will be more likely to prevail if he can interest their selflove in his favor, and show them that it is for their own advantage to do for him what he requires of them.*) Wer einem anderen ein Geschäft irgendwelcher Art anträgt, verfährt in diesem
25 Sinne. Gib mir, was ich brauche, und du sollst haben, was du brauchst, das ist der Sinn eines jeden solchen Anerbietens und auf diese Weise erhalten

wir voneinander den bei weitem größten Teil all
der Dienste, auf die wir gegenseitig angewiesen
sind. Nicht von dem Wohlwollen des Fleischers,
Brauers oder Bäckers erwarten wir das, was wir
zum Essen brauchen, sondern von der Rücksichtnahme auf ihr eigenes Interesse. (*It is not from the
benevolence of the butcher, the brewer, or the baker
that we expect our dinner, but from their regard to
their own interest.*) Wir wenden uns nicht an ihre
Menschenliebe, sondern an ihr Selbstinteresse
und sprechen zu ihnen nie von unserem Bedarf,
sondern von ihren Vorteilen.

● Der Einzelne ist stets darauf bedacht heraus-
zufinden, wo er sein Kapital, über das er verfügen
kann, so vorteilhaft wie nur irgend möglich einsetzen kann. Und tatsächlich hat er dabei den eigenen Vorteil im Auge und nicht etwa den der
Volkswirtschaft. Aber gerade das Streben nach
seinem eigenen Vorteil ist es, das ihn ganz von
selbst oder vielmehr notwendigerweise dazu so
führt, sein Kapital dort einzusetzen, wo es auch
dem ganzen Land den größten Nutzen bringt.
Verfolgt er nämlich sein eigenes Interesse, so fördert er damit indirekt das Gesamtwohl viel nach-
haltiger, als wenn die Verfolgung des Gesamtin-
teresses unmittelbar sein Ziel gewesen wäre. [...]
Wenn jeder Einzelne so viel wie nur möglich danach trachtet, sein Kapital zur Unterstützung der
einheimischen Erwerbstätigkeit einzusetzen, und
dadurch diese so lenkt, dass ihr Ertrag den höchsten Wertzuwachs erwarten lässt, dann bemüht
sich auch jeder Einzelne ganz zwangsläufig, dass
das Volkseinkommen im Jahr so groß wie möglich werden wird. Tatsächlich fördert er in der Regel nicht bewusst das Allgemeinwohl, noch weiß
er, wie hoch der eigene Beitrag ist. Wenn er es
vorzieht, die nationale Wirtschaft anstatt die ausländische zu unterstützen, denkt er eigentlich
nur an die eigene Sicherheit, und wenn er dadurch die Erwerbstätigkeit so fördert, dass ihr Ertrag den höchsten Wert erzielen kann, strebt er
lediglich nach eigenem Gewinn. Und er wird in
diesem wie auch in vielen anderen Fällen von einer unsichtbaren Hand geleitet, um einen Zweck
zu fordern, den zu erfüllen er in keiner Weise beabsichtigt hat. Auch für das Land selbst ist es keineswegs immer das schlechteste, dass der Einzelne ein solches Ziel nicht bewusst anstrebt, ja, gerade dadurch, dass er das eigene Interesse verfolgt,
fördert er häufig das der Gesellschaft nachhal-
tiger, als wenn er wirklich beabsichtigt, es zu tun.
(*He intends only his own gain, and he is in this, as in
many other cases, led by an invisible hand to promote
an end which was no part of his intention. Nor is it
always the worse for the society that it was no part of
it. By pursuing his own interest he frequently promo-
tes that of the society more effectually than when he
really intends to promote it.*) Alle, die jemals vorgaben, ihre Geschäfte dienten dem Wohl der Allgemeinheit, haben meines Wissens niemals etwas
Gutes getan. [...]

● Gibt man daher alle Systeme der Begünstigung
und Beschränkung auf, so stellt sich ganz von
selbst das einsichtige und einfache System der natürlichen Freiheit her. Solange der Einzelne nicht
die Gesetze verletzt, lässt man ihm völlige Freiheit,
damit er das eigene Interesse auf seine Weise verfolgen kann und seinen Erwerbsfleiß und sein Kapital im Wettbewerb mit jedem anderen oder einem
anderen Stand entwickeln oder einsetzen kann.
Der Herrscher wird dadurch vollständig von einer
Pflicht entbunden, bei deren Ausübung er stets unzähligen Täuschungen ausgesetzt sein muss und
zu deren Erfüllung keine menschliche Weisheit
oder Kenntnis jemals ausreichen könnte, nämlich
der Pflicht oder Aufgabe, den Erwerb privater Leute
zu überwachen und ihn in Wirtschaftszweige zu
lenken, die für das Land am nützlichsten sind. Im
System der natürlichen Freiheit hat der Souverän*
lediglich drei Aufgaben zu erfüllen, die sicherlich
von höchster Wichtigkeit sind, aber einfach und
dem normalen Verstand zugänglich: Erstens die
Pflicht, das Land gegen Gewalttätigkeit und Angriff
anderer unabhängiger Staaten zu schützen, zweitens die Aufgabe, jedes Mitglied der Gesellschaft so
weit wie möglich vor Ungerechtigkeit oder Unter-
drückung durch einen Mitbürger in Schutz zu nehmen oder ein zuverlässiges Justizwesen einzurich-
ten, und drittens die Pflicht, bestimmte öffentliche
Anstalten und Einrichtungen zu gründen und zu
unterhalten, die ein Einzelner oder eine kleine
Gruppe aus eigenem Interesse nicht betreiben
kann, weil der Gewinn ihre Kosten niemals decken
könnte, obwohl er häufig höher sein mag als die
Kosten für das ganze Gemeinwesen.

(Adam Smith, Der Wohlstand der Nationen. Eine Untersuchung seiner Natur und seiner Ursachen, aus dem Englischen übertragen von H. C. Recktenwald, München 1978,
S. 369–371, S. 582)

Adam Smith gilt zu Recht als der geistige Vater der Wirtschaftstheorie des klassischen Liberalismus, der „freien Marktwirtschaft". Nehmen Sie sich Zeit, den Text (M 56c) aus seinem Hauptwerk gründlich zu erarbeiten und zu analysieren.

– Beschreiben Sie den Stellenwert des menschlichen Eigeninteresses (Eigennutzens) und dessen Verhältnis zum Gesamtinteresse (dem Nutzen für die Allgemeinheit, dem Allgemeinwohl) im Denken von Adam Smith.

– Zu welchen Verhaltensweisen der Menschen führen nach Adam Smith staatliche Bevormundung und bürokratische Regelungen? Was entwickelt sich, wenn Menschen in Freiheit entscheiden dürfen, was sie produzieren und konsumieren wollen? Inwiefern hält Adam Smith darüber hinaus zentrale staatliche Wirtschaftslenkung für nicht realisierbar, selbst wenn beim Herrscher „menschliche Weisheit und Kenntnis" (Z. 102 f.) vorhanden ist?

– Achten Sie bei der Textanalyse auf das möglichst konkrete Verständnis allgemeiner Begriffe. Was meint Adam Smith z. B. mit den „Systemen der Begünstigung und Beschränkung" (Z. 90 f.)? Was heißt „natürliche" Freiheit?

– Das berühmt gewordene Wort von der „unsichtbaren Hand" (Z. 72) wird häufig unmittelbar auf den Marktmechanismus bezogen. Prüfen Sie, ob der Text das hergibt und was Adam Smith mit diesem Wort zunächst einmal zum Ausdruck bringen wollte.

– Erläutern Sie genauer, welche Aufgaben nach A. Smith dem Staat (dem „Souverän") überlassen bleiben sollen (Z. 106 ff.), und nennen Sie die Institutionen, die diese Aufgaben heute wahrnehmen.

Weitere Informationen zur Person von Adam Smith und der Bedeutung seines Werkes finden Sie unter der Internetadresse http://de.wikipedia.org/wiki/Adam_Smith. Zu seiner viel zitierten Äußerung zur „unsichtbaren Hand" steht im Internet eine ausführliche und gut lesbare Seminararbeit von Victoria Krummel zur Verfügung: www.wiwi.uni-muenster.de/09/ecochron/personen/pp_smith1.htm (Abschnitt II.).

▌ **M 57** Grundzüge der Keynes'schen Theorie

John Maynard Keynes
(1883–1946)
(Foto: AKG, Berlin)

Die Weltwirtschaftskrise* Anfang der 1930er-Jahre hatte in allen Industrieländern verheerende Arbeitslosigkeit und großes Elend zur Folge. Die traditionelle Wirtschaftstheorie stand diesen Tatsachen hilflos gegenüber, ihren Annahmen zufolge konnte Arbeitslosigkeit immer nur eine vorübergehende Erscheinung sein, keinesfalls ein Dauerzustand. Sollte es nämlich zu Arbeitslosigkeit kommen, dann müssten die Löhne sinken und niedrigere Lohnkosten würden für die Unternehmer wieder mehr Produktion und damit mehr Beschäftigung rentabel machen (s. M 56 b). Im Mittelpunkt der traditionellen (klassischen) Wirtschaftstheorie stand das einzelne Unternehmen und der einzelne Arbeiterhaushalt. Ein Unternehmer, so die Grundthese der klassischen Ökonomik, veranstaltet einen Produktionsprozess und bietet Arbeitsplätze an, wenn er seine Produktion a) absetzen und b) zu Preisen absetzen kann, die seine Produktionskosten – einschließlich eines „üblichen" Gewinns – decken. Nach dieser Theorie konnte Arbeitslosigkeit also nur entstehen, wenn zu hohe Lohnkosten die Produktion für den Unternehmer unrentabel machten. Wenn es zu Arbeitslosigkeit kommen sollte, dann würden die Arbeitswilligen verstärkt um die verfügbaren Arbeitsplätze konkurrieren und dadurch ihre Löhne wieder auf ein Niveau drücken, bei dem alle, die arbeiten wollten, auch Beschäftigung finden würden. Anhaltende hohe Arbeitslosigkeit war innerhalb dieses theoretischen Ansatzes also nicht möglich. Offensichtlich war sie jedoch in der Realität (der Weltwirtschaftskrise) möglich und deswegen machten sich Keynes und seine Kollegen daran, aus der Kritik der klassischen Wirtschaftstheorie, die offensichtlich an der Realität scheiterte, eine neue Theorie zu entwickeln, die in der Lage wäre, die anhaltende Millionenarbeitslosigkeit zu erklären.

Wenn man nur ein einzelnes Unternehmen und den einzelnen Arbeiterhaushalt betrachte, schrieb Keynes, dann seien die Hypothesen der klassischen Theorie schon richtig. Man müsse sich aber fragen, was geschehen würde, wenn **alle** Unternehmen bei bestehender Arbeitslosigkeit die Löhne herabsetzen, wie es in der Krise ja tatsächlich geschehen sei. Dann würden auch die Einkommen der privaten Haushalte sinken – und damit die gesamtwirtschaftliche Konsum-

30 nachfrage. Das müsste die Krise aber noch weiter verschlimmern, denn ein Unternehmer, so Keynes, stelle auch bei sinkenden Löhnen so lange keine neuen Arbeitskräfte ein, wie die Nachfrage nach seinen Produkten unzurei-
35 chend oder gar rückläufg sei. Gesamtwirtschaftlich, d. h. makro-ökonomisch betrachtet, hänge die Beschäftigung vor allem von der Gesamtnachfrage und diese wiederum vom Volkseinkommen ab. Sinkende Löhne würden
40 das Einkommen und die wirksame gesamtwirtschaftliche Nachfrage nur noch weiter drücken und dadurch den Abschwungsprozess kumulativ verstärken.

Dies beleuchtet die Bedeutung der wissen-
45 schaftlichen Methode: Aus seiner Kritik des

> **Weltwirtschaftskrise**, schwere Erschütterung der Weltwirtschaft, ausgelöst durch den Zusammenbruch der Nachkriegshochkonjunktur des 1. Weltkriegs mit einem Kurseinbruch am 24. Oktober 1929 an der New Yorker Börse, die weit über eine normale Depression im Konjunkturzyklus hinausging, mit tiefgreifenden Folgen für alle Lebensbereiche und die wirtschaftliche, soziale und politische Ordnung. Ihre Ursachen waren (neben wirtschaftspolitischen Fehlgriffen) vorwiegend außerwirtschaftlicher Natur. Die damals herrschende Konjunkturtheorie vermochte keine ausreichende Erklärung zu geben.
>
> (Karl-Dieter Grüske/Friedrich Schneider, Wörterbuch der Wirtschaft, Kröner Verlag, Stuttgart, 13. Aufl. 2003, S. 586)

mikroökonomischen* Ansatzes der klassischen Ökonomik entwickelte Keynes seine **makro**ökonomische*, gesamtwirtschaftliche Größen einbeziehende Theorie. Dieser Wechsel von der einzel- zur gesamtwirtschaftlichen Betrachtung lieferte Ergebnisse, die eine umwälzende Bedeutung für die Wirtschaftspolitik haben sollten. Der wichtigste Bestimmungsgrund der Beschäfti-
50 gung war für Keynes die **gesamtwirtschaftliche Nachfrage** (vgl. dazu M 17 a). Ein wirtschaftlicher Abschwung bedeutete für ihn nichts anderes als einen Produktionsrückgang, der auf eine unzureichende gesamtwirtschaftliche Nachfrage zurückzuführen war. Die entscheidende Frage lautete also: Wie kann man die gesamtwirtschaftliche Nachfrage wieder auf ein Niveau heben, bei dem ein hoher Beschäftigungsstand gesichert ist? Keynes analysierte die einzelnen Nachfragekompo-
55 nenten: Die **Konsumnachfrage** der privaten Haushalte war zu niedrig, weil Arbeitslosigkeit vorherrschte und die Einkommen im Abschwung sanken. Sollte man also die Löhne erhöhen? Dann würden die Unternehmer nur noch mehr Arbeitskräfte auf die Straße setzen, denn für den einzelnen Unternehmer waren es ja auch die zu hohen Lohnkosten, welche die Produktion unrentabel machten. Die **Investitionsnachfrage** war zu niedrig, weil der Aufbau neuer Produktionska-
60 pazitäten bei zu hohen Kosten und ungenügender Konsumnachfrage nicht sehr aussichtsreich erschien. Wie konnte man die Investitionsnachfrage wieder anregen? Eine Senkung der Lohnkosten hätte die Konsumnachfrage noch weiter verringert; dieser Weg schied also aus. Welche Nachfragekomponenten blieben dann noch übrig? Die **Auslands-** und die **Staatsnachfrage.** Vom Ausland war nicht viel zu erwarten, denn dort herrschten auch Wirtschaftskrise und Arbeitslosig-
65 keit vor; und der Staat hatte kaum das Geld, seine bestehenden Verpflichtungen, vor allem in der Sozialversicherung, zu erfüllen, weil die Steuereinnahmen bei sinkender Produktion und fallenden Einkommen rückläufig waren. Woher sollte also zusätzliche Nachfrage kommen? Der zentrale wirtschaftspolitische Gedanke von Keynes war nun der, dass der Staat **zusätzliche Nachfrage schaffen** muss, weil nur er es „autonom" konnte. Wenn ihm die Mittel – wegen mangelnder
70 Steuereinnahmen – für zusätzliche Staatsausgaben fehlten, dann konnte er – und deswegen musste er – sich **bei der Notenbank** verschulden. Dies war ein Aufsehen erregender Vorschlag, denn bisher hatte der Grundsatz gegolten, dass der Staatshaushalt ausgeglichen sein müsse. Wie ein ordentlicher privater Haushalt sollte auch der öffentliche Haushalt nur so viel ausgeben, wie er einnahm. Verschulden durfte sich der Staat allenfalls für Kriegszwecke – aber zur Bekämp-
75 fung der Arbeitslosigkeit? Das hatte es bisher nicht gegeben.

Genau darauf aber bestand Keynes. Wenn der Staat seine Nachfrage entsprechend seinen sinkenden Steuereinnahmen auch noch drosselt, dann wird der Abschwungsprozess noch verstärkt und die Krise wird noch auswegloser. Um das zu verhindern, muss der Staat also vorübergehend Haushaltsdefizite in Kauf nehmen (**deficit spending***). Der Wirtschaftsprozess wird dadurch wie-
80 der in Schwung gebracht und die Steuereinnahmen steigen dann auch wieder, sodass die aufgelaufenen Schulden voraussichtlich auch wieder getilgt werden können.

Fazit: Keynes diagnostizierte die konjunkturellen Schwankungen als zyklische Schwankungen der gesamtwirtschaftlichen Nachfrage. Abschwung und anhaltende Arbeitslosigkeit sind die Folgen unzureichender privater Nachfrage. Ein Staat, der seine Verantwortung für das Wohl der Bürger ernst nimmt, muss die gesamtwirtschaftliche Nachfrage durch zusätzliche Staatsausgaben wieder auf ein Niveau heben, das einen hohen Beschäftigungsstand sichert – auch wenn dadurch Haushaltsdefizite entstehen.

(Gerhard Willke, Wirtschaft – Stabilisierungspolitik und Wirtschaftsordnung. In: Dimensionen der Politik 1, Cornelsen/CVK, Frankfurt/M. 1983, S. 2/54 f.)

Beschreiben Sie anhand von M 57 (vgl. auch S. 50),
- *vor welchem historisch-ökonomischen Hintergrund Keynes seine Theorie entwickelte,*
- *worin sich sein Ansatz von dem der klassischen Theorie grundlegend unterscheidet,*
- *wie er ökonomische Krisen erklärt,*
- *welche Sonderstellung er dem Staat im Vergleich zu den übrigen Nachfragesektoren zuerkennt und welche Bedeutung dem staatlichen „deficit spending" zukommt.*

Weitere Informationen zur Person von Keynes und zu seiner Wirtschaftstheorie finden Sie in verschiedenen Artikeln der Internet-Enzyklopädie Wikipedia (http://de.wikipedia.org/wiki/Keynes und http://de.wikipedia.org/wiki/Keynesianismus).

M 58 Neoliberalismus als Reaktion auf die „Laissez faire*"-Wirtschaft

Walter Eucken (1891 – 1950), Hauptvertreter der „Freiburger Schule" des Ordoliberalismus*
(Foto: Archiv/INTERFOTO)

Obwohl die ökonomischen Erfolge der Marktwirtschaft in Gestalt einer stark gestiegenen Produktion deutlich sichtbar wurden, kam es in sozialer Hinsicht zu gravierenden Missständen. Trotz des gesteigerten Produktionsniveaus vollzog sich dessen *Verteilung* höchst ungleichmäßig. Die vor allem im 19. Jahrhundert zu beobachtende Verelendung der Arbeitnehmerschaft (sog. „Soziale Frage") zeugt von der als ungerecht empfundenen Einkommens- und Vermögensverteilung. Existenzminimumlöhne, Kinderarbeit, unmenschliche Arbeitsbedingungen oder das Fehlen sozialer Sicherungssysteme sind Ausdruck der **„Inhumanität"** eines sich selbst überlassenen marktwirtschaftlichen Systems. Die Ergebnisse des Marktsystems bedürfen daher zweifellos der politischen Korrektur durch sozial- und verteilungspolitische Maßnahmen.
Darüber hinaus kam es zu **Instabilitäten**. Die Hoffnung der Klassiker*, dass das Marktsystem aufgrund seiner immanenten Stabilitätseigenschaften permanent zum „gesamtwirtschaftlichen Gleichgewicht" tendiere, erfüllten sich nicht. Besonders ausgeprägt waren die gesamtwirtschaftlichen Instabilitäten in den Jahren 1929 bis 1933. Sie kulminierten in der bislang schwersten Erschütterung der Weltwirtschaft. Während der *Weltwirtschaftskrise** sank die Produktion in den meisten Industrieländern um rund die Hälfte. Über ein Drittel der Arbeitskräfte waren arbeitslos. Die Deflation* wurde begleitet von einer starken Rückbildung des internationalen Handels. Diese Erfahrungen machten auf drastische Weise deutlich, dass marktwirtschaftliche Systeme in konjunktureller und struktureller Hinsicht von schweren Wirtschaftskrisen erschüttert werden können. Auch hieraus ist die Schlussfolgerung zu ziehen, dass es Aufgabe des Staates ist, derartigen Instabilitäten entgegenzusteuern und das System zu stabilisieren.
Im Unterschied zur klassischen Auffassung vom „Nachtwächterstaat" (vgl. M 56 a) kommen damit dem Staat in einer „gestalteten Marktwirtschaft" offensichtlich weit reichende Aufgaben zu.

(Gerhard Mussel/Jürgen Pätzold, Grundfragen der Wirtschaftspolitik, Verlag Vahlen, 5. Auflage, München 2003, S. 3 f.)

Während der Marxismus* marktwirtschaftliche Systeme als ungeeignet ablehnte, versuchte der Neoliberalismus, die Marktwirtschaft konzeptionell weiterzuentwickeln. Seine Vertreter ergänzten das Spektrum der Staatsaufgaben um:

– die Wettbewerbssicherung,
– die soziale Grundabsicherung des Einzelnen und
35 – die Vermeidung von geld- und währungspo-
litischen Störungen.
In Deutschland wurden ähnliche Ansätze von
Vertretern der sogenannten ordoliberalen*
Freiburger Schule formuliert. Wirtschaftswis-
40 senschaftler wie Walter Eucken und die Wirt-
schaftsjuristen Franz Böhm und Hans Gross-
mann-Doerth gingen in ihren Vorstellungen
aus von einer staatlich geschützten marktwirtschaftlichen Ordnung.
45 „Der Wirtschaftspolitik des *Laissez-faire** lag
ein großer Gedanke zugrunde. Freiheit soll gegeben werden, damit sich die natürliche, gott-

> Dreh- und Angelpunkt des Denkens von **Walter
> Eucken** war der Wettbewerb. Er grenzte sich
> doppelt ab – gegen die Planwirtschaft, aber auch
> gegen den Laissez-faire*-Kapitalismus. Die
> Planwirtschaft* lehnte er wegen ihrer Ineffi-
> zienz ab, vor allem aber, weil sie Rechtsstaat und
> Freiheit gefährdet; gegen den alten Liberalismus
> wandte er ein, dass dieser die Marktwirtschaft
> als natürliche Ordnung begriff – für ihn ein
> schwerer Fehler: Die Wettbewerbsordnung sah
> er als „gesetzt" an, sie ist latent gefährdet und
> muss daher vom Staat gesichert werden – durch
> Ordnungspolitik.*
> (Süddeutsche Zeitung v. 18./19. 3.2000, S. 4; Verf.: Niko-
> laus Piper)

gewollte Ordnung entwickelt. [...] Aber die faktische Entwicklung zeigte, dass [...] diese Wirtschaftspolitik nicht das erreichte, was sie wollte. Es erwies sich, dass die Gewährung von Freiheit
50 eine Gefahr für die Freiheit werden kann, wenn sie die Bildung privater Macht ermöglicht, dass
zwar außerordentliche Energien durch sie geweckt werden, aber dass diese Energien auch frei-
heitszerstörend wirken können." (Walter Eucken, 1955)
Gemeinsam ist [den Ordoliberalen* und den durch sie beeinflussten Vertretern der Sozialen
Marktwirtschaft] die Überzeugung, dass der klassische Wirtschaftsliberalismus die Leistungsfä-
55 higkeit des Wettbewerbs zwar erkannt, die Tendenz zu Wettbewerbsbeschränkungen (Unternehmenszusammenschlüsse, Kartellbildung) und die sozialen Probleme aber zu wenig berücksichtigt habe. Sie kritisierten ihn unter dem Aspekt, dass er keine Wirtschafts- und Wettbe-
werbsordnung gestaltet habe. [...]
Der Ordoliberalismus forderte eine bewusst gestaltete Wirtschaftsordnung, in deren Mittel-
60 punkt eine *staatliche Rahmenordnung des marktwirtschaftlichen Wirtschaftsprozesses* stehen sollte. Er lehnt jede Form der Machtbildung, sei sie politisch oder ökonomisch, ab (z. B. Kartelle,
Interessengruppen), da sie die Freiheit der Individuen beschränke und die Tendenz zum
punktuellen staatlichen Interventionismus* in sich trage. Darum forderte er einen starken
Staat mit einer einheitlichen Wirtschafts- und Sozialpolitik bei Vorrang von Regeln gegenüber
65 Interventionen.

(Heinz Dieter Hardes/Gerd Jan Krol/Fritz Rahmeyer/Alfons Schmid, Volkswirtschaftslehre problemorientiert, Mohr/Siebeck,
Tübingen 1999, S. 22)

1. *Erläutern Sie, zu welchen wirtschaftlichen und sozialen Folgen die von Eingriffen des Staates völlig
freie, am klassischen Liberalismus orientierte Marktwirtschaft in der Zeit der Industrialisierung
(z. B. in England und Deutschland) führte. Vielleicht können Sie aufgrund Ihrer Kenntnisse aus
dem Geschichtsunterricht die Hinweise in M 58 (Z. 5ff.) ergänzen und konkretisieren. Was ist mit
dem Begriff „Soziale Frage" gemeint?*

2. *Auf die Lehre von Karl Marx (Marxismus*), die als Reaktion auf die Missstände des „Kapitalismus"
verstanden werden kann und in der Forderung nach einem staatlich gelenkten Sozialismus*
(Planwirtschaft) mündete, können wir hier nicht näher eingehen (s. Glossar). Zu einer anderen
Antwort auf die „Soziale Frage" kam nach dem Zweiten Weltkrieg eine Gruppe von Wirtschaftswissenschaftlern und Juristen, die sog. neoliberale (oder ordoliberale) „Freiburger Schule", deren
führender Kopf Walter Eucken war. Stellen Sie heraus, welche historischen Erfahrungen mit der
„freien Marktwirtschaft" die Vertreter des Neoliberalismus vor Augen hatten, als sie – im Unterschied zur völligen Ablehnung der Marktwirtschaft durch die marxistische Theorie – ihre Reformvor-
schläge entwickelten (M 58, 2. Teil).*

3. *Erläutern Sie Walter Euckens Hinweis auf den Widerspruch zwischen der Freiheitsidee des klassischen Liberalismus und der faktischen Entwicklung (M 58, Z. 45ff.).*

4. *Vergleichen Sie die neoliberale mit der Theorie des klassischen Liberalismus im Hinblick auf die Rolle des Staates. Welche beiden Hauptprobleme, die sich aus der „wirtschaftspolitischen Abstinenz" entwickelt hatten, sollte der Staat durch aktive Politik (Gewährleistung von Sicherungen) lösen? Was bedeutet die Forderung nach einem „starken" Staat?*

5. *Der Begriff Neoliberalismus wird in der gegenwärtigen wirtschaftspolitischen Diskussion häufig schlagwortartig und polemisch verwendet, um bestimmte wirtschaftspolitische Positionen als „marktzentriert" und „sozial ungerecht" zu brandmarken und sie auf diese (als unsozial eingeschätzte) Wirtschaftstheorie zurückzuführen. Nehmen Sie dazu Stellung, ob/inwieweit diese Darstellung den Vorstellungen des Neoliberalismus/Ordoliberalismus (M 58) entspricht (vgl. Kasten S. 127).*

Alfred Müller-Armack
(1901–1978)
(Foto: ullstein – dpa)

Ludwig Erhard (1897–1977),
Bundeswirtschaftsminister
1949–1963, Bundeskanzler
1963–1966

(Foto: Süddeutscher Verlag – Bilderdienst)

▬▬ **M 59** Soziale Marktwirtschaft als ordnungspolitisches Leitbild

Die ordoliberalen Gedanken hatten zwar prägenden Einfluss auf die Ausgestaltung der *sozialen Marktwirtschaft*, doch sowohl der Begriff als auch die systematische Entwicklung gehen auf *Alfred Müller-Armack* zurück.

5 Den Begriff „soziale Marktwirtschaft" benutzte der Universitätsprofessor und spätere Staatssekretär des Bundeswirtschaftsministers Ludwig Erhard, Alfred Müller-Armack, erstmals in seinem 1947 erschienenen Buch „Wirtschaftslenkung und Marktwirtschaft." Dort hieß es (S. 88): *„Es wäre ein aussichtsloses Unterfangen, wollte man in*
10 *einer Zeit stärkster sozialer und gewandelter kultureller Überzeugungen die ökonomische Weltanschauung des Liberalismus* erneut empfehlen. Wir haben heute zu konstatieren: Die beiden Alternativen, zwischen denen die Wirtschaftspolitik sich bisher bewegte, die rein liberale Marktwirtschaft und die Wirtschaftslenkung, sind innerlich verbraucht, und es*
15 *kann sich für uns nur darum handeln, eine neue dritte Form zu entwickeln, die sich nicht als eine vage Mischung, als ein Parteikompromiss, sondern als eine aus den vollen Einsichtsmöglichkeiten unserer Gegenwart gewonnene Synthese darstellt. Wir sprechen von „sozialer Marktwirtschaft", um diese dritte wirtschaftspolitische Form zu kennzeichnen.*
20 *Es bedeutet dies, dass uns die Marktwirtschaft notwendig als das tragende Gerüst der künftigen Wirtschaftsordnung erscheint, nur dass dies eben keine sich selbst überlassene liberale Marktwirtschaft, sondern eine bewusst gesteuerte, und zwar sozial gesteuerte Marktwirtschaft sein soll."* Müller-Armack, der nach dem 2. Weltkrieg den Begriff soziale Markt-
25 wirtschaft prägte und durchsetzte, fand in Ludwig Erhard den Wissenschaftler und Praktiker, der das Konzept in die Wirklichkeit umsetzte. „Wohlstand für alle" hieß die lockende und einprägsame Formel, mit der er für seine Form von sozialer Marktwirtschaft warb.
(Autorentext)

Die soziale Marktwirtschaft zielt als eine wirtschaftspolitische Konzeption auf eine Synthese zwi-
30 schen rechtsstaatlich gesicherter Freiheit, wirtschaftlicher Freiheit – die wegen der Unteilbarkeit der Freiheit als notwendiger Bestandteil einer freiheitlichen Ordnung überhaupt angesehen wird – und den sozialstaatlichen* Idealen der sozialen Sicherheit und der sozialen Gerechtigkeit. Diese **Zielkombination von Freiheit und Gerechtigkeit** gibt der Begriff soziale Marktwirtschaft wieder: Marktwirtschaft steht für wirtschaftliche Freiheit. Sie besteht in der Freiheit der Verbraucher,
35 Güter nach beliebiger Wahl aus dem Sozialprodukt zu kaufen (*Konsumfreiheit*), in der Freiheit der

Produktionsmitteleigentümer, ihre Arbeitskraft, ihr Geld, ihre Sachgüter und unternehmerischen Fähigkeiten nach eigener Wahl einzusetzen (*Gewerbefreiheit*, Freiheit der Berufs- und Arbeitsplatzwahl, Freiheit der Eigentumsnutzung), in der Freiheit der Unternehmer, Güter eigener Wahl zu produzieren und abzusetzen (*Produktions- und Handelsfreiheit*) und in der Freiheit
40 jedes Käufers und Verkäufers von Gütern oder Leistungen, sich neben anderen um das gleiche Ziel zu bemühen (*Wettbewerbsfreiheit*). Ihre Grenzen finden diese Freiheitsrechte da, wo die Rechte Dritter, die verfassungsmäßige Ordnung oder das Sittengesetz verletzt werden (Art. 2, Abs. 1 GG). Das Attribut „sozial" soll zum Ausdruck bringen:
1. dass die Marktwirtschaft allein wegen ihrer wirtschaftlichen Leistungsfähigkeit, wegen der
45   Schaffung der wirtschaftlichen Voraussetzungen eines „Wohlstands für alle" und wegen der Gewährung wirtschaftlicher Freiheitsrechte, die an den Rechten Dritter ihre Schranken finden, einen sozialen Charakter trägt;
2. dass die Marktfreiheit aus sozialen Gründen dort beschränkt werden soll, wo sie sozial unerwünschte Ergebnisse zeitigen würde, bzw. dass die Ergebnisse eines freien Wirtschaftspro-
50   zesses korrigiert werden sollen, wenn sie nach den Wertvorstellungen der Gesellschaft nicht sozial genug erscheinen.
Daher kann nach *Müller-Armack* der Begriff der Sozialen Marktwirtschaft „als eine ordnungspolitische Idee definiert werden, deren Ziel es ist, auf der Basis der Wettbewerbswirtschaft die freie Initiative mit einem gerade durch die marktwirtschaftliche Leistung gesicherten sozialen Fort-
55 schritt zu verbinden. Auf der Grundlage einer marktwirtschaftlichen Ordnung kann ein vielgestaltiges und vollständiges System sozialen Schutzes errichtet werden."

(Heinz Lampert/Albrecht Bossert, Die Wirtschafts- und Sozialordnung der Bundesrepublik Deutschland, Olzog Verlag, München, 14. Aufl. 2001, S. 95 f.)

Soziale Marktwirtschaft und Neoliberalismus* – ein Gegensatz?
Neoliberal nannten sich schon vor dem Zweiten Weltkrieg diejenigen, die mit dem staatsfeindlichen Altliberalismus so wenig anfangen konnten wie mit dem Sozialismus*. Ohne Markt gehe die Gesellschaft kaputt, hieß die Einsicht der Neoliberalen – aber ohne Ordnung auch. Sie hatten in den Zwanziger- und Dreißigerjahren gelernt, wie unkontrollierte Monopole den Wettbewerb zerstörten und wie Gesellschaften ohne soziale Sicherheit am Abgrund manövrierten. Folglich suchten sie eine menschenwürdige Wirtschaftsordnung.
Zwischenzeitlich geriet der Begriff neoliberal in der öffentlichen Diskussion nahezu in Vergessenheit oder wurde jedenfalls nicht mehr gebraucht. Erst in den 1980er-Jahren tauchte er in der wirtschaftspolitischen Diskussion (über die ökonomische Chicagoer Schule von Milton Friedman; vgl. S. 129) wieder auf, wobei die Vorsilbe neo (griech.: neu) nun so (miss)verstanden wurde, als bezeichne der Begriff eine Neuauflage des klassischen („altliberalen", „marktradikalen") Liberalismus, den man wegen seines Verzichts auf staatliche Sozialpolitik kritisieren wollte.
(Thomas Fischermann, Missbrauch eines Etiketts, in: DIE ZEIT v. 3.12.1998, S. 24; letzter Teil zusammengefasst)

---

1. *Zeigen Sie auf, inwiefern das Konzept der Sozialen Marktwirtschaft unmittelbar an die Vorstellungen des Neoliberalismus, insbesondere des Ordoliberalismus anschließt, in wichtigen Punkten aber, insbesondere im Hinblick auf das Sozialprinzip (die sozialpolitische Rolle des Staates), über den Neoliberalismus hinausgeht (M 59).*

2. *Erläutern Sie das Konzept als eine „Zielkombination von Freiheit und Gerechtigkeit". Inwiefern wurde schon in der Effektivität der Marktwirtschaft ein sozialer Fortschritt gesehen, zugleich aber dieser Aspekt für nicht ausreichend gehalten, um dem Prinzip der sozialen Gerechtigkeit zu entsprechen? (M 59)*

3. *Müller-Armack hat in seinem Buch von 1966 („Wirtschaftsordnung und Wirtschaftspolitik") das Konzept unter vier Grundprinzipien zusammengefasst, von denen die beiden wichtigsten in M 59 hervorgehoben werden. Machen Sie sich die Bedeutung dieser beiden Prinzipien noch einmal klar.*

Wirtschaftspolitische Strategien

Zur Kennzeichnung gegenwärtiger, auf bestimmten theoretischen Ansätzen beruhender wirtschaftspolitischer Grundkonzeptionen werden in der wirtschaftswissenschaftlichen Literatur und in der Publizistik unterschiedliche Klassifizierungen und Begriffsabgrenzungen verwandt, auf die wir hier nicht näher eingehen können. Wir halten uns im Folgenden an die begriffliche Abgrenzung von Jörn Altmann: „Im Zentrum der Diskussion stehen zwei sich weitgehend überlagernde Begriffspaare: Nachfrage- versus Angebotstheorie und Fiskalisten versus Monetaristen." (Volkswirtschaftslehre [s. M 61], S. 177)

▬▬ **M 60** Angebots- und Nachfrageorientierung

Die **nachfrageorientierte Politik** zielt auf die Beseitigung kurzfristiger Gleichgewichtsstörungen der Volkswirtschaft auf der Nachfrageseite ab, die zu unerwünschten Schwankungen bei Produktion und Beschäftigung führen. Als Konsequenz davon muss der Staat versuchen, durch Eigennachfrage oder Förderung der privaten Nachfrage diese Nachfragelücke zu schließen.

5 Zur Wiedergewinnung und langfristigen Sicherung der Vollbeschäftigung schlagen Vertreter dieses Politikansatzes die Durchführung von mittelfristig angelegten *staatlichen Ausgabenprogrammen* in erheblicher Größenordnung vor und zu diesem Zweck die Erschließung neuer Nachfragebereiche des Staates. Auf kurze Frist angelegte Stabilitätsprogramme halten sie nicht mehr für geeignet. Die Ausgabenprogramme können zu einem Anstieg der Staatsausgabenquote und

10 vorübergehend auch der Neuverschuldung führen. Maßnahmen zur Verbesserung der Angebotsbedingungen halten sie nicht für ausreichend, da die Unternehmen so lange nicht genügend investierten, wie keine ausreichende Nachfrage für den Absatz der mit neuen Produktionskapazitäten hergestellten Produkte gesichert sei.

Von einem raschen Abbau des Haushaltsdefizits vor Erreichung der Vollbeschäftigung befürchten die Befürworter einer nachfrageorientierten Strategie eine Zunahme der Arbeitslosenquote.

15 ten die Befürworter einer nachfrageorientierten Strategie eine Zunahme der Arbeitslosenquote. Zwar wollen auch sie nicht die Schuldenquote der öffentlichen Haushalte dauerhaft steigen lassen, sie betonen aber mehr den instrumentalen Charakter der *Staatsverschuldung* im gesamtwirtschaftlichen Kreislaufzusammenhang und machen ihre Höhe nicht zu einem eigenständigen wirtschaftspolitischen Ziel. Einen vorübergehenden weiteren Anstieg des negativen Finanzie-

20 rungssaldos und der Neuverschuldung zur Finanzierung staatlicher Ausgabenprogramme nehmen sie in Kauf. Sie verweisen darauf, dass die angestrebte Erhöhung des Beschäftigungsgrades und die Beschleunigung des Wirtschaftswachstums zu zusätzlichen Einnahmen an Steuern und Sozialbeiträgen und zu Einsparungen bei den Transferzahlungen* führten, sodass das Ausgabenprogramm die Finanzierungsposition der öffentlichen Haushalte letztlich verbessere.

(Fritz Rahmeyer, Konzepte der Stabilitätspolitik. In: Verbrauchererziehung. Informationsdienst zur wirtschaftlichen Bildung Heft 4, 1984, S. 23 f., hrsg. vom Institut für wirtschafts- und sozialwissenschaftl. Bildung Münster)

25 Die **Angebotspolitik** versteht sich als Alternative zur Nachfragesteuerung und als Gegenentwurf zum Keynesianismus*. Während die nachfrageorientierte Konjunkturpolitik kurzfristig angelegt ist und darauf abzielt, die gesamtwirtschaftliche Nachfrage auf einem hohen Niveau zu halten, ist die Angebotspolitik mittelfristig ausgerichtet. Ihr Ziel ist es, die Angebotsbedingungen der Wirtschaft zu verbessern, also günstigere Voraussetzungen dafür zu schaffen, dass neue und bessere

30 Güter angeboten werden; dadurch können Wachstum und Beschäftigung zunehmen. Zu den Angebotsbedingungen, unter denen die Unternehmen ein Güter-Angebot auf den Markt bringen, gehören z. B. Löhne und Lohnnebenkosten, Steuern und Abgaben, sozialpolitische Auflagen und Umweltvorschriften, die für die Unternehmen mit Kosten verbunden sind (z. B. Arbeits-

schutz, Kündigungsschutz, Umwelt-
35 schutz, die Verpflichtung, Schwerbehinderte einzustellen, Genehmigungsver-
fahren bei Betriebserweiterungen usw.),
ebenso das Ausbildungssystem und die
Infrastruktur. Diese Angebotsbedin-
40 gungen sind im Kern gleichbedeutend
mit den Produktionsbedingungen am
Standort Deutschland.
Wenn die Angebotsbedingungen für die
Unternehmen günstig sind, dann er-
45 höht das ihre Rentabilität* und damit
ihre Neigung zu investieren: Das ist Voraussetzung für mehr Wachstum und
Beschäftigung. Zur Angebots-Politik gehören deswegen *Steuersenkungen, Ver-*
50 *ringerung der Lohnnebenkosten* (s. Grafik),
Deregulierung, Flexibilisierung*, Mo-*
dernisierung der Infrastruktur* und der Berufsausbildung sowie die allgemeine *Verbesserung der*
Standortbedingungen.

(Gerhard Willke, Pocket Wirtschaft in Deutschland, Bundeszentrale für politische Bildung, Bonn 2003, S. 6)

Arbeitskosten in der Industrie:
Was zum Lohn hinzukommt
Von je 100 Euro Bruttolohn/-gehalt* entfielen im Jahr 2006 auf

	West**	Ost
Bruttolohn/-gehalt 100,00 Euro — Direktentgelt	Löhne und Gehälter einschl. Boni 75,90	79,30
Vergütung arbeitsfreier Tage	bezahlter Urlaub 9,90	9,80
	bezahlte Feiertage 3,90	3,70
	Entgeltfortzahlung bei Krankheit 2,70	2,70
Sonderzahlungen	Weihnachtsgeld, Urlaubsgeld etc. 7,00	4,20
	vermögenswirksame Leistungen 0,60	0,40
Personalzusatzkosten	Arbeitgeber-Sozialversicherungsbeiträge 19,40	20,80
	betriebliche Altersvorsorge 7,00	2,40
	sonstige Personalzusatzkosten 4,30	4,30
	= 130,70 Euro	**= 127,60 Euro**

© Globus 1638   *Unternehmen mit zehn und mehr Beschäftigten **einschl. Berlin   Quelle: iw, Stat. Bundesamt

---

Für die Erarbeitung von M 60 können Sie sich an folgenden Kategorien orientieren und eine entspre-
chende Gegenüberstellung der beiden Politik-Konzeptionen versuchen:
  - *Worin wird jeweils die Ursache eines wirtschaftlichen Ungleichgewichts gesehen?*
  - *Handelt es sich um eine eher kurzfristige oder eher langfristige Betrachtung der wirtschaftlichen*
    Entwicklung?
  - *Welche Aufgabe wird dem Staat zugesprochen? Mit welchen Mitteln soll er sie wahrnehmen?*
  - *Welche Einstellung zum Problem der Staatsverschuldung ist erkennbar? Wie wird diese*
    Einstellung begründet?
  - *Was wird über die Bedeutung von Lohnerhöhungen gesagt?*
  - *Welches wirtschaftspolitische Ziel wird besonders betont, welches eher vernachlässigt?*
  - *Welche wirtschaftstheoretischen Grundpositionen des klassischen Liberalismus (M 56a–c) bzw.*
    der Keynes'schen Theorie (M 57) sind erkennbar?

▪ **M 61** „Fiskalismus" und „Monetarismus" als wirtschaftspolitische Instrumentarien

Neben der Strategiedebatte gibt es auch im Hinblick auf das Instrumentarium der Wirtschaftspolitik einen grundsätzlichen Meinungsstreit, der sich mit der Angebots-Nachfrage-Debatte überschneidet.
● Auf der einen Seite stehen wiederum keynesianische „**Fiskalisten***", da sie dem Staatshaus-
5 halt eine zentrale instrumentelle Bedeutung beimessen. Diese Bezeichnung ist insofern irreführend, weil auch von Vertretern des fiskalistischen Lagers der *Geldpolitik* eine wichtige Rolle
zuerkannt wird. Allerdings wird ihr eine beträchtliche Handlungs- und Wirkungsverzögerung
unterstellt, sodass die Geldpolitik durch *Finanzpolitik* zu unterstützen ist, insbesondere, weil
das Zinsniveau nur auf einen Teil der Investitionen einwirken kann: Eine deutliche Zinsabhän-
10 gigkeit kann zwingend nur im privaten Wohnungsbau nachgewiesen werden. Folglich sind – so
die Fiskalisten – finanzpolitische (fiskalische) Maßnahmen tendenziell wirksamer als geld- und
kreditpolitische.
● Die Gegenposition vertreten die „**Monetaristen**" (insbesondere Milton **Friedmans** „Chicagoer
Schule", s. Kasten S. 141). Ihrer Meinung nach ist eine antizyklische* Finanzpolitik ungeeignet,

₁₅ da sie die Schwankungen nicht dämpft, sondern gerade hervorruft. Im Grunde genommen tendiere der Wirtschaftsablauf zu gleichgewichtiger Entwicklung, und nur durch Eingriffe des Staates würden wegen der Wirkungsverzögerungen und Dosierungsprobleme wirtschaftspolitischer Maßnahmen Schwankungen produziert. Folglich solle sich der Staat konjunkturorientierter Beeinflussung weitmöglichst enthalten. Notenbanken sollten sich auf ihre eigentliche Aufgabe –
₂₀ der Preisniveaustabilisierung – konzentrieren.

● Zentrale Steuerungsvariable der Monetaristen – daher die Bezeichnung – ist die **Geldmenge**. Ihr kommt nach monetaristischer Auffassung (vgl. S. 141) eine ursächliche Rolle im Wirtschaftsprozess zu, indem das Inlandsprodukt auf Veränderungen der Geldmenge reagiert (die Beziehung zwischen (Volks-)Einkommen und Geldmenge ist stabil), während Keynesianer dies eher
₂₅ umgekehrt sehen. [...] Durch eine Verstetigung der Geldmengenänderung könnten nach monetaristischer Auffassung somit Konjunkturschwankungen langfristig geglättet und das Stop-and-Go antizyklischer Wirtschaftspolitik vermieden werden. [...]

● Angebotstheorie und Monetarismus auf der einen Seite und Nachfragetheorie und Fiskalismus auf der anderen überschneiden sich offensichtlich in der Einschätzung der **Rolle des Staa-**
₃₀ **tes**. Monetaristen, Klassiker* und Angebotstheoretiker betonen die Selbstheilungskräfte des Marktes und sehen im Staat eher einen Störfaktor als einen Stabilisator, während Keynesianer und Fiskalisten staatlichen Maßnahmen eine stabilisierende Funktion zusprechen. Die unterschiedlichen Positionen sind also weniger ein Streit um Zweck-Mittel-Relationen, als eine ordnungspolitische Auseinandersetzung über die Funktion des Staates im Wirtschaftsablauf und
₃₅ somit um staatliche Wirtschaftspolitik.

(Jörn Altmann, Volkswirtschaftslehre, Lucius & Lucius Verlag, Stuttgart, 6. Aufl. 2003, S. 181 f., 185)

▮ M 62

Nachfragetheorie/Fiskalismus	Angebotstheorie/Monetarismus
Allgemeine Kennzeichen	**Allgemeine Kennzeichen**
● kurzfristig, nachfrageorientiert ● Staat soll ggf. nachhaltige Ablaufpolitik betreiben ● Hauptvertreter: John Maynard Keynes (1883–1946); entwickelt unter dem Eindruck der Weltwirtschaftskrise* in den 1930er-Jahren; später modifiziert („**Neo- und Post-Keynesianer**")	● langfristig, wachstumsorientiert ● keine staatliche Ablaufpolitik, nur Ordnungspolitik* ● stützt sich auf Konzepte der klassischen Theorie („**Neoklassik**") (z. B. Adam Smith) ● früher Vertreter: u. a. F. A. von Hayek; Monetaristen: Milton Friedman („**Chicagoer Schule**")
Grundannahmen	**Grundannahmen**
● Instabilität der Wirtschaft, keine immanente Tendenz zum Gleichgewicht ● daher erforderlich: **antizyklisches* Gegensteuern** durch den Staat ● globale Beeinflussung der gesamtwirtschaftlichen Nachfrage möglich	● Die private Wirtschaft ist stabil, tendiert zum Gleichgewicht, reguliert sich über Preis- und Mengeneffekte selbst ● Antizyklische* staatliche Eingriffe („stop and go") sind nicht Reaktion auf, sondern Ursache für Konjunkturschwankungen; sie bedeuten Unsicherheit für den privaten Sektor und führen zu Fehlentscheidungen ● Notwendige (Struktur-)Anpassungen der Wirtschaft werden u. a. durch Subventionen* und staatliche Reglementierung behindert ● Für Investitionen erforderliche Unternehmergewinne werden durch im Vergleich zur Arbeitsproduktivität* zu hohe Löhne und Lohnnebenkosten sowie zu hohe Steuern und Abgaben geschmälert ● Konsum hängt vom auf Dauer erwarteten Einkommen ab

Nachfragetheorie/Fiskalismus	Angebotstheorie/Monetarismus
Ansatzpunkte und Instrumente	**Ansatzpunkte und Instrumente**
• Veränderung von Staatseinnahmen und -ausgaben (Staatshaushalt), daher **„Fiskalismus"** • Finanzpolitik/Fiskalpolitik wirkt über *Multiplikatorwirkungen* auf die Nachfrage • im Abschwung müssen zusätzliche Staatsausgaben (Konjunktur- bzw. Beschäftigungsprogramme) durch Verschuldung finanziert werden (**„deficit spending*"**) • privater Konsum hängt vom laufenden Einkommen ab • *Geldpolitik* wirkt nur auf kleinen (zinsabhängigen) Teil der Nachfrage; ihre Wirkungen sind unsicher und treten nur mit Verzögerung ein; daher nur Ergänzung zur Finanzpolitik	• Verstetigung der Geld(mengen)- und Fiskalpolitik, auch bei Konjunkturschwankungen • Steuerungsgröße ist die *Geldmenge* (daher **„Monetarismus")** • branchenmäßige und sektorale *Differenzierung der Lohnstruktur in Abhängigkeit* von der Arbeitsproduktivität, kein Einheitstariflohn • Flexibilisierung* der Arbeitszeit • Reduzierung der *Staatsquote* • Abbau der *Staatsverschuldung* • Reform (Senkung) unternehmensbelastender Abgaben • Abbau staatlicher Vorschriften („*Deregulierung*"") • Abbau von Subventionen*

(Jörn Altmann, Wirtschaftspolitik, Lucius & Lucius Verlag, Stuttgart, 8. Aufl. 2007, S. 233 f.)

1. *Stellen Sie die wichtigsten Merkmale der monetaristischen Position und des „Fiskalismus" gegenüber (M 61). Achten Sie dabei auf den unterschiedlichen Stellenwert von Geld- und Finanzpolitik in beiden Positionen (zur wichtigen Unterscheidung der beiden Begriffe s. Einleitungstext S. 133, 2. Spiegelstrich). Näheres zur Person und Bedeutung Milton Friedmans: http://de.wikipedia. org/wiki/Milton_Friedman*

2. *Erörtern Sie die Beurteilung, dass es sich bei dem Streit um die beiden Grundkonzeptionen hauptsächlich um eine ordnungspolitische Auseinandersetzung über die Funktion des Staates im Wirtschaftsablauf handele.*

3. *Die „Synopse" (M 62) bietet Gelegenheit, das Verständnis der beiden wirtschaftspolitischen Konzeptionen zu überprüfen (durch Erläuterung einzelner Stichworte, unter denen sich einige in den bisherigen Texten noch nicht gebrauchte Begriffe befinden). Als eine Art „Merkmalskatalog" („Checkliste") bietet sie die Möglichkeit, den konzeptionellen Hintergrund aktueller wirtschaftspolitischer Maßnahmen und Stellungnahmen zu untersuchen.*

M 63 Kein „Entweder – oder"

Die grundsätzliche Auseinandersetzung um Nachfrage- oder Angebotspolitik oder anders ausgedrückt: um die Rolle des Staates im Wirtschaftsablauf – auch und insbesondere im Hinblick auf die Befürwortung oder Ablehnung staatlicher **Beschäftigungsprogramme** – ist keineswegs beigelegt (s. Kasten S. 132). Obgleich die Angebotstheorie zu Beginn der 1980er-Jahre regelrecht in Mode kam, ist der Beobachtungszeitraum zu kurz, um eine abschließende Würdigung vornehmen zu können. Das Hauptproblem scheint darin zu liegen, dass die Angebotstheorie ihrem Wesen nach langfristig angelegt ist. Umstellungs- und Anpassungsprobleme jedoch können dazu führen, dass demokratisch legitimierten Regierungen zwischenzeitlich das Vertrauen entzogen werden kann. Die Hauptschwäche des Angebotskonzepts liegt im Hinblick auf die Umstellungsphase darin, dass nicht zwingend deutlich gemacht werden kann, weshalb im Unternehmensbereich angesichts unausgelasteter Kapazitäten, bedingt durch zu geringe Nachfrage, beschäftigungsschaffende Investitionen vorgenommen werden sollen. Kostensenkende Maßnahmen, wie sie die Angebotstheoretiker fordern, sind für arbeitsschaffende Investitionen wahrscheinlich weniger bedeutsam als eine Erhöhung der Absatzmöglichkeiten. Kostenentlastende Maßnahmen können wohl die Gewinnspannen und damit die Einkommen aus Unternehmertätigkeit und Vermögen erhöhen. Diese Verbesserung der **Gewinnquote** zulasten der **Lohnquote** (Anteil der Einkommen aus unselbstständiger Arbeit am Volkseinkommen, vgl. S. 24) wird von Vertretern der Angebotstheorie auch erkannt und (billigend) in Kauf genommen.

● Für die konjunkturpolitische Praxis ergibt sich die fast triviale Erkenntnis, dass ein extremes „Entweder – oder" nicht sinnvoll ist, sondern dass
40 vielmehr die Zielrichtung wirtschaftspolitischen Handelns davon abhängt, ob die Ursachen konjunktureller Störungen angebots- als auch nachfrageorientierte Komponenten umfassen (**„policy mix"**). [...]
45 Keine ökonomische Theorie hat es bisher vermocht, umfassend und in jeder Lage eine zutreffende Antwort auf zu lösende Probleme zu geben; jede Theorie hat ihre Schwachstellen, und diese beeinträchtigen insbesondere ihre Tauglichkeit
50 für zukunftsgerichtete Prognosen*. [...] Was also tun? Welche Konzeption ist die richtige? Keiner weiß es (objektiv), also wird man auch in Zukunft ausprobieren müssen. Tragisch ist dies insbesondere im Hinblick auf die Einschätzung der Ent-
55 wicklung von Konjunktur und Wachstum, weil hier mit Arbeitslosigkeit, Rentenfinanzierung, Besteuerung und Inflation eine Vielzahl von Problemen „dranhängen", die sich unmittelbar beim Einzelnen auswirken. [...] Ökonomische Theorien
60 haben schon viel Nützliches gebracht. Dies gilt für die Klassik-/Keynes-Debatte ebenso wie für Monetarismus/Fiskalismus oder Angebots- versus Nachfragetheorie. Aber insgesamt gesehen ist das Gefühl für die Grenzen der Weisheit ausge-
65 prägter geworden, und die Einschätzungen von der Machbarkeit und Steuerungsfähigkeit der Volks- bzw. Weltwirtschaft sind sehr, sehr vorsichtig geworden.

(Jörn Altmann, Volkswirtschaftslehre, Lucius & Lucius, Stuttgart, 6. Aufl. 2003, S. 177 f., 186 f.)

Alternative Professoren für Konjunktur-programm

Die Arbeitsgruppe *Alternative Wirtschaftspolitik* hat immer wieder betont, dass die anhaltende Arbeitslosigkeit das zentrale Problem der wirtschaftlichen und sozialen Entwicklung in Deutschland ist. Dies ist trotz der leichten Belebung am Arbeitsmarkt auch heute nach wie vor der Fall. Entsprechend ist eine wirksame Beschäftigungspolitik mit dem Ziel der Vollbeschäftigung der Ansatzpunkt für die Lösung dieses Problems. [...]

Was wäre notwendig, um in Deutschland das Vollbeschäftigungsziel wieder zu erreichen? Im Wesentlichen sind drei Ansatzpunkte zu nennen:

● öffentliche Investitions- und Beschäftigungsprogramme,
● energische Arbeitszeitverkürzungen und
● die Ausweitung öffentlich geforderter Beschäftigung. [...]

Die *Arbeitsgruppe Alternative Wirtschaftspolitik* fordert seit langem ein öffentliches Investitions- und Beschäftigungsprogramm, das im Laufe von drei Jahren die Höhe von 75 Milliarden Euro erreichen soll. Trotz der hohen absoluten Beträge handelt es sich um ein Programm, mit dem die öffentlichen Investitionen lediglich wieder europäisches Maß erreichen [...]. Es wäre aber ausreichend dimensioniert, um das gesamtwirtschaftliche Wachstum auf ein höheres Niveau zu heben und seine Struktur und Qualität zu verbessern. Schwerpunkte der Investitionen betreffen den ökologischen Umbau und die ökologische Sanierung (30 Milliarden Euro), zusätzliche Mittel für Ostdeutschland (15 Milliarden Euro) und ein Bildungs- und Kulturförderungsprogramm (30 Milliarden Euro).

(Arbeitsgruppe Alternative Wirtschaftspolitik Memorandum 2008; www.memo.uni-bremen.de/docs/memo08-kurz.pdf)

---

1. *„Die grundsätzliche Auseinandersetzung ... ist keineswegs beigelegt, heißt es in M 63. Analysieren Sie das beschäftigungspolitische Gutachten der sog. „alternativen Professoren" (Kasten S. 132). Welchem wirtschaftspolitischen Konzept und welcher Wirtschaftstheorie ist es zuzuordnen? Worin können die Gründe dafür liegen, dass diese Vorschläge insbesondere in der gegenwärtigen Finanzsituation (vgl. M 86) von den meisten Wirtschaftsprofessoren und von fast allen politischen Parteien (mit Ausnahme der Partei „Die Linke") mehr oder weniger abgelehnt werden?*

2. *Worin sieht der Autor von M 63 das Hauptproblem der Angebotspolitik?*

3. *Der Autor kommt zu dem Schluss, dass keiner der beiden Ansätze für sich genommen seine Fähigkeit zur Lösung wirtschaftspolitischer Probleme bisher klar erwiesen hat. Was ist unter dem hier empfohlenen „policy mix" zu verstehen? Inwiefern hängt es entscheidend von der Ursachenerforschung vorliegender Störungen (Diagnose) ab, welche Konzeption (welche Teile einer Konzeption) zu ihrer Beseitigung (Therapie) den Vorzug erhalten sollte?*

Nach der vorangehenden Darstellung theoretischer Konzepte geht es im Folgenden um die in der Praxis verfolgte **Wirtschaftspolitik**.

Nach der bereits in der Einleitung zu diesem Kapitel zitierten allgemeinen Definition kann Wirtschaftspolitik verstanden werden als *„die Gesamtheit der Maßnahmen politischer Entscheidungsträger, die darauf abzielen, den Ablauf des wirtschaftlichen Geschehens zu ordnen, zu beeinflussen oder unmittelbar festzulegen"* (H. Giersch, Allgemeine Wirtschaftspolitik, Wiesbaden 1960, S. 17). Wir wollen diese Bestimmung nunmehr in drei Punkten konkretisieren:

– *„Politische Entscheidungsträger"* (**„Akteure"**) – damit ist zunächst einmal und vor allem der Staat gemeint, und zwar der **Staat** auf allen drei Ebenen (des Bundes, der Länder und der Gemeinden). Aber auch die großen *Interessenverbände*, insbesondere die **Tarifparteien** (Gewerkschaften und Arbeitgeberverbände), nehmen durch ihre *Lohn- und Preispolitik* einen erheblichen Einfluss auf die wirtschaftliche Entwicklung, auch sie sind in diesem Sinne „politische Entscheidungsträger". Eine besondere Stellung in der Wirtschaftspolitik nahm in der Vergangenheit die *Deutsche Bundesbank* ein, die dem staatlichen Bereich zugeordnet werden kann, aber von Weisungen der Regierung unabhängig und daher in ihren Entscheidungen frei war. Diese Autonomie besitzt auch die **Europäische Zentralbank (EZB)**, die seit 1999 die geldpolitischen Entscheidungen für die an der Europäischen Währungsunion beteiligten Länder trifft.

– Die *„Gesamtheit der Maßnahmen"* – dieser Begriff umfasst das ganze Spektrum der **Bereiche**, in denen sich wirtschaftliche Entscheidungsprozesse vollziehen. Dazu gehören u. a. die hier nicht näher zu beschreibenden Bereiche der *Wettbewerbs-*, der *Struktur-*, der *Außenwirtschafts-* und der *Währungspolitik*. Im Mittelpunkt unserer Betrachtung sollen die Bereiche der Wirtschaftspolitik stehen, die unmittelbar auf die Erreichung der drei Ziele Wachstum, Beschäftigung und Preisniveaustabilität zielen: die **Finanzpolitik** und die **Geldpolitik** (der häufig allgemein gebrauchte Begriff **Konjunkturpolitik** bezieht sich streng genommen nur auf Maßnahmen, die die Vermeidung konjktureller Schwankungen zum Ziel haben). Diese für den Laien ganz ähnlich klingenden Begriffe meinen etwas ganz Verschiedenes: Träger der *Finanzpolitik* ist der **Staat** (insbesondere also die Bundesregierung), insofern er die Mittel des Bundeshaushaltes einsetzt, um gesamtwirtschaftliche, vor allem konjunkturelle Zielsetzungen zu verfolgen. Insoweit dabei das Ziel nicht aus dem Auge verloren werden darf, den Staatshaushalt (Fiskus) in Einnahmen und Ausgaben auszugleichen, spricht man auch von *Fiskalpolitik* (vgl. M 54 b). Der Begriff *Geldpolitik* fasst die Instrumente zusammen, welche seit dem 1.1.1999 die **Europäische Zentralbank** einsetzt, um insbesondere das Ziel der *Geldwertstabilität* zu erreichen.

Im folgenden Abschnitt geben wir zunächst einen knappen Überblick über die Ziele, die Instrumente und die wirtschaftspolitische Bedeutung der **Geldpolitik** der Europäischen Zentralbank. Abschnitt 3. enthält dann die Darstellung der **Finanzpolitik** des Staates, bei der wir den Schwerpunkt auf die *Steuerpolitik* und die *Haushaltspolitik* legen, Bereiche, denen – nicht zuletzt im Hinblick auf die schwerwiegenden Probleme der Arbeitslosigkeit und der Staatsverschuldung – eine zentrale und aktuelle Bedeutung zukommt.

2. Die Geldpolitik der Europäischen Zentralbank

Seit Beginn der Europäischen Währungsunion (1.1.1999) ist für den Bereich des Euro-Gebietes die Europäische Zentralbank für die Geldpolitik zuständig. Die Deutsche Bundesbank ist Teil des Europäischen Zentralbanksystems (ESZB) geworden mit der Aufgabe, die geldpolitischen Beschlüsse der Europäischen Zentralbank (EZB) für das Gebiet der Bundesrepublik Deutschland umzusetzen. Bevor wir im Einzelnen darstellen, auf welche Weise die Zentralbank Einfluss auf die wirtschaftliche Entwicklung nimmt und mit welcher *Strategie* und mit welchen *Instrumenten* sie das Ziel der Geldwertstabilität zu erreichen versucht, wollen wir zunächst einige *Grundbegriffe* und Zusammenhänge kurz erläutern, die für das Verständnis der Geldpolitik wichtig sind.

M 64 Geldfunktionen, Geldarten und Geldschöpfung

Wenn wir uns mit Geldpolitik beschäftigen, müssen wir zuerst klären, was unter Geld zu verstehen ist. Üblicherweise wird Geld anhand seiner Funktionen definiert. Geld ist danach

- **Zahlungs- und Tauschmittel**, d.h., Geld muss geeignet sein, Tauschvorgänge unkompliziert, schnell und sicher durchführen zu können,
5 - **Wertaufbewahrungsmittel**, d.h., der Wert des Geldes, sprich die Kaufkraft, sollte auch langfristig im Wesentlichen erhalten bleiben, und
- **Rechenmittel**, d.h., Geld soll als allgemeiner Bewertungsmaßstab einen problemlosen Vergleich der verschiedensten Waren und Dienstleistungen ermöglichen.

Heute besteht in den entwickelten Industrieländern Geld aus Münzen, Banknoten und Buchgeld
10 (= *Giralgeld*). Buchgeld hat keinerlei „stofflichen" Bezug mehr; es erscheint nur als abstrakter Rechtstitel, der aufseiten der Kreditinstitute eine Verbindlichkeit*, aufseiten der Nichtbanken eine Forderung* darstellt.

So wichtig Münzen und Geldscheine für den wirtschaftlichen Alltag sind, so bildet Bargeld doch nur den kleineren Teil des Geldumlaufs zu Zahlungszwecken. Von Konto zu Konto lassen sich größere Zahlungen bequemer und sicherer vornehmen als mit Bargeld. Das wussten schon die Kaufleute und Händler des Mittelalters. Vor allem in der Lombardei, in Oberitalien, entwickelten die Geldwechsler so etwas wie ein Bankensystem. Deshalb sind heute noch zahlreiche Fachausdrücke des Geldwesens italienischen Ursprungs.

Das „unsichtbare" Geld wird in einer Art Kreislauf von Bankkonto zu Bankkonto weitergegeben, weshalb es als **Giralgeld** (aus dem Italienischen: giro = der Kreis) bezeichnet wird. Häufig spricht man auch von Buchgeld, weil es nur in den Büchern der Banken erscheint. Mittlerweile erfolgt diese Aufzeichnung überwiegend in elektronischen Dateien. Dabei handelt es sich vor allem um täglich fällige Einlagen (**Sichteinlagen***) von Wirtschaftsunternehmen, öffentlichen Kassen oder Privatleuten. Auf den ersten Blick mag es nicht so recht einleuchten, wieso derartige Bankguthaben zum Geld gerechnet werden. Doch bei näherer Betrachtung sind die Unterschiede zu den Banknoten nicht groß. Ein Sichtguthaben erfüllt nämlich alle Geldfunktionen der Banknoten. Es steht für Bargeldauszahlungen wie auch für Umbuchungen jederzeit zur Verfügung.

Die Sichteinlage hat den Charakter einer auf die Bank übertragenen Kassenhaltung. Ein Indiz dafür ist auch die Tatsache, dass sie überwiegend nur gering verzinst wird. Im Gegenteil lassen sich die Banken zumeist die mit der Kontoführung verbundenen Dienstleistungen durch Gebühren bezahlen.

Anders als die Banknoten und Münzen ist das Giralgeld **kein gesetzliches Zahlungsmittel**. Doch wird es im Wirtschaftsleben allgemein akzeptiert. Dies beruht insbesondere darauf, dass die Inhaber von Girokonten ihr Guthaben jederzeit wieder in Bargeld umwandeln können. Eine umgekehrte Umwandlung von Bargeld in Giralgeld findet etwa statt, wenn ein Kaufmann die Tageseinnahmen bei seiner Bank einzahlt. Umwandlungen von Giralgeld in Bargeld und umgekehrt sind also gängige Praxis. Der gesamte Geldbestand der Nichtbanken – Bargeld plus Giralgeld – bleibt dabei unverändert.

(Deutsche Bundesbank [Hg.], Geld und Geldpolitik, Frankfurt am Main 2007, S. 36 f.)

Zentralbankgeld

In modernen Volkswirtschaften kann Geld im Sinne von Zahlungsmitteln sowohl von der Zentral-
15 bank – im konkreten Fall der Europäischen Währungsunion von der EZB bzw. in ihrem Auftrag von den nationalen Zentralbanken – erschaffen werden. *Zentralbankgeld*, entsteht immer dann, wenn die Zentralbank Finanzaktiva* (z.B. Wertpapiere* oder Devisen) aufkauft oder Kredite gewährt, also Geld in den Wirtschaftskreislauf außerhalb des Zentralbanksystems abgibt. Umgekehrt wird Zentralbankgeld immer dann „vernichtet", wenn die Zentralbank (Finanz-)Aktiva verkauft
20 oder ihre Kreditvergabe einschränkt und dadurch Geld aus dem Wirtschaftskreislauf „absaugt".

Zentralbankgeld kann die Form von **Bargeld** als auch von **Sichtguthaben** (Buch- bzw. Giralgeld) bei der Zentralbank annehmen. Die **Zentralbankgeldmenge** (Z) stellt sozusagen die Basis der gesamtwirtschaftlichen Geldmenge dar. Auf ihrer Grundlage baut der Giralgeldschöpfungsprozess (s. u.) auf. Sie wird daher auch als **Geldbasis (monetary base)** bzw. **Basisgeld (high-powered**
25 **money)** bezeichnet.

(Autorentext)

Geschäftsbankengeld

Unter **Geschäftsbankengeld** werden Sichteinlagen bei Geschäftsbanken verstanden, mit denen Nicht-Banken Zahlungen leisten können.
30 Diese Sichteinlagen können auf zweierlei Art
entstehen. Zahlt ein Kunde A z. B. 1000,– Euro
bar bei seiner Geschäftsbank G ein, erhält er
im Gegenzug als Gutschrift auf seinem Giro-
konto eine Forderung gegenüber der Bank,
35 über die er jederzeit verfügen kann (**passive
Geldschöpfung**). Zu beachten ist, dass sich in
diesem Fall die Geldmenge, über die A verfügen kann, nicht verändert hat: Der Verringerung an Bargeld in Höhe von 1000,– Euro steht
40 ein Anstieg der Sichtguthaben in derselben Höhe gegenüber. Es wurde lediglich Zentralbankgeld in Geschäftsbankengeld umgewandelt.
Gleiches ist der Fall, wenn A diese 1000,– Euro
von seinem Konto auf das Konto eines Kunden
45 B – sei es bei der gleichen Bank G oder sei es
bei einer anderen Bank H – überweist. Die gesamte Geldmenge des Nicht-Bankensektors (A
und B) hat sich dadurch nicht verändert. Auch

Bargeldloser Zahlungsverkehr
(Schematische Darstellung)

BANK

Auftraggeber-
Konto A

Empfänger-
Konto B

Buchung

Überweisung

Gutschrift

Forderung

(Geld und Geldpolitik Sek. II. Ein Heft für die Schule, hg. von
der Arbeitsgemeinschaft zur Förderung der wirtschaftl. und
sozialen Bildung, Ausgabe 2002/2003, © Verlag Th. Mann,
Gelsenkirchen-Buer 2002, S. 26–28)

die Menge des Geschäftsbankengeldes blieb gleich. Es fand lediglich eine Umverteilung zuguns-
50 ten von B statt.

Anders verhält es sich bei der **aktiven Geldschöpfung** durch die Geschäftsbanken. Aktiv können
sie Geld schaffen, indem sie entweder (Finanz-)Aktiva von Nicht-Banken ankaufen oder diesen
Kredit gewähren. Das folgende Beispiel verdeutlicht dies.

(Jörn Altmann, Wirtschaftspolitik, Lucius & Lucius Verlag, Stuttgart, 8. Aufl. 2007, S. 370 f.)

Beispiel: Aktive Geldschöpfung durch Kreditvergabe

55 Ein Industrieunternehmen braucht 100 000 €, um die Rechnung eines Rohstofflieferanten zu bezahlen. Es
nimmt bei seiner Bank – der Bank A – einen Kredit in dieser Höhe auf. Die Bank A überweist die Kreditsumme über die Deutsche Bundesbank bargeldlos auf das Konto des Rohstofflieferanten bei der Bank B. Die
Guthaben der Bank A bei der Bundesbank nehmen ab, gleichzeitig steigen aber auch die Forderungen* an
das Industrieunternehmen.
60 Bei der Bank B erhöhen sich einerseits die Einlagen ihrer Kunden (erster Geldschöpfungsschritt), andererseits ihre eigenen Zentralbankguthaben. Wenn die Bank B diese Guthaben nicht gerade benötigt, wird sie
versuchen, die überschüssige Liquidität* gewinnbringend weiter zu verleihen. Sie gewährt einen Kredit über
100 000 € an eine Großküche, die damit eine umfängliche Warenlieferung von einem Lebensmittelhändler
bezahlt. Bank B überweist die Kreditsumme über die Deutsche Bundesbank bargeldlos an die Bank C, wo der
65 Lebensmittelhändler sein Konto unterhält. Als Folge davon fließen der dritten Bank C Zentralbankguthaben
über 100 000 € zu, wobei auch die Einlagen ihrer Kunden steigen (zweiter Geldschöpfungsschritt). Bezogen
auf ihre Guthaben bei der Bundesbank steht die Bank C dann vor derselben Situation wie vorher die Bank B:
Sie kann einen Kredit über 100 000 € vergeben, das heißt, der Prozess der Giralgeldschöpfung setzt sich fort.
In unserem Beispiel geht das sogar endlos so weiter.
70 Angenommen, der Rohstofflieferant hebt von seinem Konto sofort 30 000 € bar ab. Dann stehen der Bank B
für die eigene Kreditgewährung nur noch 70 000 € (statt 100 000 €) zur Verfügung. An die Großküche kann
sie also nur noch einen Kredit über 70 000 € geben.
Wenn diese sich davon ebenfalls 30 Prozent, d. h. 21 000 €, auszahlen lässt, um z. B. Löhne bar zu bezahlen,
fließen der dritten Bank C nur noch Einlagen und Zentralbankguthaben über 49 000 € zu. Ihr stehen für die
75 eigene Kreditschöpfung also nur noch 49 000 € (statt wie ursprünglich 100 000 €) zur Verfügung. Die Geld-
und Kreditschöpfung läuft zwar weiter, wird aber immer kleiner, wenn die Banken Bargeld brauchen. Nehmen wir nun an, dass jeweils 30 Prozent der an eine Bank überwiesenen Summe gleich bar abgehoben werden und dass die Bank jeweils Mindestreserve* im Umfang von zehn Prozent ihrer Kundeneinlagen bei der
Bundesbank unterhalten muss. (Die Annahme von zehn Prozent ist unrealistisch hoch, dient hier aber der
80 Veranschaulichung.)

Begrenzt durch Barauszahlung ...
Bei der Bank B hat der Rohstofflieferant von der überwiesenen Kreditsumme in Höhe von 100 000 € bar 30 000 € abgehoben. Somit verblieben 70 000 €. Von diesen 70 000 € muss die Bank B zehn Prozent, also 7 000 €, bei der Bundesbank als Mindestreserve hinterlegen. Für ihre eigene Kreditgewährung stehen ihr
85 also nicht mehr die vollen 100 000 €, sondern nur 63 000 € (lilafarbene Markierung in der Grafik) zur Verfügung.

... und Mindestreserve
Der Bank C fließen von der Bank B Zentralbankguthaben über 63 000 € zu. Der Großmarkt benötigt davon gleich 18 900 € als Bargeld. Von den restlichen 44 100 € sind bei der Bundesbank 4 410 € als Mindestreserve
90 zu hinterlegen. Für die Kreditgewährung stehen der Bank C also nur noch 39 690 € zur Verfügung.
So setzt sich das fort ...

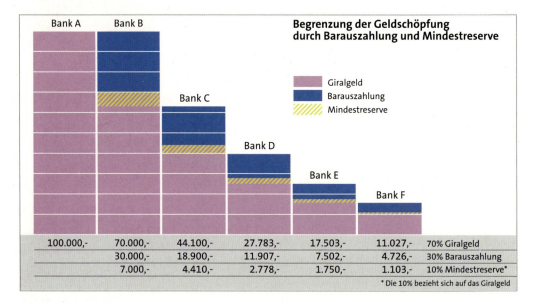

Bank A	Bank B	Bank C	Bank D	Bank E	Bank F	
100.000,-	70.000,-	44.100,-	27.783,-	17.503,-	11.027,-	70% Giralgeld
	30.000,-	18.900,-	11.907,-	7.502,-	4.726,-	30% Barauszahlung
	7.000,-	4.410,-	2.778,-	1.750,-	1.103,-	10% Mindestreserve*

Die 10% bezieht sich auf das Giralgeld

Begrenzung der Geldschöpfung durch Barauszahlung und Mindestreserve

■ Giralgeld
■ Barauszahlung
▨ Mindestreserve

Grenzen der Geldschöpfung
Der Geldschöpfungsprozess erscheint damit wie Zauberei: Die Banker schöpfen anscheinend selbst Geld, ohne die Deutsche Bundesbank nötig zu haben. Einer höheren Forderung an die
95 Nichtbanken stehen höhere Einlagen derselben gegenüber: Die Geldmenge ist gewachsen. Aber so einfach ist das alles doch nicht. Die Bundesbank kann die Geldvermehrung der Banken nämlich begrenzen. Zunächst gibt es da eine Art Bremse, bei der die Bundesbank zwangsläufig ins Spiel gebracht wird. So kann eine Giralgeldschöpfung immer dann nicht eintreten, wenn die bereitgestellten Einlagen vollständig als Bargeld abgehoben werden. Denn dann verwandelt sich
100 Giralgeld in Bargeld. Bargeld aber können die Banken nicht selbst „schöpfen". Sie sind gezwungen, sich das benötigte Bargeld bei der Notenbank zu beschaffen. Die aktive Geldschöpfung wird auch dadurch begrenzt, dass die Kreditinstitute Mindestreserven* bei der Bundesbank halten müssen, die einen bestimmten Prozentsatz ihrer Einlagen betragen. Ursprünglich war die Mindestreserve dazu gedacht, die Banken zu einer Reservehaltung für unvorhergesehene Mittelab
105 flüsse zu verpflichten. Da es mittlerweile eine Vielzahl von bankaufsichtsrechtlichen Regelungen gibt, die die Bankenliquidität sichern sollen, dient die Mindestreserve heute vor allem geldpolitischen Zwecken. Sie verstärkt die Abhängigkeit der Geschäftsbanken, sich mit Zentralbankgeld zu refinanzieren, und sorgt für zusätzliche Stabilität am Geldmarkt. Der Mindestreservesatz liegt seit 1999 bei 2 Prozent.

110 **Multiple Giralgeldschöpfung**
Die „Überschussreserve" im Bankensystem wird immer kleiner. Der Prozess der Giralgeldschöpfung wird dadurch gebremst. Jede einzelne Bank kann immer nur einen Bruchteil ihres Liquidi-

tätszuflusses ausleihen. Trotzdem sind am Ende die Einlagen im Bankensystem – das Giralgeld – um ein Mehrfaches derjenigen Einlage gestiegen, die durch die ursprüngliche Kreditgewäh-
115 rung entstanden ist. Man spricht deshalb auch von der „multiplen Giralgeldschöpfung" (multipel = vielfach).

(Deutsche Bundesbank [Hg.], Geld und Geldpolitik, Frankfurt am Main 2007, S. 59 – 62)

1. *Erläutern Sie anhand einiger, für Sie selbst relevanter konkreter Beispiele die drei Funktionen des Geldes und den Unterschied zwischen „sichtbarem" und „unsichtbarem" Geld (M 64).*

2. *Wie entsteht Geld? Erläutern Sie zur Beschreibung des Geldschöpfungsprozesses zunächst die Unterscheidung zwischen Zentralbankgeld und Geschäftsbankengeld sowie den wichtigen Unterschied zwischen „passiver" und „aktiver" Geldschöpfung. Inwiefern wird nur im zweiten Fall zusätzliches Geld geschaffen? (M 64)*

3. *Beschreiben Sie die Möglichkeiten und Grenzen der „multiplen Giralgeldschöpfung" durch die Geschäftsbanken. Welche beiden Beschränkungen sorgen dafür, dass das Geschäftsbankengeld nicht ins Unendliche anwachsen kann? Analysieren Sie dazu das Beispiel und berechnen Sie einige Beträge in der Grafik nach.*

▆▆ M 65 Geldmengen in der Abgrenzung der Europäischen Zentralbank

Zur Geldmenge zählt man zum einen das Bargeld, das außerhalb des Bankensektors zirkuliert. Aber auch das Giralgeld bzw. Buchgeld auf den Bankkonten der heimischen Nichtbanken gehört zur Geldmenge. Nicht berücksichtigt werden hingegen die Guthaben der Banken. Je nachdem, wie weit man die Buchgeldkomponente fasst, erhält man unterschiedliche Geldmengenbegriffe.
5 Nachfolgend soll dies anhand der vom Eurosystem gewählten Geldmengenabgrenzungen verdeutlicht werden.

Geldmenge M 1
Jeder wird einsehen, dass man täglich fällige Einlagen (Sichtguthaben) der heimischen Nichtbanken bei inländischen Banken zur Geldmenge rechnen muss. Über sie kann man mit Debit-
10 karte, Überweisung etc. verfügen. Sie sind ähnlich liquide wie Bargeld. Fasst man Bargeld und Sichtguthaben zusammen, so spricht man von der Geldmenge M 1. Das Kürzel M stammt von dem englischen „money".

Geldmengenaggregate (Euro-Raum)

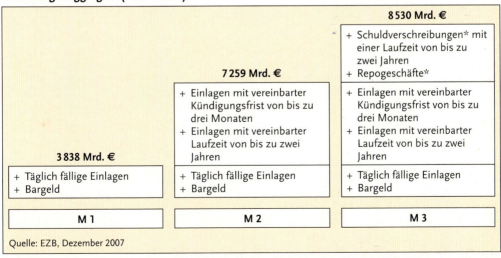

M 1	M 2	M 3
3 838 Mrd. €	**7 259 Mrd. €**	**8 530 Mrd. €**
		+ Schuldverschreibungen* mit einer Laufzeit von bis zu zwei Jahren + Repogeschäfte*
	+ Einlagen mit vereinbarter Kündigungsfrist von bis zu drei Monaten + Einlagen mit vereinbarter Laufzeit von bis zu zwei Jahren	+ Einlagen mit vereinbarter Kündigungsfrist von bis zu drei Monaten + Einlagen mit vereinbarter Laufzeit von bis zu zwei Jahren
+ Täglich fällige Einlagen + Bargeld	+ Täglich fällige Einlagen + Bargeld	+ Täglich fällige Einlagen + Bargeld

Quelle: EZB, Dezember 2007

(Jürgen Pätzold/Daniel Baade, Stabilisierungspolitik, Verlag Franz Vahlen, München, 7. Aufl. 2008, S. 115)

Geldmenge M 2

Sichtguthaben sind aber nicht die einzigen Einlagen bei Banken, die man unseren Geldbestän-
15 den zurechnen kann. Zu ihnen gesellen sich noch kurzfristig verfügbare Guthaben auf Termin-
und Sparkonten. Einlagen mit kurzen Laufzeiten und Kündigungsfristen, die relativ schnell in
Bargeld umgewandelt werden können, stehen dem Giralgeld sehr nahe. Schlägt man die Einlagen mit Laufzeiten von bis zu zwei Jahren (Termingelder) und die Einlagen mit Laufzeiten von
bis zu drei Monaten (Spareinlagen) der Geldmenge M 1 hinzu, dann betrug im Dezember 2007
20 die weiter abgegrenzte Geldmenge M 2 in der EWU 7 259 Milliarden €. Termingelder sind größere Einlagen, die den Kreditinstituten gegen einen festen Zins für eine bestimmte Zeit überlassen
werden. Danach verwandeln sie sich üblicherweise wieder in Sichteinlagen. Spareinlagen sind
Einlagen der Nichtbanken (praktisch nur der privaten Haushalte) bei Kreditinstituten, die unbefristet sind und erst nach Einhaltung einer bestimmten Kündigungsfrist zurückgefordert werden
25 können. Die Zinsen sind in der Regel variabel. Das heißt: Sie verändern sich mit der allgemeinen
Zinsentwicklung.

Geldmenge M 3

Die EZB rechnet darüber hinaus noch weitere Instrumente der kurzfristigen Geldanlage zur
Geldmenge. Das hängt auch damit zusammen, dass sie zu den Geldproduzenten neben den
30 Banken auch Finanzinstitute wie Geldmarktfonds* zählt, die mit liquiden Bankeinlagen eng
verwandte Anlageformen wie etwa Geldmarktfondszertifikate (Zertifikate – Bescheinigungen,
Anteilsscheine) anbieten. [...]
Die Europäische Zentralbank setzt deshalb mit ihrer Geld- und Kreditstatistik bei den sogenannten *Monetären Finanzinstituten* (MFI) an, zu denen neben den Kreditinstituten auch Bausparkas-
35 sen und Geldmarktfonds zählen. Ferner schließt sie neben den Geldmarktfondszertifikaten auch
kurzlaufende Bankschuldverschreibungen* mit einer Ursprungslaufzeit von bis zu zwei Jahren
in die weit abgegrenzte Geldmenge M 3 ein.

(Deutsche Bundesbank [Hg.], Geld und Geldpolitik, Frankfurt am Main 2007, S. 42 f.)

Beschreiben Sie die Abgrenzungen zwischen den drei Geldmengen und machen Sie deutlich, inwiefern die Bestandteile der Geldmengen M 2 und M 3 unterschiedlich leicht und schnell in „Geld" (im Sinne von M 1) umgewandelt werden können. Warum legt die EZB ihrer Geldmengenpolitik nicht einfach nur die Geldmenge M 1 zugrunde?

Die Eurozone

M 66 Stellung und Aufgaben der Europäischen Zentralbank

Integraler Bestandteil des Maastrichter Vertrages* über die Europäische Union vom 7. Februar 1992 war die Schaffung einer **Europäischen Währungs-union**. Diese wurde mit Einführung des Euro
5 zum 1. Januar 1999 (zunächst nur als Rechenein-heit und Buchgeld, ab 1. Januar 2002 auch als offizielles Zahlungsmittel) erfolgreich vollzogen. Es entstand das Euro-Währungsgebiet, der zweit-größte Wirtschaftsraum der Welt. Mit der Euro-
10 päischen Währungsunion war auch der Über-gang zu einer **einheitlichen europäischen Geld-politik** verbunden. Der hiermit verbundene Verzicht auf nationalstaatliche Gestaltungsmög-lichkeiten war in einigen Ländern und insbeson-
15 dere in Deutschland heftig umstritten. Da eine Vielzahl an Staaten an der Währungsunion betei-ligt war, verwundert es kaum, dass der Aufbau des europäischen Zentralbankwesens eine deut-lich komplexere Gestalt annahm, als es bei den

20 einzelnen nationalen Zentralbanken vorher der Fall war.

Das **Europäische System der Zentralbanken** *(ESZB)* besteht aus der *Europäischen Zentralbank (EZB)* und den nationalen Zentralbanken
25 *(NZBn)* aller EU-Mitgliedstaaten (Artikel 107 Absatz 1 des EG-Vertrages). Hiermit nicht identisch (zumindest gegenwärtig) ist das **Eurosystem.** Dieses umfasst die *EZB* und die *NZBn* aller Mitgliedstaaten, die den Euro eingeführt
30 haben. Eine Unterscheidung zwischen *ESZB* und *Eurosystem* ist daher noch so lange nötig, bis alle Mitgliedstaaten den Euro eingeführt haben. Dennoch beziehen sich die wesentlichen Artikel des EG-Vertrages auf das *ESZB* und
35 nicht auf das *Eurosystem*, da dem Vertrag die Annahme zugrunde liegt, dass letztendlich alle Mitgliedstaaten den Euro einführen werden.

„Das vorrangige Ziel des ESZB ist es, die **Preisstabilität** zu gewährleisten" (Artikel 105 Absatz
40 1 des EG-Vertrages [Hervorhebung nicht im Original]). „Soweit dies ohne Beeinträchtigung des Ziels der Preisstabilität möglich ist, unterstützt das ESZB die allgemeine Wirtschaftspolitik in der Gemeinschaft, um zur Verwirkli-
45 chung der in Artikel 2 festgelegten Ziele der Gemeinschaft beizutragen." Artikel 2 nennt in diesem Zusammenhang u. a. „ein hohes Beschäftigungsniveau [...], ein beständiges,

Die Europäische Zentralbank (EZB) in Frankfurt am Main

(Foto: © European Central Bank)

nichtinflationäres Wachstum, einen hohen Grad von Wettbewerbsfähigkeit und Konvergenz der
50 Wirtschaftsleistungen". Die Priorität der Ziele des ESZB wird hierdurch deutlich aufgezeigt und der **Preisniveaustabilität eine herausragende Bedeutung** zugemessen. Ihr ist das ESZB in erster Linie verpflichtet und nur nachrangig den weiteren Zielen. Zusätzlich zu den genannten Zielen gibt es eine Reihe von grundlegenden Aufgaben, die das ESZB darüber hinaus zu erfüllen hat. Sie bestehen gemäß Artikel 105 Absatz 2 des EG-Vertrags darin:

55 ● die Geldpolitik der Gemeinschaft festzulegen und auszuführen,

● Devisengeschäfte im Einklang mit Artikel 111
60 durchzuführen,

● die offiziellen Währungsreserven der Mitgliedstaaten zu halten und zu verwalten und
65 ● das reibungslose Funktionieren der Zahlungssysteme zu fördern.

Die *EZB* trägt die Verantwortung für das Erreichen
70 dieser Ziele, wobei der *EZB-Rat* und das *EZB-Direktorium* für die Vorbereitung, Durchführung

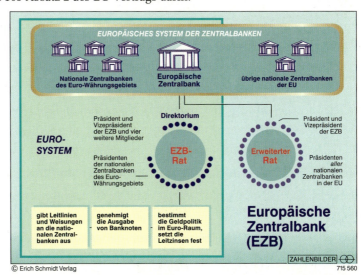

Das Direktorium der EZB; hintere Reihe (v. l. n. r.): Jürgen Stark (Deutschland), José Manuel González-Páramo (Spanien), Lorenzo Bini Smaghi (Italien); vordere Reihe (v. l. n. r.): Gertrude Tumpel-Gugerell (Österreich), Jean-Claude Trichet (Frankreich, Präsident), Lucas D. Papademos (Griechenland, Vizepräsident)

(Foto: © Europäische Zentralbank, Frankfurt am Main)

und Umsetzung einer einheitlichen Geldpolitik zuständig sind. Der **EZB-Rat** besteht aus den nationalen Zentralbanken, die durch ihre jeweiligen Präsidenten genau wie die sechs Mitglieder des *EZB-Direktoriums* je eine Stimme vertreten. Der *EZB-Rat* erlässt die Leitlinien und Entscheidungen, die notwendig sind, um die Erfüllung der genannten Aufgaben zu gewährleisten, und legt die Geldpolitik des Euro-Währungsgebietes fest. Die Leitung der EZB, die ihren Sitz in Frankfurt am Main hat, erfolgt durch das sechsköpfige **EZB-Direktorium** (s. Foto). Ihm gehören neben Präsident und Vizepräsident der EZB vier weitere Mitglieder an, die von allen beteiligten Staats- und Regierungschefs einstimmig gewählt werden müssen. Es hat die Aufgabe, die Geldpolitik gemäß der Entscheidungen des EZB-Rats aus-

zuführen und die erforderlichen Weisungen an die nationalen Zentralbanken zu erteilen. Die EZB ist bei ihren Entscheidungen von anderen Akteuren **politisch unabhängig**. Dies gilt auch für die nationalen Zentralbanken, die für die Durchführung der dezentralen Aspekte der EZB-Politik zuständig sind. „Bei der Wahrnehmung der ihr [...] übertragenen Befugnisse, Aufgaben und Pflichten darf weder die EZB noch eine nationale Zentralbank noch ein Mitglied ihrer Beschlussorgane Weisungen von Organen oder Einrichtungen der Gemeinschaft, Regierung der Mitgliedstaaten oder anderen Stellen einholen oder entgegennehmen" (Artikel 108 des EG-Vertrages). Bei potenziellen Konflikten mit anderen Akteuren oder Zielen ist das ESZB allein auf sein Ziel der Preisniveaustabilität festgelegt.

(Jürgen Pätzold/Daniel Baade, Stabilisierungspolitik, Verlag Franz Vahlen, München, 7. Aufl. 2008, S. 107 f.)

1. *Beschreiben Sie anhand von M 66 die Organisation und die Aufgabe der Europäischen Zentralbank (EZB). In welcher Weise sind die 15 „Euroland"-Staaten in der EZB vertreten?*

2. *Die Unabhängigkeit (Autonomie) der Europäischen Zentralbank ist auch im Vergleich zur Deutschen Bundesbank (mit ihrer bereits sehr hohen Autonomie) verstärkt worden. Erläutern Sie, inwiefern die Bank sowohl als Institution als auch in ihren Entscheidungen unabhängig ist und welche Gründe zu dieser gesetzlichen Festlegung (im EG-Vertrag) geführt haben.*

3. *Die Zielsetzungen der Geldpolitik sind, insbesondere auch unter Wirtschaftspolitikern, umstritten. Erläutern Sie unter Rückgriff auf M 10, mit welchen anderen Zielen der Wirtschaftspolitik das Ziel der Geldwertstabilität tendenziell in Konflikt geraten kann. Welche Entscheidung ist im EU-Vertrag in dieser Hinsicht getroffen worden? Wie ist die Formulierung zu verstehen, dass das Stabilitätsziel „vorrangig" ist (Z. 39)?*

▬ **M 67** Zielsetzung und Strategie der Geldpolitik

Sie sieht das Ziel Geldwertstabilität dann für erreicht an, wenn der für das gesamte Euro-Gebiet geltende „**harmonisierte Verbraucherpreisindex**" (HVPI; s. S. 92) jährlich um weniger als 2 Prozent ansteigt (s. Kasten S. 141). Diese Quantifizierung wird jedoch von der EZB ausdrücklich nicht als ein direktes Inflationsziel verstanden, das jederzeit und unter allen Umständen einzuhalten ist bzw. – insbesondere bei Abweichung „nach oben" – automatisch zu geldpolitischen Gegenmaßnahmen der EZB führen muss. Zum einen weist die EZB darauf hin, dass keine Zentralbank die Inflationsrate direkt beeinflussen kann.

Möglich ist nur eine *indirekte Steuerung* über geldpolitische Wirkungsmechanismen, die ihrerseits nur mit einer gewissen Zeitverzögerung „greifen". Ein „Überschießen" der Inflationsrate über den anvisierten Grenzwert von 2 Prozent ist daher durchaus möglich. Zum anderen will sich die EZB durch die Veröffentlichung eines direkten Inflationsziels nicht selber unter unnötigen Handlungsdruck setzen. Dies gilt insbesondere für Situationen, in denen die Preissteigerungsrate – z. B. aufgrund außenwirtschaftlicher Einflüsse – kurzfristig und eventuell nur vorübergehend über die 2-Prozent-Richtschnur hinaus ansteigt.

Da die Inflationsrate nicht direkt gesteuert werden kann, benötigt jede Zentralbank eine „geldpolitische Strategie", d. h. eine *Zwischenzielgröße*, an der sie ihr geldpolitisches Vorgehen ausrichten kann. Die Zwischenzielgröße soll sowohl in einem engen Zusammenhang mit der Inflationsrate stehen als auch relativ unmittelbar von der Zentralbank beeinflusst werden können. Die EZB hat sich für eine **geldmengenorientierte Strategie** entschieden. [...] Hinter der geldmengenorientierten Strategie steht die „quantitätstheoretische" Auffassung, dass es – vor allem mittelfristig – einen engen *Zusammenhang zwischen Geldmengenentwicklung und Preisniveaustabilität* gibt. Ein (zu) hohes Geldmengenwachstum führt dieser Ansicht zufolge letztlich nur zu steigenden Inflationsraten.

(Jörn Altmann, Wirtschaftspolitik, Lucius & Lucius Verlag, Stuttgart, 7. Aufl. 2000, S. 377 f.)

> **Warum gerade 2 Prozent?**
> **Noyer:** Wir haben uns ganz bewusst für die 2 Prozent entschieden, weil bis zu diesem Wert der Inflationsrate die Bevölkerung den Eindruck stabiler Preise hat. Dementsprechend richten – ökonomisch gesehen – die Wirtschaftssubjekte ihre Handlungen an der Preisstabilität aus. Steigen die Preise um deutlich mehr als 2 Prozent, wähnen sich die Menschen in einem inflationären Umfeld. Das findet dann seinen Niederschlag in höheren Lohnabschlüssen oder im Investitionsverhalten. Aller Erfahrung nach beginnt die Bevölkerung bei Teuerungsraten von mehr als 2 Prozent, Inflation in ihre Verhaltensweisen einzuplanen.
>
> (Auszug aus einem Interview mit dem [ehemaligen] Vizepräsidenten der EZB Christian Noyer, in: Frankfurter Allgemeine Zeitung v. 2.1.1999, S. 14)

Milton Friedman
(Foto: Camera Press/INTERFOTO)

Die Quantitätstheorie bildet die Grundlage für die geldpolitische Auffassung des **Monetarismus**, einer auf den amerikanischen Volkswirtschaftler Milton Friedman (1912 – 2006) zurückgehenden volkswirtschaftlichen Lehrauffassung, nach der die Geldmenge der wichtigste Faktor zur Steuerung des Wirtschaftsablaufs ist. [...] Danach soll die Geldmenge durch die Zentralbanken so gesteuert werden, dass sie möglichst ohne Schwankungen mit dem Wachstum der volkswirtschaftlichen Produktion (reales Sozialprodukt) ausgeweitet wird. Ausschläge der Konjunktur sollen damit verhindert und eine stetige Wirtschaftsentwicklung gesichert werden.

Staatliche Eingriffe in die Wirtschaft, z. B. antizyklische* Maßnahmen der Wirtschaftspolitik zur Steuerung der Konjunktur, wie vom Keynesianismus gefordert, lehnen die Monetaristen grundsätzlich ab. [...] Je weniger der Staat also zur Steuerung der Konjunktur in die Wirtschaft eingreift, desto besser. Die Grundlage für eine stetige Aufwärtsentwicklung der Wirtschaft sehen die Monetaristen somit in der Selbstregelungskraft des Marktes über Angebot und Nachfrage und in der an der volkswirtschaftlichen Produktion orientierten *Steuerung der Geldmenge durch die Zentralbank.*

(Das Lexikon der Wirtschaft, Bibliographisches Institut & Fa. Brockhaus AG, Mannheim, 2. Aufl. 2004, Lizenzausgabe für die Bundeszentrale für politische Bildung, Bonn 2004, S. 158)

Die neue „Zwei-Säulen-Strategie"

Um Gefahren für die Preisstabilität rechtzeitig feststellen und angemessen darauf reagieren zu können, untersucht der EZB-Rat die Lage regelmäßig von zwei Seiten her. Wie er im Mai 2003 bekanntgab, steht dabei künftig an erster Stelle eine breit angelegte **wirtschaftliche Analyse** zur Ermittlung der kurz- und mittelfristigen Risiken für die Preisstabilität. Die sich daraus ergebenden Inflationsanzeichen werden in einem zweiten Schritt anhand der **monetären Analyse** aus

Die geldpolitische Strategie der Europäischen Zentralbank

Vorrangiges Ziel der Geldpolitik ist die Sicherung der Preisstabilität

Preisstabilität ist gegeben, wenn der Harmonisierte Verbraucherpreisindex für die Euro-Zone mittelfristig um weniger als 2% gegenüber dem Vorjahr ansteigt. Der EZB-Rat zielt eine Rate von knapp unter 2% an.

Zwei – Säulen – Strategie

❶ **Wirtschaftliche Analyse**

Breit angelegte Analyse realwirtschaftlicher Indikatoren zur Ermittlung der kurz- und mittelfristigen Risiken für die Preisstabilität

❷ **Monetäre Analyse**

Bewertung der längerfristigen Inflationstrends und Überprüfung der kurz- und mittelfristigen Anzeichen anhand monetärer Indikatoren

Kommt der EZB-Rat nach Abwägung aller Faktoren zu dem Schluss, dass die Preisstabilität gefährdet ist, ergreift er geldpolitische Gegenmaßnahmen (z.B. Anhebung der Leitzinsen, Abschöpfung von Liquidität)

ZAHLENBILDER
715 570   © Erich Schmidt Verlag

mittel- und langfristiger
40 Perspektive überprüft. Ein wesentliches Element dieser Analyse – aber nicht das einzige – ist die Bewertung der Geldmengenent
45 wicklung. Mit dieser Neuordnung der beiden strategischen „Säulen" und der Neudefinition von Preisstabilität vollzieht sich eine
50 deutliche Akzentverschiebung in der europäischen Geldpolitik: In den Vordergrund rückt das sogenannte **Inflations-Targeting***,
55 die Bekanntgabe eines expliziten Inflationsziels als Richtschnur für die wirtschaftlichen Akteure. Zur geldpolitischen Strategie der EZB gehört nicht zuletzt die Offenheit, mit der sie ihre Einschätzungen und zinspolitischen Schritte darlegt und begründet: Auf diese Weise
60 will sie das Vertrauen in die Stetigkeit und Prinzipienfestigkeit ihrer Politik stärken.
(Schmidt-Zahlenbilder)

Wirtschaftliche Analyse

Zu den Indikatoren, die auf recht bald auftretende Preisgefahren schließen lassen, gehören Variablen, die die konjunkturelle Entwicklung (Nachfragedruck), die binnenwirtschaftliche Kostensituation (Löhne und Lohnverhandlungen) und die außenwirtschaftliche Lage (Wechselkurs,
65 Rohstoff-, insbesondere Ölpreise) abbilden. Ferner liefern Finanzmarktpreise und Umfrageergebnisse Anhaltspunkte über die Inflationserwartungen der Wirtschaft.
Diese breit angelegte Analyse der Preisaussichten und der Risiken für die Preisstabilität trägt den vielschichtigen *kürzerfristigen* Inflationsursachen im Euroraum Rechnung. [...]

Monetäre Analyse

70 Daneben ignoriert das Eurosystem aber auch den *mittel- bis langfristig gültigen* Zusammenhang zwischen der Geldmengen- und der Preisentwicklung nicht, der sich für das Euro-Währungsgebiet nachweisen lässt. Insoweit knüpft es an die Tradition der Deutschen Bundesbank an. Zu diesem Zweck überwacht es die monetäre Entwicklung laufend. Den sichtbarsten Ausdruck findet die

Geldmenge M 3 und ihr Referenzwert

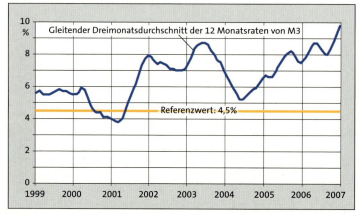

Gleitender Dreimonatsdurchschnitt der 12 Monatsraten von M3

Referenzwert: 4,5%

monetäre Analyse dabei
75 im sogenannten *Referenzwert* für den mit Preisstabilität vereinbaren Geldmengenanstieg. Übersteigt das Expansionstempo der Geldmenge M 3 den Re
80 ferenzwert, leuchten die „Warnlampen" auf. Denn eine solche Abweichung deutet normalerweise auf Risiken für die Preisstabi
85 lität hin. Das Eurosystem geht dann den Gründen und Folgen nach und informiert die Öffentlichkeit.
90

Eckwerte für die Ableitung des Referenzwerts sind die mit Preisstabilität vereinbare Preisentwicklung, die Zunahme der gesamtwirtschaftlichen Produktionsmöglichkeiten und die trendmäßige Veränderung der Umlaufgeschwindigkeit des Geldes (s. Kasten S. 102). Preisstabilität wird vom Eurosystem dabei als jährlicher Anstieg des harmonisierten Verbraucherpreisindex von un-
95 ter zwei Prozent definiert, wobei der EZB-Rat eine Inflationsrate von nahe zwei Prozent anstrebt.

(Geld und Geldpolitik [= M 65], S. 109 f.)

1. *Erläutern Sie die Bedeutung des „Inflationsziels" von 2%. Wie ist die EZB dazu gekommen? Wie will sie es (nicht) verstanden wissen? (M 67, S. 140 f.)*

2. *Auch nach einer gewissen Korrektur ihrer Strategie spielt die Beobachtung der Geldmenge („M 3", s. M 65) nach wie vor eine zentrale Rolle in der Strategie der EZB (das zeigen auch die in M 69 dargestellten Instrumente der Geldpolitik). Erläutern Sie, auf welchen theoretischen Voraussetzungen die „monetäre Analyse" beruht (Quantitätstheorie; s. Kasten S. 141).*

3. *Beschreiben Sie die sog. „Zwei-Säulen-Strategie", zu der die EZB seit 2003 übergegangen ist (auch unter dem Eindruck des „Überschießens" der Geldmenge im Jahre 2002; s. Grafik S. 142 u.). Was soll die (inzwischen immer wichtiger gewordene) „wirtschaftliche Analyse" im Unterschied zur „monetären Analyse" leisten?*

4. *Welche Rolle spielt für die monetäre Analyse der sog. „Referenzwert"?*

5. *Vergleichen Sie dazu die tatsächliche Entwicklung der Geldmenge M 3 (s. Grafik S. 142), die nach Auffassung von Kritikern dazu geführt hat, dass die EZB in neueren grafischen Darstellungen zur Entwicklung der Geldmengen den Referenzwert nicht mehr ausweist (dass er keine Rolle mehr spiele, hat die Bank bisher dementiert).*

Instrumente der Geldpolitik

Die Erarbeitung der Information zu den geldpolitischen Instrumenten der EZB (M 68 und M 69) können Sie ggf. in **Gruppenarbeit** vornehmen: Jede Gruppe beschäftigt sich intensiv mit einem der entsprechenden Textabschnitte zu den einzelnen Instrumenten und erläutert anschließend dem Plenum das betreffende Verfahren. In einer gemeinsam zu erstellenden *Übersicht* könnten Sie den einzelnen Geldgeschäften jeweils die Form zuordnen, in der die Liquidität (Versorgung mit „flüssigem Geld") der Banken beeinflusst wird, sowie die jeweiligen Laufzeiten und den Rhythmus, in dem die Geschäfte praktiziert werden. Ggf. sollten Sie auch die Möglichkeit einer *Expertenbefragung* (z. B. mit einem Vertreter einer örtlichen Geschäftsbank) in Erwägung ziehen. Auf einzelne Arbeitshinweise zu M 68 und M 69 haben wir verzichtet. Nähere Informationen zu allen Aspekten finden Sie ggf. in der für die Schule verfassten Bundesbank-Broschüre „Geld und Geldpolitik", die im Internet zur Verfügung steht (http://www.bundesbank.de/bildung/bildung_sekundarstufe2.php) auf den Seiten 112 ff.

M 68 Der Grundgedanke: Steuerung der Zentralbankgeldmenge

Mithilfe der geldpolitischen Instrumente steuert die Zentralbank die Zufuhr von **Zentralbankgeld** in das Geschäftsbankensystem. Zentralbankgeld kann, wie der Name bereits sagt, nur von der Zentralbank selbst hergestellt werden. Es ist hoheitliches Geld und alleiniges gesetzliches Zahlungsmittel. Seine Erscheinungsformen sind das *Bargeld* sowie *Guthaben auf Konten der Zen-*
5 *tralbank (*Zentralbankeinlagen). Die entscheidende Bedeutung des Zentralbankgeldes liegt für die Geschäftsbanken darin, dass sie dieses hoheitliche Geld im Zuge ihres Hauptgeschäfts, nämlich des Kreditgeschäfts, benötigen. Zum einen müssen die Banken Barauszahlungen an ihre Kunden tätigen. Zum anderen müssen die Kreditinstitute die Mindestreservepflicht erfüllen; das bedeutet, dass sie von Kundeneinlagen einen bestimmten Prozentsatz auf Zentralbankkonten
10 hinterlegen müssen. Durch diese beiden Gegebenheiten entsteht für die Banken ein Zentralbank-

geldbedarf. Genau an diesem Punkt setzt die Geldpolitik an. Indem die Zentralbank den Banken Zentralbankgeld zuführt bzw. entzieht, nimmt sie unmittelbaren Einfluss auf die Kreditvergabe der Geschäftsbanken. Da die Kreditgewährung aber die wichtigste Quelle für die Geldentstehung in der Volkswirtschaft ist (s. M 69) steuert die Zentralbank somit die Geldmenge in der Wirt-
15 schaft. Auf der **wohl dosierten Zufuhr von Zentralbankgeld in das Bankensystem** basiert die Ausgestaltung des Instrumentariums des Eurosystems.

Die Zufuhr von Zentralbankgeld in das Geschäftsbankensystem kann sowohl *mengenmäßig* als auch *preismäßig* gesteuert werden. Im ersten Fall handelt es sich um den Einsatz *liquiditäts*politischer Instrumente; im zweiten Fall liegen *zins*politische (auf den **Preis**, den die Geschäfts-
20 banken für den Erwerb von Zentralbankgeld zahlen müssen, bezogene) Instrumente vor. Damit sind die technischen Voraussetzungen geschaffen, um einen angestrebten Zuwachs der Geldmenge zu erreichen. Beide Instrumentenkategorien wurden in der Vergangenheit von der Deutschen Bundesbank eingesetzt und finden sich auch in der Geldpolitik des Eurosystems.

(Gerhard Mussel/Jürgen Pätzold, Grundfragen der Wirtschaftspolitik, Verlag Vahlen, München, 6. Aufl. 2005, S. 136 f.)

■ M 69 Die wichtigsten geldpolitischen Instrumente der Europäischen Zentralbank

Offenmarktpolitik

Üblicherweise kommt ein Kreditinstitut zu Zentralbankgeld durch den Verkauf oder die Verpfändung von Werten aus seinem eigenen Besitz an die Notenbank. Der Fachmann sagt zu diesem Vorgang: Das Kreditinstitut *refinanziert** sich. Heutzutage steht dabei die sogenannte **Offenmarktpolitik** in Form von Wertpapierpensionsgeschäften* bzw. befristeten Geschäften im Vordergrund.
5 Bei einem befristeten Offenmarktgeschäft übernimmt das Eurosystem Wertpapiere für eine bestimmte Frist gegen Zentralbankgeld von den Banken. Danach muss sie die abgebende Bank wieder zurücknehmen. Das Eurosystem bietet solche Geschäfte in *zwei Formen* an: Zum einen schließt es wöchentlich ein *siebentägiges Geschäft* ab (das sogenannte **Hauptrefinanzierungsgeschäft**; „Wochentender"). Als Pfand nimmt es besonders sichere Wertpapiere herein. Zum ande-
10 ren offeriert das Eurosystem *einmal im Monat* ein Geschäft mit einer Befristung von drei Monaten (den sogenannten **Basistender**). Die Zinsen bei den kurzfristigen Offenmarktgeschäften werden entweder vom Eurosystem festgesetzt – dann spricht man vom *Mengentender* – oder sie

ergeben sich aus den Zinsgeboten der Banken, d. h. aus einer „Versteigerung" von Zentralbank-
15 geld – dann spricht man vom *Zinstender*.

Seit Mitte 2000 schreibt das Eurosystem seine Hauptrefinanzierungsgeschäfte als Zinstender aus. Ein sogenannter Mindestbietungssatz liefert allerdings den Banken eine Untergrenze
20 für ihr Gebot. Er signalisiert außerdem dem Markt den zinspolitischen Kurs des EZB-Rats [**Leitzins**].

Mit der Offenmarktpolitik steuert das Eurosystem die Zinsen am **Geldmarkt**. Das ist der
25 Markt, an dem die Banken Zentralbankguthaben untereinander handeln (s. Kasten). Übernimmt das Eurosystem Wertpapiere, so steigen die Zentralbankguthaben der Kreditinstitute. Der Geldmarkt wird dann bei sinkenden Zin-
30 sen flüssiger, also liquider. Die Banken können

> **Ansatzpunkt Geldmarkt**
> Zwar haben Banken die Möglichkeit, Zentralbankgeld bei anderen Kreditinstituten aufzunehmen, die überschüssige Liquidität* besitzen. Über alle Banken hinweg ist aber die Notenbank der einzige Akteur, der zusätzliches Zentralbankgeld bereitstellen kann. Man nennt den Markt, der dem kurzfristigen Ausgleich von Liquiditätsüberschüssen und -defiziten im Bankensystem dient, den Geldmarkt. Er wird nicht an einem bestimmten Ort abgehalten. Vielmehr werden Zentralbankguthaben telefonisch bzw. elektronisch zwischen den einzelnen Banken gehandelt. Je nach der Fristigkeit unterscheidet man Märkte für Tagesgeld, für Monatsgeld, für Dreimonatsgeld usw.
> (Geld und Geldpolitik [= M 65], S. 100)

jetzt mehr (und billigere) Kredite vergeben. Gibt das Eurosystem aber Wertpapiere ab, so zieht es Geld aus dem Verkehr. Das Geld wird nun knapper und damit auch teurer. Folglich steigen sowohl die Zinsen am Geldmarkt als auch die Zinsen für Bankkredite und Bankeinlagen.

Ständige Fazilitäten*

Um Schwankungen des Geldmarktsatzes nach oben und unten einzugrenzen, hält das Eurosys-
35 tem *zwei weitere Instrumente* der Geldmarktsteuerung bereit. Da ist zum einen die sogenannte **Spitzenrefinanzierungsfazilität**. Sie ermöglicht den Banken, über Nacht – das heißt für einen Tag – von sich aus und im Prinzip unbegrenzt Geld zu einem über dem Satz der Hauptrefinanzierungsfazilität liegenden Zins aufzunehmen. Umgekehrt können die Kreditinstitute überschüssige Liquidität zu einem darunter liegenden Zins beim Eurosystem anlegen. Dieses Instrument
40 nennt man **Einlagefazilität**.

Mindestreserve

Zinsausschläge am Geldmarkt werden außerdem durch eine moderate Mindestreserve beschränkt: Das Eurosystem verlangt, dass die Banken in Höhe eines bestimmten Prozentsatzes ihrer Kundeneinlagen Guthaben bei der Notenbank unterhalten. Wie wir gesehen haben, stärkt diese Regelung die Bindung der Bankengeldschöpfung an die der Zentralbank (vgl. M 64, S. 136).

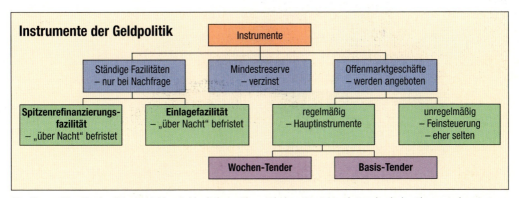

(Grafik aus: Wim Kösters/Martin Hebler, Geldpolitik. In: Klaus Schubert [Hg.], Handwörterbuch des ökonomischen Systems der Bundesrepublik Deutschland, VS Verlag für Sozialwissenschaften, Wiesbaden 2005, S. 176)

45 Vor allem aber wirken die Mindestreserveguthaben bei Liquiditätsschwankungen am Geldmarkt wie ein Puffer, weil die Banken diese Guthaben auch für ihren laufenden Zahlungsverkehr nutzen können und die Mindestreserve nur im Monatsdurchschnitt, nicht aber täglich erfüllen müssen. Da die Mindestreserven beim Eurosystem marktmäßig verzinst werden, halten sich die mit ihnen verbundenen finanziellen Belastungen der Banken in engen Grenzen.

Einfluss auf Geldmenge und Preise

50 Durch Erhöhung oder Verminderung seiner Zinssätze verteuert oder verbilligt das Eurosystem die Refinanzierung* der Kreditinstitute. Erhöht es seine Zinsen, so wird für die Banken die Geldbeschaffung teurer. Sie müssen ja nun mehr Geld bezahlen, um Zentralbankgeld zu erhalten. Diese Verteuerung geben die Banken im Rahmen ihrer Wettbewerbssituation an ihre Kunden weiter, indem sie *höhere Zinsen* für *Bankkredite* verlangen. Das wiederum verteuert die Güterher-
55 stellung und die Dienstleistungen. Manche Geschäfte, die sich bisher noch lohnten, werden nun uninteressant, weil die Geldbeschaffungskosten höher sind als der zu erwartende Gewinn. Deshalb geht auch die Nachfrage der Wirtschaft nach Krediten zurück. Ebenso verschiebt mancher Bauherr bei hohen Zinsen den geplanten Hausbau und mancher Autofahrer den Kauf eines neuen Pkw auf später. Wer liquide
60 ist, legt nun sein Geld zu guten Zinsen langfristig an. Die Geldmenge wächst langsamer. Gleichzeitig lässt die Nachfrage nach Waren und Dienstleistungen in der Wirtschaft nach, was wiederum eine Verlangsamung des Preisanstiegs zur Folge hat. Hohe Zinsen führen also nicht zu einer Verstärkung, sondern im Gegenteil zu einer *Abschwächung des Preisauftriebs*. Zwar verteuern steigende Zinsen zunächst die Güterherstellung. Ob und
65 in welcher Höhe diese Kosten in erhöhten Preisen an den Käufer weitergegeben werden können, hängt aber von der Stärke der gesamtwirtschaftlichen Nachfrage und der Marktmacht der Anbieter ab. Da sich die Nachfrage aber bei einer Kreditverteuerung abschwächt, wird die Möglichkeit, höhere Preise zu erzielen, deutlich beschnitten. Senkt das Eurosystem dagegen seine Zinsen, so sinken auch allgemein die Zinsen der Kreditins-
70 titute. Dadurch werden Bankkredite wieder billiger, und manches Geschäft, das sich bisher wegen der hohen Zinslast nicht lohnte, wird nun wieder rentabel. Die Geldmenge und die Nachfrage wachsen wieder schneller.

(Unser Geld. Ein Heft für die Schule, Sek. I, Ausgabe 2005/2006, hg. im Auftrag der Arbeitsgemeinschaft zur Förderung der wirtschaftlichen und sozialen Bildung von Adalbert Kitsche und Heinz Markmann, Verlag Th. Mann, Gelsenkirchen 2005, S. 20 f.)

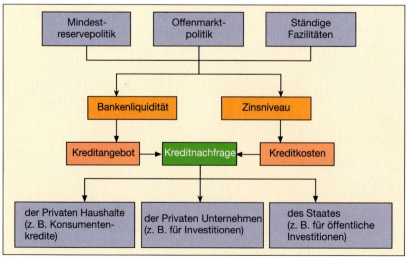

(Hermann Adam, Bausteine der Volkswirtschaftslehre, Bund Verlag, Köln 2000, S. 93)

M 70 Wie die „Geldbremse" (im Modell) wirkt

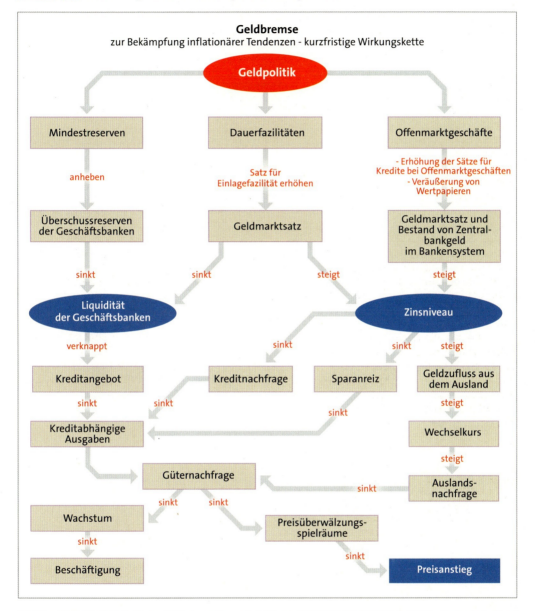

Geldbremse
zur Bekämpfung inflationärer Tendenzen - kurzfristige Wirkungskette

Geldpolitik

Mindestreserven — anheben → Überschussreserven der Geschäftsbanken — sinkt

Dauerfazilitäten — Satz für Einlagefazilität erhöhen → Geldmarktsatz — sinkt / steigt

Offenmarktgeschäfte — - Erhöhung der Sätze für Kredite bei Offenmarktgeschäften - Veräußerung von Wertpapieren → Geldmarktsatz und Bestand von Zentralbankgeld im Bankensystem — steigt

Liquidität der Geschäftsbanken — verknappt

Zinsniveau — sinkt / steigt

Kreditangebot — sinkt

Kreditnachfrage — sinkt

Sparanreiz — sinkt

Geldzufluss aus dem Ausland — steigt

Kreditabhängige Ausgaben

Wechselkurs — steigt

Güternachfrage — sinkt / sinkt

Auslandsnachfrage

Wachstum — sinkt

Preisüberwälzungsspielräume

Beschäftigung

Preisanstieg — sinkt

(© Jürgen Kalb, Die Wirtschafts- und Währungsunion – ein Erfolgsmodell? D&E Heft 54, 2007, S. 14; http://www.deutschland undeuropa.de/54_7/Methodisch-didaktische_Bemerkungen_Kalb.pdf)

Die modellartige Darstellung einer Wirkungskette beim Einsatz der geldpolitischen Instrumente („restriktive", d. h. auf die Verringerung der Geldmenge abzielende Maßnahmen) kann Ihnen dazu dienen, Ihr Verständnis der Darstellung in M 69 zu sichern (vgl. die Abb. S. 146 u.). Vollziehen Sie erläuternd die einzelnen Schritte nach und stellen Sie Auswirkungen zum einen auf die Preisentwicklung und zum anderen auf die Wachstums- und Beschäftigungsentwicklung heraus (zum möglichen Zielkonflikt s. M 10, „Phillips-Kurve"). Überlegen Sie, wovon es abhängen kann, ob und in welchem Ausmaß die dargestellten Wirkungen (nicht) eintreten (s. dazu M 71).

M 71 Wovon der Erfolg abhängt …

Die Zentralbank versucht mit ihrer Politik vor allem die Kreditpolitik des Bankensystems zu beeinflussen, die sich wiederum auf das Nachfrageverhalten der privaten Kreditnehmer auswirken
5 soll. [...] Ob sie Erfolg hat, hängt einmal davon ab, ob das Bankensystem ihre Impulse aufnimmt. Verfügen die Kreditinstitute z. B. über reichlich Notenbankgeld, ist nicht sicher, dass sie die Signale der Notenbank auf Zinserhöhung und Kre-
10 ditverknappung an ihre Kunden voll weitergeben. Der Notenbankimpuls könnte bereits durch den zwischengeschalteten Akteur Kreditinstitute gedämpft und verzögert werden. Aber auch wenn die Zentralbank ihre Dämpfungspolitik gegebe-
15 nenfalls durch stärkeren Einsatz ihrer Instrumente beim Bankensystem durchsetzt, sind die Wirkungen bei den privaten Kreditnehmern unsicher. Ein Faktor ist die Zinsreagibilität*. Will ein Unternehmen z. B. eine Investition mit einem Kredit
20 finanzieren und die Kreditkosten steigen, so wird es kaum auf die Investition verzichten oder sie aufschieben, wenn es damit rechnen kann, die zusätzlichen Kosten bei einer inflationären Entwicklung in die Preise zu überwälzen. Aber insge-
25 samt gilt, dass die Zentralbank über eine konsequente restriktive Geldpolitik durchaus die Kreditnachfrage trifft, allerdings mit erheblicher und schwer prognostizierbarer Verzögerung und in asymmetrischer Verteilung, nämlich primär die
30 Investitionen.

Asymmetrisch sind auch die Wirkungsmöglichkeiten der Geldpolitik bezüglich Dämpfung und Ankurbelung. Im Falle einer Rezession kann die Notenbank zwar durch großzügiges Geldangebot und niedrige Zinsen von der Kreditseite her güns- 35 tige Rahmenbedingungen für vermehrte Investitionen schaffen, sie kann aber kein Unternehmen zwingen, seine möglicherweise aus übertrieben pessimistischer Einschätzung der zukünftigen Wirtschaftsentwicklung resultierende Zurückhal- 40 tung aufzugeben. Um ein bekanntes Bild zu gebrauchen: Man kann die Pferde zur Tränke führen, saufen müssen sie alleine.

(Uwe Andersen, Konjunktur und Beschäftigungspolitik. In: Der Staat in der Wirtschaft der Bundesrepublik, hrsg. von Dieter Grosser, Opladen 1985, S. 394 f.)

(Zeichnung: Walter Hanel/CCC, www.c5.net)

M 72 a Beispiel: Die EZB erhöht den Leitzins – Zustimmung und Kritik

Die Europäische Zentralbank (EZB) hat am 3.7.2008 ihren Leitzins von 4 auf 4,25 Prozent angehoben und dies mit den mittelfristigen Risiken für die Preisstabilität begründet. Der Be-
5 schluss solle das Entstehen einer Preis-Lohn-Spirale verhindern, sagte EZB-Präsident Jean-Claude Trichet im Anschluss an die Sitzung des EZB-Rats in Frankfurt. Die Inflationsrate werde noch für einige Zeit hoch bleiben, doch
10 könnten sich die Bürger des Euro-Raums darauf verlassen, dass der EZB-Rat mittelfristig für Preisstabilität sorgen werde. Bundeswirtschaftsminister Michael Glos (CSU) begrüßte die Zinserhöhung. „Alle, die Verantwortung
15 für die Preisentwicklung tragen – Tarifparteien, der Staat, aber auch die Unternehmen –, sind gefordert, den klaren Stabilitätskurs der EZB zu unterstützen und zu flankieren", sagte

EZB erhöht Leitzins

Leitzinsen der EZB und der US-Notenbank im Vergleich

%

USA (Tagesgeld)
Euro-Zone (Hauptrefinanzierungssatz)

5,25

4,25
ab 3.7.08

2,0
1,0

2,00
seit 30.4.08

2004   2005   2006   2007   2008

dpa•5494   Quelle: EZB, Federal Reserve

Glos. Preisstabilität sei auch für die Konjunktur wichtig: „Wir dürfen die Gefahr nicht unterschät-
20 zen, dass sich die Verbraucher allein deshalb mit dem Konsum zurückhalten, weil sie befürchten, dass die Preise dauerhaft steigen", sagte Glos.
Heftige Kritik an der Zinserhöhung kam von den Gewerkschaften: „Die EZB schwächt dadurch
die Konjunktur und gefährdet Hunderttausende Arbeitsplätze in der Euro-Zone", sagte der Chef-
volkswirt des Deutschen Gewerkschaftsbundes (DGB), Dierk Hirschel.
25 Mehr Verständnis zeigte dagegen die Wirtschaft. „Die Entscheidung der Europäischen Zentralbank mag unbequem sein, ist aber notwendig und richtig", sagte der Präsident des Bundesverbandes der Deutschen Industrie (BDI), Jürgen Thumann. Das Preisklima im Euro-Raum habe
sich zuletzt durch massive Verteuerung von Energie und Nahrungsmitteln dramatisch verschlechtert. Da könne die EZB nicht tatenlos zusehen. „Der Zinsschritt ist auch als unmissverständliche
30 Warnung an die Tarifparteien zu verstehen, keine neue Lohn-Preis-Spirale loszutreten."
(Autorentext)

■■■ M 72 b Die geldpolitische Bilanz der Europäischen Zentralbank

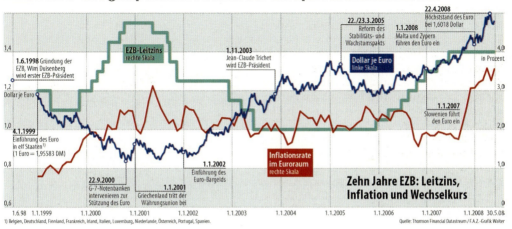

(Grafik: Walter, in: Frankfurter Allgemeine Zeitung v. 2.6.2008)

■■■ M 73 Die Geldpolitik der EZB in der Karikatur

a)

„Wie Sie sehen, tu ich wirklich mein Bestes!"
(Zeichnung: LUFF/CCC, www.c5.net)

b)

(Zeichnung: Peter Bensch/Handelsblatt v. 17./18.3.2000,
S. 47)

c)

Motivationsschub
(Zeichnung: Pepsch Gottscheber/CCC, www.c5.net)

d)

„Zu großzügig! So viel hätte ich Ihnen gar nicht abknöpfen mögen!"
(Zeichnung: Götz Wiedenroth)

1. M 71 beschreibt noch einmal zusammenfassend, wovon es abhängt, ob sich Maßnahmen der Geldpolitik im gewünschten Sinne auswirken. Welche Bedingungen auf der Ebene der Banken und auf der der Kreditnachfrager sind zu bedenken? Zeigen Sie, an welcher Stelle der Wirkungskette die erwünschten Wirkungen nicht automatisch eintreten bzw. verzögert werden können.

2. M 71 enthält auch den Hinweis, dass die Wirkung einer restriktiven Geldpolitik höher einzuschätzen ist als die einer expansiven, dass also der „Gärtner" (Karikatur M 73b) erfolgreicher tätig sein kann als der „Segler" (Karikatur M 73a; vgl. auch Arbeitshinweis 5). Erläutern Sie diese Einschätzung und ihre Begründung.

3. Erläutern Sie auf dem Hintergrund Ihrer Beschäftigung mit den vorangehenden Materialien etwas näher die Begründung des Zentralbankpräsidenten für die Anfang Juli 2008 beschlossene Leitzinserhöhung sowie die Reaktionen darauf aus Politik, Wirtschaft und Gewerkschaften. Wie werden die z. T. unterschiedlichen Beurteilungen begründet (zum Problem der „Lohn-Preis-Spirale" vgl. M 46, S. 104)? Welche Interessenlagen werden deutlich? Wie beurteilen Sie selbst die Entscheidung der EZB?

4. Die Grafik M 72b zeigt die durch entsprechende Entscheidungen der EZB bestimmten bisherigen Entwicklungen der Leitzinsen (grüne Kurve). Vergleichen Sie damit die bisherige Inflationsentwicklung im Euroraum (rote Kurve).

5. Versuchen Sie die beiden Karikaturen M 73c (Senkung auf 2,75%) und d (Senkung um 0,25 Prozentpunkte) zeitlich der in M 72 dargestellten Entwicklung der Leitzinsen zuzuordnen. Wie kommentieren die Zeichner den jeweilig dargestellten Zinssenkungsschritt? – Hinweis: In den Karikaturen ist Wim Duisenberg zu sehen, der bis 2003 Präsident der Europäischen Zentralbank war (seitdem: Jean-Claude Trichet, s. Foto S. 140).

6. Informieren Sie sich über den aktuellen Stand der Leitzinspolitik der EZB. Wurde der in M 72a dargestellte Zinssatz inzwischen erhöht oder gesenkt? Wie wurde die betr. Maßnahme von der EZB begründet? Wie wurde sie in Politik und Wirtschaft beurteilt?

3. Die Finanzpolitik des Staates – Möglichkeiten und Grenzen

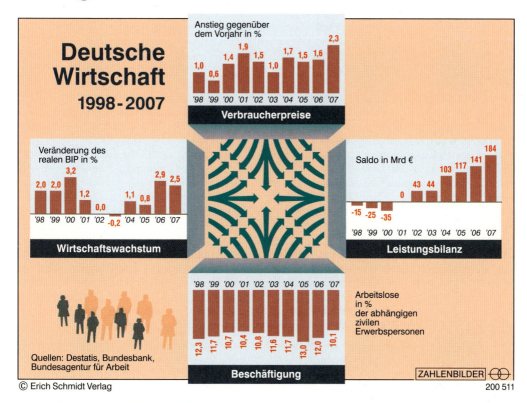

Deutsche Wirtschaft 1998–2007

Anstieg gegenüber dem Vorjahr in %

1,0 0,6 1,4 1,9 1,5 1,0 1,7 1,5 1,6 2,3

'98 '99 '00 '01 '02 '03 '04 '05 '06 '07

Verbraucherpreise

Veränderung des realen BIP in %

2,0 2,0 3,2 1,2 0,0 -0,2 1,1 0,8 2,9 2,5

'98 '99 '00 '01 '02 '04 '05 '06 '07

Wirtschaftswachstum

Saldo in Mrd €

-15 -25 -35 0 43 44 103 117 141 184

'98 '99 '00 '01 '02 '03 '04 '05 '06 '07

Leistungsbilanz

'98 '99 '00 '01 '02 '03 '04 '05 '06 '07

12,3 11,7 10,7 10,4 10,8 11,6 11,7 13,0 12,0 10,1

Arbeitslose in % der abhängigen zivilen Erwerbspersonen

Beschäftigung

Quellen: Destatis, Bundesbank, Bundesagentur für Arbeit

ZAHLENBILDER

© Erich Schmidt Verlag

200 511

Die Grafik fasst zentrale Daten der Wirtschaftsentwicklung in den vier Zielbereichen zusammen, die Sie in Kap. II analysiert haben, und zeigt damit zugleich die Ausgangslage für die Wirtschaftspolitik im Frühjahr 2008. Trotz der erkennbaren relativ günstigen Entwicklung im Bereich von Wachstum und Beschäftigung (für 2008 und 2009 wurde inzwischen allerdings mit einem spürbaren Rückgang der Wachstumsentwicklung gerechnet) stellt sich als zentrale Frage, welche Maßnahmen zum **Abbau der Arbeitslosigkeit** beitragen und **zusätzliche Beschäftigung** fördern können. Dazu wollen wir zunächst auf einige grundsätzliche Aspekte hinweisen, die in diesem Zusammenhang zu berücksichtigen sind.

● Die in Abschnitt II. 3. dargestellte Vielfalt der Ursachen für Arbeitslosigkeit zeigt: Es gibt kein Patentrezept, kein Allheilmittel gegen die Krankheit der Arbeitslosigkeit. Ihre Bekämpfung muss an vielen verschiedenen Stellen ansetzen. Dabei kann unterschieden werden zwischen „**Arbeitsmarktpolitik**", die bei den Erwerbspersonen ansetzt und deren Beschäftigungschancen zu verbessern sucht (bessere Information, Beratung und Vermittlung, Qualifizierungsmaßnahmen), und „**Beschäftigungspolitik**", die im Wesentlichen bei den Arbeitsplätzen ansetzt und die Nachfrage nach Arbeitskräften zu steigern versucht (Maßnahmen zur Förderung der Produktion und des Wirtschaftswachstums).

● Während Arbeitsmarktpolitik sehr wohl staatlich organisiert und gestaltet werden kann, sind die **Möglichkeiten des Staates**, direkt auf die Beschäftigung Einfluss zu nehmen, in einer marktwirtschaftlichen Ordnung naturgemäß beschränkt. Über Einstellungen und Entlassungen entscheiden die Unternehmen; wichtige Bedingungen für die Beschäftigung (Lohnhöhe, Arbeitszeiten) werden durch die **Tarifpartner** (Arbeitgeber und Gewerkschaften) ausgehandelt. Die zentrale Aufgabe staatlicher Beschäftigungspolitik liegt in der Schaffung günstiger **Rahmenbedingungen** für „beschäftigungsfreundliche" Entscheidungen der Wirtschaftssubjekte. Je nach wirtschaftspolitischer „Schule", bevorzugter Konzeption (Angebots- oder Nachfrageorientierung) und Interessenlage (z. B. Arbeitgeber/Gewerkschaften) gehen die Meinungen und Vorschläge hier allerdings auseinander. Selbst die ökonomische Wissenschaft ist sich durchaus nicht darüber einig, ob die Probleme – generell gesehen – z. B. eher auf der Seite der zu geringen privaten **Konsumnachfrage** oder eher auf der Seite ungünstiger **Produktionsbedingungen** der Unternehmen (Angebotsbedingungen) zu suchen sind und damit entsprechende Maßnahmen schwerpunktmäßig entweder angebots- oder nachfrageseitig angesetzt werden sollten. Können mehr Wachstum und damit mehr Beschäftigung eher durch erleichterte Produktionsbedingungen für die Unternehmen (z. B. Lohnzurückhaltung, Reduzierung von Steuern und Sozialversicherungsbeiträgen, gelockerter Kündigungsschutz, weniger Bürokratie) oder eher durch mehr Staatsausgaben (Investitionen, Konjunkturprogramme) und mehr Nachfrage der privaten Haushalte (Lohnsteigerungen, staatliche Transferleistungen) geschaffen werden? Und vor allem: Welche konkreten Maßnahmen sind praktikabel und politisch durchsetzbar? Denn:

● Konkrete Maßnahmen der Wirtschafts- und Beschäftigungspolitik sind immer eingebunden in vielfältige, **komplexe Zusammenhänge** ökonomischer und (sozial)politischer Art. Will z. B. der Staat durch Steuersenkungen die Nachfrage der privaten Haushalte oder durch eigene Investitionen die staatliche Nachfrage steigern, wirkt sich das auf die angesichts der enormen **Staatsverschuldung** ohnehin desolate Haushaltslage aus und erscheint daher kaum durchführbar. Ähnliches gilt, wenn durch Senkung der Beitragssätze zu den sozialen Sicherungssystemen die Kostenbelastung der Unternehmen gesenkt und damit vermehrte Produktion und Beschäftigung angeregt werden sollen: Die u. a. aus demographischen Gründen steigenden Ausgaben der Renten-, Kranken- und Pflegeversicherung müssten aus Steuermitteln bezahlt werden. Muss aus Gründen des riesigen Staatsdefizits bei den Staatsausgaben gespart oder müssen gar Steuererhöhungen ins Auge gefasst werden? Wie sollen die dadurch entstehenden Belastungen für die Bevölkerung „sozial gerecht" verteilt werden? Hinzu kommt ganz generell die schwierige Frage, wie die „Herausforderungen der **Globalisierung**" zu beurteilen sind und wie darauf zu reagieren ist.

Schon diese kurzen Hinweise machen verständlich, dass wir im Rahmen dieses Abschnitts nicht auf alle Bereiche und Fragen eingehen können. Der Streit um die „richtige" wirtschaftspolitische (nachfrage- oder angebotsorientierte) Konzeption unterscheidet vor allem die beiden **Oppositionsparteien** FDP (mit deutlichem Plädoyer für eine marktliberale, angebotsorientierte Wirtschaftspolitik) und „Die Linke" (mit entscheidender Befürwortung forcierter Staatsausgaben und Lohnerhöhungen zur Stärkung der Binnennachfrage); beide Parteien kritisieren die Politik der **Regierungskoalition** (CDU/CSU, SPD) je aus ihrer Sicht. Aber auch zwischen den beiden Koalitionsparteien (und z. T. auch innerhalb ihrer jeweiligen Führungsgruppen) gibt es im Zeichen einer seit 2006 insgesamt günstigen Wachstums- und Beschäftigungsentwicklung unterschiedliche Auffassungen darüber, ob die als Koalitionsziel vereinbarte Sanierung des Staatshaushalts (Schuldenabbau) den Vorrang haben soll vor Steuererleichterungen und erhöhten Staatsausgaben (Sozialleistungen) zum Abbau von sozialer Ungleichheit und zur Stärkung der privaten Konsumnachfrage. Deshalb wollen wir Ihnen in diesem Abschnitt vor allem zu den beiden Bereichen der **Steuerpolitik** und der **Staatsverschuldung** wichtige Grundkenntnisse und Beurteilungskenntnisse als Grundlage für Ihre eigene Meinungsbildung zu vermitteln versuchen.

Der Prozess der **Globalisierung**, seine Folgen für den Wirtschaftsstandort Deutschland und im Zusammenhang damit zwei heftig umstrittene Maßnahmen der Arbeitsmarkt- und Lohnpolitik („Hartz IV" und „Mindestlohn") werden in einem eigenen, letzten Kapitel (IV) thematisiert.

Mit Steuern steuern? Bereiche und Probleme der Steuerpolitik

Die Steuerpolitik hat in der wirtschaftspolitischen Diskussion in der Bundesrepublik immer eine zentrale Rolle gespielt. Wahlkämpfe standen nicht selten im Zeichen geplanter oder nicht geplanter Steuersenkungen oder -erhöhungen, Regierungskoalitionen mussten aufgrund internen Streites über die Steuerpolitik harte Zerreißproben bestehen. Diese **Bedeutung der Steuerpolitik** wird verständlich, wenn man bedenkt, dass einerseits der Staat als wirtschaftspolitischer Handlungsträger abhängig ist von den auf Steuern und Abgaben beruhenden Haushaltsmitteln und dass andererseits Steuern und Abgaben unmittelbar die Höhe des verfügbaren Einkommens der privaten Wirtschaftssubjekte (private Haushalte und Unternehmen) mitbestimmen.

Die Diskussion über die Steuerpolitik stand auch im Mittelpunkt des Bundestagswahlkampfes 2005: Die von der CDU/CSU für notwendig gehaltene Erhöhung der Mehrwertsteuer stieß auf heftige Ablehnung bei der FDP und den bisherigen Regierungsparteien SPD und Grüne. Die Koalitionsverhandlungen zur Bildung einer neuen Regierung (Große Koalition SPD/CDU/CSU) führten schnell zu der Erkenntnis, dass das riesige „Haushaltsloch" nicht nur durch Einsparungen auf der Einnahmenseite (Kürzung von Subventionen) gestopft werden konnte. Auch die SPD plädierte nunmehr für eine *Erhöhung der Mehrwertsteuer.*

Die beschlossenen steuerpolitischen Maßnahmen (Erhöhung des Mehrwertsteuersatzes von 16 auf 19 % ab 1.1.2007, Erhöhung des Spitzensteuersatzes [„Reichensteuer"] um drei Prozentpunkte für Bezieher von Jahreseinkommen über 250 000 € [500 000 € bei Ehepaaren]) müssen im engen Zusammenhang mit der Entwicklung des Haushaltsdefizits (Staatsverschuldung) gesehen und beurteilt werden. Es erscheint daher für eine eigene wirtschaftspolitische Urteilsbildung unerlässlich, sich mit den wichtigsten Aspekten nicht nur des Steuersystems und der Steuerpolitik (M 74 – M 84), sondern auch der Bedeutung und **Entwicklung der Staatsverschuldung** (M 85 – M 92) vertraut zu machen.

▬▬ **M 74** Jeder zahlt Steuern – Steuerarten und Steueraufkommen

Egal, ob wir ein Auto kaufen oder in einer Kneipe ein Bier trinken, der Staat verdient mit. Das ist nicht neu. Seit jeher fordern Staaten von ihren Bürgern Abgaben. In Deutschland gibt es mehr als 30 verschiedene Steuern. Sie sind die wichtigsten Einnahmequellen von Bund, Ländern und Gemeinden. In deren Kassen fließen daneben noch Gelder aus Gebühren, Beiträgen und Kre-
5 diten. Während einzelne Steuern je einer der drei öffentlichen Ebenen zustehen, werden die sogenannten Gemeinschaftsteuern auf Bund, Länder und Gemeinden aufgeteilt. Für unsere Steuerzahlungen haben wir Bürger keinen Anspruch auf bestimmte Gegenleistungen. Die Einnahmen ermöglichen dem Staat jedoch, seine öffentlichen Aufgaben im Interesse der Bürger zu erfüllen.
10 Am ergiebigsten sind die Umsatz- sowie die Lohn- und Einkommensteuer. Beide summieren sich auf mehr als 270 Milliarden Euro. Werden noch die drei nächstgrößeren Quellen (Mineralölsteuer, Gewerbesteuer und Körperschaftsteuer) hinzugerechnet, so sind schon etwa vier Fünf-

tel der Steuereinnahmen eines Jahres beisammen. Die
15 direkten Steuern, wie die Einkommen- oder Körperschaftsteuer, knüpfen an die Einkommensentstehung an. Sie richten sich somit nach der
20 wirtschaftlichen Leistungsfähigkeit des Steuerpflichtigen: Bürger mit höherem Einkommen sollen auch mehr Steuern zahlen. [...] Die indirekten
25 Steuern – auch Verbrauchsteuern genannt – werden beim Produzenten auf Güter und Dienstleistungen erhoben, also beim Hersteller
30 oder Händler. Sie werden auf den Preis der Produkte und

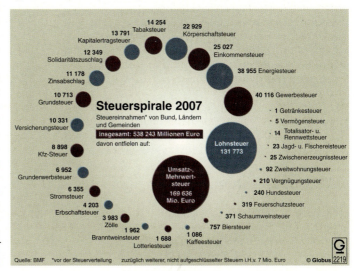

Steuerspirale 2007
Steuereinnahmen* von Bund, Ländern und Gemeinden
insgesamt: 538 243 Millionen Euro
davon entfielen auf:

22 929 Körperschaftsteuer
25 027 Einkommensteuer
38 955 Energiesteuer
40 116 Gewerbesteuer
14 254 Tabaksteuer
13 791 Kapitalertragsteuer
12 349 Solidaritätszuschlag
11 178 Zinsabschlag
10 713 Grundsteuer
10 331 Versicherungsteuer
8 898 Kfz-Steuer
6 952 Grunderwerbsteuer
6 355 Stromsteuer
4 203 Erbschaftsteuer
3 983 Zölle
1 962 Branntweinsteuer
1 688 Lotteriesteuer
1 086 Kaffeesteuer
757 Biersteuer
371 Schaumweinsteuer
319 Feuerschutzsteuer
240 Hundesteuer
210 Vergnügungsteuer
92 Zweitwohnungsteuer
25 Zwischenerzeugnissteuer
23 Jagd- u. Fischereisteuer
14 Totalisator- u. Rennwettsteuer
5 Vermögensteuer
1 Getränkesteuer

Lohnsteuer 131 773
Umsatz-, Mehrwertsteuer 169 636 Mio. Euro

Quelle: BMF   *vor der Steuerverteilung   zuzüglich weiterer, nicht aufgeschlüsselter Steuern i.H.v. 7 Mio. Euro   © Globus 2219

Übersicht: Aufgabenverteilung auf einen Blick

	Wichtige Aufgaben
Gemeinden	Müllabfuhr, Kanalisation, Sozialhilfe, Baugenehmigungen, Meldewesen, Kindergärten, Schulbau, Grünanlagen, öffentlicher Nahverkehr, Wasser- und Energieversorgung
Länder	Schulen, Universitäten, Polizei, Rechtspflege, Gesundheitswesen, Kultur, Wohnungsbauförderung, Steuerverwaltung
Bund	Soziale Sicherung (Schwerpunkt Renten- und Arbeitslosenversicherung), Verteidigung, auswärtige Angelegenheiten, Verkehrswesen, Geldwesen, Wirtschaftsförderung, Forschung (Großforschungseinrichtungen)

Dienstleistungen aufgeschlagen. Auf diesem Weg zahlen die Verbraucher die indirekten ₃₅ Steuern. Die persönliche Belastung jedes Einzelnen richtet sich dabei nach dem Verbrauch, nicht nach dem Einkommen. Wer viel konsumiert, ₄₀ zahlt mehr Steuern.

(Arbeitsgemeinschaft Jugend und Bildung e.V., Finanzen und Steuern, Info 2005, Universum Verlag, Wiesbaden 2005, S. 8; Verf.: Caspar Dohmen)

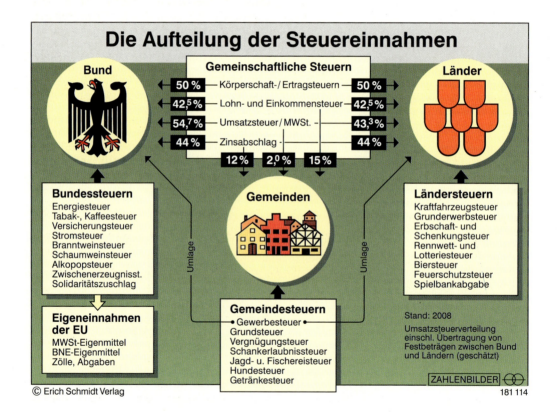

© Erich Schmidt Verlag

ZAHLENBILDER

181 114

▬▬ M 75 Zahltag mit Herrn Mustermann

„6 Uhr. Hier ist der Deutschlandfunk mit den Nachrichten. Berlin. Der Streit um die Vermögensteuer geht weiter…" Mustermann wacht auf, und für den Staat startet der Einnahmetag – auch oh-
₅ ne Vermögensteuer.
Mustermann knipst das Licht an, täglich zahlt der Single neun Cent Stromsteuer. Um fit zu werden für den Arbeitstag, macht der 34-Jährige im Morgengrauen einen Spaziergang mit seinem Hund. Für sein Haustier zahlt er Hundesteuer, jeden Tag ₁₀ 25 Cent. Danach freut sich Mustermann auf das Frühstück. Pro halbe Kanne werden 15,6 Cent Kaffeesteuer fällig. Mustermann isst zwei Brötchen (3,5 Cent Umsatzsteuer) und liest Zeitung

₁₅ (7 Cent Umsatzsteuer). Er raucht nach dem zweiten Brötchen seine erste von täglich 20 Zigaretten. Insgesamt verqualmt er Tag für Tag 1,12 Euro an Tabaksteuer. Die 20 Kilometer zur Arbeit fährt Mustermann mit dem Auto. Allein das Benzin
₂₀ kostet ihn täglich 2,64 Euro Mineralölsteuer. Hinzu kommt die Kfz-Steuer mit 27,5 Cent am Tag. Im Büro angekommen, vermutet er sich im steuerfreien Paradies. Doch gerade hier ist Mustermann eine ergiebige Steuerquelle. Pro Arbeitstag
₂₅ macht er den Staat mit Einkommensteuer und Solidaritätszuschlag*, die direkt von seinem Lohn abgezogen werden, um 34,70 Euro reicher. In der Mittagspause kennt der Fiskus erst recht keine Gnade: Am Automaten zieht sich Mustermann
₃₀ einen importierten Schokoriegel, der mit 16 Prozent Einfuhrumsatzsteuer belegt ist (16 Cent). Während seiner Mittagspause macht er im Supermarkt schnell ein paar Besorgungen. Für seine Geburtstagsfeier kauft Mustermann Lebensmittel
₃₅ für 36,18 Euro und Getränke, darunter eine Flasche Rum für zehn Euro (3,65 Euro Branntweinsteuer). Kurz überlegt er, ob er für seine weiblichen Gäste noch eine Flasche Sekt für fünf Euro (1,02 Euro Schaumweinsteuer) oder Eierlikör für
₄₀ sechs Euro (1,07 Euro Zwischenerzeugnissteuer) in den Einkaufswagen legt. Er entscheidet sich für

Sekt. An der Kasse schlägt das Finanzministerium zu: 16 Prozent Umsatzsteuer auf den Alkohol (2,40 Euro) und der ermäßigte Satz von sieben Prozent auf Lebensmittel (2,53 Euro). [...]
₄₅ Zu Hause angekommen, hofft er auf einen Abend ohne staatliche Zwangsabgaben. Doch in der Post findet er die Nebenkostenabrechnung und eine Dividendenbenachrichtigung [Gewinnanteile] für seine Aktien. Selbstverständlich hat der Vermie-
₅₀ ter darauf geachtet, die Grundsteuer an Mustermann weiterzugeben (pro Tag 52,4 Cent). Umso mehr freut ihn deshalb die positive Entwicklung seiner Unternehmensanteile. 35 Aktien hatte Mustermann gekauft, jetzt bekommt er pro An-
₅₅ teil eine Dividende von einem Euro. Doch leider gelangt das Geld nicht direkt zu ihm, sondern macht noch einen Schlenker vorbei am Finanzamt: 21,1 Prozent der Dividende bleiben als Kapitalertragsteuer (inklusive Solidaritätszuschlag)
₆₀ dort hängen, zwei Cent täglich. [...] Zum Feierabend gönnt Mustermann sich zwei Weizenbier (50,2 Cent Biersteuer pro Liter). Entspannt lehnt er sich im Sessel zurück. [...] Mustermann hat an diesem Tag 56,65 Euro in die Staatskasse gezahlt
₆₅ – die Gebühren für Rundfunk, Abwasser oder Müll sind dabei noch gar nicht berücksichtigt.

(Claas Pieper, in: stern Nr. 50/2003, S. 146)

1. *Machen Sie sich die Gesichtspunkte bzw. Begriffe klar, nach denen in M 74 die Steuern eingeteilt werden.*

2. *Die meisten der genannten Steuerarten werden Ihnen bekannt und für Sie leicht verständlich sein. Für die wirtschaftspolitische Diskussion sind neben der Einkommensteuer die Umsatz- oder Mehrwertsteuer, die Mineralölsteuer und die Körperschaftsteuer wichtig. Ordnen Sie diese und eine Reihe anderer Steuern den Kategorien „direkte" und „indirekte" Steuern zu.*

3. *Untersuchen Sie den Bericht über „Herrn Mustermanns Zahltag" auch unter dem Gesichtspunkt, von welchen der genannten Steuern (vgl. auch die „Steuerspirale" in M 74) Sie selbst in Ihrem „Konsumalltag" betroffen sind (M 75).*

4. *Überprüfen Sie anhand der „Steuerspirale" die Richtigkeit der Aussage: „Nur zwei von ca. 40 Steuerarten erbringen gut zwei Drittel des gesamten Steueraufkommens (Lohn- und Einkommensteuer rechnen als eine Steuer).*

5. *Untersuchen Sie die Aufgaben, für die der Staat (auf seinen drei Ebenen) die Steuereinnahmen verwendet. An welchen staatlichen Leistungen haben Sie als Jugendliche und Schüler unmittelbar teil? (Übersicht S. 154 o.)*

6. *Machen Sie sich anhand der Grafik S. 154 das etwas komplizierte System der Aufteilung der Steuereinnahmen klar. Inwiefern ist es durch das bundesstaatliche System der Bundesrepublik bedingt? Welche Steuern werden zwei-, welche dreigeteilt? Welche besondere Rolle spielt die Umsatzsteuer? Wie kommt es zustande, dass der Bund nicht einmal über die Hälfte der Steuereinnahmen verfügt? (Vgl. dazu die Aufgabenverteilung zwischen Bund, Ländern und Gemeinden in der „Übersicht".)*

Zu den Prinzipien, von denen der Staat bei der Besteuerung seiner Bürger ausgeht, gehören zunächst die *Gesetzmäßigkeit* (Steuern können nur aufgrund eines Gesetzes erhoben werden) und die *Gleichmäßigkeit*, d. h., dass alle Bürger ohne Ansehen der Person nach den gleichen Kriterien besteuert werden sollen. Als Hauptkriterium gilt dabei das der **wirtschaftlichen Leistungsfähigkeit**, dessen Indikator* das am Markt erzielte Einkommen ist (dabei werden allerdings beruflich bedingte Ausgaben und unvermeidliche Privatausgaben von dieser Besteuerungsgrundlage abgezogen). Die Besteuerung muss aber auch dem Prinzip der **sozialen Gerechtigkeit** entsprechen (s. M 76). Dies verlangt das sog. Sozialstaatsprinzip des Grundgesetzes (Art. 20 (1) GG). Das heißt, dass die am Markt erzielten ungleichen Einkommen (Primärverteilung) vom Staat dadurch in Richtung größerer Gerechtigkeit *„umverteilt"* werden, dass *„Arme"* gar keine Steuern zahlen und *„Reiche"* mehr Steuern (einen höheren Prozentsatz) zahlen als solche, die weniger Einkommen haben. Im Folgenden wollen wir vor allem untersuchen, inwiefern und inwieweit die Struktur (der „Tarif") der wichtigsten Steuer, der Lohn-/Einkommensteuer, diesem Erfordernis entspricht (M 77).

▬▬ **M 76** Ziele der Steuerpolitik: soziale Gerechtigkeit und Wirtschaftsförderung

Hinsichtlich der **sozialen Gerechtigkeit** im Steuersystem gilt das allgemein anerkannte Prinzip: Jeder sollte nach seiner relativen Belastbarkeit Abgaben leisten. Die Reichen sollen also mehr zahlen als die Armen. Eine gleiche „Kopfsteuer" würde die Armen ungleich härter treffen. Diese Auffassung wurde nicht erst von sozialistischen* Bestrebungen durchgesetzt, sondern ist bereits
5 im frühen Liberalismus* (Adam Smith) zu finden. Auf dieser Vorstellung beruht die Entwicklung eines progressiven (d. h. wachsenden) Tarifs bei der Einkommensteuer. Wie diese Progression der Steuersätze jedoch ausfällt, ist Ergebnis von Interessenpolitik. Daher steht die *Tarifgestaltung* im Mittelpunkt jeder großen Steuerreform. Dabei geht es stets auch um die Frage, bis zu welchem Einkommen keine Steuern gezahlt werden sollen. Neben der Festlegung eines derar-
10 tigen *Existenzminimums* ist der Progressionsverlauf und der Höchststeuersatz von großem Interesse (vgl. dazu M 77).
Zu den Vorstellungen von Gerechtigkeit gehört auch der Wunsch nach einem *einfachen, durchschaubaren Steuersystem*, dessen Handhabung nicht Vorteile für „Gerissene" bringt. Will man aber soziale Tatbestände entsprechend berücksichtigen, ist die Forderung nach Einfachheit nicht
15 leicht zu verwirklichen (vgl. M 84).
Die Umverteilungswirkung der staatlichen Eingriffe in das Markteinkommen wäre jedoch unvollständig dargestellt, würde man nur die steuerlichen und Sozialabgaben* betrachten. Zu Recht wird gegen eine derartige Sicht vorgebracht, dass die vielen *Sozialleistungen* (Kindergeld, Renten, Arbeitslosengeld u. Ä. m.) gegengerechnet werden müssen, wenn man über Verteilungsgerech-
20 tigkeit diskutiert. Ähnliches gilt im Unternehmensbereich für die staatlichen *Subventionen*.
Schon dieser Hinweis verdeutlicht, dass sich Vorstellungen über Verteilungsgerechtigkeit nicht von Konzeptionen steuerlicher **Wirtschaftsförderung** trennen lassen. Für die einen stehen dabei die Förderung von Eigenkapitalbildung der Unternehmen und *Stärkung der Gewinne* durch Steuerentlastung im Mittelpunkt einer Wachstumspolitik. Zusätzlich soll individuelle Leistungsbe-
25 reitschaft durch eine Minderung der Steuerlast belohnt werden. In der Bundesrepublik Deutschland wird eine solche Diskussion stets mit verstärkten Hinweisen auf die internationale Konkurrenzlage der westdeutschen Wirtschaft verbunden.
Auf der anderen Seite wird die Entlastung der unteren Einkommensgruppen und die Sicherung staatlicher Beschäftigungsprogramme durch ein ausreichendes Steueraufkommen als wichtigs-
30 ter konjunktureller Beitrag gefordert. Dabei soll die Beschäftigung nicht so sehr durch vermehrte Investitionstätigkeit infolge von Gewinnstärkung als vielmehr durch *wachsende private und öffentliche Nachfrage* gesichert werden.
Neben diesen zwei zentralen Zielen der Steuerpolitik (soziale Gerechtigkeit und Wirtschaftsförderung) verfolgt der Staat eine Vielzahl von *Nebenzielen*: Im Einzelnen geht es z. B. um die Förde-
35 rung von Ehe und Familie, Einflussnahme auf das Verbraucherverhalten, Städtebauförderung, Eigentumsbildung.

Die Finanzminister erhalten in der Abwägung der konkurrierenden Zielsetzungen zusätzlich ein Eigengewicht, weil von ihnen verlangt wird, dass sie bei allen Reformvorhaben die *haushaltswirt-schaftlichen* („fiskalischen") Aspekte nicht aus den Augen verlieren: Sie sollen sicherstellen, dass
40 Reformansprüche und der politisch gewünschte Umfang der Staatstätigkeit auch durch Einnahmen gedeckt werden.

(Dieter Eißel, Steuerpolitik, soziale Gerechtigkeit und Konjunktur. In: Wochenschau Nr. 6, Sek. II, Schwalbach 1988, S. 211)

1. *Untersuchen Sie zunächst den sozialen Umverteilungsaspekt der Steuerpolitik (zu den Strukturmerkmalen des Einkommensteuertarifs s. M 77):*
  – *Inwieweit herrscht über das Ziel „soziale Gerechtigkeit" in diesem Bereich Konsens? Was ist umstritten und „Ergebnis von Interessenpolitik" (Z. 7)?*
  – *Inwiefern kann man die Umverteilungswirkung staatlicher Eingriffe nicht nur an den Steuern und Abgaben der Bürger beurteilen? Erläutern Sie zu dieser Frage den Begriff „Transferleistungen*".*

2. *Im Hinblick auf den zweiten Zielbereich der Steuerpolitik („Wirtschaftsförderung") werden zwei kontroverse Positionen beschrieben (Z. 21–32), die Sie aus der Erarbeitung von Kap. III schon kennen. Erläutern Sie sie unter den Begriffen Angebots- und Nachfrageorientierung (vgl. M 60) und ordnen Sie sie tendenziell bestimmten Parteien und gesellschaftlichen Gruppen zu.*

3. *Beschreiben Sie, in welcher spezifischen Situation sich der jeweilige Finanzminister bei jeder Diskussion um die Steuerpolitik befindet.*

▬▬ **M 77** Die Gestaltung des Einkommensteuertarifs

Seit Anfang 2005 setzt sich der Einkommensteuertarif wie folgt zusammen: ● Allen Steuerpflichtigen steht ein **Grundfreibetrag** von 7 664 € (für Ledige) bzw. 15 328 € (für zusammen veranlagte Ehepaare) zu. Auf Einkommen unterhalb dieser Schwelle ist keine Einkommensteuer zu zahlen und auch der Solidaritätszuschlag entfällt. Damit folgt die Steuergesetzgebung dem Gebot des
5 Bundesverfassungsgerichts, das Existenzminimum der Bürgerinnen und Bürger steuerfrei zu stellen.
Nur derjenige Teil des Einkommens, der über den Grundfreibetrag hinausgeht, unterliegt der Einkommensteuer. ● Dabei steigt die sogenannte *Grenzbelastung* zunächst in zwei Etappen geradlinig-progressiv an. Die Einkommen werden in dieser **Progressionszone** nach und nach immer
10 mer stärker belastet. Jeder Euro, der hinzukommt, wächst in einen höheren Steuersatz hinein.

Die Besteuerung beginnt oberhalb des Grundfreibetrags mit dem Eingangssteuersatz von 15 % und
15 klettert rasch auf etwa 24 %. Es folgt ein langgestreckter, nicht mehr ganz so steiler Anstieg des Steuertarifs. ● Diejenigen
20 Teile des Einkommens, die den Betrag von 52 151 bzw. 104 320 € übersteigen, sind in der sich anschließenden **Proportionalzone** dann
25 einem gleich bleibenden Steuersatz von 42 % unterworfen. ● Für Einkommensteile über 250 000 Euro führte das Steuerände-

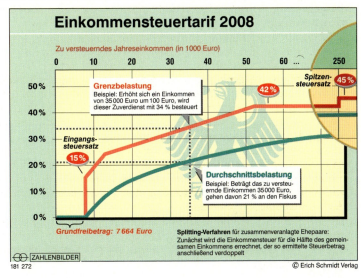

Einkommensteuertarif 2008

Zu versteuerndes Jahreseinkommen (in 1000 Euro)

Grenzbelastung
Beispiel: Erhöht sich ein Einkommen von 35000 Euro um 100 Euro, wird dieser Zuverdienst mit 34 % besteuert

Spitzensteuersatz 45 %

42 %

Eingangssteuersatz 15 %

Durchschnittsbelastung
Beispiel: Beträgt das zu versteuernde Einkommen 35000 Euro, gehen davon 21 % an den Fiskus

Grundfreibetrag: 7 664 Euro

Splitting-Verfahren für zusammenveranlagte Ehepaare: Zunächst wird die Einkommensteuer für die Hälfte des gemeinsamen Einkommens errechnet, der so ermittelte Steuerbetrag anschließend verdoppelt

ZAHLENBILDER
181 272

© Erich Schmidt Verlag

Einkommensteuer wird auf sieben Arten von Einkünften erhoben:

Land- u. Forst-wirtschaft	Gewerbe-betrieb	selbststän-dige Arbeit	unselbststän-dige Arbeit
V	V	V	L V

Kapital-vermögen	Vermietung, Verpachtung	sonstige Einkünfte*	* Ertragsanteil von Renten, Spekula-tionsgeschäfte usw.
Z V	V	V	

Nicht besteuert werden in Form von Freibeträgen oder abzugsfähigen Ausgaben:
1. Grundfreibetrag zur Sicherung des Existenzminimums,
2. Aufwendungen, die zur Erzielung des Einkommens notwendig sind (Werbungskosten),
3. Aufwendungen zur sozialen Sicherung, Vermögensbildung, Spenden usw.
4. Aus wirtschafts- oder sozialpolitischen Gründen begünstigte Aufwendungen (Subventionen)
Für alle Einkommensarten gibt es gesonderte Freibeträge

(© Globus-Info 0007)

Steuerklasse I:
Ledige und geschiedene Arbeitnehmer

Steuerklasse II:
Alleinerziehende zu dem Haushalt gehört mindestens ein Kind

Steuerklasse III:
Verheiratete

Steuerklasse IV:
Verheiratete, wenn beide Ehegatten etwa gleichen Lohn beziehen

Steuerklasse V:
Mitverdienende Ehegatten mit deutlich geringerem Einkommen als der andere Ehegatte, der nach Steuerklasse III besteuert wird

Steuerklasse VI:
Arbeitnehmer mit zweiten und weiteren Beschäftigungsverhältnissen

30 rungsgesetz 2007 einen neuen **Spitzensteuersatz** von 45 % ein. Allerdings werden Gewinneinkünfte mit Hilfe eines Entlastungsbetrags von dieser sogenannten *Reichensteuer* ausgenommen. Davon abgesehen liegt der Spitzensteuersatz auch nach der Erhöhung aber weit
35 niedriger als in den Jahren vor der großen Steuerreform 2000/05. Zum Vergleich: 1999 belief er sich auf 53 %, der Eingangssteuersatz auf 23,9 %.

Bezieht man die ermittelte Steuerschuld auf das zu versteuernde Gesamteinkommen, ergibt sich die steuerliche **Durchschnittsbelastung**. Diese beläuft sich nach dem Tarif 2007 für Ledige bei
40 einem Einkommen von 20 000 Euro z. B. auf 14,3 %, bei 50 000 Euro auf 26,2 %, bei 100 000 Euro auf 34,1 % und bei 300 000 Euro auf 39,9 %.

Ehepaare, die die steuerliche Zusammenveranlagung gewählt haben, werden nach dem günstigen **Splitting-Verfahren** besteuert: Dabei wird zunächst die tarifliche Einkommensteuer für die Hälfte des gemeinsamen Einkommens errechnet und der so ermittelte Steuerbetrag anschlie-
45 ßend verdoppelt.

	Krankenschwester Köln, 20 Jahre alt, **keine Kinder** **1 850 Euro im Monat**	Schlossermeister Dresden, 36 Jahre alt, **ein Kind** **3 000 Euro im Monat**	Verkaufsstellenleiter Stuttgart, 48 Jahre alt, **drei Kinder** **4 500 Euro im Monat**
Angaben in Euro			
Steuerbelastung	**227,61**	**283,82**	**707,31**
Lohnsteuer	215,75	270,16	670,00
Solidaritätszuschlag	11,86	0,00	15,30
Kirchensteuer	–	13,66	22,01

(Schmidt-Zahlenbilder)

▨ M 78 Der „Umverteilungseffekt" des Einkommensteuertarifs

Welche Auswirkungen die Gestaltung des Einkommensteuertarifs hat, zeigt eine vom Bundesfinanzministerium veröffentlichte Berechnung für das Jahr 2004. Sie gibt zunächst Auskunft über die **Schichtung** der Steuerpflichtigen **nach der Höhe der Einkünfte:**
Jahreseinkommen der
5 oberen 5 %: über 84 300 €;   oberen 50 %: ab 25 250 €;   unteren 25 %: bis 10 850 €;
oberen 25 %: ab 41 600 €;   unteren 50 %: bis 25 250 €;

[...] Bei diesen Berechnungen zählen zusammenveranlagte Ehepaare jeweils als ein Steuerpflichtiger.

Bei den *Einkünften* handelt es sich insbesondere um die Gewinne aus einem Gewerbebetrieb oder aus selbstständiger Arbeit, um die Löhne und Gehälter der Arbeitnehmer nach Abzug der Werbungskosten, um Kapitalerträge (Zinsen, Dividenden*) und Miet- oder Pachteinnahmen. Aus der Summe der Einkünfte ergibt sich nach Berücksichtigung von Vorsorgeaufwendungen und sonstigen Sonderausgaben das *zu versteuernde Einkommen*, auf dessen Grundlage

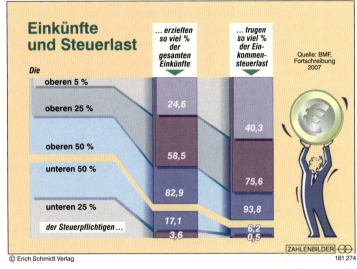

© Erich Schmidt Verlag

schließlich die Einkommensteuer festgesetzt wird (s. Abb. S. 158 o.).

Da der Fiskus bei der Einkommensteuer umso kräftiger zulangt, je höher das Einkommen ist, werden die Besserverdienenden entsprechend stärker belastet, die Geringverdiener dagegen entlastet. [...] Dieser steuerliche **Umverteilungseffekt** hat zur Folge, dass sich die Aufteilung der *verfügbaren Einkommen* – nach Abzug der Einkommensteuer – zugunsten der unteren Einkommensklassen verschiebt.

(Schmidt-Zahlenbilder)

1. Machen Sie sich die Strukturmerkmale klar, nach denen der Einkommensteuertarif aufgebaut ist (M 77). Erläutern Sie insbesondere den Sinn der „Progressionszone" und den Unterschied zwischen Grenz- und Durchschnittsbelastung (s. Abb. S. 157 u.).

2. Für die effektive Höhe der Einkommensteuer spielen nicht nur die Steuerklassen, sondern auch eine Reihe von nicht zu versteuernden „Freibeträgen" und „Abzügen" eine Rolle, die bewirken, dass das „zu versteuernde Einkommen" deutlich niedriger liegt als das Bruttoeinkommen. Da diese Beträge individuell z. T. sehr unterschiedlich sind, müssen wir uns hier auf allgemeine Hinweise beschränken. Die dargestellten konkreten Beispiele können einen gewissen Eindruck von der nach Steuerklassen und Einkommenshöhe unterschiedlichen Steuerbelastung vermitteln.

3. Wie beurteilen Sie im Hinblick auf die „gerechte" Verteilung der Steuerlast die reale Verteilung auf bestimmte Einkommenskurven in Deutschland (M 78)? Inwiefern ergibt sie sich aus dem Einkommensteuertarif? Worin liegt der soziale „Umverteilungseffekt"? Kann man sagen, dass ein Viertel der Steuerpflichtigen drei Viertel des gesamten Steueraufkommens leistet, ein anderes Viertel fast gar keine Steuern zahlt?

▬▬ M 79 Der Kunde zahlt – Mehrwertsteuer und Verbrauchsteuern

Die Umsatzsteuer ist für viele ein Buch mit sieben Siegeln. Dabei kommt jeder Bürger mit der Umsatzsteuer – besser bekannt als Mehrwertsteuer – zwangsläufig in Kontakt, ob bei der Tankquittung, beim Einkauf im Supermarkt oder bei der Handwerkerrechnung. Der Grundgedanke dahinter ist, dass jeder noch so kleine Umsatz besteuert werden soll; die Umsatzsteuer begleitet jedes Produkt vom Rohstoff über die Fertigware bis in die Hand des Verbrauchers. Deswegen wird die Umsatzsteuer auch Mehrwertsteuer genannt. Der Endabnehmer, sprich der Verbraucher, soll die Umsatzsteuer wirtschaftlich tragen – und die Unternehmen sind dabei gewisserma-

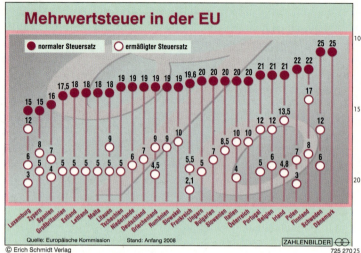

Mehrwertsteuer in der EU

● normaler Steuersatz   ○ ermäßigter Steuersatz

Quelle: Europäische Kommission   Stand: Anfang 2008

© Erich Schmidt Verlag

ZAHLENBILDER

725 270 25

ßen Erfüllungsgehilfen des Staates. Denn sie nehmen die Umsatzsteuer ein und leiten sie an den Fiskus weiter. Das bedeutet umgekehrt: Die Umsatzsteuer bleibt am Endverbraucher hängen, das Unternehmen hat im Normalfall keine Mehrkosten. Denn die Umsatzsteuer ist für die meisten Unternehmer ein durchlaufender Posten: Sie erhalten die Steuer mit der Einnahme in ihre Kasse oder mit der Rechnung auf ihr Geschäftskonto und leiten sie an den Staat weiter. Der Verbraucher jedoch muss den um die Mehrwertsteuer erhöhten Endpreis letztlich zahlen.

Grundsätzlich muss in Deutschland jeder Unternehmer auf seine Waren oder Dienstleistungen Umsatzsteuer erheben. Dabei gilt derjenige als Unternehmer, der eine gewerbliche oder freiberufliche Tätigkeit selbstständig ausübt. Der Steuersatz beläuft sich seit 2007 auf 19 %. [...]

Für bestimmte Umsätze verlangt der Fiskus nur einen *ermäßigten Steuersatz*, der gegenwärtig bei sieben Prozent liegt. Dieser gilt im Grunde für die wichtigsten Güter des alltäglichen Lebens, nämlich für

● Lebensmittel,
● Bücher, Broschüren und Zeitungen sowie
● landwirtschaftliche Erzeugnisse, aber auch für
● orthopädische Hilfsmittel,
● Kunstgegenstände und die
● Übertragung von Urheberrechten (zum Beispiel bei Schriftstellern, Wissenschaftlern, Grafikern, Designern oder auch Journalisten).

Ausnahmen gibt es auch hier: So sind Säfte, alkoholische Getränke sowie der Verzehr an Ort und Stelle – also zum Beispiel in einem Restaurant – nicht begünstigt.

(Informationen zur politischen Bildung Nr. 288, 3. Quartal 2005: Steuern und Finanzen, Bundeszentrale für politische Bildung, Bonn 2005, S. 22; Verf.: Constanze Hacke)

1. *Machen Sie die Funktionsweise der Umsatzsteuer/Mehrwertsteuer deutlich und stellen Sie heraus, worin sich die Umsatzsteuer im Hinblick auf die* **soziale Umverteilung** *grundsätzlich von der Einkommensteuer (vgl. M 78) unterscheidet – man spricht in dieser Hinsicht bei der Mehrwertsteuer von einem „regressiven" (die Umverteilung verringernden) Effekt (statt von einem „progressiven", wie bei der Einkommensteuer). Inwieweit wird die „Regressivität" durch den verminderten Steuersatz abgemildert?*

2. *Eine etwas umfangreichere Auflistung von Gütern mit dem vollem und ermäßigten Steuersatz finden Sie auf der Website www.cdu.de/archiv/2370_8840.htm.*

 M 80 Welche Steuern zahlen Unternehmen?

Wie hoch die Steuerbelastung eines Unternehmens letztlich ist, hängt auch von der Unternehmensform ab. Die **Kapitalgesellschaften***, etwa Aktiengesellschaften (AG) und sogenannte Gesellschaften mit beschränkter Haftung (GmbH), werden als Unternehmen besteuert und unterliegen der **Körperschaftsteuer**. Dabei gilt ein einheitlicher Steuersatz (2007: 25 Prozent), das

5 heißt, für jeden Euro Gewinn muss der gleiche Anteil Steuern gezahlt werden. Bei den Einzelunternehmen* und **Personengesellschaften**, etwa die „offene Handelsgesellschaft (OHG)" oder die „Kommanditgesellschaft", zahlen die 10 unternehmerisch handelnden Personen *Einkommensteuer*: Je höher der Gewinn ist, desto höher ist der fällige Steuersatz genau wie bei Arbeitnehmern mit höherem Lohn.

> **Einkommensteuer**: In Deutschland sind neun von zehn Unternehmen **Personengesellschaften**. Deren Inhaber zahlen auf ihre Gewinne Einkommensteuer.
> **Körperschaftsteuer**: Juristische Personen wie Aktiengesellschaften (AG) oder Gesellschaften mit beschränkter Haftung (GmbH) zahlen Körperschaftsteuer.
> **Gewerbesteuer**: Diese Steuer zahlen nur Gewerbebetriebe. Dazu gehören Industrie-, Handwerks- und Handelsbetriebe. Freiberufler wie Ärzte oder Anwälte sind ebenso wenig wie Landwirte gewerbesteuerpflichtig.

Der Mittelstand

15 Das Rückgrat der deutschen Wirtschaft sind **kleine und mittlere Unternehmen**. Sie schaffen rund 70 Prozent der Arbeitsplätze, stellen gut 80 Prozent der Ausbildungsplätze und erwirtschaften mehr als 40 Prozent des **Bruttoinlandsprodukts**. In Deutschland sind Mittelständler traditionell als Personengesellschaften organisiert. 20 Damit die mittelständischen Unternehmen genug Eigenkapital und finanzielle Rücklagen bilden können, hat die Bundesregierung den Einkommensteuertarif in den letzten zehn Jahren deutlich gesenkt. Zudem können sie staatlich geförderte Kredite erhalten. Dies ist für viele kleine und mittlere Unternehmen oft die einzige Möglichkeit, an Kapital zu kommen, das sie in Wachstum und Beschäftigung investieren können.

25 Die Unternehmenssteuerreform

Die Höhe der Steuerbelastung spielt eine wichtige Rolle dabei, ob Unternehmen Arbeitsplätze in Deutschland erhalten oder sogar neue schaffen. Denn der internationale Wettbewerb um Investitionen und Arbeitsplätze hat dazu geführt, dass andere europäische Staaten ihre Unternehmenssteuersätze zum Teil drastisch gesenkt haben.
30 Bislang gibt es keine einheitliche Methode in Europa, um die Unternehmensgewinne zu ermitteln. Dennoch spielen die steuerlichen Rahmenbedingungen neben dem Lohnfaktor eine wichtige Rolle für Unternehmen, wenn sie sich für Standorte entscheiden (vgl. M 101).
Um die Wettbewerbsfähigkeit und damit das Wirtschaftswachstum zu stärken, sollen die Unternehmen steuerlich entlastet werden. Mit der Unternehmenssteuerreform, die im Jahr 2008 in 35 Kraft tritt, wird deshalb der Körperschaftsteuersatz von 25 auf 15 Prozent gesenkt. Dadurch sinkt die durchschnittliche Steuerbelastung von **Kapitalgesellschaften** von derzeit 38,7 Prozent auf 29,8 Prozent (inklusive Gewerbesteuer und Solidaritätszuschlag).
Die Reform hebt auch die bislang bestehenden Unterschiede in der Besteuerung von Kapital- und Personengesellschaften weitgehend auf: Bisher müssen Inhaber von Personengesellschaften, 40 wenn sie die entsprechenden Einkommensgrenzen überschreiten, den Spitzensteuersatz von 42 Prozent entrichten. Nach der Reform werden Gewinne, die im Unternehmen belassen werden, nur noch mit 28,25 Prozent besteuert.
(http://www.jugend-und-bildung.de/files/163/Finanzen_u_Steuern _Schuelerheft_2007-2008.pdf, S. 14 f.)

Im Jahreswirtschaftsbericht 2008 der Bundesregierung heißt es zur Unternehmenssteuerreform: „Um die Investitionskraft der Unternehmen zu stärken, neue Arbeitsplätze zu schaffen und be- 45 stehende zu sichern sowie die Attraktivität des Standorts Deutschland zu erhöhen, hat die Bundesregierung die Unternehmensbesteuerung reformiert. Mit einer durchschnittlichen Gesamtsteuerbelastung von knapp unter 30 Prozent bietet Deutschland verbesserte steuerliche Rahmenbedingungen und unterstreicht damit auch auf diesem Gebiet seine internationale Wettbewerbsfähigkeit. Dies wird es deutschen Unternehmen erleichtern, ihre Eigenkapitalaus- 50 stattung zu verbessern. Außerdem trägt die Reform dazu bei, dass in Deutschland erzielte Gewinne auch in Deutschland besteuert werden." Gewerkschaften, Linkspartei, Teile der SPD und einige Wirtschaftswissenschaftler hielten die Reform für eine Fortsetzung ungerechter Verteilungspolitik. Es handele sich um Steuergeschenke an die Gewinnwirtschaft, während die Steuerbelastung der großen Mehrheit der Bevölkerung gestiegen sei.
(Autorentext)

1. *Das System der Unternehmenssteuern ist in Deutschland einigermaßen komplex. Stellen Sie den Unterschied zwischen Kapitalgesellschaften und Personengesellschaften und die damit verbundene unterschiedliche Form der Besteuerung heraus (M 80). Genaueres über die einzelnen Unternehmensformen können Sie ggf. in der Internet-Enzyklopädie Wikipedia (http://de.wikipedia.org) nachschlagen. Dort finden Sie auch weitergehende Informationen zu den Stichworten „Körperschaftsteuer" und „Gewerbesteuer".*

2. *Im internationalen Vergleich der Unternehmenssteuerbelastung lag Deutschland vor der Reform (2007/2008) mit einer Belastung von 38,65 % an dritter Stelle (hinter Japan und den USA) und liegt nunmehr mit einem Prozentsatz von 29,83 im oberen Mittelfeld. Deutlich niedriger ist die Besteuerung in allen osteuropäischen Mitgliedstaaten der EU, höher (zwischen 30 und 40 %) z. B. in Frankreich, Italien, Kanada, USA und Japan (genaue Übersicht unter der Internetadresse http:// www.bundesfinanzministerium.de/nn_37492/DE/BMF__Startseite/Service/Broschueren__Bestell service/Steuern/001__wichtigste__steuern__vergleich,templateId=raw,property=publicationFile. pdf, S. 23).*

3. *Erläutern Sie die Gründe, welche die Bundesregierung zu dieser Reform geführt haben, und die Kritik, die daran geübt wurde (M 80, letzter Abschnitt). Heben Sie die unterschiedlichen Perspektiven hervor, die darin zum Ausdruck kommen, und nehmen Sie aus Ihrer Sicht dazu Stellung. Ziehen Sie ggf. dazu auch M 81 hinzu.*

 M 81 **Das Steuersenkungsprogramm der Bundesregierung 1998 – 2008**

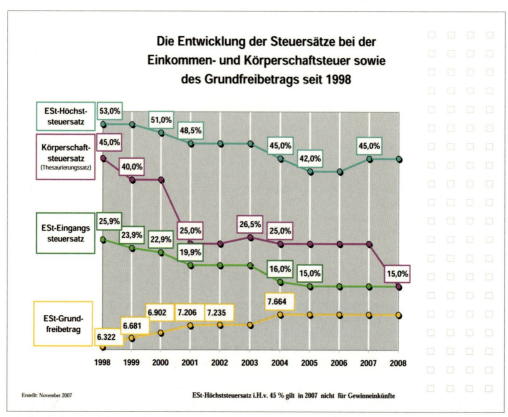

Die Entwicklung der Steuersätze bei der
Einkommen- und Körperschaftsteuer sowie
des Grundfreibetrags seit 1998

Erstellt: November 2007 ESt-Höchststeuersatz i.H.v. 45 % gilt in 2007 nicht für Gewinneinkünfte

(www.bundesfinanzministerium.de/nn_4138/DE/Wirtschaft_und_Verwaltung/Steuern/Steuerreform/Grafische_Darstellungen _und_internationale_Vergleiche/node.html?_nn=true; © Bundesministerium der Finanzen)

Gleich zu Beginn der neuen Legislaturperiode hat die Bundesregierung eine ganze Reihe steuerlicher Maßnahmen umgesetzt, die einerseits der dringend gebotenen Verbesserung der Einnahmesituation der öffentlichen Haushalte durch weiteren Abbau von Steuersubventionen und Ausnahmeregelungen sowie Eindämmung missbräuchlicher Gestaltungen Rechnung tragen, ande-
5 rerseits aber durch gezielte Entlastungen Wachstumsimpulse bewirken und zusätzliche Beschäftigungsmöglichkeiten insbesondere in privaten Haushalten eröffnen sollen. Zu diesem Zweck können bereits ab 2006 Arbeitskosten für Erhaltungs- und Modernisierungsmaßnahmen in privatem Wohnraum, haushaltsnahe Dienstleistungen sowie Aufwendungen für Kinderbetreuung steuerlich in weitaus höherem Maße als zuvor berücksichtigt werden. Damit werden
10 auch langfristig Investitionen im Privatsektor in einem vielfachen Volumen angestoßen. **Bürger und Unternehmen profitieren davon wesentlich**.
Die Zahlen zeigen deutlich: Unter dem Strich ergibt sich in der Gesamtschau eine spürbare Entlastung der Steuerzahler: Die Belastung einer Arbeitnehmerfamilie mit zwei Kindern und Steuerklasse III/2 mit direkten Steuern ist zwischen 1998 und 2006 drastisch gesunken. 1998 hat
15 diese Familie bei einem Jahresarbeitslohn von 24 704 € Lohnsteuer von 1 606 € gezahlt. In diesem Jahr werden es nur noch 914 € gewesen sein. Berücksichtigt man das Kindergeld und die Sozialabgaben, zeigt sich ein Anstieg des verfügbaren Einkommens im Verhältnis zum Jahresbruttoarbeitslohn von 83,3 % (1998) auf 89,4 % (2006).
(www.bundesfinanzministerium.de/nn_38828/DE/Wirtschaft_und_Verwaltung/Steuern/Steuerreform_im_Ueberblick/node.html?_nn=true)

M 82 Können Steuererleichterungen Wachstum und Beschäftigung stärken?

Im Unterschied zur Besteuerung des privaten Einkommens, bei dem sich die Entlastungseffekte und die Verteilungswirkungen relativ klar einschätzen lassen, lässt sich die Frage, welche Effekte Steuerreformmaßnahmen für die *Konjunkturentwicklung* tatsächlich bewirken, nicht mit ausreichender Sicherheit beantworten. Die folgende Darstellung zeigt die Gründe für diese Unsicherheit auf.

Ein **expansiver Effekt** von Steuererleichterungen mit dem Ziel, das Produktionspotenzial mehr auszulasten, um Wachstumsschwäche und Unterbeschäftigung zu vermeiden, wird umso eher gegeben sein, je mehr die *Haushalte* auf Steuersenkungen mit einer *Erhöhung ihrer Konsumausgaben, Unternehmen* mit einer *Erhöhung ihrer Investitionsausgaben* reagieren und je mehr dies
5 noch weiter gehende Multiplikatoreffekte (s. S. 55 f.) auslöst. Antworten die Haushalte mit einer *Erhöhung ihrer Sparquote* bzw. die Unternehmen mit einer Erhöhung ihrer Liquiditätsquote, weil skeptische Einkommens-, Beschäftigungs- oder Absatzerwartungen dominieren, ist der expansive Effekt relativ gering zu veranschlagen. Dies gilt auch für den Fall, dass die Steuersenkungen so vorsichtig dimensioniert sind, dass die Haushalte oder Unternehmen weitere Steuersen-
10 kungen erwarten und sich zunächst zurückhalten.
(Werner Glastetter, Konjunkturpolitik, Bund-Verlag, Köln 1987, S. 295 f.)

M 83 Pro und kontra hohe und niedrige Steuern

Reicher Staat, gerechter Staat: der Vorteil hoher Steuern

Wer einen aktiven Staat will, muss ihm auch die Mittel für eine aktive Politik zugestehen. Innere und äußere Sicherheit, Bildungssystem, Verkehrsinfrastruktur, Gesundheitsschutz, Grundlagenforschung – all das sind öffentliche Güter, die der Staat seinen Bürgern zur Verfügung stellen soll. Und im Fall der Bundesrepublik kommt auch noch die Finanzierung der deutschen Einheit
5 dazu. Solche historischen Aufgaben können nicht privat finanziert werden.
● Die Folgen geringer Staatseinnahmen zeigen sich in Deutschland vielerorts. Das Straßennetz veraltet; Bäder, Bibliotheken und Sportstätten werden geschlossen; Schulgebäude verkommen; Unis sind überfüllt; Wissenschaft und Forschung werden weniger unterstützt als in den konkurrierenden Ländern Europas und Asiens. Rund 40 Prozent des Bundeshaushaltes fließen heute in

10 die Finanzierung sozialer Ausgaben, 20 Prozent sind Zinszahlungen für die Bundesschuld (s. Grafik S. 168).

Der Staat darf sich nicht „selber das Wasser abgraben, bis er seinen Aufgaben nicht mehr nachkommen kann", definiert Achim Truger vom gewerkschaftsnahen Institut für Makroökonomie und Konjunkturforschung die Untergrenze. [...]

15 • Ein weiteres Argument für auskömmliche Steuern lautet: Der Staat braucht die Möglichkeit, den wirtschaftlichen Wohlstand gleichmäßiger zu verteilen. Wer besonders wohlhabend ist, soll entsprechend zur Finanzierung öffentlicher Aufgaben beitragen. Aus ökonomischer Sicht ist es kein Schaden, wenn Spitzeneinkommen, große Vermögen oder beträchtliche Erbschaften höher besteuert werden als zurzeit. Allerdings fordern hohe Steuersätze auch die Kapitalflucht ins Aus-
20 land. Oder die Betroffenen verlegen gleich ihren Wohnsitz jenseits der Grenzen.

• Eine Alternative für klamme Finanzminister ist die Erhöhung indirekter Steuern. Politisch lässt sich etwa eine höhere Tabak- oder Mineralölsteuer leichter durchsetzen als eine Steuer auf Einkommen oder Vermögen, da sich der Widerstand der Betroffenen weniger stark artikuliert. Besonders ergiebig ist dabei die Mehrwertsteuer als generelle Verbrauchsteuer. [...] [Eine Zweck-
25 bindung erhöhter Steuereinnahmen dämpft] nicht nur den Widerstand der Steuerzahler, sondern entlastet auch die Unternehmen von Lohnzusatzkosten (s. Grafik S. 129). Kein Wunder, dass nun diskutiert wird, die Einnahmen aus einer höheren Mehrwertsteuer für die sozialen Sicherungssysteme zu verwenden, um die Lohnzusatzkosten zu senken.

Ob direkte oder indirekte Steuern – eine Erhöhung birgt immer ökonomische Risiken. Nimmt
30 die Steuerflucht überhand, hat der Finanzminister das Nachsehen. Höhere indirekte Steuern können im Extremfall den Verbrauch und damit die Basis der Besteuerung reduzieren – wie im Fall der Tabaksteuer.

Dass eine höhere Mehrwertsteuer unsozial sein muss, stimmt allerdings nicht. Wer ein bescheidenes Einkommen bezieht, gibt zwar den größten Teil davon für den Konsum aus, profitiert aber
35 auch überproportional vom ermäßigten Steuersatz für Lebensmittel. Den muss man ja nicht mit erhöhen.

Niedrige Steuern: mehr Geld für den Konsum

Das hat es in der Geschichte der Bundesrepublik noch nicht gegeben: Von 2001 bis 2005 sanken die Steuern für Unternehmen und private Haushalte um mehr als 50 Milliarden Euro (s. M 81). [...]

Die Idee dahinter: Bürger und Unternehmen können sich umso besser entfalten, je weniger der
40 Staat ihnen in die Tasche greift. Die Bürger konsumieren dann mehr, und die Unternehmen investieren wieder. Beides führt zu neuen Jobs und zu mehr Wachstum.

• So sah es die Bundesregierung, als sie 2000 ihre große Steuerreform verkündete. Und so sehen es auch die großen Wirtschaftsverbände. „Steuerentlastungen werden zu mehr Investitionen und Arbeitsplätzen führen", sagt Jürgen Thumann, der Präsident des Bundesverbandes der
45 Deutschen Industrie (BDI). „Sie sind als Starthilfe für den Wachstumsmotor und für den Standort Deutschland dringend notwendig."

Letzteres Argument hat besonders seit dem EU-Beitritt osteuropäischer Länder an Prominenz gewonnen: Viele von ihnen besteuern die Unternehmensgewinne nämlich nur minimal. Für deutsche Unternehmen wirkt das wie eine Einladung, Arbeitsplätze über die Grenzen zu verla-
50 gern. Gleichzeitig halten die deutschen Steuersätze – mehr als die im Einzelfall tatsächlich anfallende Steuerlast – ausländische Investoren davon ab, sich in Deutschland zu engagieren.

• So geht es bei der Frage, welche Steuern man denn senken sollte, damit vorrangig neue Arbeitsplätze entstehen, vor allem um die Abgabenlast der Unternehmen, also vornehmlich um die Körperschaftsteuer. Allerdings gibt es keine Garantie dafür, dass sinkende Unternehmenssteuern
55 zu steigenden Investitionen führen. Trotz beträchtlicher Steuersenkungen – und gleichzeitig steigender Unternehmensgewinne – hält die Stagnation der deutschen Wirtschaft seit bald fünf Jahren an, und erst jetzt zeigen sich die Hoffnungsschimmer. „Steuersenkungen sind keine hinreichende Bedingung für Wachstum", sagt Dieter Vesper vom Deutschen Institut für Wirtschaftsforschung in Berlin.
60 So reagiert auch der Konsum der privaten Haushalte auf die umfangreichen Steuersenkungen nicht wie erhofft. Die unverändert schwache Binnennachfrage verhindert seit Jahren einen sta-

bilen Aufschwung in Deutschland. Gegenläufige Kräfte machten die Steuerentlastungen wieder wett: Die Reallöhne stagnierten, das Gesundheitswesen wurde für die einzelnen Bürger teurer, die zudem mit der beständig vorgetragenen Forderung nach mehr Altersvorsorge konfrontiert
65 sind. Angesichts der verbreiteten Krisenangst verlegten sich ohnehin viele Steuerzahler aufs Sparen und legten eine finanzielle Reserve an.
● Vorschläge für Steuersenkungen provozieren gerade in Zeiten knapper Kassen die Frage nach der Finanzierung. Sinkende Einnahmen erhöhen die Gefahr, dass die ohnehin schon defizitären öffentlichen Haushalte weiter in die Verschuldung getrieben werden. [...]
(DIE ZEIT Nr. 32 v. 11.8.2005, S. 20; Verf.: Klaus-Peter Schmid)

1. *Beschreiben Sie, in welchen Bereichen und in welchem Ausmaß die Bundesregierung in den Jahren 1998–2008 die Steuern gesenkt hat (M 81). Näheres dazu und zu den Entlastungswirkungen dieser Reform finden Sie im Internet unter der Adresse des Bundesfinanzministeriums. Bedenken Sie dabei, dass eine Reihe gleichzeitig erfolgter Steuer- und Abgabenbelastungen (z. B. die Erhöhung der Mehrwertsteuer von 16 auf 19% seit 2007) hier nicht berücksichtigt sind.*

2. *Erläutern Sie möglichst mit eigenen Worten die knappe Darstellung M 82 und machen Sie deutlich, von welchen Bedingungen es abhängt, ob z. B. Steuersenkungen den gewünschten „expansiven" Effekt haben (d. h. sich in erhöhte Nachfrage nach Konsum- und Investitionsgütern und damit in mehr Beschäftigung umsetzen).*

3. *Real eingetretene Wirkungen steuerpolitischer Maßnahmen lassen sich schon deshalb schwer beurteilen, weil man nicht wissen kann, welche Entwicklungen sich ohne diese Maßnahmen vollzogen hätten. Im Hinblick auf das Steuersenkungsprogramm der Bundesregierung ist jedenfalls feststellbar, dass die private Nachfrage nach Konsumgütern sich trotz der Steuersenkungen nicht positiv entwickelt hat. Die Gründe für die stagnierende Binnennachfrage werden allgemein in einer verbreiteten Verunsicherung der Bevölkerung (wegen der immer noch hohen Arbeitslosigkeit und seit Ende 2007 auch wegen steigender Preise) gesehen, die zu einer höheren Sparquote und damit zu weniger Konsum geführt habe. Hinzu kam, dass die steuerliche Entlastung durch Belastungen in anderen Bereichen (Sozialversicherungsbeiträge, Krankheitskosten, Rentenkürzungen) in einem gewissen Ausmaß konterkariert wurde.*

4. *M 83 nimmt in vielfacher Hinsicht Bezug auf die in den vorangehenden Materialien enthaltenen Begriffe, Aspekte und Zusammenhänge. Für die Erarbeitung bietet sich **Gruppenarbeit** an, bei der alle Gruppen den ganzen Text lesen, danach aber eine Aufteilung nach den Abschnitten a) und b) erfolgt: Die Argumente für und gegen hohe Steuern können dann von Vertretern der jeweiligen Gruppe in einer **Pro- und Kontra-Diskussion** ausgetauscht werden. Eine Diskussion im Plenum könnte sich anschließen.*

M 84 „Keiner blickt mehr durch" – Muss das deutsche Steuersystem reformiert werden?

In Deutschland gibt es Tausende Vorschriften, wer wann und wie seine Steuern zu zahlen hat. Das Steuersystem ist sachlich und logisch kaum noch zu begreifen, es hat sich zum Steuerdschungel entwickelt.
Inzwischen ist Deutschland in Fragen des Steuerrechts weltweit unangefochtener Spitzenreiter:
5 Es gibt mehr als 200 Steuergesetze und 96 000 Steuervorschriften. Dazu kommen ständige Veränderungen: In der Legislaturperiode von 1998 bis 2002 wurden allein im Einkommensteuergesetz 110 Mal die Paragrafen geändert, zum Teil mehrfach. Zusätzlich belastet wird das Steuerrecht durch Hunderte Ausführungs-, Ausnahme- und Sonderbestimmungen, die sich überschneiden oder aufheben.
10 Weltweit einmalig ist auch, dass das deutsche Steuerrecht sieben unterschiedliche Einkunftsarten kennt: Besteuert werden Einkünfte aus Land- und Forstwirtschaft, aus Gewerbebetrieben, aus selbstständiger und nichtselbstständiger Arbeit, aus Kapitalvermögen, aus Vermietung und

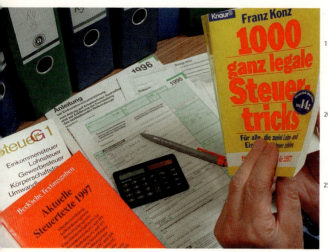

Zu kompliziert: Die Steuererklärung gerät alljährlich für Otto Normalverbraucher zum Kraftakt.
(Foto: © dpa-Fotoreport)

(Zeichnung: Klaus Stuttmann/CCC, www.c5.net)

Verpachtung sowie „sonstige" Einkünfte. Für jede Einkunftsart wiederum existieren
15 verschiedene Besteuerungsvorschriften und Steuersätze. Finanzämter und -gerichte, Verwaltungsstellen und Steuerberater erfassen, prüfen, ziehen Steuern ein oder erstatten einen Teil der gezahlten Steuern wieder
20 zurück.

Niemand blickt mehr durch. Das über Jahrzehnte entstandene Dickicht eröffnet zahlreiche Möglichkeiten, Steuern zu kürzen oder zu umgehen. Die Einnahmeverluste
25 aus Steuer-„Vermeidung" und -flucht schätzen Fachleute auf bis zu 100 Milliarden € jährlich. Das entspricht etwa der Hälfte des Aufkommens aus der Einkommensteuer. Um die Steuerflucht zu vereiteln, verschär-
30 fen die Finanzbehörden ihre Kontrollen. Rechtsstreitigkeiten sind die Folge. Im Jahr 2000 haben erstmals mehr als 100 000 Bürger bei den Finanzgerichten Klage eingereicht. Bei der obersten Steuerinstanz, dem
35 Bundesfinanzhof, steigen die Beschwerden jährlich im Durchschnitt um sieben Prozent.

Das komplizierte Steuerrecht führt dazu, dass die Steuerlast des Einzelnen oftmals
40 nicht von seiner Leistungsfähigkeit, sondern von der Qualität des Steuerberaters abhängt. [...]

Politiker und Experten aus Wissenschaft, Wirtschaftsverbänden und Unternehmen
45 sind sich einig: Das Steuerrecht muss einfacher werden. Es liegen mittlerweile genügend Modelle dafür vor. Manche wollen das bestehende Steuersystem abschaffen. Andere Vorschläge setzen auf Verbesserungen
50 innerhalb des geltenden Rahmens.

Wie immer die nächste Steuerreform aussehen mag: Inzwischen überwiegt die Überzeugung, dass mit dem Abbau von Steuer-

---

Ein einfaches Steuersystem leistet einen Beitrag, die Steuermoral zu stärken.
Bundespräsident Horst Köhler betonte am 27. Mai 2008 bei seiner Rede beim Max-Weber-Preis für Wirtschaftsethik: „Wenn eine Mehrheit in der Gesellschaft denkt, es sei clever, das Finanzamt zu betrügen, dann gehen nicht nur Steuereinnahmen verloren, dann geraten auch der freiheitliche Rechtsstaat und unser aller Vertrauen in die demokratische Ordnung in Gefahr."
Dies sieht auch Bundesfinanzminister Peer Steinbrück. Beim Jahreskongress der Steuerberater Mitte Mai sagte er: „Ich lasse grundsätzlich das Argument gelten, dass unser Steuersystem zu kompliziert ist. Ich will, dass es so einfach wie möglich ist." Klare Erfolge seien in den letzten Jahren schon zu verzeichnen: Das deutsche Steuerrecht sei in der Praxis für viele Bürger und Unternehmer schon deutlich einfacher geworden.
(http://www.bundesfinanzministerium.de/nn_54/DE/Wirtschaft_und_Verwaltung/Steuern/022_Steuersystem_Koehler.html?_nnn=true)

vergünstigungen und -ausnahmen den Steuerpflichtigen die Möglichkeit zu ökonomisch ver-
55 nünftigem Handeln zurückgegeben wird. Alle Beteiligten – vom „einfachen" Steuerbürger bis zu
den Stadtkämmerern und Finanzministern – würden durch eine Vereinfachung gewinnen.
Mit weiteren Detailveränderungen ist das bestehende Steuersystem jedenfalls nicht mehr zu
retten. Schließlich haben sich in den vergangenen Jahrzehnten – gerade durch die Unmenge von
Gesetzeskorrekturen und -erweiterungen – die Ungerechtigkeiten und Unübersichtlichkeiten
60 nie verringert, sondern immer noch vermehrt.

(Ludwig-Erhard-Stiftung, Im Klartext 1/2004, Bonn 2004, S. 2 f.)

Beschreiben Sie die Folgen, die das komplizierte deutsche Steuersystem nach verbreiteter Auffassung
gezeitigt hat. Erkundigen Sie sich ggf. nach konkreteren Plänen zu einer allseits gewünschten, aber
offenbar schwer zu bewerkstelligenden deutlichen Vereinfachung des Steuersystems. Interpretieren Sie
dazu auch die Karikatur.

Der Staat in der „Schuldenfalle"? Dimensionen und Folgen der Staatsverschuldung

M 85 Die Entwicklung der Staatsverschuldung

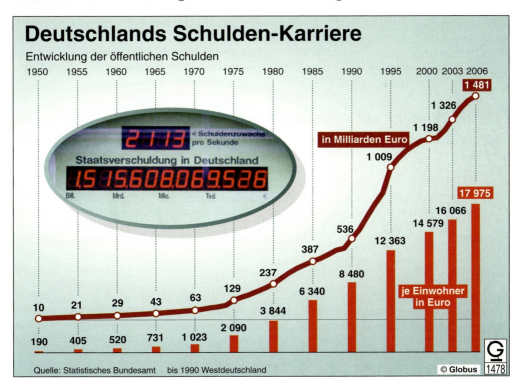

Deutschlands Schulden-Karriere
Entwicklung der öffentlichen Schulden

M 86 Verschuldung der öffentlichen Haushalte 1950 – 2007

Ende des Zeitraums	Nach den Kreditnehmern				Nachrichtlich
	Insgesamt[1]	Bund[2]	Länder	Gemeinden[3]	Schuldenstandsquote[4]
Mio. Euro – Früheres Bundesgebiet					
1950	10 550	3 727	6 587	255	
1960	26 975	13 751	7 513	5 710	
1970	64 366	29 556	14 206	20 602	18,6
1980	239 517	120 460	70 458	48 679	31,7
1989	474 906	254 420	158 428	62 057	41,8
Mio. Euro – Deutschland					
1993	770 225	461 416	221 818	86 991	46,9
1996	1 087 170	700 666	285 477	101 025	59,8
2000	1 211 439	774 630	338 143	98 462	60,2
2003	1 358 121	826 058	423 737	107 857	63,8
2005	1 489 029	901 621	471 375	116 033	67,8
2007	1 539 500	939 988	484 117	115 295	65,4

[1]Ohne Verschuldung der Haushalte untereinander. – [2]Einschließlich der Sondervermögen, wie zum Beispiel ERP-Sondervermögen, Lastenausgleichsfonds, Fonds „Deutsche Einheit", Kreditabwicklungsfonds/Erblastentilgungsfonds, Bundeseisenbahnvermögen, Ausgleichsfonds Steinkohleneinsatz/Entschädigungsfonds. – [3]Einschließlich Verschuldung der kommunalen Zweckverbände und der kommunalen Krankenhäuser. – [4]Verschuldung der öffentlichen Haushalte in Relation zum Bruttoinlandsprodukt in jeweiligen Preisen.   Quelle: BMF
(Zahlen für 2007 vorläufig; Quelle: Deutsche Bundesbank, Monatsbericht Mai 2008)

M 87 Ursachen und Mechanismen der wachsenden Verschuldung

Einen ersten spürbaren Anstieg der Staatsverschuldung brachten die 1970er-Jahre, als Konjunkturprogramme („deficit spending*") und umfangreiche Infrastrukturmaßnahmen („Zukunftsinvestitionen") sozialdemokratisch geführter Bundesregierungen den Schuldenstand des **Bundes** von knapp 25 Mrd. € auf über 157 Mrd. € mehr als versechsfachten. Ein zweiter Schub setzte mit der **deutschen Einheit** ein. [...]

Auf der Einnahmenseite bestand das Hauptproblem seit den 1990er-Jahren in der schwachen Konjunktur, die zu erheblichen Steuerausfällen führte. Auf der Ausgabenseite waren es die außergewöhnlichen finanziellen Belastungen in der **Folge der deutschen Einheit**, aber auch die hohe Arbeitslosigkeit, die bei Bund und Ländern zu jährlichen Mehrausgaben in zweistelliger Milliardenhöhe führten. [...] Im Durchschnitt der Jahre 1990 bis 2003 wurden aus öffentlichen Haushalten (überwiegend: vom Bund) Transferzahlungen nach Ostdeutschland

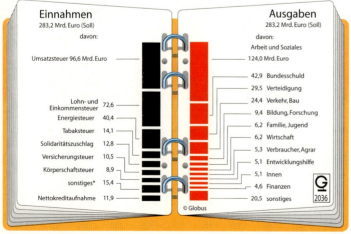

Das Hauptbuch der Nation: Der Bundeshaushalt 2008

Einnahmen
283,2 Mrd. Euro (Soll)
davon:

Umsatzsteuer 96,6 Mrd. Euro

Lohn- und Einkommensteuer 72,6
Energiesteuer 40,4
Tabaksteuer 14,1
Solidaritätszuschlag 12,8
Versicherungsteuer 10,5
Körperschaftsteuer 8,9
sonstiges* 15,4
Nettokreditaufnahme 11,9

Ausgaben
283,2 Mrd. Euro (Soll)
davon:
Arbeit und Soziales
124,0 Mrd. Euro
42,9 Bundesschuld
29,5 Verteidigung
24,4 Verkehr, Bau
9,4 Bildung, Forschung
6,2 Familie, Jugend
6,2 Wirtschaft
5,3 Verbraucher, Agrar
5,1 Entwicklungshilfe
5,1 Innen
4,6 Finanzen
20,5 sonstiges

© Globus
2036

*Zuweisungen abgerechnet

Quelle: BMF

von ca. 70 Mrd. € pro Jahr geleistet – vor allem
25 zur Finanzierung von Sozialleistungen. [...] Im
Verlauf eines Jahrzehnts hat sich die Staatsverschuldung dadurch verdreifacht. [...]
● Die dramatisch gestiegene Staatsverschuldung ist Folge der Jahr für Jahr akkumulierten
30 *Defizite der öffentlichen Haushalte* von Bund, Ländern und Gemeinden. Sind die Einnahmen geringer als die Ausgaben, müssen die entsprechenden Fehlbeträge durch Kreditaufnahme gedeckt werden. Die Summe aller ausstehenden
35 öffentlichen Kredite ergibt die Staatsverschuldung. [...]
● Um Haushaltsdefizite zu finanzieren, nehmen Bund und Länder Darlehen auf. Es gibt eine Vielzahl von Kreditformen – Bundes- und
40 Länderanleihen, Obligationen, Schuldscheindar-
lehen, Bundesschatzbriefe etc. –, die über den
Kapitalmarkt* („Rentenmarkt") von institutio-

> **Schuldverschreibungen**: Wertpapiere, in denen
> sich der Aussteller verpflichtet, bei Fälligkeit einen
> bestimmten Geldbetrag zu zahlen und nach einem
> festgelegten Modus Zinszahlungen zu leisten.
> Schuldverschreibungen dienen der Deckung eines
> größeren Bedarfs an Fremdmitteln.
> **Bundesanleihe**: Langfristige Schuldverschrei-
> bungen, die der Bund zur Deckung seines
> Kreditbedarfs begibt. Sie hat in der Regel eine
> zehnjährige Laufzeit und eine feste Nominalver-
> zinsung.
> **Bundesobligation**: Schuldverschreibung des
> Bundes mit fünfjähriger Laufzeit und fester
> Nominalverzinsung.
> **Bundesschatzbrief**: Speziell für Privatanleger
> konzipierte Schuldverschreibung des Bundes
> mit sechs (Typ A) oder sieben (Typ B) Jahren
> Laufzeit und gestaffeltem Zinssatz.
> (Autorentext)

nellen und privaten, in- und ausländischen Anlegern gekauft werden. „Staatspapiere" sind für Anleger interessant, weil sie eine auskömmliche Verzinsung bei geringem Risiko (von Kursschwan-
45 kungen oder Kapitalverlust) aufweisen. Der Bund finanziert sich vor allem über Anleihen und Obligationen, die Länder überwiegend durch direkte Kredite von Banken und Versicherungen.

(Bundeszentrale für politische Bildung, Themenblätter im Unterricht Nr. 35: Staatsverschuldung, Bonn 2004, Lehrerblatt S. 2;
Verf.: Gerhard Willke)

▰ **M 88** Struktur der öffentlichen Verschuldung – „Neuverschuldung" und „Schuldenberg"

Die Struktur der öffentlichen Verschuldung hat sich im Zeitablauf gewandelt. Zunächst ist hervorzuheben, dass sich die Staatsverschuldung auf alle drei *Gebietskörperschaften* bezieht, also auf
Bund, Länder und *Gemeinden*, daneben aber auch auf die *Sozialversicherungsträger*. [...]

Die meisten Statistiken beschränken sich in
5 der Darstellung aber auf die Verschuldung
der Gebietskörperschaften. Dabei ist zwischen *verschiedenen Schuldbegriffen* zu unterscheiden. Die jährlich aufgenommenen Kredite bezeichnet man als **Neuverschuldung**,
10 wobei die Gesamtsumme der in einem Haushaltsjahr neu eingegangenen Kreditverpflich-
tungen die Brutto-Neuverschuldung ergibt.
Da aber im selben Haushaltsjahr auch
Tilgungen zu leisten sind, ergibt sich die Net-
15 toneuverschuldung als Bruttoneuverschul-
dung minus *Tilgungen* (vgl. Abb.). Die **Netto-
neuverschuldung** dient als Ausgleich zwischen den Ausgaben und Einnahmen im
jeweiligen Haushaltsplan. Solange sie einen
20 positiven Wert hat, also größer ist als Null,
wächst der bereits bestehende Schuldenberg
um diesen Betrag zusätzlich an. Die *Netto-
neuverschuldung* kann auch negativ sein, wenn
die Summe der in einem Jahr zu leistenden

Abb.: Nettokreditaufnahme

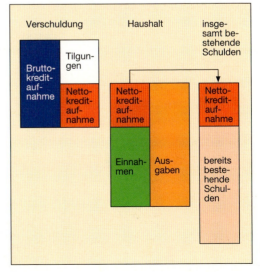

Schuldenuhr des Bundes der Steuerzahler am
29.2.2008   (Foto: © picture-alliance/dpa)

25 Tilgungen die Summe der Bruttokreditaufnahme übersteigt. Dann und nur dann würde der Schuldenberg verringert.

Die öffentliche Verschuldung ist wegen möglicher negativer Effekte (vgl. später M 90) – 30 nicht immer zu Recht – der Kritik ausgesetzt. Daher ist es verständlich, dass gelegentlich zu beschönigenden Ausdrucksweisen gegriffen wird, um das Problem abzuschwächen. Die Aussage „Die Wachstumsrate der Nettoneu- 35 verschuldung hat abgenommen" klingt zwar sehr kompliziert und für die meisten unverständlich, aber nach Beruhigung und Schuldenkonsolidierung (Schuldenabbau). Tatsächlich sagt dies aber nur aus, dass die „Zunah- 40 me" abgeschwächt ist; dies bezieht sich jedoch nur auf die Wachstumsrate, also auf die „Geschwindigkeit". Tatsächlich steigen die Schulden jedoch weiter an.

(Jörn Altmann, Wirtschaftspolitik, Lucius & Lucius, Stuttgart, 8. Aufl. 2007, S. 339 f.)

1. Beschreiben Sie anhand von M 85 und M 86 die Entwicklung der gesamten Staatsverschuldung in der Bundesrepublik und ihre Verteilung auf die drei Gebietskörperschaften. Zur Erklärung der dargestellten Entwicklung können Sie M 87 heranziehen. In welchem der dargestellten Zeiträume der 1990er-Jahre war der Anstieg am deutlichsten? Wer war daran mit Abstand am stärksten beteiligt? Welche Bedeutung kommt der „Schuldenstandsquote" zu (vgl. M 89)?

2. Klären Sie anhand von M 87 und M 88 die im Zusammenhang mit der Staatsverschuldung immer wieder verwendeten Begriffe Schuldenstand (s. M 85/M 86), Haushaltsdefizit, Bruttokreditaufnahme, Nettokreditaufnahme (= Neuverschuldung). Erklären Sie dazu folgende Aussage: Nur dann, wenn die in einem Jahr geleisteten Tilgungen die Summe der Bruttokreditaufnahme übersteigen (und damit die Nettokreditaufnahme negativ ist), wird der Schuldenstand verringert. Wenn die Nettokreditaufnahme = 0 ist, bleibt der Schuldenstand gleich.

3. Stellen Sie fest, wie viel Prozent der gesamten Ausgaben des Bundeshaushalts 2008 für die Zahlung von Schuldzinsen und Tilgung (Bundesschuld) verwendet werden müssen (Grafik in M 87). Vergleichen Sie diesen Anteil mit dem anderer wichtiger Ausgabenbereiche. – Zu anderen Messgrößen für die Belastung der Finanzpolitik s. M 89. Nähere Informationen zur Entwicklung der Staatsverschuldung finden Sie unter: www.staatsverschuldung-schuldenfalle.de

▬▬ **M 89** Was die Quoten besagen – relative Indikatoren der Staatsverschuldung

Tabelle: Schuldenstands-, Defizit- und Zins-Steuer-Quote 1991–2007

	1960	1991	1995	1998	2000	2002	2004	2005	2006	2007
Schuldenstandsquote (Maastricht-Kriterium*)	–	40,4	57,0	60,9	60,2	61,2	66,4	67,8	65,1	65,4
Defizitquote (Maastricht-Kriterium*)	3,0	−2,9	−3,3	−2,2	−1,4	−3,7	−3,8	−3,4	−1,6	0
Zins-Steuer-Quote (Bund)	1,7	12,2	15,9	16,0	13,0	14,9	14,6	12,7	13,4	12,2

(www.bundesfinanzministerium.de/Anlage18512/Quoten-als-wichtige-gesamtwirtschaftliche-Groessen.pdf; ergänzt)

Mit der „**Schuldenstands-quote**" (eigentlich eine Relation) wird das Verhältnis der Schulden des
5 Gesamtstaates (Gebietskörperschaften und Sozialversicherungen*) im Verhältnis zum BIP ausgedrückt. Besondere Be-
10 deutung hat die Schuldenstandsquote als eines der Kriterien des Maastricht-Vertrages* (s. u.), was auch zu einheitlichen
15 Kriterien zumindest in den Euro-Staaten für die Bemessung dieser Größe geführt hat.
Ebenfalls im Zusammen-
20 hang mit den Maastricht-

2007: Der Staat im Plus

2001 2002 2003 2004 2005 2006 *2007* +0,2

Finanzierungssaldo des Staates in Milliarden Euro

-59,6 -78,3 -87,2 -83,6 -75,4 -37,0

in % der Wirtschaftsleistung (Bruttoinlandsprodukt) 0 %

-2,8 -3,7 -4,0 -3,8 -3,4 -1,6

dpa•4925 Quelle: Stat. Bundesamt

Kriterien (s. u.) hat die Beobachtung der Entwicklung der Finanzierungssalden der öffentlichen Haushalte im Verhältnis zum BIP an Bedeutung gewonnen. Der Ausdruck „**Defizitquote**" ist dabei eigentlich zu kurz gefasst, da prinzipiell nicht nur Defizite, sondern auch Überschüsse mit dieser Verhältniszahl erfasst werden können. Die entsprechenden tatsächlichen Werte haben
25 sich aber von einem Überschuss in 1960 von 3 % zu einem Defizit von – 3,8 % in 2004 entwickelt, wobei zwischenzeitlich erhebliche Schwankungen auftraten.
Der „Schuldenstandsquote" und insbesonders der „Defizitquote" kommt im Hinblick auf die Einbindung Deutschlands in die Europäische Wirtschafts- und Währungsunion (EWWU, „Euro-Zone") besondere Bedeutung zu. Für den Beitritt zur EWWU waren im Vertrag von Maastricht
30 als Bedingungen (Konvergenzkriterien*) u. a. festgelegt, dass der gesamte **Schuldenstand** eines Staates die Grenze von **60 % des Bruttoinlandsprodukts** (Schuldenstandsquote) nicht überschreiten dürfe und das jährliche **Haushaltsdefizit** höchstens **3 % des Bruttoinlandsprodukts** (Defizitquote) betragen dürfe.
Um die Stabilität in den Mitgliedsländern dauerhaft zu gewährleisten, wurde 1997 der europä-
35 ische **Stabilitäts- und Wachstumspakt** ausgehandelt, der die Einhaltung der 3 %-Quote zur Verpflichtung macht und für den Fall, dass Staaten dagegen verstoßen, die Einleitung eines „Defizit-
40 verfahrens" vorsicht, an dessen Ende erhebliche „Geldbußen" (zwischen 0,2 und 0,5 % des BIP) stehen können.
45 Mit der **Zins-Steuer-Quote** wird das Verhältnis der Zinsausgaben des *Bundes* zu den gesamten Steuereinnahmen des Bundes
50 beschrieben. Während der Anteil der vom Bund für Zinszahlungen aufgewandten Steuereinnahmen zu Beginn der

Haushaltsdisziplin in der EU

Defizit (-) bzw. Überschuss (+) der Staatshaushalte der EU-Länder in % des Bruttoinlandsprodukts
Stand Ende 2007

◄Maastricht-Kriterium: max. - 3 %

Ungarn	- 5,5 %
Großbritannien	- 2,9
Griechenland	- 2,8
Frankreich	- 2,7
Portugal	- 2,6
Rumänien	- 2,5
Slowakei	- 2,2
Polen	- 2,0
Italien	- 1,9
Malta	- 1,8
Tschechien	1,6
Litauen	-1,2
EU-27	- 0,9
Eurozone	- 0,6
Österreich	- 0,5
Belgien	- 0,2
Slowenien	- 0,1
Deutschland	± 0,0
Lettland	± 0,0
Irland	+ 0,3
Niederlande	+ 0,4
Spanien	+ 2,2
Estland	+ 2,8
Luxemburg	+ 2,9
Zypern	+ 3,3
Bulgarien	+ 3,4
Schweden	+ 3,5
Dänemark	+ 4,4
Finnland	+ 5,3

G 2054 © Globus Quelle: Eurostat

55 1960er-Jahre mit 1,7 % noch sehr niedrig lag, stieg dieser Anteil in der Folgezeit kontinuierlich an und erreichte Anfang der 1980er-Jahre 10 %. Seit dem Höchstwert von 16 % in 1998 lässt sich ein Rückgang auf 12,2 % in 2007 beobachten. Die Zins-Steuer-Quote wird wesentlich beeinflusst durch den Schuldenstand insgesamt, das Zinsniveau und die Höhe der Steuereinnahmen.
(Autorentext)

1. *Machen Sie deutlich, inwiefern die Messung der Staatsverschuldung bezogen auf die Wirtschaftskraft, das Bruttoinlandsprodukt, eines Landes aussagekräftiger als die absolute Höhe ist und für den internationalen Vergleich (s. Grafik S. 171) notwendig erscheint (M 89).*

2. *Von besonderer Aussagekraft ist die Zins-Steuer-Quote (Tabelle S. 170). Was erfasst sie im Unterschied zu den beiden anderen Quoten in spezifischer Weise?*

3. *Der Euro-„Stabilitätspakt" spielt für die Haushaltspolitik der Regierung und in der öffentlichen Diskussion eine wichtige Rolle. Erläutern Sie sein Zustandekommen, seine Zielsetzung und die vorgesehenen Sanktionsmöglichkeiten bei Verstößen gegen den Pakt durch Überschreiten des Grenzwertes (M 89, Z. 38ff.). Vergleichen Sie dazu die Entwicklung der Daten zur Defizitquote (Tabelle S. 170 und Grafik S. 171 o.) und Deutschlands Position im EU-Vergleich.*

▬▬ **M 90** Folgen der Staatsverschuldung

(1) Zunächst einmal bedeutet eine zunehmende Verschuldung, dass ein ständig wachsender Teil der **Staatseinnahmen** bereits **blockiert** wird für den Schuldendienst (d. h. für Verzinsung und Tilgung); dies engt den finanzpolitischen Spielraum der öffentlichen Hand ein (s. Karikatur und Grafik in M 87). [...]

5 Wenn der Schuldendienst nicht aus den laufenden Einnahmen geleistet werden kann, sind neue Kredite allein zur Verzinsung alter Schulden erforderlich – von Tilgung ist nicht die Rede –, woraus sich eine Schraube ohne Ende ergibt: die sog. **Schuldenfalle**. [...]

(2) Staatsverschuldung in größerem Umfang
10 kann den heimischen Geld- und Kapitalmarkt so beanspruchen, dass die *Kreditzinsen* steigen. Der Zusammenhang mit der kreditinduzierten **Inflation** ist das Hauptargument gegen exzessive Staatsverschuldung. [...] In der jün
15 geren Vergangenheit lag der Anteil der staatlichen Kreditaufnahme an der gesamten Kreditaufnahme bei durchschnittlich 25 %. Dabei ist aber zu beachten, dass am Kreditmarkt nicht der Staat als riesiger Kreditnehmer auftritt,

Die Bundesregierung bleibt mit dem Bundeshaushalt 2008 ihrer finanzpolitischen Doppelstrategie aus Konsolidierung und Wachstumsförderung treu. Denn es ist eine Frage der Gerechtigkeit, dass wir möglichst schnell den Teufelskreis aus neuen Schulden, neuen Zinsen und enger werdenden politischen Handlungsspielräumen durchbrechen.
Noch immer verschlingen allein beim Bund die Zinsen für bestehende Schulden jeden sechsten Euro an Steuereinnahmen – das sind über 40 Milliarden Euro. Verschenktes Geld, das viel besser eingesetzt werden könnte. Die Kosten dieser Schulden bremsen unser Land auf dem Weg in die Zukunft.
Deshalb ist der möglichst rasche Haushaltsausgleich das zentrale Ziel, um politischen Gestaltungsspielraum heute und in Zukunft zurückzugewinnen. Es ist unverantwortlich, auf Kosten der Kinder und Enkel zu wirtschaften. Und jeder Euro, der für Zinsen ausgegeben wird, könnte besser so investiert werden, dass er neue Chancen für Bürgerinnen und Bürger schafft. Kein Weg führt daran vorbei: Wir müssen **raus aus der Schuldenfalle**. Davon profitieren alle Bürger.
(http://www.bundesfinanzministerium.de/DE/Buerge rinnen_und_Buerger/Gesellschaft_und_Zukunft/002_ Konsolidierungskurs.html)

(Zeichnung: Pepsch Gottscheber/CCC, www.c5.net)

Besetzt　　　　　　　　(Zeichnung: J. Partykiewicz)

Kurzfristig kann eine Verschuldung des Staates unter bestimmten Voraussetzungen indes sinnvoll sein. Die Voraussetzung ist eine Situation, die durch unausgelastete Kapazitäten und Arbeitslosigkeit gekennzeichnet ist und als deren Ursache ein allgemeiner Nachfragemangel zu diagnostizieren ist (und nicht z. B. ein zu hoher Reallohn, zu hohe Realzinsen oder mangelnde internationale Wettbewerbsfähigkeit). In einer solchen Situation, die also eine genaue Ursachendiagnose voraussetzt, führt eine kreditfinanzierte Erhöhung der Staatsausgaben zu einer Erhöhung von Produktion und Beschäftigung; private Investitionen werden in einer solchen Situation nicht verdrängt und die Gefahren für die Preisstabilität sind gering. Es muss aber gewährleistet sein, dass in Perioden der Prosperität die Staatsschulden wieder zurückgezahlt werden. Das ist die Grundidee der keynesianischen antizyklischen* Fiskalpolitik.

(Ulrich Baßeler/Jürgen Heinrich/Burkhard Utecht, Grundlagen und Probleme der Volkswirtschaft, Schäffer-Poeschel, Stuttgart, 18. Aufl. 2006, S. 424)

Gefahren der Staatsverschuldung
Staatsverschuldung
Möglich sind:
● Blockierung des Haushalts (Zinsen)
● Belastung des Kapitalmarktes 　– Verdrängung („crowding out") 　– Zinsanstieg
● Inflation durch 　– Nachfragesog 　– Kostendruck (Zinsen) 　– Geldmengenerhöhung
● Wachstumsverluste
● Umverteilung 　– viele Steuerzahler → weniger Gläubiger 　– zwischen den Generationen

20 sondern eine Vielzahl von einzelnen Kreditnehmern in Gestalt von Bund, Ländern und Gemeinden. Eine nachhaltige Beeinflussung des Zinsniveaus ist daher nur dann zu erwarten, wenn eine plötzliche und massive Erhö-
25 hung der staatlichen Kreditnachfrage insgesamt eintritt, welche die Ausdehnungsmöglichkeiten des Kreditangebots überfordert.
(3) In diesem Zusammenhang wird oft der sog. **„crowding out"-Effekt** angeführt, d.h.,
30 dass der Staat private (Kredit-)Nachfrage verdrängt, was – neben zinssteigernden Effekten – zu Wachstumsverlusten führen könne. [...]
Ein *Anstieg der Zinsen* aufgrund steigender staatlicher Kreditnachfrage ist nur vorstellbar
35 bei unelastischem Kreditangebot. Dies wird als

„Quellentheorie" bezeichnet, da die Menge des aus einer Quelle ausströmenden Wassers pro Zeiteinheit konstant ist, sodass sich ein zusätzlicher Nachfrager nur auf Kosten eines anderen durchsetzen kann[1]. Dem finanziellen „crowding out"-Argument im Sinne der Quellentheorie wird entgegengehalten, dass der Staat zwar dem Geld- und Kapitalmarkt Mittel entzieht, diese
40 aber meist auch umgehend wieder verausgabt, sodass sie letztlich den Finanzmärkten über das Bankensystem wieder zufließen. Das Grundprinzip dieser **„Fontänentheorie"** (die Fontäne nährt sich aus dem zurückfließenden Wasser[2]) ist einleuchtend, jedoch empirisch nicht zwingend nachzuweisen und daher umstritten. [...]

---

[1] Der Teil des Wassers aus der Quelle (Ersparnis), der vom Staat für seine Zwecke abgezweigt wird, steht damit für andere Verwendungen – insbesondere für private Investitionen – nicht mehr zur Verfügung.
[2] Der Staat saugt aus dem Teich (Kreditmarkt) Wasser an, um es über den Springbrunnen (höheres Defizit, höhere Produktion, höhere Einkommen und infolgedessen höhere Ersparnis) wieder dem Teich zuzuführen. Eine Verminderung der Wassermenge (Kreditvolumen für die private Verwendung) tritt nicht ein.

(4) Ob durch „Verdrängung" nun ein Wachstumsverlust eintritt oder nicht, lässt sich nur spekulativ beantworten, würde aber voraussetzen, dass bei privater Verwendung der Mittel ein größerer Multiplikatoreffekt (s. S. 55 f.) zu erwarten wäre als bei staatlicher Verwendung. Wie bereits angesprochen, hängen entsprechende Berechnungen davon ab, wieweit man Folge- und Nebenwirkungen erfassen und messen kann. Staatliche Maßnahmen erstrecken sich in großem Maße auf Infrastrukturinvestitionen*, die im engeren Sinne nicht rentabel sind, aber – aufgrund ihrer Ergänzungs- und Anregungsfunktion für private Investitionen – gesamtwirtschaftlich anders beurteilt werden müssen als betriebswirtschaftlich. Der Einfluss staatlicher Vorleistungen auf die private Wertschöpfung ist insgesamt jedoch nur ungenau abzuschätzen, sodass in dieser Hinsicht das Verdrängungsargument weder stringent untermauert noch widerlegt werden kann. Auch lässt sich argumentieren, dass die am Kapitalmarkt verfügbaren Mittel zu großen Teilen für reine Finanzgeschäfte verwendet werden, ohne güterwirtschaftlich nachfragewirksam zu werden. In diesem Fall aber würde die staatliche Kreditaufnahme zur Finanzierung von Staatsausgaben zusätzliche Nachfrage bedeuten und Beschäftigungseffekte bzw. im Sinne der Nachfragesogtheorie einen inflationären Impuls bewirken können.

(5) Schließlich hat die öffentliche Kreditaufnahme auch **Umverteilungseffekte**, da die Teilmenge der (meist) besser verdienenden privaten **Kreditgläubiger** von der Gesamtmenge der **Steuerzahler** refinanziert wird.

Dem ist entgegenzuhalten, dass dieser Effekt durch ein progressives Besteuerungssystem (vgl. M 77) zumindest abgemildert wird, d. h., derjenige, der dem Staat Mittel zur Verfügung stellen kann, wird tendenziell auch stärker besteuert als andere (vgl. M 78). Verteilungswirkungen – gleich welcher Maßnahme – sollten nicht als unbedeutende Nebenwirkungen abgetan werden.

(6) Auch eine **Verteilungswirkung im längerfristigen Zeitablauf** ist zu berücksichtigen. Kreditfinanzierung heute zu tätigender Ausgaben kommt den heutigen Bürgern ohne Belastungen so zugute. Verzinsung und Tilgung dieser Schulden muss aber in der Zukunft geleistet werden, sodass möglicherweise die **nächste Generation noch die Schulden abzutragen hat**, die heute gemacht wurden, ohne in gleichem Maße Nutznießer dieser Ausgaben zu sein.

(Jörn Altmann, Wirtschaftspolitik, Lucius & Lucius, Stuttgart 2007, S. 350–354)

1. *Die Einengung des finanzpolitischen Spielraums durch wachsende Staatsverschuldung und den dadurch steigenden Anteil des Schuldendienstes im Haushalt (s. M 87) ist eines der wichtigsten Probleme der Staatsverschuldung. Erläutern Sie diesen Aspekt genauer (M 90, 1. Abschnitt, vgl. Karikatur S. 172).*

2. *Beschreiben Sie den möglichen Zusammenhang zwischen Staatsverschuldung, Zinsentwicklung und Inflation (M 90, 2. Abschnitt).*

3. *Fassen Sie den Grundgedanken des „crowding out"-Arguments kurz zusammen und erläutern Sie, was – zunächst im Hinblick auf die Zinsentwicklung – dafür („Quellentheorie") und was dagegen („Fontänentheorie") spricht.*

4. Untersuchen Sie dann die „crowding out"-Theorie im Hinblick auf mögliche Wachstumsverluste. Wie kommt der Autor zu seiner Auffassung, dass „das Verdrängungsargument weder stringent untermauert noch widerlegt werden kann" (4. Abschnitt)?

5. Erläutern Sie die möglichen Umverteilungseffekte der Staatsverschuldung (Abschnitte 5 und 6). Was bedeutet der oft gehörte Hinweis, dass die Staatsverschuldung „auf Kosten unserer Kinder" erfolge?

6. Betrachten Sie die Plaßmann-Karikatur (S. 174) genau. Aus welchem Jahr etwa kann sie stammen (vgl. M 86)?

▆▆▆ **M 91 Hält die Prognose, was sie verspricht? Das neue Stabilitäts-programm der Bundesregierung bis 2011**

Am besten ließe sich Bundesfinanzminister Peer Steinbrück (SPD) die Grafiken aus dem aktualisierten Stabilitätsprogramm einrahmen und über das Bett hängen. Grund hätte er dazu allemal: Die Kurven zur Entwicklung von Staatsdefizit, Schuldenstand und Staatsquote sind so schön wie lange nicht mehr. Die Erfahrung
5 macht jedoch skeptisch, ob die Prognosen halten, was sie versprechen.

Das gilt insbesondere für die **Defizite** (Abb. 1). So stand schon öfters ein ausgeglichener Bundeshaushalt am Ende der mittelfristi-
10 gen Finanzplanung – doch das gab es zuletzt im Jahr 1969. Doch hat Deutschland als Ganzes eine bemerkenswerte Verringerung der Neuverschuldung hingelegt. In zwei Jahren schaffte es den Wandel vom
15 Sünderland zum Vorbild. 2005 lag das gesamtstaatliche Defizit noch über der Obergrenze des Stabilitätspakts zum Schutz des Euro. Dank sprudelnder Mehreinnahmen und einer insgesamt moderaten Ausgaben-
20 politik wird das Staatsdefizit von 3,4 Prozent des Bruttoinlandsprodukts im Jahr 2005 in diesem Jahr auf null sinken. Die gute Konjunktur hat geholfen, ist aber nicht ent-
25 scheidend. Denn auch das strukturelle, also um kurzfristige Effekte bereinigte Defizit ist rapide zurückgegangen, wenn auch
30 noch nicht ganz verschwunden. Nächstes Jahr (2008) wird der Prognose zufolge das Defizit sich noch einmal leicht
35 erhöhen, weil die Unternehmensteuerreform in ihrem ersten Jahr zu Ausfällen führen wird. Aber schon im Folgejahr soll
40 das Defizit wieder verschwinden, anschließend

Abb. 1

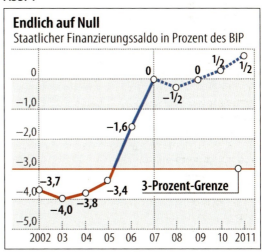

Abb. 2

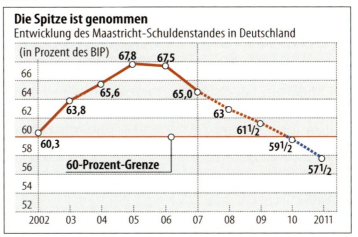

(Grafiken: E. Kaiser; Quelle: Frankfurter Allgemeine Zeitung v. 1.12.2007, S. 12)

Abb. 3

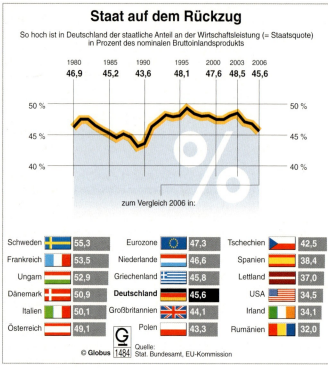

Staat auf dem Rückzug

So hoch ist in Deutschland der staatliche Anteil an der Wirtschaftsleistung (= Staatsquote) in Prozent des nominalen Bruttoinlandsprodukts

	1980	1985	1990	1995	2000	2003	2006
	46,9	**45,2**	**43,6**	**48,1**	**47,6**	**48,5**	**45,6**

zum Vergleich 2006 in:

Schweden	55,3	Eurozone	47,3	Tschechien	42,5
Frankreich	53,5	Niederlande	46,6	Spanien	38,4
Ungarn	52,9	Griechenland	45,8	Lettland	37,0
Dänemark	50,9	**Deutschland**	**45,6**	USA	34,5
Italien	50,1	Großbritannien	44,1	Irland	34,1
Österreich	49,1	Polen	43,3	Rumänien	32,0

© Globus 1484 Quelle: Stat. Bundesamt, EU-Kommission

soll es sogar Überschüsse geben. [...]

● Das zweite Maastricht-Kri-
45 terium, der **Schuldenstand** (Abb. 2), steht zumeist im Schatten der Defizitquote, die sich schneller ändert. Dabei gilt der Anteil der Staatsschul-
50 den an der gesamtwirtschaft-lichen Leistung als ein guter Langzeitindikator für die Trag-fähigkeit der Finanzpolitik. Dieser kannte in Deutschland
55 seit Jahrzehnten nur eine Richtung: nach oben. Auch hier wurde nun die Wende zum Besseren geschafft. Nach einem marginalen Rückgang
60 im vergangenen Jahr soll die Quote dieses Jahr um gut 2 Prozentpunkte auf 65 Prozent sinken. Damit liegt sie zwar weiterhin oberhalb der 60-Pro-
65 zent-Obermarke, aber für das Jahr 2010 verspricht die Bun-desregierung, dass auch dieses Kriterium wieder eingehalten wird. [...]

70 ● Die gute Konjunktur lässt schon heute die **Staatsquote** (Abb. 3) rasant sinken. Dieser Wert spie-gelt den Einfluss des Staates auf die Wirtschaft. Der Anteil der Ausgaben von Bund, Ländern, Ge-meinden und Sozialversicherungen an der gesamtwirtschaftlichen Leistung soll dieses Jahr nur noch 44 Prozent betragen. Er wird damit wohl niedriger als in Großbritannien ausfallen. In Deutsch-land gab es einen solch geringen Wert zuletzt 1989. In den Siebzigerjahren hatte die sozialliberale
75 Koalition die Staatsquote von weniger als 40 Prozent dicht an die Schwelle von 50 Prozent gebracht. Das Bündnis aus Union und FDP drückte die Quote mit einer sparsamen Haushaltsführung und getragen von der Konjunktur Ende der Achtzigerjahre auf 44 Prozent. Die Wiedervereinigung ließ den Wert wieder nach oben schnellen. Dank hoher Wachstumsraten sank die Staatsquote noch ein-mal zu Beginn dieses Jahrzehnts. Doch nun soll es nur noch abwärtsgehen. Bis zum Jahr 2011 soll
80 die Quote sogar auf 41,5 Prozent sinken. Ob die Rechnung aufgehen wird, hängt davon ab, wie stark die Wirtschaft wächst und inwieweit die Regierung neue Ausgabenwünsche abwehren kann.

(Frankfurter Allgemeine Zeitung v. 1.12.2007, S. 12, Verf.: mas)

M 92 Wie hoch soll die „Staatsquote" sein?

In einer Disziplin sind ökonomische Kommentatoren ziemlich schlecht: es zugeben, wenn sie einmal keine Antwort wissen. Das konnte man in der vergangenen Woche beobachten. Die *Süd-deutsche Zeitung* meldete aus einer „internen Vorlage" des Bundesfinanzministers, dass die soge-nannte Staatsquote auf den niedrigsten Stand seit der Wiedervereinigung gesunken sei. Hinter
5 diesem Wort verbirgt sich das Verhältnis staatlicher Ausgaben zur gesamten Wirtschaftsleistung eines Landes. Es ist also ein ungefähres Maß dafür, wie stark der Staat in einer Volkswirtschaft mitmischt. Im Jahr 2006 sank die deutsche Staatsquote auf 45,6 Prozent. In der Eurozone haben nur Irland, Spanien, Luxemburg und Großbritannien niedrigere Staatsquoten.
Die Entwicklung wurde mit freudigen Schlagzeilen begrüßt, weil vor allem unter den Kommen-
10 tatoren der Eindruck vorherrscht: Mehr Staat ist schlecht, und weniger Staat ist gut. Viele Öko-

nomen teilen diese Auffassung, aber das ist eher ihre Privatmeinung: Aus der ökonomischen Theorie ergibt sich nämlich kein abschließendes Urteil.

Versuche, ein solches zu finden, hat es in Hülle und Fülle gegeben. Ein Klassiker sind die statistischen Erhebungen des US-Ökonomen Robert Barro, der viele Länder verglich und dort nach

15 Ursachen für das Wirtschaftswachstum suchte. Zwischen der Staatsquote und dem Wachstum fand er keinen klaren Zusammenhang, und ähnlich ging es den Autoren vieler Ländervergleichsstudien, die dem Pionier folgten. Bis heute bleibt es dabei, dass zwar die Wirtschaft der USA mit ihrer niedrigen Staatsquote ordentlich wächst, aber eben auch in manch skandinavischem Land mit seinem hochaktiven Staat.

20 Zum Teil liegt das daran, dass sich eine Staatsquote aus vielem zusammensetzt: Wenn der Staat etwa mit der einen Hand Steuern erhebt und sie mit der anderen Hand an Geringverdiener oder Subventionsempfänger weiterreicht, bleibt das Geld eigentlich im privaten Sektor. Solche Umverteilung macht grob die Hälfte der hiesigen Staatsquote aus.

Beim Rest, bei den wahrhaft staatlichen Ausgaben, kommt es dann sehr aufs Detail an. Fördern

25 oder schmälern sie den Wohlstand der Menschen? Eine Staatsausgabe lohnt sich wohl dann, wenn sie dem Wachstum oder dem allgemeinen Wohlfahrtsempfinden guttut – wobei diese positive Wirkung erst einmal die negativen Effekte des höheren Besteuerns wettmachen muss. Noch eine Voraussetzung ist, dass der Staat diese Ausgaben effizienter vornimmt, als es eine Privatfirma könnte. Das sind zwei hohe Hürden, aber sie werden regelmäßig übersprungen. So

30 lohnen sich viele öffentliche Investitionen in Infrastruktur und Bildung. Solche Ausgaben gehen übrigens in vielen Ländern, auch in Deutschland, eher zurück.

Es kann schon wohlfahrtsfördernd sein, politische Stabilität zu schaffen, obwohl sich die Kosten dafür in einem viel gescholtenen Posten namens „Staatskonsum" wiederfinden: Personal- und Verwaltungskosten etwa für Polizisten, Richter und Militärs. Wenn der Staat die Einkommen

35 umverteilt und es dabei schafft, die Leistungsfähigkeit und -bereitschaft von Arbeitskräften zu fördern, ist auch das ökonomisch sinnvoll. Oder wenn er eine öffentliche Versicherung gegen die Arbeitslosigkeit so gestaltet, dass die Arbeitslosen sinnvoll umschulen. Der internationale Vergleich fällt hier besonders schwer, weil die Wohlstandswirkungen von Land zu Land auch noch von den Vorlieben der Bürger abhängen. Unterschiedliche Menschen können auf die gleichen

40 Arbeitsanreize unterschiedlich reagieren. Sie können die Polizeipräsenz willkommen heißen oder ablehnen. Sprich: Eine hohe oder niedrige Staatsquote sagt allein über Wachstum und Wohlstand noch nichts aus. Die entscheidende Frage ist, wie effizient der Staat das ihm anvertraute Geld einsetzt.

(DIE ZEIT v. 21.6.2007, S. 28; Verf.: Thomas Fischermann)

1. *Stellen Sie die Ziele und Annahmen zusammen, welche die Bundesregierung im Hinblick auf die Staatsverschuldung bis 2011 in ihrem „neuen Stabilitätsprogramm" formuliert hat. Erkundigen Sie sich ggf. nach den für das Jahr 2008 erreichten Zahlenwerten für die einzelnen Indikatoren.*

2. *Stellen Sie aufgrund Ihrer Kenntnis der „Parteienlandschaft" (der wirtschaftspolitischen Ausrichtung der Bundestagsparteien) eine begründete Vermutung an: Wie werden sich unterschiedliche Regierungskoalitionen („schwarz-gelb": CDU/CSU/FDP; „rot-grün": SPD/GRÜNE, „große Koalition": CDU/SPD) nach der Bundestagswahl 2009 tendenziell auf die Realisierungschancen des Stabilitätsprogramms auswirken?*

3. *Welche weiteren Bedingungsfaktoren werden Ihrer Einschätzung nach einen wesentlichen Einfluss haben?*

4. *Die „Staatsquote" (s. Grafik S. 176) ist häufig Gegenstand der Diskussion unter den Parteien, aber auch innerhalb der ökonomischen Wissenschaft. Erläutern Sie, was genau damit gemeint ist, und stellen Sie zusammen, welche unterschiedlichen Gesichtspunkte bei der Beurteilung ihrer wünschenswerte Höhe zu berücksichtigen sind (M 92).*

5. *Im Allgemeinen plädieren liberale Parteien (in Deutschland z. B. die FDP) für eine niedrige, sozialistische Parteien (in Deutschland z. B. „Die Linke") für eine hohe Staatsquote. Wie erklären Sie sich das auf dem Hintergrund der Erörterung in M 92?*

IV Die deutsche Wirtschaft im Zeichen der Globalisierung

M 93 Globalisierung – ein schillernder Begriff

(Zeichnung: Thomas Plaßmann/CCC, www.c5.net)

• „Globalisierung" ist ein schillernder Begriff – jeder Wirtschaftschef führt ihn im Munde, kaum eine [5] politische Rede kommt ohne ihn aus. Gemeint ist die weltweite Verflechtung von Staaten, Märkten, Gütern, Kapital, Informa- [10] tionen und Menschen innerhalb und zwischen immer komplexer werdenden Gesellschaften. Globale Einflüsse errei- [15] chen uns von allen Seiten: Kapital, Waren, Ideen, Nachrichten und auch Menschen sind in immer kürzerer Zeit rund um [20] den Globus unterwegs.

Global tätige Unternehmen prägen die Lebens- und Konsumgewohnheiten der Menschen – hier wie in fernen Regionen. Die Medien heben mit ihrer aktuellen Berichterstattung die räumlichen Distanzen auf, sie lassen uns gleichzeitig hier und weit entfernt vor Ort sein. Wir leben in einer Epoche, in der das, was in Südamerika, in Afrika oder in Südostasien passiert – von demokra- [25] tischen Fort- oder Rückschritten bis zu Waldrodungen oder dem Kampf gegen AIDS – auch das Leben in Deutschland beeinflusst. Entscheidungen, Handlungen und auch Unterlassungen an einer Ecke der Erde wirken sich auf alltägliches Handeln und Leben am anderen Ende der Erde aus. Globalisierung ermöglicht es den Individuen, Unternehmen und Staaten, schneller, weiter, durchdringender und zu geringeren Kosten rund um den Globus aktiv zu werden.

[30] • Alle reden von Globalisierung – und verbinden damit nur in den seltensten Fällen dasselbe: Mal erscheint sie als Schreckbild, mal als Zauberformel, mal als Inbegriff aller Chancen oder als Ausdruck allen Übels. Die Globalisierung bringt Veränderungen und Ungewissheiten mit sich, vor denen viele Angst haben. Sie birgt aber auch vielfältige Chancen für die Gestaltung einer friedlicheren und gerechteren Welt. Denn kein Nationalstaat ist mehr in der Lage, das globale [35] Geschehen allein zu ordnen oder gar zu kontrollieren – oder auch nur abseits zu stehen. In einer ökologisch, wirtschaftlich und kulturell immer dichter verflochtenen Welt decken sich nationale politische Entscheidungen in ihrem sozialen und territorialen Umfang immer seltener mit den Personen und Gebieten, die von den Folgen dieser Entscheidungen potenziell betroffen sind.

• Globalisierung ist nicht nur ein wirtschaftlich und politisch prägendes Phänomen, sondern [40] längst Teil unseres Alltags: Wir essen gerne Sushi aus Japan oder Steaks aus Argentinien, wir hören die Musik der US-Charts und World-Musik vom Balkan und aus Afrika. Für Freizeit und Sport sind uns die billigen Textilien aus Asien höchst willkommen. Wir freuen uns über unser Motorrad

aus Japan, die wärmende Wolle aus Peru und die Kaffeebohnen aus Kenia. Weit weniger er-
45 freut sind wir, wenn uns Flüchtlinge und Asyl-suchende daran erinnern, wie sehr die Entfer-nungen auf unserem Planeten geschrumpft und die Barrieren gefallen sind, die einst Arm und Reich, Fremdes und Vertrautes, Nahes und
50 Fernes auseinandergehalten haben. [...]
● Andererseits arbeiten globale Institutionen wie die UNO und ein dichtes Netz aus staatli-chen und nichtstaatlichen Organisationen da-ran, Krieg und Gewalt einzudämmen. Eine
55 zumindest mediale Weltöffentlichkeit wächst heran, tyrannische Regime und Diktaturen müssen sich beobachtet fühlen und geraten unter Legitimationsdruck. Demokratiedefizite und Menschenrechtsverletzungen, auch wenn
60 sie immer noch zu selten geahndet werden, bleiben nicht mehr unbemerkt und verursa-chen lokale und globale Proteste.

(Einführung zum Themenmodul „Globalisierung"; www.fes-online-akademie.de/modul.php?md=7&c=texte&id=179; Verf.: Anna Wolf und Peter Hurrelbrink)

a)

(Allensbacher Archiv, IfD-Umfragen, zuletzt 7090; http://www.ifd-allensbach.de/news/prd_0611.html)

b)

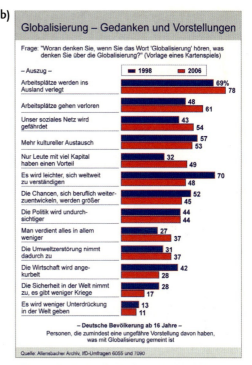

(Allensbacher Archiv, IfD-Umfragen 6055 und 7090; http://www.ifd-allensbach.de/news/prd_0611.html)

c)

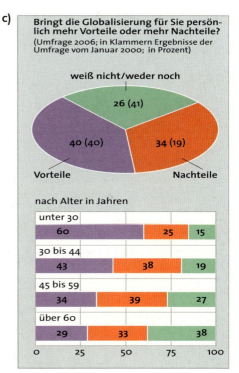

(stern Nr. 23/2007, S. 25)

1. Der das Kapitel einleitende Text (M 93) soll Ihnen einen Überblick über wichtige Aspekte und Probleme vermitteln, die sich mit dem Thema „Globalisierung" verbinden, und Ihnen dazu dienen, Ihr eigenes Vorverständnis zur „Globalisierung" und Ihre Einstellung dazu in den Unterricht einzubringen. Fassen Sie die Aussagen abschnittsweise zusammen und benennen Sie dazu nach Möglichkeit jeweils konkrete Beispiele aus Ihrem eigenen Kenntnis- und Erfahrungsbereich. Insgesamt sollten Sie sich klar machen, dass „Globalisierung" auch insofern ein „schillernder" Begriff ist, als er sich nicht nur auf den wirtschaftlichen, sondern auch den politischen und den kulturellen Bereich (Musik, Konsum, Kleidung, Alltagsleben usw.) bezieht (in diesem Kapitel werden wir uns auf den ökonomischen Bereich beschränken). Ordnen Sie die Aussagen des Textes diesen Bereichen zu.

2. In M 93 wurde gesagt (Z. 31f.), dass Globalisierung mal als „Inbegriff aller Chancen", mal als „Ausdruck allen Übels" verstanden wird. Analysieren Sie dazu die Befragungsergebnisse in M 94 und stellen Sie fest, welche Entwicklung sich in der Beurteilung von „Globalisierung" erkennen lässt (M 94a, vgl. M 94c) und welche Gesichtspunkte dabei eine Rolle gespielt haben (M 94b). Wie erklären Sie sich in M 94c die Unterschiede nach Altersgruppen? Zu welcher Beurteilung kommen Sie aus Ihrer Sicht?

1. Antriebskräfte und Erscheinungsformen der ökonomischen Globalisierung

M 95 Globalisierung in ökonomischer Sicht – eine Definition

Aus wirtschaftlicher Sicht versteht man unter Globalisierung die starke Zunahme internationaler Wirtschaftsbeziehungen und -verflechtungen und das Zusammenwachsen von Märkten für Güter und Dienstleistungen über die Grenzen einzelner Staaten hinaus, wobei internationale Kapitalströme und die Verbreitung neuer Technologien eine große Rolle spielen. Globalisierung be-
5 deutet also Zunahme der Intensität und der Reichweite grenzüberschreitender wirtschaftlicher Austauschbeziehungen, damit auch Intensivierung des Wettbewerbs durch Vergrößerung der Märkte bis hin zum Entstehen globaler Märkte.

(Der Fischer Weltalmanach 2008, © Fischer Taschenbuch Verlag in der S. Fischer Verlag GmbH, Frankfurt am Main 2007, S. 631; Verf.: Reinhard Paesler)

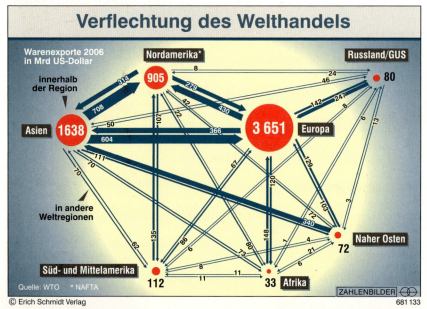

Verflechtung des Welthandels

Warenexporte 2006 in Mrd US-Dollar

innerhalb der Region

in andere Weltregionen

Nordamerika* 905

Russland/GUS 80

Asien 1638

Europa 3 651

Süd- und Mittelamerika 112

Afrika 33

Naher Osten 72

Quelle: WTO * NAFTA

ZAHLENBILDER

Stellen Sie das zentrale Merkmal ökonomischer Globalisierung heraus (Text M 95) und machen Sie sich ein Bild davon, was „Verflechtung" des Welthandels bedeutet (Grafik M 95). Was fällt Ihnen im Hinblick auf
- *die Einbeziehung einzelner Erdteile und Regionen in den internationalen Handel und*
- *das Gewicht des Handels innerhalb der Regionen*
besonders auf? Wie stellt sich bei einigen Beziehungen das Verhältnis von Exporten zu Importen dar?

■■■ **M 96** **Ein Beispiel: die Produktion der elektrischen Zahnbürste Sonicare**

Produktpuzzle Produktions- und Zulieferorte für die „Sonicare Elite 7000"

1 China (Shenzhen) Kupferspulen

2 Japan (Tokio) Nickel-Cadmium-Zellen

3 Frankreich (Rambouillet) Ladekomponenten

4 China (Zhuhai) Ätzung der Platinen

5 Taiwan (Nähe Taipei) Nickel-Cadmium-Zellen, Platinenkomponenten

6 Malaysia (Kuala Lumpur) Platinenkomponenten

7 Philippinen (Manila) Auflötung der Platinenkomponenten, Tests

8 Schweden (Sandviken) Produktion des Spezialstahls

9 Österreich (Klagenfurt) Vorschneiden des Stahls, Kunststoffteile

10 USA (Snoqualmie) Montage der Kunststoffteile

11 USA (Seattle) Verpackung

(SPIEGEL Special Nr. 7/2005: Die Neue Welt, S. 137)

● Es ist 4:25 Uhr. Mary-Ann blickt aus dem Fenster. Es ist ihre Frühschicht-Woche. Was heißt, dass sie sich am Nachmittag – um zwei hat sie Schluss, gegen drei Uhr ist sie zu Hau-
5 se – um ihr eigenes kleines Business kümmern kann. Sie handelt seit Neuestem mit Blue Jeans, investieren, kaufen, verkaufen, es ist alles ziemlich aufregend. Mary-Ann Cole, 28 Jahre jung, Assembly Operator, also Arbeiterin
10 in einem Zulieferwerk von Philips – aber sie hat durchaus eine Vorstellung davon, was Globalisierung ist. Globalisierung ist Business. Und Business ist Konkurrenz, man muss jeden Tag kämpfen. Oder man geht unter. Ist
15 Globalisierung ungerecht, Mary-Ann? „Wieso?" Ist es nicht ungerecht, dass Sie beispielsweise weniger verdienen als eine Arbeiterin in Amerika oder in Deutschland für die gleiche Arbeit? „Ungerecht? Ich mag meine Arbeit, sie
20 ist eine sehr große Chance." Ein- bis zweimal in der Woche verlassen rund 100 000 Platinen

Arbeiterin Cole in Manila: Ins Jeans-Business eingestiegen
(Foto: © Miguel Nacianceno/WpN/Agentur Focus)

Testingenieur Heindl in Klagenfurt: Was hält die Bürste aus?

(Foto: © Toni Anzenberger/Anzenberger)

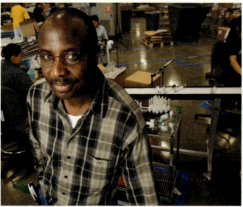

Vorarbeiter Kolley in Snoqualmie: Zurück nach Afrika

(Foto: © Dan Lamont)

Manager Lim Nam Onn in Zhuhai: China vorwärtsbringen

(Foto: © Gerhard Joren/WpN/Agentur Focus)

mit aufgelöteten Komponenten das Werk in Manila, in dem Mary-Ann arbeitet. Vom Cargo-Flughafen Manilas werden sie via Tokio nach
25 Seattle geflogen; eine Verzögerung von einem halben Tag kann alles durcheinanderbringen, man arbeitet mit einem Minimum an Lagerreserven, an Zeitreserven.

● Während Mary-Ann Cole im Jeepney sitzt,
30 unterwegs zum Bus-Sammelpunkt, wo um 4:45 Uhr der Firmenbus ablegt, ist es in Klagenfurt Viertel vor elf abends, des Vortages wohlgemerkt. Peter Heindl, Ingenieur beim Klagenfurter Philips-Werk, leitet das Testlabor,
35 wo sie Maschinen entwerfen, um auszuprobieren, wie oft ein Rasierapparat aus dem ersten Stock fallen kann oder wie lange eine Zahnbürste am Nordpol durchhält. Peter Heindl und Mary-Ann Cole sind sich nie begegnet.
40 Aber wenn Heindl in seinen Tests etwas auffallen sollte, was auf Fehler in Platinen zurückzuführen ist, könnte die philippinische Zulieferfirma den Auftrag verlieren und Mary-Ann würde wahrscheinlich arbeitslos. Ihre billige
45 Arbeitskraft wiederum gestattet dem Global Player* Philips, sich für die Entwicklungs- und Testlabors in Klagenfurt teure, kreative Leute einzukaufen. Selbst in einem Riesenladen wie Philips, mit einem Umsatz von 30,3 Milliarden
50 Euro, muss eine kleine unbedeutende Zahnbürste Gewinn einspielen. „Wenn nicht, wird die Sparte aufgelöst", sagt ein Manager.

● Wenige Monate, bevor Philips das Werk kaufte, trat Mamadou Kolley aus Gambia sei-
55 nen Job an. 1980 schaffte er es mit einem Stipendium in die USA, zunächst nach Laurenburg, North Carolina. Tagsüber ging er aufs amerikanische College, nachts schuftete er in Druckereien, schlief vorzugsweise im Bus und
60 war entsetzlich einsam. Nach der Übernahme durch Philips wurde Mamadou Vorarbeiter, zuständig je nach Schicht für 45 bis 75 Arbeiterinnen, die an der Lasersäge stehen oder Platinen in die Griffe einsetzen. Es ist ein interna-
65 tionales Proletariat* und Mamadou ist ein globaler Vorarbeiter. Bei den Russinnen bedankt er sich mit „Bolschoi spassiba", die koreanischen Arbeiterinnen begrüßt er mit „An Yong Schimny Ka". Mamadou, warum wollen
70 Sie zurück? „Es ist nicht gut, was Amerika mit den Menschen macht. Jeder ist einsam, alles dreht sich nur um den Dollar. Kapitalismus und Globalisierung sind nicht gut für Menschen." In den zweieinhalb Jahren, die er noch
75 da ist, könnten er und seine Kollegen in Sno-

qualmie (Bundesstaat Washington) erleben, wie die Produktion sukzessive nach China ausgelagert wird. Eine Arbeiterin in Mamadous Team verdient, je nach Position am Fließband, zwischen 9 und 14 Dollar die Stunde. Ein chinesischer Arbeiter bringt etwa 1000 Renminbi monatlich heim, etwa 100 Euro, der Stundenlohn liegt also bei 60 Cent. Das ist ein Zwanzigstel.

80 ● Während Mamadou Kolley seine Nachtschicht vorbereitet, geht für Bernard Lim Nam Onn ein langer Arbeitstag zu Ende. Er ist ein Geschöpf der Globalisierung wie Mamadou. In Malaysia geboren, Maschinenbaustudium im schottischen Glasgow. Seit drei Jahren ist er in China. Er arbeitet zehn bis zwölf Stunden am Tag. Warum sind Sie so fleißig, Bernard? „Für meine Karriere, aber auch für mein Land. Es ist sehr, sehr wichtig, dass sich China entwickelt." Anders als sein
85 Kollege Mamadou zweifelt Bernard Lim Nam Onn keine Sekunde am Segen der Globalisierung – er hat täglich vor Augen, wie die Städte aufschießen, wie zufrieden die Menschen sind, weil sie einen Job haben, einen Sinn. Und das in China – in einem Land, in dem die Erinnerung an die letzte Hungersnot noch hellwach ist.

(Nach: Ralf Hoppe, Die Weltbürste, in: SPIEGEL Special, Nr. 7/2005: Globalisierung – Die Neue Welt, S. 136 ff.)

1. *An der Herstellung der elektrischen Zahnbürste Sonicare sind weltweit 4 500 Mitarbeiter in den in dem Schaubild (S. 181) aufgeführten Ländern (in drei Kontinenten mit fünf verschiedenen Zeitzonen) beteiligt. Beschreiben und vergleichen Sie die jeweilige Arbeits- und Lebenssituation der vier im Text genannten Mitarbeiter. Was bedeutet für sie „Globalisierung" im Hinblick auf Ausbildung/Qualifikation, Lohn und Sicherheit? Welche unterschiedlichen Sichtweisen zeigen sich? Worauf beruhen sie?*

2. *Stellen Sie im Text angesprochene Gründe heraus, aus denen der niederländische Elektrokonzern Philips (Sitz: Eindhoven) eine Zahnbürste „global" produzieren lässt, und zeigen Sie auf, welche Voraussetzungen (vor allem technischer Art) ihm diese internationale Arbeitsteilung zwischen 10 weit voneinander entfernten Ländern gewinnbringend ermöglichen.*

▬▬ **M 97** Ursachen der Globalisierung

Worauf ist der aktuelle Globalisierungsprozess zurückzuführen? In der Literatur werden verschiedene Ursachen diskutiert, von denen im Folgenden die drei aus unserer Sicht wichtigsten vorgestellt werden. Sicherlich handelt es sich bei diesen Faktoren nicht um die einzigen denkbaren Erklärungsgrößen der Globalisierung, jedoch scheinen sie im Rahmen einer ökonomischen Analyse die signifikantesten zu sein.

Man könnte sagen, dass der ökonomische Globalisierungsprozess
– durch wirtschaftspolitische Entscheidungen vorangetrieben wurde, die die „*Liberalisierung*" (Befreiung von Beschränkungen) des Welthandels betreffen;
– durch *technologische Neuerungen* und Entwicklungen ermöglicht und beschleunigt wurde;
– durch *weltpolitische Veränderungen* erweitert und gefördert wurde.

Diese drei Komplexe wollen wir im Folgenden etwas näher beschreiben.

1. Liberalisierung des Außenhandels und der Finanzmärkte

Die weltwirtschaftliche Integration ... wäre ohne die multilateralen Liberalisierungsaktivitäten des GATT (General Agreement on Tariffs and Trade) nicht denkbar gewesen. In den von
5 1947 bis 1994 durchgeführten acht Welthandelsrunden wurden die Zollsätze und andere Handelsbarrieren in beträchtlichem Maße reduziert, die bis heute fortwirken. Die Nachfolgeinstitution des GATT, die 1995 gegründete
10 **Welthandelsorganisation** (WTO), kann dage-

> **GATT**: *General Agreement on Tariffs and Trade;* Allgemeines Zoll- und Handelsabkommen. 1948 gegründete Sonderorganisation der Vereinten Nationen mit dem Ziel des weltweiten Abbaus von Handelsschranken zwischen den Ländern (z. B. der Senkung von Zöllen). Das GATT wurde 1996 abgelöst durch die World Trade Organization (WTO).
>
> (Autorentext)

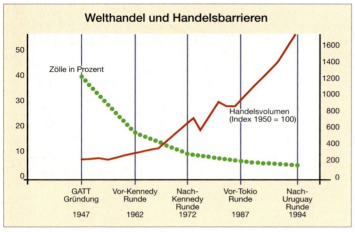

Welthandel und Handelsbarrieren

(Quelle: Die ZEIT v. 14.5.1998, S. 32)

gen bislang noch kaum sichtbare Erfolge vorweisen. Die vom GATT-/WTO-Regime ausgelösten Glo-
15 balisierungsimpulse seit Anfang der 1980er-Jahre lassen sich anhand einiger Schlaglichter verdeutlichen:

20 ● Die Anzahl der WTO-Mitgliedsländer ist in dieser Zeit von 85 auf 148 gestiegen (+74 %), darunter so gewichtige Staaten
25 wie China (ab 2002). Diese WTO-Mitglieder wickeln den ganz überwiegenden Teil des Welthan-
dels untereinander ab. Mit Russland, der größten (noch) Nicht-WTO-Volkswirtschaft, werden
30 seit Jahren intensive Beitrittsverhandlungen geführt.

● Für den Zeitraum 1980 bis 1999 hat die WTO einen Rückgang der durchschnittlichen Zollsätze über alle Warenkategorien hinweg um 62 % registriert, und zwar gleichermaßen für 23 Industrie- und 129 Entwicklungsländer, wobei einige Nicht-WTO-Länder ebenfalls mit erfasst sind.

(Dieter Duwendag, Globalisierung im Kreuzfeuer der Kritik, Nomos Verlagsgesellschaft, Baden-Baden 2006, S. 16)

Konvertibilität: Freie Austauschbarkeit von Währungen in unbegrenzter Höhe; gilt für alle Währungen der großen Industrieländer. Konvertibilität zeigt meistens eine (relativ) solide Wirtschaftspolitik an; liegt diese nicht vor, greifen Staaten zur Devisenzwangswirtschaft (die Freiheit des Tauschs wird eingeschränkt oder aufgehoben), meist in Verbindung mit einem staatlicherseits festgesetzten Wechselkurs, der vom Marktwechselkurs mehr oder weniger stark abweicht.

Weitere wichtige Globalisierungsimpulse stel-
35 len die zunehmende Abschaffung von Devisenbewirtschaftungsmaßnahmen* und die **Liberalisierung der Finanzmärkte*** in vielen Ländern dar. Der weltweite Trend zum staatlich unreglementierten Zahlungsverkehr sowie die
40 schrittweise Liberalisierung und Sicherung der Konvertibilität der Währungen (s. Kasten) seit dem Zweiten Weltkrieg haben die internationale Tauschwirtschaft um eine internationale Zahlungsgemeinschaft ergänzt. Der Abbau
45 von Kapitalverkehrskontrollen*, die Abschaf-
fung staatlich festgelegter Zinshöchstgrenzen sowie die Freigabe des Bankensektors für die inländische und ausländische Privatwirtschaft in vielen Ländern haben wesentlich dazu beigetragen, dass ein zunehmend ungehinderter weltweiter Marktzugang zu den Finanzmärkten und somit ein freier Kapitalverkehr über Ländergrenzen hinweg realisiert wird. Die durch diese Libe-
50 ralisierungsschritte hervorgerufene Senkung der Transaktionskosten* ist ein essenzieller Impuls für die Ausdehnung der internationalen Arbeitsteilung gewesen.

(Hans-Rimbert Hemmer/K. Bubl/R. Krüger/H. Marienburg, Die Entwicklungsländer im Globalisierungsprozess – Opfer oder Nutznießer?, Literaturstudie im Auftrag der Konrad-Adenauer-Stiftung, St. Augustin, 2. Aufl. 2003, S. 4)

2. Neue Technologien als Globalisierungsbeschleuniger

Ein typisches Merkmal aller Globalisierungsepochen ist, dass sie von technologischen Innovationen* vorangetrieben wurden. Jede dieser Erfindungen setzte für ihre Zeit neue Maßstäbe. Für die Globalisierung von besonderer Bedeutung waren jene Technologien, die zu einer Senkung
55 der Kosten für die Überwindung von zeitlichen und räumlichen Distanzen führten. Gehörten hierzu in früheren Epochen z. B. der Verbrennungsmotor, das Dampfschiff, das Telefon und der Telegraph, so ist die „neue" Globalisierungswelle durch die Informations- und Kommunikations-(IuK-)Technologien in einzigartiger Weise geprägt (Telekommunikation, Computer, Internet).

Obwohl auch hier z. T. jahrzehntelange Vorarbeiten für die Entwicklung erforderlich waren, hat sich der Zeitraum zwischen der Einführung dieser IuK-Technologien und ihrer Anwendung durch 50 Millionen Nutzer extrem verkürzt: Betrug er beim Radio noch 38 Jahre, beim Personal Computer 16 und beim Fernsehen 13 Jahre, so lag dieser Zeitraum beim Internet nur noch bei 4 Jahren. Der kommerzielle Durchbruch der neuen IuK-Technologien auf breiter Front erfolgte erst Anfang der 1980er- bzw. 1990er-Jahre. Einige Beispiele:

● Die Kosten eines dreiminütigen Telefongesprächs von New York nach London sind von 1980 (US-$ 6,32) bis zum Jahr 2000 (US-$ 0,40) um 94 % gesunken (von 1960–1980 um 90 %).

● Der Preis für Computer einschl. Peripherie verbilligte sich von 1980 bis 2000 um rd. 94 % (in ähnlicher Größenordnung auch in den zwei Jahrzehnten zuvor).

● Die Anzahl der weltweiten Internetanschlüsse stieg von 1990 bis 1996 von 0,5 auf 9,5 Mio. und danach bis zum Jahr 2000 auf der Basis „Internetanschlüsse je 1000 Personen" nochmals um das 9-Fache, dies allerdings mit riesigen Unterschieden in der weltweiten Internet-„Versorgung" („digitale Spaltung*"). Für das Jahr 2001 beziffert die Weltbank die Anzahl der Internet-Nutzer weltweit auf 502 Mio. Personen und die Anzahl der Personal Computer je 1000 Personen auf 86,5 (gewogener Durchschnitt).

● Die Schiffs- und Flugtransportkosten sowie die Satellitennutzungsgebühren verzeichneten

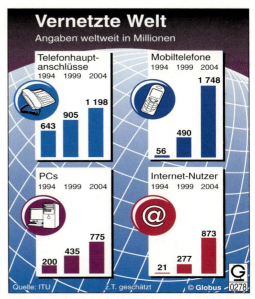

Vernetzte Welt
Angaben weltweit in Millionen

Telefonhauptanschlüsse
1994 1999 2004
643 | 905 | 1 198

Mobiltelefone
1994 1999 2004
56 | 490 | 1 748

PCs
1994 1999 2004
200 | 435 | 775

Internet-Nutzer
1994 1999 2004
21 | 277 | 873

Quelle: ITU   z.T. geschätzt   © Globus 0278

Die technischen Möglichkeiten weltweiter billiger Telefon- und Faxverbindungen und Computervernetzungen (Internet, E-Mail) lassen ein Überschreiten beliebiger Distanzen und nationaler wie kontinentaler Grenzen immer selbstverständlicher werden.
So ist es inzwischen möglich, die Produktion einer Ware in Ostasien vom Schreibtisch in Westeuropa aus ohne Zeitverzögerung zu planen und zu beaufsichtigen oder den Text und das Layout eines Buches in Deutschland zu entwerfen, per E-Mail nach Indien zu schicken und das Buch dort drucken und binden zu lassen – zu den niedrigen indischen Löhnen.
(Aus: Der Fischer Weltalmanach 2008, © Fischer Taschenbuch Verlag in der S. Fischer Verlag GmbH, Frankfurt am Main 2007, S. 632; Verf.: Reinhard Paesler)

Entwicklung der Transport- und Informationskosten

	Telekommunikation*		Seefracht*		Lufttransport*	
	Index (1930 = 100)	in US-Dollar	Index (1930 = 100)	in US-Dollar	Index (1930 = 100)	in US-Dollar
1930	100,00	244,65	100,0	60	100,0	0,68
1940	77,05	188,51	105,0	63	67,7	0,46
1950	21,75	53,20	56,7	34	44,1	0,30
1970	12,91	31,58	45,0	27	23,5	0,16
1980	1,96	4,80	40,0	24	14,7	0,10
1990	1,36	3,32	48,3	29	16,2	0,11
2000**	0,35	0,86	35,0	21	11,8	0,08
2005	0,12	0,30	–		–	–

Index (1930 = 100) und in absoluten Zahlen, in konstanten Preisen (US-Dollar 1990), 1920 bis 2005; *Kosten eines 3-minütigen Telefongesprächs von New York nach London/durchschnittliche Seetransportkosten und Hafengebühren für Import- und Exportfracht pro short ton (907,17 kg)/durchschnittlicher Lufttransportumsatz pro Passagier und Meile – **1998 bei Seefracht und Lufttransport

Containerverladung im Hamburger Hafen
(Foto: © picture-alliance/dpa)

dagegen – nach z. T. dramatischen Rückgängen 95 von 1950 bis 1980 – im Betrachtungszeitraum nur noch geringfügige Änderungen.

So kann der Fortschritt 100 der neuen IuK-Technologien und ihre weltweite Verbreitung und Vernetzung als prägendes Merkmal der jüngsten Globali- 105 sierungsepoche festgehalten werden. Der damit verbundene Rückgang der IuK-Kosten hat auch den internationalen Handel 110 mit Dienstleistungen enorm beschleunigt, speziell den Austausch von Wissen, Know-how und Informationen. [...] 115 Diese neuen Technologien sind zu den zentralen Nervensträngen für praktisch jegliche Art von Globalisierungsaktivitäten ge- 120 worden. Sie haben zu einer „Hochgeschwindigkeits-Ökonomie" geführt und die Welt in einem bislang nicht gekannten Maße mit Wertschöpfungsketten und internationaler Arbeitsteilung überzogen. Die weltweite Mobilität und Flexibilität der Unternehmen hat sich dadurch drastisch erhöht und eine rasche sowie kostengünstige Steuerung der internationalen Transaktionen ermöglicht.

(Dieter Duwendag, Globalisierung im Kreuzfeuer der Kritik, Nomos Verlagsgesellschaft, Baden-Baden 2006, S. 20 f.)

125 Die modernen **Transporttechnologien** haben nach einem ersten großen Entwicklungssprung im 19. Jahrhundert (Eisenbahn, Dampfschiff) in den Jahrzehnten nach dem Zweiten Weltkrieg eine neue Qualitätsstufe erreicht. Von besonderer Bedeutung waren dabei die Einführung regelmäßiger interkontinentaler Flugverbindungen sowohl für den Personen- als auch den Güterverkehr, die Entwicklung von riesigen Massenguttransportschiffen (Stichwort „Supertanker") und die 130 Durchsetzung der **Containertechnologie**, die das Umladen von Gütern von einem Transportmedium (z. B. Schiff) auf ein anderes (z. B. Bahn) deutlich vereinfachte. Diese dynamische Entwicklung hat die Kosten der Raumüberwindung substanziell gesenkt und dadurch den Mobilitätsgrad von Rohstoffen und Zwischenprodukten spürbar erhöht. [...]

(Hans-Rimbert Hemmer/K. Bubl/R. Krüger/H. Marienburg, Die Entwicklungsländer im Globalisierungsprozess – Opfer oder Nutznießer?, Literaturstudie im Auftrag der Konrad-Adenauer-Stiftung, St. Augustin, 2. Aufl. 2003, S. 4)

3. Das Ende des Ost-West-Konflikts, der Übergang der ehemaligen Planwirtschaften zur Marktwirtschaft und die Marktöffnung der Entwicklungsländer

● Als geopolitische Entwicklung von großer Tragweite und als Beschleuniger der „neuen" Globa- 135 lisierungswelle hat sich der Fall des „Eisernen Vorhangs*" zwischen Ost und West ab Anfang der 1990er-Jahre erwiesen. Mit der *politischen und wirtschaftlichen Transformation (Umwandlung) der früheren Planwirtschaften** in Mittel-Ost-Europa, der Sowjetunion und in Südostasien (insbesondere China mit ersten Schritten bereits ab 1979, ferner Vietnam) sind für die bisherigen Globalisierer

neue Absatzmärkte und zugleich Konkurrenten auf den Plan getreten. Aufgrund dieser Ereignisse
140 musste – wie die *Weltbank* zutreffend charakterisiert –, die „ökonomische Landkarte neu gezeichnet werden". So lebte nach Berechnungen der Weltbank in den späten 1970er-Jahren mehr als ein
Drittel der Weltbevölkerung in den hermetisch abgeriegelten Planwirtschaften und ein weiteres
Drittel in protektionistischen* Volkswirtschaften mit prohibitiven (verhindernden) Handels- und
Kapitalverkehrskontrollen*. Lediglich das restliche knappe Drittel war in die Weltwirtschaft inte
145 griert. Die damalige Vorausschätzung der Weltbank, dass sich dieser Anteil bis zum Jahr 2000 auf
etwa 90 % der Weltbevölkerung mit Teilhabe an den globalen Transaktionen* erhöhen könnte, hat
sich inzwischen annähernd als zutreffend herausgestellt und ist neben dem Abbau des Protektionismus insbesondere der Marktöffnung der Transformationsländer zu verdanken.
    ● In etwa zeitgleich mit der Transformation* der Ostblockstaaten öffneten sich auch für die
150 *Entwicklungsländer* neue Globalisierungsperspektiven. Aufgrund der tiefgreifenden Folgen der
Kapitalflucht- und Schuldenkrise* der Dritten Welt hatten sich die 1980er-Jahre als „verlorene
Dekade" für viele Entwicklungsländer erwiesen. Sie mussten in dieser Zeit ihre hohen Leistungsbilanzdefizite zurückführen, die Währungsreserven allmählich wieder aufstocken und das Vertrauen der internationalen Kapitalmärkte wieder zurückgewinnen. Damit einher ging für zahl
155 reiche Entwicklungsländer eine Politik der Marktabschottung, die sie von den Weltmärkten zunehmend isolierte. Mit der weitgehenden Überwindung der Folgen dieser Krisen kehrten die
Entwicklungsländer insbesondere in Lateinamerika ab Anfang der 1990er-Jahre mit einer „neuen" Strategie wieder verstärkt in den weltwirtschaftlichen Verbund zurück: Sie öffneten ihre
Märkte, besannen sich auf ihre spezifischen komparativen Kostenvorteile* und forcierten die
160 Produktion arbeitsintensiver, exportfähiger Erzeugnisse. Bis zum Jahr 2000 hatten die Entwicklungsländer ihre vor dem Ausbruch der Schuldenkrise erreichten Anteile an der weltweiten Handels-, Investitions- und Finanzmarktglobalisierung deutlich überrundet und waren – neben den
Reformstaaten – zu einem weiteren Schrittmacher der „neuen" Globalisierungswelle geworden.
(Dieter Duwendag, Globalisierung im Kreuzfeuer der Kritik, Nomos Verlagsgesellschaft, Baden-Baden 2006, S. 19 f.)

M 98 Erscheinungsformen der Globalisierung

Die Erscheinungsformen der solchermaßen begründeten Globalisierung sind vielfältig. Politische und soziologische Phänomene zählen ebenso dazu wie ökologische (globale Erwärmungs-
und Ozonproblematik). Aus ökonomischer Sicht sind einige Charakteristika hervorzuheben, die
den Trend zu einer globalisierten Weltwirtschaft besonders eindrucksvoll verdeutlichen: das
5 Wachstum des Welthandels, das Wachstum der Direktinvestitionen und der Unternehmenskooperationen [und] das Wachstum des internationalen Kapitalverkehrs [...]
Diese Facetten der Globalisierung sollen im Folgenden beschrieben werden.

1. Wachstum des Welthandels

    ● Seit dem Zweiten Weltkrieg ist ein stetiger Anstieg der weltweiten Handelsströme zu beobachten. Der Welthandel expandierte in dieser Zeit mit durchschnittlichen Jahresraten von 6 Prozent
10 und somit langfristig kräftiger als das Bruttoinlandsprodukt (BIP) mit knapp 4 Prozent. Abbildung 1 zeigt die Entwicklung von Warenhandel und weltweitem BIP seit 1950.
Als Folge dieser Entwicklung wurden die Volkswirtschaften immer offener und ihre Integration
in die *internationale Arbeitsteilung* immer stärker. Auch ist die Zahl der Teilnehmer am Welthandel größer geworden. Vor allem die Exporterfolge der Schwellenländer Südost- und Ostasiens
15 zeigen, dass den Industrieländern ernst zu nehmende Konkurrenten erwachsen sind. [...] Eine
Phase des kräftigen Wachstums des weltweiten Handels ist in der ökonomischen Historie nicht
zum ersten Mal zu beobachten. In den Jahren von 1850 bis 1914 hat es schon einmal solch eine
Entwicklung gegeben. In dieser Phase weitete sich der weltweite Güterhandel gar mit der erstaunlichen Rate von 25 Prozent p.a. aus. [...]
20 ● Kritiker stellen daher die provokative Frage, was denn so neu an der Globalisierung sei. Es
gäbe sie schließlich schon seit Jahrzehnten, wenn nicht gar seit Jahrhunderten. In mancher Hin-

Abb. 1

die Teilnehmer der internationalen Arbeitsteilung verändert haben.

Beschränkte sich der erste Globalisierungsboom im Wesentlichen auf die Länder Westeuropas
45 und Nordamerikas sowie ihre Kolonien und nur auf wenige große Industriezweige (Landwirtschaft und Schwerindustrie), so ist heute beinahe die gesamte Welt zum Standort für multinatio-
nale Konzerne geworden. Diese handeln nicht mehr nur mit Waren, sondern bieten in verstärk-
tem Umfang auch Dienstleistungen und Finanzprodukte an. Zudem lässt sich eine Reihe völlig
neuer Trends im Welthandel identifizieren, welche die gegenwärtige Globalisierungsphase deut-
50 lich von früheren Epochen unterscheidet. Zu nennen sind hier v. a. das Anwachsen des intra-in-
dustriellen und des firmeninternen Handels, die zunehmende Aufsplitterung der Wertschöpfungskette auf geografisch entfernte Standorte („Outsourcing", „Offshoring"; s. Kasten S. 200)
und der Bedeutungsgewinn der Entwicklungsländer als Exporteure industrieller Produkte.

(Hans-Rimbert Hemmer/K. Bubl/R. Krüger/H. Marienburg, Die Entwicklungsländer im Globalisierungsprozess – Opfer oder
Nutznießer?, Literaturstudie im Auftrag der Konrad-Adenauer-Stiftung, St. Augustin, 2. Aufl. 2003, S. 8 f.)

2. Wachstum der Direktinvestitionen

Als eigentliches Kennzeichen und gleichzeitiger Motor der Globalisierung wird oft das rasante
55 Anwachsen der ausländischen Direktinvestitionen (FDI = foreign direct investment) seit Mitte
der 1980er-Jahre bezeichnet. Wesentliche Kennzeichen von FDI sind die Beteiligung am Eigenkapital der ausländischen Firma und die Absicht des Investors, dauerhaft Einfluss auf deren unternehmerisches Geschehen auszuüben.

Die **Direktinvestitionen der Wirtschaft im Ausland** machten auch 2006/07 einen beträchtlichen
60 Anteil der internationalen Kapitalströme aus. Seit Beginn der 1980er-Jahre bis zur Jahrtausendwende sind Investitionen in ausländische Produktionsstätten – durch Gründung neuer Werke,
Kauf bestehender Unternehmen oder Zusammenschluss von Unternehmen – etwa sechsmal so
schnell angestiegen wie das Welthandelsvolumen und haben zu intensiven globalen Finanzver-
flechtungen geführt. 2000 wurde ein Höhepunkt erreicht; die FDI beliefen sich nach Berech-
65 nungen der UNCTAD* („World Investment Report) weltweit auf 1387,953 Mrd. US-$, wobei etwa
90 % dieser Summe auf Firmenkäufe und Zusammenschlüsse (M & A, „Mergers & Acquisitions")
entfielen.

2001–2003 ging das FDI-Volumen stark zurück (s. Abb. 2). Der Grund lag nach Analysen der
UNCTAD in einer gewissen Normalisierung nach dem „Platzen" des Informationstechnologie-
70 booms um die Jahrtausendwende, in der Konjunkturabschwächung, in wirtschaftlichen Problemen

sicht ist dieser Einwand sicherlich berechtigt,
denn das Wachstum der
25 Weltwirtschaft im späten
19. und frühen 20. Jahr-
hundert und das Bekennt-
nis zum Freihandel* las-
sen sich durchaus mit
30 einigen der globalen ökonomischen Trends in der
zweiten Hälfte des 20.
Jahrhunderts vergleichen.
Dennoch ist das Wort Glo-
35 balisierung mehr als eine
moderne Verpackung für
ein bekanntes Phänomen.
Der neue Begriff schöpft
seine Rechtfertigung aus
40 der Tatsache, dass sich seit
etwa zwei Jahrzehnten das
Tempo, die Formen und

Abb. 2: Direktinvestitionen in Mrd. Dollar 1980–2006

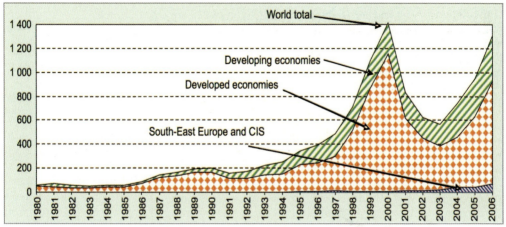

(www.unctad.org/en/docs/wir2007p1_en.pdf, S. 3)

Developing economies – Entwicklungsländer; Developed economies – Industrieländer; South-East Europe and CIS – Südosteuropa und Gemeinschaft Unabhängiger Staaten (Länder der früheren Sowjetunion)

vieler Industriestaaten und in der Unsicherheit über die weitere Entwicklung angesichts von Kriegs- und Terrorfurcht.

In den letzten Jahren war eine unterschiedliche Entwicklung der FDI zu verzeichnen; die Netto-Investitionssummen ausländischer Investoren erhöhten sich von 561,104 Mrd. US-$ (2003) auf
75 813,068 Mrd. US-$ (2004), um 2005 wieder leicht auf 778,725 Mrd. US-$ zurückzugehen.

Bemerkenswert ist nach Meinung der UNCTAD, dass sich der **Schwerpunkt der FDI** immer stärker vom industriellen in den *Dienstleistungsbereich* verschiebt. 2005 entfielen 64 % der FDI auf Unternehmen des tertiären Sektors (Handel, Verkehr, Tourismus, Finanzdienstleistungen usw.). Auch 2005 betrafen die wichtigsten grenzüberschreitenden Kapitaltransfers Investitionen westeu-
80 ropäischer und nordamerikanischer Firmen in anderen Industrieländern und in Schwellenländern* (z. B. Lateinamerika, Südostasien) sowie umgekehrt US-amerikanische und ostasiatische Investitionen in Europa. In den östlichen Reformländern sowie in den Entwicklungsländern wur-

de demgegenüber wegen der wirtschaftlichen und
85 politischen Risiken wesentlich weniger investiert. [...]

Auf Entwicklungsländer entfielen 2005 zwar 40,8 %
90 der Direktinvestitionen, doch der Hauptanteil ging nach China und in die fortgeschrittenen Schwellenländer in Ostasien und
95 Südamerika (Brasilien, Kolumbien, Chile, Argentinien).

(Aus: Der Fischer Weltalmanach 2008, © Fischer Taschenbuch Verlag in der S. Fischer Verlag GmbH, Frankfurt am Main 2007, S. 628 f.; Verf.: Reinhard Paesler)

Abb. 3

3. Expansion der multinationalen Unternehmen

Ohne die zuvor beschriebenen Globalisierungskräfte wäre auch das immense Wachstum der trans- bzw. multinationalen Unternehmen („Multis", „Global Players") nicht möglich gewesen,
100 wurden dadurch doch erst die Voraussetzungen für ihre verstärkten Globalisierungsaktivitäten geschaffen. Andererseits sind die Multis die hauptsächlichen Akteure im Globalisierungsprozess, wodurch sie wiederum ihrerseits die weltwirtschaftliche Integration vorangetrieben haben. Nach Erhebungen der *UNCTAD*

- hat sich die Anzahl der Multis von Anfang der 1990er-Jahre mit 37 500 Mutter- und 207 000
105 ausländischen Tochtergesellschaften bis Anfang der 2000er-Jahre auf 61 600 bzw. 927 000 erhöht (+ 64 % bzw. + 348 %),
- wickeln die Multis heute etwa ein Drittel des gesamten Welthandels untereinander ab und
- leisteten allein die ausländischen Töchter im Jahr 2001 einen Beitrag zur Entstehung des Weltsozialprodukts in Höhe von etwa 11 % (1990: 7 %).
110 Die Aktivitäten der Multis erstrecken sich auf praktisch alle Bereiche der internationalen Produktion, des Außenhandels und der Weltfinanzen. Für die Außenhandels-Multis steht im Vordergrund die weltweite Erschließung neuer kostengünstiger Beschaffungsmärkte (Import) und wachstumsstarker Absatzmärkte (Export). Im Fokus der *Industrie-Multis* steht die Errichtung kostengünstiger Produktionsstandorte durch Direktinvestitionen, Betriebs- und Arbeits-
115 platzverlagerungen ins Ausland. Dabei gehen die Markterschließung und die Verlagerung von Produktions-, Service- und Vertriebsstätten zunehmend Hand in Hand, d. h., sie sind weitgehend komplementär und ergänzen sich. *Finanz-Multis* wie Banken, Versiche-
120 rungen und Pensionsfonds bieten nicht nur eigene Finanzdienstleistungen im Ausland vor Ort an, sondern „begleiten" häufig auch die Globalisierungsaktivitäten der Produktions- und Handelsunternehmen mit finan-
125 ziellen Transaktionen* wie z. B. Devisen- und Kreditgeschäften. Mit der Expansion der Multis ist zugleich eine erhebliche Verschärfung des Wettbewerbs um die vergleichsweise besten globalen Standorte für Produktion, Han-
130 del und Finanzgeschäfte einhergegangen. Dieser Wettbewerbsdruck hat nicht nur die Unternehmen erfasst, sondern in zunehmendem Maße auch die Staaten, Handelszonen und Wirtschaftsblöcke dieser Welt. Ihre
135 Regierungen konkurrieren um die Schaffung der attraktivsten Standortbedingungen für Multis, um ausländisches Kapital, Direktinvestitionen und hochqualifizierte Arbeitskräfte.

(Dieter Duwendag, Globalisierung im Kreuzfeuer der Kritik, Nomos Verlagsgesellschaft, Baden-Baden 2006, S. 21 f.)

Multinationale Unternehmen 2004 (in Auswahl)	
Unternehmen, Firmensitz, Branche	Transnationalitätsindex (TNI)
1. Thomson, Kanada, Medien	97,3
2. Nestlé, Schweiz, Lebensmittel	93,5
3. Vodafone, Großbritannien, Telekommunikation	87,1
4. Alcan, Kanada, Metallurgie	85,6
5. Philips, Niederlande, Elektro/Elektronik	84,0
6. Unilever, Großbritannien/ Niederlande, Lebensmittel	82,8
7. BP, Großbritannien, Mineralöl	81,5
8. Roche, Schweiz, Pharmazie	79,0
9. Nokia, Finnland, Telekommunikation	72,5
10. BMW, Deutschland, Kfz	66,9
11. McDonalds, USA, Restaurants	65,7
12. Bertelsmann, Deutschland, Medien	63,4
13. Siemens, Deutschland, Elektro/Elektronik	62,0
14. Hewlett-Packard, USA, Elektronik	61,7
15. VW, Deutschland, Kfz	56,4

(Quelle: UNCTAD 2007; aus: Der Fischer Weltalmanach 2008 [= M 95], S. 628; Verf.: Reinhard Paesler)

140 Die UN-Konferenz für Handel und Entwicklung (UNCTAD) veröffentlicht jährlich in ihrem „World Investment Report" einen „Transnationalitätsindex" (TNI) für große internationale Konzerne als Verhältnis von
145 Investitionssumme, Umsätzen und Beschäftigten jeweils im Inland (Firmensitz) und im

Ausland (100 % bedeutet stärkste Multinationalität). Gewisse Firmen mit weltweiter Präsenz kommen hierbei auf einen Index von mehr als 80 % (Tabelle S. 190).

(Aus: Der Fischer Weltalmanach 2008 [= M 95], S. 628; Verf.: Reinhard Paesler)

4. Die Globalisierung der Finanzmärkte

Für viele Betrachter der Szene ist das wirklich Neue an der Globalisierung die Internationalisierung
150 der Währungs-, Geld- und Finanzmärkte*, [...] bei der internationale Spekulanten täglich riesige Summen hin und her bewegen und damit mitunter über Wohl und Wehe ganzer Volkswirtschaften entscheiden. Und in der Tat sind die Summen atemberaubend, die auf internationalen Kapitalmärkten täglich – quasi auf Knopfdruck – gehandelt werden. Sie übertreffen den Welthandel und die weltweite Produktion mittlerweile bei weitem, finden mittels stets neuer, für den Normalverbrau-
155 cher exotischer Instrumente statt, was den Verdacht nährt, diese Transfers hätten sich weitgehend von der materiellen Basis gelöst und dienten tatsächlich nur der Bereicherung Weniger.

Der Aufstieg dieser Märkte, an denen im Wesentlichen Werte in fremder Währung gehandelt werden, erklärt sich durch den Zusammenbruch des Nachkriegssystems der festen Wechselkurse (das sogenannte System von *Bretton Woods**), das private Akteure zu eigenständigen Kurs-
160 sicherungsgeschäften in Bezug auf Währungen und Zinssätze nötigte. Er erklärt sich überdies durch die **Liberalisierung des Kapitalverkehrs** (vgl. M 97), die den weltweit kaum noch beschränkten Handel mit Vermögensanlagen erlaubt, den Einsatz neuer Finanzierungsinstrumente und natürlich den Einsatz der neuen Kommunikationsmittel, die sekundenschnelle Transfers riesiger Summen quer über den Erdball möglich machen.

165 Man darf sich vom Größenwachstum der internationalen Finanzmärkte allerdings nicht zu sehr beeindrucken lassen: Es wurde schon darauf hingewiesen, dass bei Ausbruch des Ersten Weltkrieges ausländische Direkt- und Portfolioinvestitionen* einen fast ebenso großen Anteil der Inlandsinvestitionen finanzierten wie heute.

Inländische Investitionen werden auch heute noch ganz wesentlich – allerdings in abnehmendem
170 Maße – aus inländischen Ersparnissen finanziert. Der Anteil ausländischer Halter von Staatspapieren beziehungsweise inländischer Aktien ist freilich deutlich gestiegen, ebenso wie der Anteil internationaler Bankgeschäfte am Weltsozialprodukt. Spektakuläre Internationalisierung konstatieren wir beim Handel mit Währungen und sogenannten Finanzderivaten (das sind Berechtigungsscheine für den künftigen Erwerb von Finanzanlagen zu einem bestimmten Kurs), darunter auch die ver-
175 stärkte Beteiligung transnationaler Unternehmen, Pensions- und Aktienfonds.

(Joachim Betz, Auf dem Weg zu einer globalisierten Welt? Tendenzen, Indikatoren und Folgen der Globalisierung. In: Hans Dieter Kübler/Elmar Elling [Hrsg.], Wissensgesellschaft, Bundeszentrale für politische Bildung, Bonn 2004, S. 12)

*Die beiden etwas umfangreicheren Materialien M 97 und M 98 sind so klar gegliedert, dass Ihnen ihre Erarbeitung nicht schwerfallen wird. Wir schlagen Ihnen vor, in **Gruppenarbeit** zu jedem der beiden Themenaspekte (Ursachen/Antriebskräfte der Globalisierung und Erscheinungsformen der Globalisierung) eine nach den Textabschnitten gegliederte tabellarische **Übersicht** zu erstellen, in der Sie jeweils die wichtigsten Punkte (Sach- und Problemaspekte einschließlich der Ergebnisse aus der Auswertung der Grafiken) stichwortartig festhalten. In der anschließenden gemeinsamen Besprechung können Sie sich über ihre Arbeitsergebnisse austauschen und ggf. zusätzliche Klärungen vornehmen.*

2. Bedrohung oder Chance? Konsequenzen der Globalisierung für Wirtschaft und Politik in Deutschland

Der Wirtschaftsstandort Deutschland im globalen Wettbewerb

 M 99 Konsequenz der Globalisierung: globaler Wettbewerb auf drei Ebenen

Während „Globalisierung" im alltäglichen Sprachgebrauch einen schillernden Begriff darstellt, ist die *ökonomische Definition* recht eindeutig: Es geht um eine Zunahme der Mobilität, und zwar in vier Dimensionen. Die erste Dimension ist die zunehmende *Mobilität von Gütern*, die in der wachsenden Bedeutung des internationalen Handels ihren Niederschlag findet. Die zweite Di-
5 mension ist die zunehmende *Mobilität von Kapital und Unternehmen*, die ihre Investitionsstandorte in einem weltweiten Maßstab danach aussuchen können, ob sie ihren Anforderungen gerecht werden oder nicht. Die dritte Dimension ist die zunehmende *Mobilität von technischem Wissen*, wobei technisches Wissen zum einen mit den internationalen Handels- und Investitionsströmen über Grenzen wandert und zum anderen über das Internet und andere Kommunika-
10 tionstechnologien weltweit verfügbar wird. Die vierte Dimension ist die zunehmende *Mobilität von Arbeitskräften*. Hier sind wir noch am weitesten von einer globalisierten Welt entfernt, denn Arbeitskräfte können nach wie vor als international weitgehend immobil angesehen werden. Doch wer die Globalisierung zu Ende denkt, wird auch die Mobilität von Arbeitskräften zunächst konzeptionell mit in den Blick nehmen müssen.
15 Welche **Konsequenzen** die Globalisierung für die verschiedenen wirtschaftspolitischen Akteure hat, ist im Schaubild (s. u.) schematisch illustriert. Dargestellt sind zwei Länder, die als Inland und Ausland bezeichnet werden. In jedem dieser Länder gibt es Unternehmen, die Kapital und Arbeit als Produktionsfaktoren einsetzen. Daneben gibt es die gesellschaftlichen und politischen Kräfte, die hier vereinfachend als Regierung bezeichnet werden. Die Pfeile zwischen den Länder-
20 blöcken zeigen an, auf welche Weise die verschiedenen Akteure im grenzüberschreitenden Wettbewerb zueinander stehen.
• Auf den *Gütermärkten* treffen die Unternehmen des In- und Auslandes in einem internationalen **Produktwettbewerb** aufeinander. Er ist umso intensiver, je geringer die Handelsschranken sind – seien es natürliche Handelsschranken in Form von Transportkosten oder künstliche Han-
25 delsschranken in Form von Zöllen und anderen Importbehinderungen. Dieser Wettbewerb über den internationalen Handel stellt keine neue Entwicklung dar, sondern war auch in früheren Jahrzehnten schon sehr ausgeprägt.

Abb.: Dimensionen des globalen Wettbewerbs

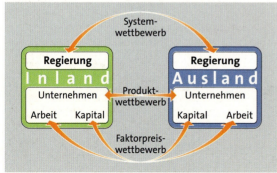

• Neu hinzu gekommen ist durch die erhöhte Kapitalmobilität ein *Wettbewerb*
30 *zwischen verschiedenen Investitionsstandorten*, wobei der Produktionsfaktor Kapital* an jene Standorte streben wird, an denen die Renditen* am höchsten sind. Diese Form des Wettbewerbs kann als
35 **Faktorpreiswettbewerb** bezeichnet werden, da die Renditen – produktionstheoretisch ausgedrückt – den Faktorpreis des Kapitals darstellen. Da die Kapitalrenditen aber auch davon beeinflusst
40 werden, wie hoch das Produktivitäts-* und das Lohnniveau an den verschie-

denen Investitionsstandorten ist, geraten auf indirekte Weise durch den Wettbewerb um international mobile Investoren auch die *Arbeitskräfte* an den inländischen und ausländischen Standorten in einen Faktorpreiswettbewerb, bei dem jene Standorte am besten abschneiden, an denen
45 die Relation zwischen Lohn und Produktivität besonders günstig ist.
  • Die *Regierungen* in den beiden Ländern sind in dem einfachen Modell des Schaubilds verantwortlich dafür, wie die *Rahmenbedingungen für wirtschaftliches Handeln* ausgestaltet sind. Dazu gehören
nicht nur die *Steuersätze*, die von den Unternehmen zu entrichten sind, sondern vor allem die öffentlich bereitgestellte *Infrastruktur* im weitesten Sinne. Zu dieser Infrastruktur zählen etwa die
50 Transport- und Kommunikationsnetzwerke, die Schwerfälligkeit oder Flexibilität der Bürokratie, die
Innovationsimpulse aus Forschung und Technologie und nicht zuletzt weiche Faktoren wie die
kulturelle Vielfalt, Rechtssicherheit, sozialer Friede und andere Komponenten der Lebensqualität. Je
intensiver der oben geschilderte Faktorpreiswettbewerb wird, desto stärker geraten auch die Regierungen des In- und Auslandes mit ihrer institutionellen Ausgestaltung der Rahmenbedingungen in
55 einen Wettbewerb – den **Systemwettbewerb**, der auch als **Standortwettbewerb** bezeichnet wird.

Wenn es die verschiedenen Komponenten des Wettbewerbs zwischen den Ländern nicht gäbe,
könnten die Regierungen relativ autonom entscheiden, welche **Standortbedingungen** sie für die
Unternehmen in ihrem Lande schaffen wollen. Eine in diesem Sinne schlechte Politik hätte allenfalls den Wähler zu fürchten, während die wirtschaftlichen Konsequenzen einer verfehlten Politik
60 vergleichsweise überschaubar bleiben würden. Wenn Investoren allerdings international mobil
werden, werden sie bei ihren Investitionsentscheidungen auch die Qualität der Rahmenbedingungen für unternehmerisches Handeln an den verschiedenen Standorten mit in den Blick nehmen. Schlechte Rahmenbedingungen können dann zum massiven Abzug von Investoren führen.
Bildlich erläutern lässt sich das Konzept des Standortwettbewerbs mit der Situation von Gastwir-
65 ten, deren Gasthöfe an einer Straße entlang aufgereiht sind und die von den Reisenden in Hinblick auf das von ihnen gebotene Preis-Leistungs-Verhältnis inspiziert werden. Wenn mehrere
Gasthöfe zur Auswahl stehen und der Wechsel vom einen zum anderen relativ leicht möglich ist,
werden nur jene von ihnen bestehen können, die ein wettbewerbsfähiges Preis-Leistungs-Verhältnis bieten. Mit der internationalen Mobilität von Investoren ergeht es den Regierungen ähn-
70 lich wie den Gastwirten. Nur jene Länder, die attraktive Rahmenbedingungen für wirtschaftliches
Handeln bieten, werden Investoren anlocken können. Wer vergleichsweise schlechte Rahmenbedingungen bietet, wird sich im Standortwettbewerb nur durchsetzen können, wenn die Preise
entsprechend niedrig sind, und dazu gehören aus Sicht der Investoren dann nicht nur die *Steuern*, sondern auch die an jenen Standorten zu zahlenden *Löhne*.
75 Diese Form des Wettbewerbs zwischen verschiedenen wirtschaftspolitischen Systemen ist tatsächlich relativ neu und stellt eine der wichtigsten Konsequenzen der Globalisierung dar. Natürlich geht
es hier nicht um eine Unterscheidung zwischen 0 und 1, denn eine gewisse Form des internationalen Systemwettbewerbs gab es schon immer – genau wie es schon immer ein gewisses Ausmaß an
Globalisierung gab. In dem Maße aber, in dem die Globalisierung Fahrt aufnahm, hat sich auch der
80 internationale Systemwettbewerb verschärft und eine historisch neue Dimension erreicht.
Manche Beobachter meinen, dass den Regierungen gar keine andere Wahl bliebe, als sich in
diesem globalen Systemwettbewerb gegenseitig zu übertreffen mit Steuersenkungen und anderen Wohltaten für die Unternehmen. Solch ein Wettlauf wird in der Literatur als „race to the
bottom" bezeichnet. Diese Befürchtungen erscheinen aber als weit überzogen. Wie der System-
85 wettbewerb tatsächlich funktioniert, lässt sich gleichsam im Sandkasten am Wettbewerb zwischen den verschiedenen Gemeinden innerhalb der Vereinigten Staaten studieren: Traditionell
ist die Mobilität der Amerikaner wesentlich höher als etwa die der Deutschen oder anderer Europäer, und Amerikaner wählen ihren Wohnsitz nicht zuletzt danach, wie attraktiv ihnen die Infrastruktur der jeweiligen Gemeinde erscheint. Wenn die These vom „race to the bottom*" zutref-
90 fend wäre, dann müssten Wanderungsbewegungen überwiegend von jenen Gemeinden, die
hohe Steuern und Abgaben erheben, in Gemeinden mit niedrigeren Steuern und Abgaben erfolgen. Tatsächlich verläuft die Wanderung aber eher in umgekehrte Richtung, d. h., die Gemeinden
mit den höheren Steuer- und Abgabesätzen weisen tendenziell eine höhere Zuwanderung auf als
andere Gemeinden. Dies liegt daran, dass hohe Steuern und Abgaben in aller Regel auch mit ei-

95 ner guten Infrastruktur* verknüpft sind, die den Bürgern offenbar das Geld wert ist. Abwanderungen verzeichnen dagegen Gemeinden wie beispielsweise Washington D.C., weil dort das Steuer- und Abgabenniveau sehr hoch ist und zugleich die Qualität der Infrastruktur als sehr schlecht angesehen wird. Die allgemeine Lehre aus diesem Sandkasten lautet, dass internationaler Standortwettbewerb keineswegs ein „race to the bottom" auslösen muss, dass er aber jene
100 Standorte bestraft, in denen das Preis-Leistungs-Verhältnis der öffentlichen Infrastruktur aus dem Lot geraten ist. Getragen werden muss die Strafe für eine schlechte Politik von den international immobilen Faktoren, d. h. in erster Linie von den *Arbeitskräften* des betreffenden Landes, denn Investoren werden hier nur Arbeitsplätze schaffen, wenn sie für die ungünstigen Rahmenbedingungen mit günstigen Löhnen kompensiert werden.
105 Wie relevant all diese modelltheoretischen Überlegungen für die Praxis sind, hängt natürlich nicht zuletzt davon ab, wie weit die Globalisierung vorangeschritten ist, d. h., wie international mobil Güter und Produktionsfaktoren tatsächlich sind.

(Henning Klodt, Einkommens- und Beschäftigungseffekte der Globalisierung; http://www.fes-online-akademie.de/download.php?d=henning_klodt.pdf, S. 2 ff.)

1. Der Autor von M 99 definiert zu Anfang die ökonomische Globalisierung anhand des zentralen Merkmals der „Mobilität" (Z. 1–14). Vergleichen Sie die Darstellung der vier Dimensionen der „Mobilität" mit der Darstellung der Erscheinungsformen (Indikatoren) der Globalisierung in M 98.

2. Die Darstellung in M 99 (Z. 15 ff.) ist von zentraler Bedeutung für das Verständnis der Konsequenzen, die sich aus dem Globalisierungsprozess für die Wirtschafts- und Sozialpolitik besonders in einem Industrieland wie Deutschland ergeben. Erläutern Sie mit eigenen Worten die drei Dimensionen des globalen Wettbewerbs als entscheidende Folge des Globalisierungsprozesses.
  – Inwiefern stellt der Produktwettbewerb nicht das eigentlich Neue an der Globalisierungsentwicklung dar?
  – Auf welche Weise treten die Produktionsfaktoren Kapital (direkt) und Arbeit (indirekt) in verschärften Preiswettbewerb? Worauf kommt es den Investoren hauptsächlich an?
  – Inwiefern geraten durch den zunehmenden „Faktorpreiswettbewerb" auch die Regierungen der Länder im Hinblick auf die Schaffung günstiger Rahmenbedingungen in Konkurrenz zueinander? Was ist mit der vom Staat zu schaffenden günstigen „Infrastruktur" im Einzelnen gemeint?

3. Inwiefern befinden sich die Staaten aufgrund des Standortwettbewerbs „in der Situation von Gastwirten" (Z. 64 ff.)? Was müssen sie anbieten und garantieren, wenn sie „Gäste anlocken" wollen?

4. Im letzten Teil (Z. 81 ff.) setzt sich der Autor mit der viel diskutierten These auseinander, dass den Regierungen im globalen Wettbewerb gar keine andere Wahl bleibe, als sich gegenseitig (z. B. durch niedrige Steuern und Löhne) zu unterbieten. Stellen Sie heraus, zu welcher Beurteilung der Autor in dieser Frage kommt.

▬▬ M 100 Deutsche Unternehmen unter „Globalisierungsdruck" – das Beispiel „Stiebel Eltron"

STIEBEL ELTRON Werk in Eschwege
(Foto: Stiebel Eltron)

Jeder Fall hat zwei Seiten, sagt man, dieser hier hat noch einen dritten. Klaus Hanl sitzt am Besprechungstisch in seinem Büro, ein großer, schwerer Mann von 48 Jahren, der seit 15 Jahren
5 bei der Firma ist und noch genau weiß, wie er von einem Kollegen bewundert wurde, als er dem damals von seinen Wechsel erzählte: „Zu Stiebel Eltron gehst du? Tolle Firma." Von der hatte der

Kollege einen Warmwasserspeicher zu Hause, ein Gerät, das nun schon 25 Jahre lang funktionierte. Klaus Hanl erzählt die Anekdote mit dem Stolz des Mannes, der heute selber diesen Speicher bauen darf. Er leitet inzwischen das Werk der Firma in Eschwege, eine gute halbe Autostunde östlich von Kassel. Dass er die Geräte immer noch bauen darf, liegt aber nicht nur an seinen Fähigkeiten als Ingenieur.

Klaus Hanl hat in Eschwege wegrationalisiert, was wegzurationalisieren war. In der Halle unten rollen Gabelstapler, die keine Fahrer mehr brauchen. Das Kantinenpersonal ist abgeschafft, stattdessen schickt eine Metzgerei jeden Morgen eine Mitarbeiterin, die vom Schnitzel bis zur Bild-Zeitung alles bringt, was die Arbeiter brauchen. Den Rasen lässt Hanl von Rentnern mähen, die das auf 400-Euro-Basis machen. Stiebel Eltron gehört zur Metallindustrie, die billigste Arbeitsstunde in der Branche kostet ein Unternehmen 20 Euro, alles in allem; fünfmal mehr als in dem Werk in der Slowakei, das die Firma vor drei Jahren erworben hat, von den beiden Fabriken in Thailand und China gar nicht zu reden.

Um sich gegen die zu behaupten, muss Klaus Hanl zusehen, dass er so viele Kosten wie möglich spart. Er sagt: „Wir haben die einfache Arbeit in Deutschland so stark verteuert, dass sie nicht mehr bezahlbar ist." Er hat auch den Pförtner abgeschafft. Die Arbeit wird von einer Schäferhündin erledigt. Tagsüber ist sie in ihrem Gehege, nachts und am Sonntag streicht sie übers Gelände; schlechter als ein Mensch macht sie es auch nicht.

Klischee und Kampfargument

Das ist die eine Seite dieses Falls: Wie die Öffnung der Grenzen dazu geführt hat, dass eine Firma nun auch Geschäft in Ländern machen kann, die ihr früher verschlossen waren, und wie sie so zu Fabriken gekommen ist, die nun den Fabriken zuhause Konkurrenz machen. Und wie zahlreiche Arbeitsplätze hier nicht mehr zu halten sind.

Stiebel Eltron wurde im Jahr 1924 von dem Maschinenbauer Theodor Stiebel gegründet, der ihr zunächst den Kunstnamen Eltron gab; als er merkte, dass das Geschäft mit den elektrischen Tauchsiedern funktionierte, setzte er noch seinen Nachnamen davor. Acht Jahrzehnte später ist Stiebel Eltron weiterhin im Familienbesitz, mit Geräten wie Wärmepumpen, Händetrocknern,

Durchlauferhitzern oder Warmwasserspeichern macht die Firma einen Umsatz von 417 Millionen Euro. In Deutschland betreibt sie zwei Standorte: Eschwege mit seinen 150 Beschäftigten ist das Zweigwerk; der Firmensitz liegt hundert Kilometer weiter nordwestlich, in Holzminden an der Weser. 1500 Menschen arbeiten dort, und wenn am Freitag kommender Woche die neue Wärmepumpenfabrik eröffnet wird, nach Angaben der Firma die größte und modernste in Europa, wird dies noch einmal 200 Arbeitsplätze schaffen.

Es ist ja keineswegs so, dass die teuren deutschen Standorte irgendwann gar keine Chance mehr haben, nur weil im Ausland auf den ersten Blick alles billiger ist. Das ist bloß das Klischee, gern auch das Kampfargument von Managern, denen keine neue Produkte mehr einfallen und die dann versuchen, sich an der Belegschaft schadlos zu halten. Träfe das Argument zu, wäre ja jeder schlecht beraten, der nicht längst mit Sack und Pack in irgendeine Sonderwirtschaftszone in China gezogen ist.

Rudolf Sonnemann, 54, der Vorsitzende der Geschäftsführung von Stiebel Eltron, hat aber bereits vor Jahren das Gegenteil gemacht: nämlich das Solarwerk der Firma in Griechenland geschlossen und nach Holzminden verlegt. Das griechische Werk war nur für die Endmontage ausgelegt; Glas, Rahmen, Blechstreifen – alles wurde jeweils in anderen Fabriken hergestellt und musste anschließend angeliefert werden. In Holzminden hingegen lassen sich sämtliche Arbeiten auf einem Gelände erledigen, letztlich ist es dadurch hier sogar billiger.

Rudolf Sonnemann erzählt aber auch von den Akquisitionen und Neugründungen in der Slowakei, in Thailand und in China; er war die treibende Kraft dabei. Wäre er im Export nicht vorangekommen, betrüge der Umsatz heute nicht 417 Millionen Euro, sondern er wäre bei 217 Millionen stehengeblieben. Sonnemann sagt: „Das kann man zwar machen, wäre aber keine Zu-

Fertigungsplatz der DHE
(Durchlauferhitzer)-Produktion
(Foto: Stiebel Eltron)

kunftsstory." Also hat er den Prozess ausgelöst,
im Zuge dessen in Eschwege der Pförtner keine
Zukunft mehr hatte, in dem aber auch im Ausland nicht alles so lief, wie man es aus Deutschland gewohnt war. „Manchmal standen wir vor
Qualitätsproblemen, an die man hier nicht einmal denkt", sagt Sonnemann. Mit der Folge, dass
er die Kunststoffproduktion aus der Slowakei
abgezogen und nach Nordhessen verlagert hat.
Hin zu den deutschen Ingenieuren und ihren
ultramodernen Spritzgießmaschinen, den Gas-
innendruckformen und dem Erodierzentrum,
das sich schon allein vom Wort her so imposant
anhört, nach Hightech und deutscher Wertar-
beit. In Eschwege wird nun auch der Kunststoff
hergestellt, den das slowakische Werk benötigt.
Im Hightech-Teil des Werkes sind die Arbeitsplätze entstanden, die bei den Pförtnern und
den Gabelstaplerfahrern weggefallen sind. Das
ist die zweite Seite des Falls.

Von der dritten erfährt man, wenn man mit Kurt
Hauffe und Hartmut Meine spricht; dies allerdings getrennt, denn es handelt sich bei ihnen
um zwei Männer, die einander nichts mehr zu sagen haben. Hauffe war 50 Jahre im Unternehmen, in Holzminden, fast die Hälfte davon als
Vorsitzender des Betriebsrats, Ende April ist er in
den Ruhestand getreten. Hauffe erzählt, wie das
Unternehmen vor zwölf Jahren mal am Abgrund
stand, durch falsche Geschäftspolitik, und er sagt,
bevor er in Rente ging, wollte er sicherstellen,
dass seine Kollegen nicht ein zweites Mal in diese
Lage gerieten; es war ja schon kein gutes Zeichen,
dass Stellen in Holzminden seit Jahren nicht wieder besetzt wurden. Und dann stellte die Firmen-
leitung auf einmal Investitionspläne vor, für die
Wärmepumpenfabrik und die Kunststoffproduktion. Sie sprach aber auch von den Kostenunter-
schieden zur Slowakei und auch zu Schweden,
wo sie über einen Zukauf nachdachte. Was die
Belegschaft zu bieten habe?

„Keine gute Adresse mehr"

Hauffe stand noch unter dem Eindruck eines Be-
suchs in dem slowakischen Werk. „Ich habe gesehen, wie heiß die Leute dort sind", sagt er. „Dass
die wirklich weit nach vorne wollen." Der Betriebsrat antwortete, solange es nicht ans Geld
gehe, könne man über alles reden. Am Ende bestand der Deal darin, dass die Beschäftigten in
Holzminden täglich eine halbe Stunde länger arbeiten, in Eschwege sogar eine ganze.

Man kann das so bewerten, wie es die IG Metall
bewerten musste, in Person von Hartmut Meine,
ihres Bezirksleiters in Hannover: Da kämpft man
seit Jahren gegen Bosse, die Errungenschaften
streichen wollen, weil die Kosten dafür angeblich
die Firma erdrücken. Und dann gibt in Holzminden der Betriebsrat mal eben die 35-Stunden-Wo-
che her – bei einem schuldenfreien Marktführer.
„Unsolidarisch", sagt Meine. Sind wir inzwischen
so weit, dass nur noch investiert wird, wenn die
Beschäftigten dafür zahlen? Meine sagt, Stiebel
Eltron sei lange eine seriöse Firma gewesen.
„Aber jetzt ist das für die IG Metall keine gute
Adresse mehr."

Das ist die eine Sicht, die andere ist: Wie gut müssen wir es in Deutschland noch haben, solange
hier nicht mehr auf dem Spiel steht, als erst um
16.30 Uhr anstatt um 16 Uhr nach Hause gehen
zu dürfen. Kurt Hauffe, der Betriebsrat, fragt, warum es immer erst zur Krise kommen solle, bevor
man sich für die Zukunft wappne? Aus der Gewerkschaft ist er ausgetreten, und als im April
Betriebsversammlung war, zeigten die Beschäftigten von Stiebel Eltron auf ihre Weise, was sie
von welchem Arbeiterführer halten: Als der Ge-
werkschaftssekretär der IG-Metall ans Rednerpult
trat, stand die Hälfte auf und ging.

(Süddeutsche Zeitung v. 18.5.2007, S. 10; Verf.: Detlef Esslin-
ger)

Analysieren Sie auf dem Hintergrund Ihrer Erarbeitung von M 100 die Situation von „Stiebel Eltron":
- *Um welche Produkte geht es in diesem Fall? Welche Produktionsfaktoren spielen für die Produktion eine wichtige Rolle?*
- *Was hat das Familienunternehmen dazu veranlasst, in anderen Ländern zu investieren? Wie stellt sich der „Faktorpreiswettbewerb" zwischen diesen Standorten dar? Wie kommt es, dass das Unternehmen in Holzminden manches „sogar billiger" produziert als in Griechenland?*
- *Welche Maßnahmen hat das Unternehmen als Konsequenzen aus der internationalen Wettbewerbsposition getroffen? Wie werden sie von der Belegschaft einerseits, von der Gewerkschaft IG Metall andererseits bewertet?*
- *Wie beurteilen Sie selbst die beschriebene Situation von „Stiebel Eltron"? Näheres über das Unternehmen finden Sie unter den Internetadressen www.stiebel-eltron.de/unternehmen/ueber-stiebel-eltron und http://de.wikipedia.org./wiki/Stiebel_Eltron*

■■■ M 101 „Going global" – Warum sich deutsche Unternehmen im Ausland engagieren

Heutzutage haben die meisten Unternehmen [in Deutschland] internationale Geschäftskontakte; „**going global**" ist für viele Unternehmen das strategische Gebot der Stunde; für sehr
5 viele Unternehmen ist das internationale Geschäft die Existenzgrundlage geworden. Märkte sichern, Kosten sparen, Kapazitäten auslasten, Renditen* sichern – das sind die Ziele. Etwas überspitzt wird schon vom großen
10 „Weltdorf" („global village") gesprochen: Die Kundenbedürfnisse werden weltweit immer ähnlicher, die Produktstandards immer stärker harmonisiert. Unabhängig davon gibt es viele kleinere und mittlere Unternehmen, insbeson-
15 dere Handwerksbetriebe, die sich nur im heimischen Binnenmarkt und dabei oft nur regional orientieren und gar kein Auslandsengagement eingehen wollen – teils aus Risikoscheu, teils weil sie nicht weiter wachsen wollen, teils
20 aus Mangel an Informationen über die Chancen des Auslandsgeschäfts.

(Zeichnung: Jan Tomaschoff/CCC, www.c5.net)

● Es ist für jedes Unternehmen wichtig, seine Strategie zu definieren, die sich aus einer Vision ableiten sollte: Wo steht man heute, wo will man morgen stehen, und wie gelangt man dahin? [...] Einige Unternehmen verkaufen ihre Produkte nur so nebenbei ins Ausland, andere sind in hohem
25 Maße vom Auslandsgeschäft abhängig und müssen sich daher sehr viel intensiver auf die Auslandsmärkte und die Anforderungen einstellen, die sich aus dem Auslandsgeschäft ergeben. Einige Unternehmen verkaufen oder produzieren weltweit überall, wo sich Marktchancen bieten (*global selling*) und kaufen weltweit dort ein, wo es am günstigsten ist (*global sourcing*), andere selektieren geografisch und beschränken sich auf ausgewählte Länder oder Ländergruppen. Die Absatzchancen
30 großer neuer Märkte, wie z. B. in Indien, China und anderen asiatischen Ländern sowie zunehmend in Lateinamerika, sind oft verlockend. Ein Hersteller von Schuhsohlen schwärmte: „Es gibt eine Milliarde Chinesen, und jeder hat zwei Füße...." Das Motto *going global* bezieht sich nicht nur auf

Großkonzerne und Mega-
fusionen, sondern vor
35 allem auf die unzähligen
Unternehmen, die sich international betätigen. Die
internationale Perspektive
ermöglicht es einem Un-
40 ternehmen, bezüglich
Steuern, Arbeitskosten, Sozial- und Umweltnormen
und anderen Standortkriterien nach den besten
45 Rahmenbedingungen zu
suchen und eventuell Begrenzungen des heimischen nationalen Rechts
zu umgehen. [...]
50 ● Die Frage, weshalb sich
Unternehmer im Ausland

Deutschland in der globalisierten Welt

Deutsche Direktinvestitionen im Ausland

So viele Unternehmen
25 118

mit so vielen Mitarbeitern
5 191 000

und diesem Jahresumsatz
1 752 Mrd. Euro

Ausländische Direktinvestitionen in Deutschland

So viele Unternehmen
9 631

mit so vielen Mitarbeitern
2 223 000

und diesem Jahresumsatz
1 096 Mrd. Euro

© Globus 2129   Stand Anfang 2007   Quelle: Deutsche Bundesbank

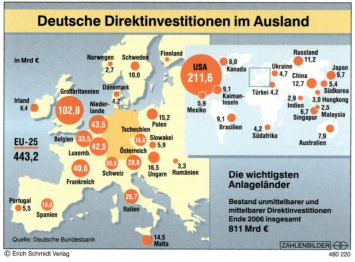

Deutsche Direktinvestitionen im Ausland

in Mrd €

Norwegen 2,7
Schweden 10,0
Finnland
USA 211,6
Kanada 8,0
Russland 11,2
Ukraine 4,7
China 12,7
Japan 9,7
Südkorea 5,4
Hongkong 3,0
Indien 2,9
Singapur 6,7
Malaysia 2,5

Irland 8,4
Großbritannien 102,8
Dänemark 4,2
Niederlande 43,5
Kaiman-Inseln 9,1
Mexiko 5,9
Türkei 4,2
Brasilien 9,1
Südafrika 4,2
Australien 7,9

EU-25 443,2
Belgien 33,5
Luxemb. 42,5
Tschechien 18,6
Polen 15,2
Slowakei 5,9
Österreich 28,8

Frankreich 40,6
Schweiz 20,6
Ungarn 16,5
Rumänien 3,3

Italien 26,7

Portugal 5,5
Spanien 19,0

Malta 14,5

Quelle: Deutsche Bundesbank

Die wichtigsten Anlageländer

Bestand unmittelbarer und mittelbarer Direktinvestitionen Ende 2006 insgesamt **811 Mrd €**

ZAHLENBILDER

480 220

engagieren, lässt sich relativ schnell beantworten: Sie wollen Geld verdienen und den Bestand des Unternehmens sichern. Das *betriebswirtschaftliche* Interesse ist eindeutig: Ohne Exportmärkte ließen sich Umsatz, Gewinne und Beschäftigung nicht sichern; ohne Importe ausländischer Güter wären viele inländische Produktionsleistungen unmöglich; ohne eigene Präsenz in ausländischen Märkten könnten viele Unternehmen ihre Positionen auch im Inland nicht halten; ohne Kooperation und oft Zusammenschluss mit ausländischen Partnern könnten viele Unternehmen nicht im internationalen Wettbewerb bestehen. Den Schlüssel zum Erfolg hat ein Unternehmer knapp formuliert: „Man braucht eine Spezialisierung, gutes Marketing und gute Leute." So einfach ist das.

Die volkswirtschaftlich notwendige *Sicherung der heimischen Arbeitsplätze* allerdings – dies muss deutlich gesagt werden – steht aus betriebswirtschaftlicher Sicht als Unternehmensziel nur selten im Vordergrund. Arbeitskräfte sind notwendige Produktionsfaktoren, die zur Verfolgung des unternehmerischen Gewinnziels benötigt werden. Unabhängig von sozialpolitischen Überlegungen, die sicherlich bei vielen Unternehmern auch eine Rolle spielen, muss gesehen werden, dass ein Unternehmen auf Dauer nur bestehen kann, wenn es eine Verzinsung des eingesetzten Kapitals erwirtschaftet (Rendite), die deutlich über der alternativen Anlagerendite auf dem Kapitalmarkt liegt: Andernfalls könnte der Unternehmer sein Geld mit geringerem Risiko und eher mühelos in Wertpapierfonds anlegen (vgl. M 18 c, Z. 23 ff.). Wenn die Gewinne ausbleiben, ist das Ende eines Unternehmens schnell nahe.

Unternehmen, die sich nicht international engagieren, verlieren leicht auch ihre inländische ökonomische Basis; viele retten sich vor den kostenmäßigen Nachteilen des Standortes Deutschland ins Ausland. Einige machen sich freiwillig und von sich aus auf ins Ausland, wollen expandieren oder „kundennäher" operieren, andere reagieren eher unfreiwillig, passiv und meist auch zögerlich auf externe Impulse und sehen dabei vor allem die Risiken des internationalen Wettbewerbs und ausländischer Engagements. Nicht wenige Unternehmen halten sich fälschlicherweise für zu klein für Auslandsgeschäfte. [...]

● Beim Drang ins Ausland kann man **Schub-** und **Sogfaktoren** unterscheiden (Push- und Pull-

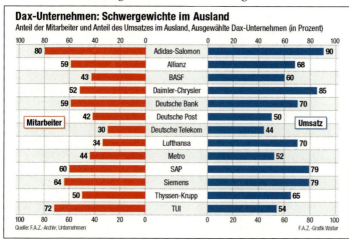

Dax-Unternehmen: Schwergewichte im Ausland
Anteil der Mitarbeiter und Anteil des Umsatzes im Ausland, Ausgewählte Dax-Unternehmen (in Prozent)

Unternehmen	Mitarbeiter	Umsatz
Adidas-Salomon	80	90
Allianz	59	68
BASF	43	60
Daimler-Chrysler	52	85
Deutsche Bank	59	70
Deutsche Post	42	50
Deutsche Telekom	30	44
Lufthansa	34	70
Metro	44	52
SAP	60	79
Siemens	64	79
Thyssen-Krupp	50	65
TUI	72	54

Quelle: F.A.Z.-Archiv; Unternehmen
F.A.Z.-Grafik Walter

(Grafik: Walter; Quelle: Frankfurter Allgemeine Zeitung v. 29.6.2006, S. 17)

Faktoren), wobei es auf die Betrachtungsweise ankommt: Vergleichsweise hohe Lohnkosten bei gleichzeitig zunehmender (billiger) Importkonkurrenz in bestimmten Branchen „drängen" Unternehmen ins Ausland, umgekehrt sind niedrige Lohnkosten in Osteuropa oder Südostasien attraktive Sogfaktoren. Dann bietet sich oft eine Verlagerung von Produktionskapazitäten in **„Bil-**
110 **liglohnländer"** an: Deutsche Nordseekrabben („Granat") werden mit Kühllastern z. B. nach Ungarn gebracht, dort „gepult" und wieder nach Deutschland zum Verkauf zurückgebracht; Stoff wird in Deutschland gewebt und daraus in Hongkong T-Shirts gefertigt; Wäsche wird von Deutschland nach Polen gebracht und dort gewaschen, usw. Eine Arbeiterstunde kostet in Ungarn knapp 3 Euro, in Bulgarien noch weniger, in Deutschland rund 24 Euro (2001). Solche
115 Auslagerungen von Produktionen oder Produktionsschritten sind in der Textil-, Leder- oder Elektroindustrie und vielen anderen Branchen zu beobachten und in steigendem Maße auch bei Computersoftware, wo sich beispielsweise Indien einen Namen gemacht hat. [...]
Schubfaktoren sind sicherlich das Wegsacken von Inlandsmärkten durch Sättigung der Nachfrage oder Konkurrenz aus dem Ausland. „In Deutschland wächst nichts mehr; wir müssen in die
120 Welt gehen", sagte mir unlängst ein Unternehmenschef. Daher können viele Unternehmen ihre Kapazitäten nur durch Aufträge aus dem Ausland auslasten; [...] nicht wenige Branchen – u.a. Bau-, Chemie- oder Autoindustrie, Maschinen- und Anlagenbau – sind in ihrer Existenz in starkem Maße von Auslandsaufträgen abhängig. Ein wichtiger Aspekt ist sicherlich auch das
125 Streben nach Risikostreuung.

Als **Sogfaktor** ist auch anzusehen, wenn Zulieferer mit wichtigen Kunden mitgehen (müssen), u. a. in der Autoindustrie, wo sie den Herstellern beispielsweise in die USA oder nach
130 Brasilien gefolgt sind, oder Unternehmen müssen ihren Konkurrenten ins Ausland folgen (*„me too!"*), um nicht „überholt" und „abgehängt" zu werden und ins Hintertreffen zu geraten, durch Ausnutzen von Kostenvorteilen
135 und Besetzen von Marktpositionen (*outpacing*). Auch ungarische Kunden kaufen eher Konsum- oder Investitionsgüter, wenn die Firma durch Fabriken, Geschäfte oder Büros im eigenen Lande vertreten ist. Insgesamt entsteht für
140 viele Unternehmen ein zunehmender *Zwang zur Teilnahme am internationalen Geschäft*. Auch Unternehmen, die noch vor wenigen Jahren nicht daran gedacht haben, erkennen heute eine Notwendigkeit, internationale Be-
145 ziehungen aufzunehmen. In nicht wenigen Fällen ergeben sich die ersten Auslandskontakte eines Unternehmens „passiv", indem ein Exportauftrag von einem bislang unbekannten ausländischen Kunden eingeht, der von sich
150 aus den Kontakt herstellt oder neben dem der Juniorchef vielleicht zufällig im Urlaub an der Bar gesessen hat. Schon aktiver wird ein Unternehmen, wenn es sich auf einer Fachmesse oder – heute in zunehmendem Maße – im In-
155 ternet präsentiert bzw. Kontakte sucht, um Auslandsaufträge einzuwerben.

(Jörn Altmann, Außenwirtschaft für Unternehmen, Lucius & Lucius Verlag, Stuttgart, 2. Aufl. 2001, S. 3 ff.)

Deutsche Unternehmen:
Im Ausland engagiert
Von je 100 befragten Unternehmen nennen als Gründe

Erschließung neuer Märkte	95
Wettbewerbssituation, spezieller Markt für das Produkt	84
Kundenwunsch, Nähe zum Kunden	81
persönliche Gründe, zufällige Kontakte	64
niedrigere Personal- oder Sachkosten	60
bessere staatliche Rahmenbedingungen	56
bessere Verfügbarkeit von qualifiziertem Personal	55

Stand 2007
Quelle: DIHK
Mehrfachnennungen

G 1781 © Globus

Die jüngste Befragung des Deutschen Industrie- und Handelskammertages (DIHK), an der sich 3 600 im Ausland engagierte Unternehmen beteiligten, belegt auch, dass manche Erwartungen bei weitem nicht erfüllt werden. Während über drei Viertel tatsächlich neue Märkte erschließen und damit ihren Umsatz erhöhen konnten, konnte das Ziel, die Kosten zu reduzieren, nur von 38 Prozent realisiert werden. Nur jedes vierte Unternehmen, das auf bessere Rahmenbedingungen hoffte, fand diese tatsächlich vor, und nur 13 Prozent konnten davon berichten, dass sie qualifizierte Mitarbeiter leichter fanden als am heimischen Standort.

(Globus)

1. *Beschreiben Sie das gesamte Ausmaß (M 101, Grafik S. 197u.) und die regionale Verteilung (Grafik S. 198 o.) deutscher Direktinvestitionen im Ausland.*

2. *M 101 gibt einen orientierenden Überblick über wichtige Aspekte zum Thema Produktionsverlagerung.*
 – Worin besteht das „betriebswirtschaftliche" Interesse von Unternehmern? Inwiefern kann es in Widerspruch zum „volkswirtschaftlichen" Interesse eines Landes geraten? (Z. 54 ff.)
 – Inwiefern müssen die Folgen von Direktinvestitionen im Ausland (im Vergleich zur inländischen Export-Produktion) für die Arbeitsplätze im Inland grundsätzlich „differenziert" gesehen werden? (Z. 75 ff.)
 – Stellen Sie stichwortartig die Faktoren zusammen, die für den „Drang ins Ausland" genannt werden. Welche Vorteile des Auslands ziehen Unternehmen an (Sogfaktoren), welche Defizite im Inland schieben sie an (Schubfaktoren)? (Z. 102 ff.)

3. *Analysieren Sie das Befragungsergebnis zu den Motiven deutscher Unternehmer für ihr Engagement im Ausland (Grafik S. 199 u.). Erläutern Sie näher, worin der Unterschied zwischen „Marktnähe" und „Markterschließung" liegt.*

M 102 Wie viele Arbeitsplätze kostet die Globalisierung? – „Keine verlässliche Statistik"

Kostet uns die Globalisierung mehr Arbeitsplätze, als sie neue schafft? Oder verhält es sich gerade umgekehrt? [...]
Führende Ökonomen wie Klaus Zimmermann, Chef des Wirtschaftsforschungsinstituts DIW, räumen ein, dass es „keine verlässliche Statistik" gibt, die die Jobverlagerung ins Ausland misst. Den-
5 noch wird die öffentliche Diskussion beherrscht von ständig neuen Zahlen über die Gefahr durch Outsourcing und Offshoring (s. Kasten) für den Standort Deutschland. Beispielsweise schätzt der Arbeitgeberverband Gesamtmetall, dass innerhalb von 10 Jahren in Deutschland rund 600 000 Arbeitsplätze wegfallen. Eine Studie der Unternehmensberatung Boston Consulting Group (BSG) kommt zu dem Schluss, dass bis zum Jahr 2015 jeder vierte der heute 8 Millionen heimischen In-
10 dustriearbeitsplätze verloren geht. Die Deutsche Bank sieht binnen der kommenden 5 Jahre eine halbe Million Arbeitsgelegenheiten im Dienstleistungsgewerbe vornehmlich gen Osten wandern. Und der Deutsche Industrie- und Handelskammertag (DIHK) hat 2005, basierend auf der Entwicklung der vergangenen Jahre, hochgerechnet, dass bis Ende 2007 knapp 150 000 Stellen ins Ausland verlagert werden – 43 Prozent davon nach Osteuropa, 37 Prozent nach China. Zweifel scheinen an-
15 gebracht. Die meisten dieser Berechnungen basieren auf der Entwicklung der Direktinvestitionen deutscher Unternehmen im Ausland (s. M 101). [...]

Exportspezialisten
(Zeichnung: Thomas Plaßmann/CCC, wwwc5.net)

Outsourcing (aus engl. outside – außen und resource – Hilfsmittel) bezeichnet die Maßnahme eines Unternehmens, bestimmte Fertigungen und Dienstleistungen „auszulagern", d. h. externe Firmen (vor allem Dienstleister) damit zu beauftragen. Damit können Kosten gespart werden; das Unternehmen kann sich auf seine Kernaufgaben konzentrieren, die eigene „Wertschöpfungskette" wird verkürzt, die „Fertigungstiefe" verringert. Dabei werden die Dauer und der Gegenstand der externen Leistung vertraglich festgelegt.
Von **„Offshoring"** (Unterbegriff zu „Outsourcing") spricht man, wenn die Auslagerungen ins (entfernte) Ausland erfolgen (bei Nachbarländern spricht man auch von „Nearshoring").
(Autorentext)

Was bleibt nach all den Zahlen? Die Erkenntnis, dass Aussagen über den
20 Exodus deutscher Arbeitsplätze gen Osten vor allem auf Umfragen und Einzelbeispielen beruhen. Und dass die Suche nach der
25 ultimativen Statistik weitergeht.

(Frankfurter Allgemeine Zeitung v. 5.7.2005, S. U 9; Verf.: Sven Astheimer)

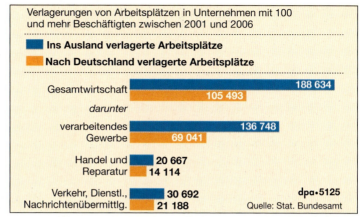

Verlagerungen von Arbeitsplätzen in Unternehmen mit 100 und mehr Beschäftigten zwischen 2001 und 2006

■ **Ins Ausland verlagerte Arbeitsplätze**
■ **Nach Deutschland verlagerte Arbeitsplätze**

	Ins Ausland	Nach Deutschland
Gesamtwirtschaft	188 634	105 493
darunter		
verarbeitendes Gewerbe	136 748	69 041
Handel und Reparatur	20 667	14 114
Verkehr, Dienstl., Nachrichtenübermittlg.	30 692	21 188

dpa·5125
Quelle: Stat. Bundesamt

Die Angaben der Grafik beruhen auf einer EU-
30 weiten Erhebung (2007/2008), bei der 20 000 deutsche Unternehmen aus fast allen Bereichen der Wirtschaft befragt wurden. Rd. 14 % (im Bereich der Industrie 20 %) der größeren Unternehmen (mit mehr als 100 Beschäftigten) haben 2001 – 2006 Verlagerungen vorgenommen, wobei 188 634 Stellen in Deutschland abgebaut wurden. Ebenfalls verlagerungsbedingt wurden jedoch gleichzeitig 1 105 493 neue Arbeitsplätze in Deutschland neu geschaffen (die Formulierung in der Grafik „nach Deutschland verlagert" ist missverständlich). Von den Verlagerungen betrafen zwei
35 Drittel gering qualifizierte Arbeitsplätze, von den in Deutschland neu geschaffenen Stellen waren 56 % solche mit höheren Qualifikationsanforderungen. Nähere Informationen zu der Untersuchung finden sich in dem Beitrag zum STATmagazin des Statistischen Bundesamtes vom 21.4.2008 („Engagement deutscher Unternehmen im Ausland").

(http://www.destatis.de/jetspeed/portal/cms/Sites/destatis/Internet/DE/Navigation/Publikationen/STATmagazin/STATmagazin.psml)

Fast täglich erscheinen in den Medien Berichte über Arbeitsplatzverluste in Deutschland durch Produktionsverlagerungen ins Ausland. Zu welchen unterschiedlichen Einschätzungen im Hinblick auf eine „Gesamtbilanz" kommen die in M 102 genannten Untersuchungen?

■ **M 103** Was heißt „Standortqualität"?

Die Standortqualität ist nur unzureichend zu beschreiben. Und jeder misst und bewertet es anders; „objektive" Kriterien wie Arbeitskosten, Steuerbelastung, Arbeitsmarktstatistiken etc.
5 werden mal so, mal so definiert: Es gibt kaum zwei miteinander vergleichbare Studien. Die Wettbewerbsfähigkeit eines *Unternehmens* leitet sich in erster Linie aus mikroökonomischen, betriebswirtschaftlichen Bestimmungsfaktoren
10 ab. Die Rahmenbedingungen des *Standortes* – seien sie makroökonomischer, rechtlicher, politischer, sozialer, kultureller oder anderer Art – übertragen sich aber auch auf die Wettbewerbsfähigkeit eines Unternehmens, sei es als
15 Anbieter, sei es als Kunde von anderen Unternehmen. Letztlich ist für den Unternehmer aber weniger die internationale Wettbewerbsfähigkeit einer Volkswirtschaft interessant, sondern ob er selbst Erfolge hat oder nicht.

(Jörn Altmann [= M 101], S. 2)

Standort Deutschland: die Attraktivität der deutschen Volkswirtschaft als Wirtschaftsstandort im internationalen Vergleich. Zur Beurteilung der Wettbewerbsfähigkeit unterschiedlicher Staaten als Standort für Unternehmen werden verschiedene **Kriterien und Standortfaktoren** herangezogen. Dazu gehören z. B. die Infrastruktur und der technologische Stand in der Wirtschaft, das Steuersystem des Landes, die Kreditwürdigkeit des Staates sowie der Umfang staatlicher Eingriffe und Regulierung, die Subventionspraxis und staatliche Förderungen für Forschung und Entwicklung oder Existenzgründungen, aber auch Merkmale wie das Qualifikationsniveau der Erwerbspersonen, die Lohnpolitik oder arbeitsrechtliche Bestimmungen wie Kündigungsschutz und Mitbestimmungsrechte der Arbeitnehmer spielen eine Rolle.

(Bundeszentrale für politische Bildung, Lexikon der Wirtschaft, Bonn 2004, S. 150)

M 104 **Arbeitskosten, Lohnkosten, Lohnnebenkosten, Lohnstückkosten: Ist die Arbeit in Deutschland zu teuer?**

Arbeitskosten sind Aufwendungen oder Kosten, die durch den Einsatz menschlicher Arbeitskraft in Unternehmen unmittelbar oder mittelbar entstehen: Die Arbeitskosten lassen sich aufspalten in Arbeitsentgelt oder Direktentgelt bzw. direkte Personalkosten (Bruttolöhne und -gehälter, vermindert um die in den Personalzusatzkosten ausgewiesenen Bestandteile) und die gesetzlich,
5 tariflich oder arbeitsvertraglich festgelegten **Lohnnebenkosten** (indirekte Personalkosten, Personalzusatzkosten). Letztere umfassen z. B. Sozialversicherungsbeiträge des Arbeitgebers, vermögenswirksame Leistungen, Weihnachtsgeld (13. Monatgehalt), Urlaubsgeld, Entgeltfortzahlung im Krankheitsfall oder Fahrtkostenzuschüsse (s. Grafik S. 129).
Da die Arbeitskosten in der Industrie trotz wachsender Kapitalausstattung und Automation den
10 größten Kostenblock darstellen, werden sie auch zur Beurteilung der internationalen Wettbewerbsfähigkeit und zur Erklärung von Arbeitslosigkeit herangezogen. Erhöhen sich die Arbeitskosten und liegt diese Steigerung über dem Anstieg der Arbeitsproduktivität* (steigen also die **Lohnstückkosten**, die das *Verhältnis von Arbeitskosten zu produzierter Werteinheit widerspiegeln*), sind verstärkte Rationalisierungsbemühungen der Unternehmen, verbunden mit dem vermehrten
15 Einsatz des Produktionsfaktors Kapital und dem Abbau von Arbeitsplätzen, die Folge. [...]
Das Niveau der Lohnstückkosten gibt Auskunft über die relative Wettbewerbsfähigkeit eines Landes. Es lässt erkennen, ob die gezahlten Löhne mit einer entsprechend hohen Produktivität unterlegt sind oder ob die inländischen Unternehmen pro Wertschöpfungseinheit höhere Lohnkosten als die ausländische Konkurrenz zu tragen haben. [...] Zu beachten ist hierbei allerdings auch der Einfluss
20 der Wechselkurse: Sinkt der Wechselkurs der heimischen Währung, verbessert sich die preisliche Wettbewerbsfähigkeit eines Landes, bei einem Anstieg des Wechselkurses nimmt sie ab.

(Der Brockhaus Wirtschaft, F. A. Brockhaus Verlag, Leipzig/Mannheim 2004, S. 47)

M 105 **Die Entwicklung der Lohnstückkosten in Deutschland 1991–2006**

Die Lohnstückkosten bleiben konstant, wenn einerseits zwar die durchschnittlichen Lohnkosten steigen, andererseits aber auch die Produktivität* entsprechend zunimmt. Dann steigen Zähler und Nenner des Bruchs gleichermaßen, das Verhältnis bleibt unverändert. Steigen indessen die Lohnkosten infolge hoher Tarifabschlüsse und/oder steigender Lohnzusatzkosten schneller an
5 als die Arbeitsproduktivität, dann erhöhen sich die Lohnstückkosten.

(Gerhard Willke, Wirtschaftspolitik, © Cornelsen Verlag, Berlin 2003, S. 328)

Arbeitsproduktivität, Lohnkosten und Lohnstückkosten im Inland[1]
(1991 = 100)

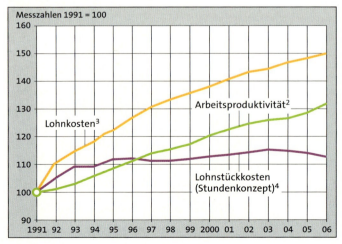

[1] Quelle für Arbeitsstunden: Institut für Arbeitsmarkt- und Berufsforschung (IAB) der Bundesagentur für Arbeit (BA), Nürnberg
[2] Bruttoinlandsprodukt (preisbereinigt) je Erwerbstätigenstunde; 2006: 132,4
[3] Arbeitnehmerentgelt je Arbeitnehmerstunde; 2006: 150,7
[4] Lohnkosten in Relation zur Arbeitsproduktivität; 2006: 113,8
(© Statistisches Bundesamt Deutschland 2007; http://www.destatis.de/jetspeed/portal/cms/Sites/destatis/Internet/DE/Grafiken/Publikationen/STATmagazin/Volkswirtschaftliche Gesamtrechnungen/ArbeitsproduktivitaetLohnkosten,templateId=renderLarge.psml)

Die Lohnzurückhaltung sowie die dank der arbeitsmarktpolitischen Reformen zuletzt gesunkenen Sozialbeiträge* machten es möglich, dass die *Arbeitskosten* je Stunde in Deutschland von 2000 bis 2006 im jährlichen Schnitt nur um 2,3 Prozent anstiegen, während sie in den Konkurrenzländern im Mittel um 3,6 Prozent zulegten. Nur Japan und Taiwan konnten ein geringeres
10 Arbeitskostenplus vorweisen (zur absoluten Höhe der Arbeitskosten s. Grafik 1).

Diese Zurückhaltung schlug sich in den *Lohnstückkosten* nieder, also den Arbeitskosten, die je Euro erbrachter Wertschöpfung* anfallen. Sie verringerten sich seit der Jahrtausendwende hierzulande jahresdurchschnittlich um 1,3 Prozent, während sie in den anderen Industrieländern etwa konstant blieben. Kräftiger als die Bundesrepublik traten in diesem Zeitraum lediglich
15 Schweden, Japan und Taiwan auf die Kostenbremse.

In den Jahren 2004 bis 2006 reduzierten sich die Lohnstückkosten in der deutschen Industrie sogar jeweils um etwa 3 Prozent.

Die dadurch verbesserte Wettbewerbsfähigkeit ist unverkennbar. Allein im vergangenen Jahr expandierten die Ausfuhren der deutschen Wirtschaft um 3,4 Prozent stärker als die gesamte
20 Nachfrage auf ihren Absatzmärkten – folglich gewannen die heimischen Unternehmen Weltmarktanteile hinzu. Auch wenn der Rückgang der zurückliegenden Jahre erfreulich ist, schleppt die deutsche Wirtschaft nach wie vor ein dickes Lohnstückkostenpaket mit sich he-
25 rum (Grafik 1):

Die Industrieprodukte der ausländischen Konkurrenz sind je Wertschöpfungseinheit im Schnitt um 13 Prozent weniger mit Arbeitskosten belastet als deutsche Erzeugnisse.

30 Im internationalen Ranking der Lohnstückkosten schneidet nur das Verarbeitende Gewerbe Großbritanniens schlechter ab (s. Grafik 2).

Die hiesige Produktivität ist im Ländervergleich hoch, aber nicht hoch genug, um das Arbeits-
35 kostenhandicap abzuschütteln – trägt die deutsche Industrie doch die weltweit drittschwerste Arbeitskostenbürde (s. Grafik 1). Dies spielt bei Standortentscheidungen eine Rolle.

(Text und Grafik 2: iwd – Informationsdienst des Instituts der deutschen Wirtschaft Köln, Nr. 47/2007 v. 22.11.2007, S. 3; © Deutscher Instituts-Verlag GmbH, Köln)

Grafik 1

Grafik 2

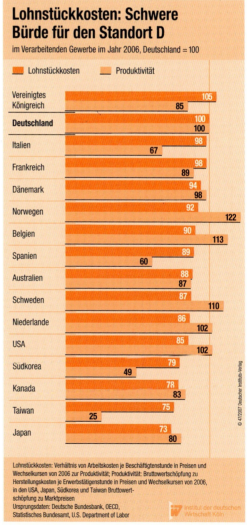

M 106 „Deutschland auf einem Spitzenplatz in Europa" – Zwei Befragungsergebnisse zur Attraktivität des Standorts Deutschland

a) Deutschland startet als wettbewerbsfähiges Land der großen Volkswirtschaften Europas in das neue Jahr (2008). Das ergibt eine exklusive Umfrage unter *Spitzenmanagern aus sechs euro-*
5 *päischen Nationen*. Unter den zehn im Rahmen des „Handelsblatt Business-Monitor International" betrachteten Wirtschaftsräumen liegt Deutschland im weltweiten Vergleich mit der Schweiz auf Rang zwei – nur China schätzten
10 Europas Führungskräfte als wettbewerbsfähiger ein (s. Tabelle).

Internationale Wettbewerbsfähigkeit Durchschnittsbewertung anhand einer Skala von 1 (sehr gut) bis 5 (sehr schlecht)					
	2003	2004	2005	2006	2007
EU	3,0	2,9	2,8	2,7	2,6
USA	2,6	2,3	2,4	2,5	2,6
Japan	2,9	2,6	2,5	2,4	2,4
China	2,3	2,0	1,9	1,8	1,8

Weit mehr als die Hälfte aller rund 1200 im Auftrag des Handelsblatts und der Unternehmensberatung Droege & Comp. befragten Top-Manager (59 Prozent) hält die Wettbewerbsfähigkeit Deutschlands für „sehr gut" oder „gut" und gibt der Bundesrepublik auf einer Skala von eins
15 (sehr gut) bis fünf (sehr schlecht) eine Durchschnittsbewertung von 2,3. Dieses positive Urteil fällten im Jahr 2003 nur 13 Prozent der Befragten. Seither hat sich das Ansehen des Standorts Deutschland in den Augen der Manager Jahr für Jahr um insgesamt mehr als einen Notenpunkt gesteigert.

„Die deutsche Wirtschaft ist in den letzten Jahren in der Tat stets wettbewerbsfähiger geworden –
20 vor allem dank der Unternehmen, aber auch dank der Tarifvertragsparteien und der Politik", unterstreicht der Vorsitzende des Sachverständigenrats, Bert Rürup. Die Unternehmen hätten durchweg ihre Organisationsstrukturen neu aufgestellt und gemeinsam mit den Gewerkschaften moderate und flexible Tarifabschlüsse vereinbart. Schon die rotgrüne Regierung habe den Arbeitsmarkt flexibler gemacht, und die Große Koalition erhöhe jetzt die steuerliche Standortattraktivität.

(Handelsblatt v. 2.1.2008, S. 1; Verf.: Dorit Hess)

25 **b)** Deutschland kann sich aus Sicht ausländischer Manager als führender Standort in Westeuropa behaupten, rutscht aber im Ranking der weltweit attraktivsten Standorte vom vierten auf den sechsten Platz. Erstmals können sich in diesem Jahr Russland und Polen vor Deutschland platzieren. Das sind Ergebnisse einer Studie der Prüfungs- und Beratungsgesellschaft Ernst &
30 Young zur Attraktivität des Wirtschaftsraums Europa. Befragt wurden Entscheider von *834 internationalen Unternehmen*. [...]

Im Vergleich zu 2007 verliert Deutschland unter den befragten Managern an Attraktivität:
35 Nur noch zehn Prozent bezeichnen Deutschland als einen der drei Top-Standorte weltweit – im Vorjahr lag der Anteil noch bei 18 Prozent. Dennoch kann sich Deutschland – als einziges westeuropäisches Land – weiter in der
40 Gruppe der zehn attraktivsten Standorte der Welt behaupten. Großbritannien und Frankreich finden sich nicht mehr in dieser Liste wieder.

Deutschland kann nach Meinung der befragten
45 Manager besonders bei der Qualität der Verkehrswege und der Telekommunikationsnetze sowie bei der Qualifikation der Beschäftigten punkten. Alle drei Bereiche werden allerdings

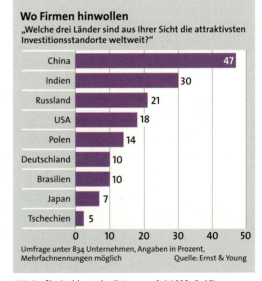

Wo Firmen hinwollen
„Welche drei Länder sind aus Ihrer Sicht die attraktivsten Investitionsstandorte weltweit?"

China	47
Indien	30
Russland	21
USA	18
Polen	14
Deutschland	10
Brasilien	10
Japan	7
Tschechien	5

Umfrage unter 834 Unternehmen, Angaben in Prozent, Mehrfachnennungen möglich   Quelle: Ernst & Young

(SZ-Grafik; Süddeutsche Zeitung v. 8.6.2008, S. 27)

etwas schlechter beurteilt als im Vorjahr. Ebenfalls eine abfallende Tendenz ist bei der Bewertung
50 von Forschung und Entwicklung festzustellen: 2008 bezeichneten noch 73 Prozent der Befragten
Deutschland in diesem Punkt als attraktiv, 2007 waren es 70 Prozent, aktuell liegt der Wert bei 67
Prozent.
Zu den Schwächen des Standorts Deutschland zählen aus Sicht der befragten Manager insbesondere die mangelnde Flexibilität des Arbeitsrechts und die hohen Arbeitskosten. „Deutschland hat
55 nach wie vor bei den Arbeitskosten international einen Wettbewerbsnachteil", urteilt Peter Englisch. „Allerdings sehen die Investoren, dass die Produktivität in Deutschland überdurchschnittlich steigt und die realen Lohnstückkosten – anders als in vielen anderen europäischen Ländern
– sogar sinken."

(http://www.ey.com/Global/content.nsf/Germany/Presse_-_Pressemitteilungen_2008_–_Standort_Deutschland; Verf.: Peter Englisch)

1. In den Medien erscheinen immer wieder die Ergebnisse von Studien, in denen die „Standortqualität" unterschiedlicher Länder anhand bestimmter Kriterienkataloge miteinander verglichen und
Ranglisten aufgestellt werden. Erläutern Sie, welche Kriterien und Faktoren bei solchen Standort-
vergleichen zugrunde gelegt werden und worin der Autor von M 103 die Schwächen solcher
Rankings sieht.

2. Die Arbeitskosten stellen nach allgemeiner Auffassung einen zentralen Faktor internationaler
Wettbewerbsfähigkeit dar und werden immer wieder lebhaft diskutiert. Verschaffen Sie sich anhand
von M 104 Klarheit über die Abgrenzung der in der Überschrift genannten Begriffe.

3. Beschreiben Sie anhand von M 105, wie sich die Lohnstückkosten in Deutschland seit 1991
entwickelt haben. Machen Sie sich klar, durch welches Verhältnis von Lohnkosten zu Arbeitsproduktivität die Entwicklung der Lohnstückkosten zustande kommt. Wie steht Deutschland im europäischen Vergleich da?

4. Welches Bild ergibt sich, wenn man nicht die Entwicklung, sondern die absolute Höhe der Lohnstückkosten (Abb. 2) in den Blick nimmt?

5. Fassen Sie die beiden in M 106 berichteten Befragungsergebnisse zur internationalen Wettbewerbsfähigkeit (Standortqualität) zusammen. Stellen Sie fest, wodurch sie sich unterscheiden, und
beachten Sie dabei die unterschiedliche empirische Basis der beiden Untersuchungen. Heben Sie
hervor, welche „Standortqualitäten" für die Ergebnisse verantwortlich gemacht wurden (vgl. dazu
M 103).

„Hartz IV" und Mindestlohn – umstrittene Maßnahmen der Ar-
beitsmarkt- und Beschäftigungspolitik in der Diskussion

Wohl kaum eine Reform hat eine so heftige und lang andauernde Diskussion bewirkt wie die im
Rahmen der sog. „Hartz-Gesetze" im Jahre 2004 beschlossene und mit Beginn des Jahres 2005 in
Kraft getretene Arbeitsmarktreform*, die gemeinhin als **Hartz IV** bezeichnet wird und deren Kern-
stück die Zusammenlegung der bisherigen Arbeitslosenhilfe* und Sozialhilfe* zu einer einheitlichen
„Grundsicherung für Arbeitslose" ist („Arbeitslosengeld II" für Arbeitslose, deren zeitlich begrenzter
Anspruch auf „Arbeitslosengeld I" abgelaufen ist). Dabei standen und stehen vor allem die Auswir-
kungen auf die Einkommenssituation der Betroffenen im Mittelpunkt der öffentlichen Debatte in
Parteien, Verbänden und Medien. Auf diese sozialpolitische* Dimension können wir hier nicht näher
eingehen. Wir beschreiben im Folgenden wichtige Merkmale der (inzwischen leicht revidierten)
„Hartz IV"-Reform nach dem aktuellen Stand des Jahres 2008 (M 107) und informieren über bisher
vorliegende Einschätzungen zu der Frage, ob und inwieweit die Reform zum Wirtschaftsaufschwung und
zum Abbau der Arbeitslosigkeit in den Jahren 2006 – 2008 beigetragen hat (M 108 a/b).
Ähnlich wie bei der „Hartz IV"-Reform geht es auch bei der „flächendeckenden" Einführung eines
Mindestlohns, über die seit Ende 2007 unter Parteien, Verbänden und Wirtschaftswissenschaftlern
heftig gestritten wird, sowohl um arbeitsmarktpolitische als auch um sozialpolitische Gesichts-

punkte und Argumente. Auch hierzu müssen wir uns auf *beschäftigungspolitische Aspekte* beschränken. Was ist eigentlich gemeint, wenn von der Einführung eines Mindestlohns die Rede ist? Was versprechen sich die Befürworter von einer solchen Maßnahme, welche Befürchtungen hegen ihre Gegner? Welcher Art sind die wichtigsten Argumente pro und kontra? Auf diese Fragen zu einem sehr komplexen, nicht leicht zu beurteilenden Thema wollen wir in den Materialien M 109a – c und M 110a/b etwas näher eingehen.

M 107 Zielsetzung und Ausgestaltung der „Hartz IV"-Reform

Mit dem Inkrafttreten der sog. „Hartz IV"-Reform* wurde für alle Personen, die bisher Leistungen der *Arbeitslosenhilfe** erhielten, und alle erwerbsfähigen Personen, die bisher Anspruch auf Sozialhilfe* hatten, als einheitliche Unterstützungsleistung die *„Grundsicherung für Arbeitssuchende"* geschaffen. Die *Leistungen* dieser Grundsicherung für die Arbeitssuchenden selbst hei-
5 ßen *„Arbeitslosengeld II"*, die für ihre im gleichen Haushalt lebenden Angehörigen *„Sozialgeld"* (nicht zu verwechseln mit der weiterhin bestehenden, nun aber nur noch für relativ wenige Personen infrage kommenden „Sozialhilfe"). Absicht der Reform war im Wesentlichen, allen arbeitsfähigen Langzeitarbeitslosen die gleiche bedarfsabhängige Unterstützungsleistung zukommen zu lassen, zugleich aber – nach dem Prinzip „Fördern und Fordern" – auf Langzeitarbeits-
10 lose stärker als bisher einen gewissen Druck zur Aufnahme einer Tätigkeit auszuüben.

● Das Arbeitslosengeld II ist *keine Versicherungsleistung* und orientiert sich, anders als die Arbeitslosenhilfe*, nicht am früheren Arbeitseinkommen, sondern am *Bedarf* des Betroffenen und der mit ihm im Haushalt lebenden Angehörigen bzw. Lebenspartner („Bedarfsgemeinschaft"). Seit Juli 2008 gibt es im Anschluss an den Bezug von Arbeitslosengeld I* und nach einer zweijährigen
15 Übergangsfrist in Ost und West 351 Euro *Regelleistung* für Bezieher des Arbeitslosengeldes II (ALG II). Dieser Betrag soll die Grundbedürfnisse abdecken. Zusätzlich zahlt die Bundesagentur oder die Arbeitsgemeinschaft aus Stadt und Arbeitsagentur („Arge") die *Unterkunft* und die *Heizkosten*. Dabei müssen die Arbeitslosen allerdings nachweisen, dass der Wohnraum „angemessen" ist. Angemessen sind z. B. für Singles bis 50 Quadratmeter, für Paare bis 60 Quadratmeter und für
20 Familien mit einem Kind bis 75 Quadratmeter Wohnfläche. Hinzu kommen bestimmte Beträge bei *Mehrbedarf* (für Schwangere, Alleinerziehende und Schwerbehinderte) und *einmalige Leistungen* (z. B. für die Erstausstattung einer Wohnung). Auch die *Beiträge für Kranken-, Pflege- und Rentenversicherung* übernimmt der Staat.

● Zum Verständnis der erheblichen Unruhe und Verunsicherung, zu der die Hartz-IV-Reform
25 geführt hat, muss man wissen, dass im Zusammenhang damit auch die Bezugsdauer für das Arbeitslosengeld I* zunächst auf 12 Monate bzw. 18 Monate (für über 55-Jährige) verkürzt wurde. Diese von vielen als besonders ungerecht empfundene Regelung wurde inzwischen
30 entschärft (seit Anfang 2008 gilt eine bis maximal auf 24 Monate verlängerte Bezugsdauer; s. Glossar).

Verlierer und Gewinner

Im Unterschied zu der bisherigen Arbeitslo-
35 senhilfe*, für deren Höhe das letzte Netto-Einkommen zugrunde gelegt wurde (53 % bzw. 57 % für Arbeitslose mit Kindern) und auf die Langzeitarbeitslose einen *zeitlich unbegrenzten Anspruch* hatten, orientiert sich das Arbeitslo-
40 sengeld II streng an der Bedürftigkeit des Empfängers. Dies kann vielleicht als die *gravierendste Systemänderung* bezeichnet werden. Wer z. B. als alleinstehender Beschäftigter einen Netto-

(Foto: © picture-alliance/dpa)

Abb. 1

Die Regelleistungen			
Alleinstehende/r Alleinerziehende/r		**Sonstige Angehörige der Bedarfsgemeinschaft**	
	Kinder bis zur Vollendung des 14. Lebensjahres jeweils	Kinder ab Beginn des 15. bis zur Vollendung des 25. Lebensjahres jeweils	Partner[1] ab Beginn des 19. Lebensjahres jeweils
100 %	60 % RL	80 % RL	90 % RL
351 €	211 €	281 €	316 €

RL = Regelleistung

[1] Ein zusammenlebendes Paar erhält also als Regelleistung 2 x 316 € = 632 €.

(http://www.bmas.de/coremedia/generator/ 22178/infografik_regelleistungen.html)

Verdienst von 2 500 € hatte, erhält nach Ablauf
45 der Bezugsdauer von Arbeitslosengeld 1 (60 %
= 1 500 €) und einer zweijährigen Übergangs-
zeit statt der früheren Arbeitslosenhilfe (53 %
= 1 325 €) nunmehr die Hartz-IV-Regelleistung
von 351 € plus 317 € für die Warmmiete, also
50 insgesamt 668 €, ebenso viel wie jemand, der
zuvor einen Nettoverdienst von 1 000 € hatte.
Das Nürnberger Institut für Arbeitsmarkt und
Berufsforschung (IAB) belegt in einer Studie,
dass sich für mehr als jeden zweiten Bezieher
55 des neuen Arbeitslosengeldes II (57 Prozent)
die Einkommenssituation (im Vergleich zur
Arbeitslosenhilfe) verschlechtert hat. Darunter
sind vor allem ältere Menschen, die lange gearbeitet und zuletzt gut verdient haben und so-
60 mit einen hohen Anspruch bei der Arbeitslosenhilfe hatten. Solche Verliererhaushalte
mussten im Schnitt Einbußen in Höhe von 20
Prozent hinnehmen. Knapp 17% der ehema-
ligen Bezieher von Arbeitslosenhilfe bekom-
65 men seit Jahresanfang 2005 überhaupt kein
Geld mehr. Dabei handelt es sich in aller Regel
um Menschen, die in Beziehungen leben und
deren Partner nach den neuen Regeln „zu viel"
verdienen. Auf der anderen Seite profitieren 43
70 Prozent der ALG-II-Bezieher von Hartz IV: Sie
bekommen heute mehr Geld vom Staat als
davor. Dabei handelt es sich vor allem um Menschen, die zuvor Sozialhilfe bezogen – Alleinerziehende, kinderreiche Familien und Ge-
75 ringverdiener, deren ehemalige Arbeitslosenhilfe unter dem Niveau der Sozialhilfe lag.

(Autorentext)

Abb. 2

Haushaltseinkommen mit ALG II

Antragsteller/in		Regel-leistungen	Miete + Heizung	Haushalts-einkommen
	Allein-stehender	351	317	**668**
	Allein-stehende	351	317	**668**
	(Ehe-)Paar	632	412	**1 044**
	Allein-erziehend, 1 Kind, 4 Jahre	688	414	**1 102**
	(Ehe-)Paar, 1 Kind, 4 Jahre	843	482	**1 325**
	(Ehe-)Paar, 2 Kinder, 4 u. 12 Jahre	1 054	538	**1 592**
	(Ehe-)Paar, 3 Kinder, 4, 12 u. 15 Jahre	1 335	607	**1 942**

(http://www.bmas.de/coremedia/generator/22538/property
=smalllmage/infografik_alg_ii_einkommen_uebersicht.gif;
Quelle: BMAS)

Abb. 3

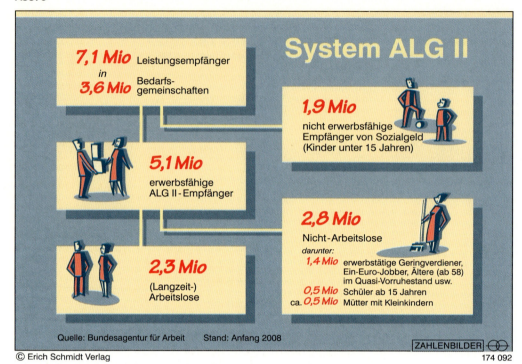

System ALG II

7,1 Mio Leistungsempfänger
in
3,6 Mio Bedarfs-gemeinschaften

1,9 Mio
nicht erwerbsfähige
Empfänger von Sozialgeld
(Kinder unter 15 Jahren)

5,1 Mio
erwerbsfähige
ALG II-Empfänger

2,8 Mio
Nicht-Arbeitslose
darunter:
1,4 Mio erwerbstätige Geringverdiener,
Ein-Euro-Jobber, Ältere (ab 58)
im Quasi-Vorruhestand usw.
0,5 Mio Schüler ab 15 Jahren
ca. 0,5 Mio Mütter mit Kleinkindern

2,3 Mio
(Langzeit-)
Arbeitslose

Quelle: Bundesagentur für Arbeit   Stand: Anfang 2008

ZAHLENBILDER

© Erich Schmidt Verlag   174 092

1. Die 2005 in Kraft getretene sog. „Hartz IV"-Reform beinhaltet unter dem offiziellen Leitsatz „Fördern und Fordern" ein im Einzelnen sehr differenziertes und kompliziertes Regelwerk, dessen Auswirkungen pauschal nur schwer zu beurteilen sind. Anhand von M 107 können Sie sich über die wichtigsten Regelungen und Konsequenzen informieren, wobei allerdings der Bereich der Beratung und Arbeitsvermittlung („Fördern") ausgespart bleibt. Für weitere Klärungen stehen im Internet vielfältige Informationsangebote zur Verfügung (z. B. unter **www.arbeitsmarktreform.de** oder **http://de.wikipedia.org/wiki/Arbeitslosengeld_2**).

2. Klären sollten Sie auf jeden Fall,
   - wodurch sich das „Arbeitslosengeld II" von der früheren Arbeitslosenhilfe* unterscheidet,
   - wie sich die in Abb. 2 angegebenen Haushaltseinkommen im Einzelnen zusammensetzen (ggf. sollten Sie einzelne Beispiele anhand von Abb. 1 nachberechnen),
   - welche Beziehergruppen zu den „Verlierern" bzw. zu den „Gewinnern" gehören,
   - welche unterschiedlichen Gruppen die Gesamtzahl (7,1 Mio.) der Leistungsempfänger bilden: Welche Mitglieder der 3,6 Mio. Bedarfsgemeinschaften erhalten „ALG II", welche „Sozialgeld" (nicht zu verwechseln mit „Sozialhilfe"*)? Wie teilt sich die Gruppe der 5,1 Mio. ALG II-Bezieher auf (zur Abgrenzung der „Nicht-Arbeitslosen" können Sie ggf. M 23c vergleichen)?

3. Stellen Sie aus Ihrer Sicht heraus, wo Sie besondere Probleme, positive und negative Aspekte der Reform sehen, und verfolgen Sie in den Tageszeitungen ggf. Berichte über die weitere Diskussion dazu. Wenn Sie sich einen konkreten Einblick in die Probleme verschaffen wollen, die mit der Anwendung der „Hartz IV"-Regelungen in der Praxis entstehen, sollten Sie ggf. einen Mitarbeiter der örtlichen Stelle der Arbeitsagentur* zu einer **Expertenbefragung** einladen.

M 108 Auswirkungen der Hartz-IV-Reform auf die Arbeitsmarktentwicklung

M 108a Der Sachverständigenrat sieht Indizien für positive Effekte

Bei aller Genugtuung über die erfreuliche Entwicklung auf dem Arbeitsmarkt erhebt sich die Frage, ob seine Belebung lediglich Ausdruck einer konjunkturellen Aufschwungphase ist und die Arbeitslosigkeit später wieder auf die hohen früheren Niveaus ansteigt, oder ob diesmal die Arbeitsmarktentwicklung zumindest teilweise von durchgreifenderer Natur ist, nicht zuletzt als das erhoffte Resultat der Arbeitsmarktreformen im Zuge der Hartz-IV-Gesetze. Die Antwort lautet, dass
5 unter dem Vorbehalt des bisher vorliegenden, vergleichsweise kurzen Beobachtungszeitraums seit Inkrafttreten der Reformen ein **vorsichtiger Optimismus** angebracht ist. Indizien – nicht mehr, aber auch nicht weniger – deuten darauf hin, dass die Reformanstrengungen der vergangenen Jahre erste Früchte tragen. Dies lässt sich zum einen mit Hilfe eines Vergleichs des jüngsten Konjunkturaufschwungs mit früheren Phasen einer konjunkturellen Belebung belegen. Vor allem seit
10 Mitte des Jahres 2006 haben Flexibilität und Dynamik am Arbeitsmarkt zugenommen. Zum anderen liefern Analysen des Umfangs der nicht-konjunkturbedingten Arbeitslosigkeit und der davon besonders betroffenen Problemgruppen, wie etwa Langzeitarbeitslose, eine analoge Einschätzung, dass sich nämlich ihre Beschäftigungsperspektiven etwas aufzuhellen beginnen. Noch einmal: Für definitive Aussagen reichen die verfügbaren Daten noch nicht aus, aber ebenso definitiv ist die
15 Aussage ungerechtfertigt, die Daten zeigten eindeutig das Scheitern der Reformen an.

(Sachverständigenrat zur Begutachtung der gesamtwirtschaftlichen Entwicklung, Jahresgutachten 2007/2008, S. 341; http://www.sachverstaendigenrat-wirtschaft.de/download/gutachten/jg07_vi.pdf)

M 108b „Impulse für den Arbeitsmarkt"

Der deutsche Arbeitsmarkt befindet sich im Aufschwung. Die gute Konjunktur hat dazu maßgeblich beigetragen. Es gibt aber auch Indizien dafür, dass die Arbeitsmarktreform „Hartz IV" gerade im gering qualifizierten Bereich Bewegung in die Arbeitskräftenachfrage gebracht und den wirtschaftlichen Aufschwung unterstützt hat.
5 Ein beträchtlicher Teil der in der IAB-Erhebung befragten Betriebe hat von Veränderungen im Bewerberverhalten berichtet. Gerade die Betriebe, die eine gestiegene Konzessionsbereitschaft bei Bewerbern beobachteten, konnten häufiger als der Durchschnitt Stellen einfacher besetzen als vor der Reform oder haben vor allem für
10 Geringqualifizierte Stellen neu geschaffen. Auch bringen sie diese Veränderung häufig mit der Reform in Verbindung.

Die aus Sicht der Betriebe positiven Entwicklungen im Bewerberverhalten zeigten sich in
15 beiden Befragungsjahren. Die Hartz-IV-Reform hat damit den Beschäftigungsaufbau positiv flankiert – nicht nur im ersten Jahr nach ihrer Einführung, als konjunkturelle Impulse noch weitgehend fehlten. Sie wirkte auch im
20 Jahr 2006, als ARGEn und optierende Kommunen ihre Funktionsfähigkeit deutlich stärken und das Prinzip des Förderns und Forderns besser umsetzen konnten.

Die (deskriptiven) Ergebnisse geben starke Hinweise darauf, dass die Reform mindestens eini-
25 ge der in sie gesetzten Erwartungen erfüllt, indem sie die Arbeitskräftenachfrage unterstützt und Stellenbesetzungsprozesse erleichtert.

> „Im Zeitraum 2005/2006, nach dem Beginn der Hartz-IV-Reform, berichtete jeder fünfte Betrieb über eine Zunahme von Initiativbewerbungen. Betriebe beobachteten seitdem, dass sich Bewerber häufiger als früher auch um inadäquate Arbeitsplätze bemühen: Gemessen an den Anforderungen der Stelle waren sie öfter unter- oder überqualifiziert. Etwa jeder fünfte Betrieb gab an, dass die Konzessionsbereitschaft arbeitsloser Bewerber in Hinblick auf die Lohnhöhe, die Arbeitsbedingungen und das Qualifikationsniveau der Stelle gestiegen war. Vor allem die Betriebe, die eine höhere Konzessionsbereitschaft beobachtet haben, konnten schwer besetzbare Stellen leichter besetzen. Sie haben auch häufiger neue Arbeitsplätze für gering entlohnte Tätigkeiten geschaffen. Jeder dritte Betrieb mit Neueinstellungen sieht einen Zusammenhang zwischen Änderungen im Bewerberverhalten und der Umsetzung der Hartz-IV-Reform.

(Anja Kettner, Martina Rebien, Hartz-IV-Reform: Impulse für den Arbeitsmarkt. IAB-Kurzbericht19/2007, S. 7; www.iab.de/de/194/section.aspx/Publikation/k071002n01)

1. *Erläutern Sie die Fragestellung des Sachverständigenrates und seine Einschätzung dazu. Welche Gesichtspunkte veranlassen den Rat zu einem „vorsichtigen Optimismus" bei der Beurteilung der Auswirkungen der „Hartz IV"-Reform auf die Arbeitsmarktentwicklung? (M 108a)*

2. *Beschreiben Sie die Anlage der Untersuchung des Instituts für Arbeitsmarkt- und Berufsforschung (IAB) der Bundesagentur für Arbeit (M 108b). Welcher Art sind die „Indizien", die zu der Einschätzung führen, dass „die Reform mindestens einige der in sie gesetzten Erwartungen erfüllt" hat? Vergleichen Sie diese Ergebnisse mit der Zielsetzung der Reform (M 107, Z. 9f.).*

3. *Überlegen Sie: Worin liegt die grundsätzliche Schwierigkeit bei der Beantwortung der Frage, ob/inwieweit die Reform zur positiven Beschäftigungsentwicklung beigetragen hat?*

▬▬ M 109a „Kein Lohn unter 7,50 Euro!" – Die Forderung der Gewerkschaften nach einem gesetzlichen Mindestlohn

Die Gewerkschaften standen einem gesetzlichen Mindestlohn lange skeptisch gegenüber. Grund dafür war, dass die Tarifautonomie nicht ausgehebelt werden
5 sollte. Außerdem sollte verhindert werden, dass es durch einen gesetzlichen Mindestlohn Druck auf die Löhne nach unten gibt – in Richtung dieses Mindestlohnes. Inzwischen hat sich die Lage in Deutschland
10 verschärft. Die Arbeitslosigkeit ist gestiegen. Die EU-Erweiterung hat zu mehr Lohndumping durch Billiganbieter geführt. Seit den Hartz-IV-Gesetzen müssen Arbeitslose fast jeden Job annehmen. Die
15 Lohnuntergrenze ist nur die Sittenwidrigkeit. Dazu kommt, dass immer mehr Unternehmen Druck auf die Löhne ausüben. Die Alternative heißt immer häufiger: schlechtere Arbeitsbedingungen und sin-

(Foto: © picture-alliance/dpa)

20 kende Löhne oder Betriebsverlagerung. Und das selbst in profitablen Betrieben. Das alles hat zur Folge, dass viele Menschen zu unwürdigen Löhnen arbeiten. Nach einer Studie des Instituts für Arbeit und Qualifikation (IAQ) arbeiteten 2006 in Deutschland 5,5 Millionen Beschäftigte für Bruttostundenlöhne unter 7,50 Euro. All das lässt eine gesetzliche Auffanglinie bei den Löhnen und Gehältern als unabdingbar erscheinen, um die Würde der arbeitenden Menschen zu ge-
25 währleisten.

● Vorrangig sollen **Tarifverträge** den Beschäftigten ihren gerechten Anteil am Wohlstand sichern und sie vor Lohndumping schützen. Gewerkschaften können sich aber nicht immer mit ihren Lohnforderungen durchsetzen. So zum Beispiel, weil sie aufgrund eines zu geringen Organisationsgrades zu wenig Druck ausüben können. Außerdem gibt es Unternehmen, die nicht
30 im Arbeitgeberverband sind oder ausgetreten sind. Gewerkschaften haben dann keinen Tarifpartner, mit dem sie Tarifverträge abschließen könnten.

● Deshalb setzt sich der DGB dafür ein, dass das **Arbeitnehmer-Entsendegesetz** ausgeweitet wird, das bislang nur für die Baubranche (Bauhauptgewerbe, Maler- und Lackiererhandwerk, Abbruch- und Abwrackgewerbe, Dachdecker- und Elektrohandwerk) sowie das Gebäudereiniger-
35 handwerk und den Bereich Briefdienstleistungen gilt. Das Entsendegesetz ermöglicht, dass tariflich vereinbarte Mindestlöhne durch eine Rechtsverordnung des zuständigen Ministers zwingend für alle in Deutschland arbeitenden in- und ausländischen Firmen wirksam werden. Der Vorteil dieser Lösung ist, dass die Tarifparteien die Mindestlöhne vereinbaren, nicht der Gesetzgeber. In der **Baubranche** hat sich diese Lösung bewährt.

Bislang gültige Mindestlöhne im Entsendegesetz	West	Ost
Bauhauptgewerbe		
Hilfskräfte	10,40	9,00
Fachkräfte	11,96	10,16
Baunebengewerbe		
Abbruchgewerbe		
Hilfskräfte	9,79	9,10
Fachkräfte	11,96	10,16
Dachdecker	10,20	10,20
Maler und Lackierer		
Hilfskräfte	8,05	7,50*
Fachkräfte	11,05	9,65
Elektriker (Montage)	9,40	7,90
Gebäudereiniger	8,15	6,58
Briefdienstleistungen	8,40	8,00
Briefzusteller	9,80	9,00

Das **Arbeitnehmer-Entsendegesetz** (AEntG) vom 26. Februar 1996 ist ein Gesetz, auf dessen Grundlage in Deutschland in bestimmten Branchen Mindeststandards für Arbeitsbedingungen festgelegt werden können. Ursprüngliches Ziel des Gesetzes war die Festschreibung zwingender Arbeitsbedingungen für Arbeitnehmer, die von im Ausland ansässigen Arbeitgebern zur grenzüberschreitenden Erbringung von Dienstleistungen, insbesondere im Bauhaupt- und Baunebengewerbe, nach Deutschland entsandt werden. Daneben bietet das Gesetz aber auch eine rechtliche Möglichkeit, über die Gruppe der aus dem Ausland entsandten Arbeitnehmer hinaus auch für alle im Inland tätigen Arbeitnehmer Mindestarbeitsbedingungen zur Geltung zu bringen. Sehr niedrige Tarifvergütungen gelten (Stand Anfang 2007) z. B. im Friseurhandwerk (West 4,93 €/ Ost 3,06 €), im Bewachungsgewerbe (5,25 €/4,15 €), im Hotel- und Gaststättenbereich (5,26 €/4,61 €), in der Floristik (5,94 €/4,35 €) und im Bäckerhandwerk (6,38 €/4,41 €).

(Autorentext)

40 ● Für den Fall, dass sich die Tarifparteien nicht auf branchenbezogene Mindestlöhne einigen können, muss es möglich sein, **die Tarifentgelte der untersten Entgeltgruppe** für alle Beschäftigten der jeweiligen Branche **für verbindlich zu erklären.**

● Aber auch das wird vielfach nicht ausreichen, um allen Beschäftigten einen Lohn von mindestens 7,50 Euro zu garantieren. Deshalb brauchen wir einen **gesetzlichen Mindestlohn**, der nicht
45 unterschritten werden darf.

(http://www.dgb.de/themen/tarifpolitik/mindestlohn/mindestloehne.htm)

■ **M 109b** „Konzept für mehr Arbeitslosigkeit" − Das Institut der deutschen Wirtschaft lehnt Mindestlöhne ab

Jobkiller. Die Befürworter eines Mindestlohns gehen offenbar davon aus, dass jeder Arbeitgeber die höheren Löhne für seine Mitarbeiter problemlos über höhere Preise an die Kunden weitergibt. Klappt das allerdings nicht, stehen Jobs auf der Kippe, und zwar gerade solche, von denen es ohnehin nicht genügend gibt: die für Menschen ohne Berufsausbildung und Personen mit
5 Handikap. Wenn sie die geforderten 7,50 Euro nicht erwirtschaften, ist für sie Schicht [Schluss]. Dieser Personenkreis profitiert von der Erholung auf dem Arbeitsmarkt schon jetzt kaum – von den 141 000 Arbeitslosen, die im April eine Stelle antraten, waren nur 21 000 ALG-II-Empfänger. Mit einem Mindestlohn legt man diesen Menschen weitere Steine in den Weg. Dabei müsste man – umgekehrt – eigentlich Löhne von unter 7,50 Euro fördern. Viele einfache Dienstleistun-
10 gen würden sicher verstärkt nachgefragt, wenn sie billiger wären. Das würde neue Jobs für Geringqualifizierte schaffen. Der Bedarf an Niedriglohnjobs ist hierzulande erheblich größer als anderswo: In Deutschland ist jeder Fünfte ohne abgeschlossene Berufsausbildung arbeitslos – in Frankreich und Großbritannien nur jeder Achte.

● Die Gegner eines Mindestlohns sehen durchaus, dass man von Minilöhnen allein nicht leben
15 kann. In der Tat sind die Stundenentgelte in einigen Branchen zum Teil recht niedrig. Laut Deutschem Institut für Wirtschaftsforschung (DIW) arbeiten 11 Prozent aller Arbeitnehmer für weniger als 7,50 Euro in der Stunde. Die meisten Kleinverdiener müssen allerdings – anders als es Gewerkschafter suggerieren – nicht von diesen Löhnen existieren; mancher verdient sich nur ein paar Euro hinzu. Indiz: Nur 4 Prozent der Arbeitnehmer mit einem Stundenlohn von weniger als
20 7,50 Euro leben in einem Haushalt, der über keine weiteren Erwerbseinkommen und keine staatlichen Zuschüsse verfügt.

„Arm trotz Arbeit" ist also eher die Ausnahme als die Regel (vgl. M 109 c). Insofern wäre es sinnvoll, diese wenigen Menschen gezielt über Steuerzuschüsse – eben einen **Kombilohn** – auf ein akzeptables Einkommensniveau zu hieven. Die Bereitschaft, für weniger Geld zu arbeiten, wür-
25 de dadurch gefördert.

Kombilohn. Kombination von (geringem) Arbeitslohn und staatlicher Unterstützung (Lohnzuschüsse aus Steuermitteln) zur Erzielung eines ausreichenden Einkommens. Die Gruppe der „Geringverdiener" unter den Hartz-IV-Empfängern (s. Abb. 3 in M 107, S. 208), deren Lohn durch Hartz-IV-Leistungen „aufgestockt" wird, erhalten im Prinzip einen solchen „Kombilohn". Dem Konzept des Kombilohns liegt folgende Überlegung zugrunde: Menschen mit geringer Qualifikation finden unter Marktbedingungen schwer eine Arbeit, mit der sich ein für den Lebensunterhalt ausreichender Lohn verdienen lässt. Zugleich aber sind geeignete Einfachjobs bei höheren Löhnen aus Sicht der Unternehmen unrentabel. Also will man diese Kluft durch eine Kombination von Arbeitslohn und staatlichem Zuschuss überbrücken. Geht der Zuschuss an den Arbeitnehmer, kann dieser auch mit einem Arbeitslohn unter dem Arbeitslosengeld-II-Niveau ein ausreichendes Einkommen erzielen. Zahlt man das Geld an den Arbeitgeber, kann der auch für einfache Arbeit einen höheren Lohn bieten. Als Hauptproblem des Kombilohns wird der sog. „Mitnahmeeffekt" diskutiert: Unternehmen zahlen bewusst niedrige Löhne, weil sie damit rechnen können, dass der Staat diese Löhne durch Zuschüsse „aufstockt".

(Autorentext)

Schwarzarbeit. Nach Berechnungen des Instituts der deutschen Wirtschaft Köln könnten bei einem Mindestlohn von 7,50 Euro bis zu 1,6 Millionen Jobs in die Schattenwirtschaft abwandern, was deren Wertschöpfung um bis zu 25 Milliarden Euro steigern würde. Denn wenn die Frisur wegen der höheren Löhne nicht mehr für 10 Euro zu haben ist, lassen viele Leute die Haare
30 schwarz schneiden.

(iwd – Informationsdienst des Instituts der deutschen Wirtschaft Köln, Nr. 19/2007 v. 10.5.2007, S. 2; © Deutscher Instituts-Verlag GmbH, Köln)

◼ M 109c „Armut trotz Arbeit"?

Anhand der Daten des Sozio-ökonomischen Panels (SOEP) zeigt sich, dass sehr geringe Löhne von bis zu 4,50 EUR, wie sie unter anderem in der derzeitigen Debatte vorgeschlagen werden, in Deutschland nur sehr wenige Arbeitnehmer erhalten: Weniger als 7,50 Euro – wie von der SPD befürwortet – erhalten immerhin 12 Prozent aller Lohnempfänger. Bei dieser Betrachtung ist
5 jedoch nach der Abgrenzung der Arbeitnehmer zu differenzieren. Denn niedrige Löhne bekommen vor allem *geringfügig Beschäftigte* – sei es, dass sie einen steuer- und abgabenbegünstigten Mini-Job oder einen Midi-Job beziehungsweise eine geringfügige Beschäftigung in anderer Form ausüben. Dies trifft insbesondere auf erwerbstätige Rentner, registrierte Arbeitslose sowie Schüler und Studenten zu, die einer beliebigen und meist nur geringfügig entlohnten Beschäftigung
10 nachgehen. In der Regel handelt es sich hierbei lediglich um einen Hinzuverdienst. Dessen Lohnhöhe kann jedoch in der Debatte nur eine untergeordnete Rolle spielen. Maßgeblich für die aktuelle Mindestlohndiskussion können nur die Löhne der Vollzeitbeschäftigten sein. Schließlich kann nicht erwartet werden, dass Arbeitnehmer mit reduzierter Arbeitszeit ihren Lebensunterhalt allein aus der Erwerbstätigkeit bestreiten können. [...]
15 Unter den Beziehern von Arbeitslosengeld II findet man nur wenige Vollzeitbeschäftigte. Bei den „Aufstockern" handelt es sich größtenteils um Personen mit reduzierter Arbeitszeit, die sich zu den Unterstützungsleistungen etwas hinzuverdienen. Den meisten „Aufstockern" mit einer Vollzeittätigkeit würde ein geforderter Mindestlohn von 7,50 Euro zudem nicht helfen. Denn diese kommen aufgrund der hohen Unterstützungsleistung des Arbeitslosengeldes II bei größe-
20 ren Haushalten auf einen höheren Bruttostundenlohn. [...]
Das Arbeitslosengeld II kann sich – umgerechnet in Bruttolohnäquivalente je Stunde – bei größeren Haushalten beziehungsweise Bedarfsgemeinschaften auf zehn Euro und mehr belaufen (vgl. M 107). [...]

Arbeitnehmer mit niedrigen Bruttostundenlöhnen 2006

	bis 4,50 Euro	bis 7,50 Euro	bis 8,00 Euro	bis 4,50 Euro	bis 7,50 Euro	bis 8,00 Euro
	Anteil an allen Arbeitnehmern der jeweiligen Gruppe in Prozent			Anzahl in 1000		
Deutschland Vollzeitbeschäftigte	1	7	9	210	1 390	1 800
Teilzeitbeschäftigte	2	11	12	90	540	630
Beschäftigte in Mini- oder Midijobs und andere geringfügig Beschäftigte	6	42	47	140	940	1 070
Erwerbstätige Rentner, registrierte Arbeitslose, Schüler und Studenten	22	50	53	400	930	980
Insgesamt	3	12	15	800	3 720	4 430

Will man aufstockende Sozialleistungen bei Vollzeitbeschäftigten gänzlich vermeiden, müssten
25 konsequenterweise weit höhere Mindestlöhne eingeführt werden, was massive Veränderungen
in der Struktur der Lohnverteilung zur Folge hätte. Es käme zu kräftigen Lohnsteigerungen insbesondere in den neuen Bundesländern – auch wegen erhöhter Lohnforderungen von Fachkräften, die ihren Lohnabstand zu ihren weniger qualifizierten Kollegen wieder hergestellt haben
möchten. Das hätte erhebliche Preiseffekte zur Folge. Bei einem hohen Mindestlohn besteht die
30 große Gefahr, dass die Beschäftigung von Arbeitnehmern mit geringer Produktivität* eingeschränkt wird – insbesondere in Ostdeutschland.

(Deutsches Institut für Wirtschaftsforschung Berlin, Wochenbericht Nr. 4/2008, S. 34 f., 37, 40; http://www.diw.de/documents/
publikationen/73/78377/08-4-1.pdf)

1. *Erläutern Sie, wie in Deutschland die Höhe der Löhne vereinbart wird und worin der Unterschied
zwischen „Tariflöhnen" und „gesetzlichen Mindestlöhnen" liegt.*

2. *Warum standen die Gewerkschaften gesetzlichen Mindestlöhnen lange Zeit ablehnend gegenüber?
Was hat sie dazu bewogen, ihre Position zu ändern? Welche Rolle hat dabei auch die schwächere
Stellung der Gewerkschaften (Mitgliederverlust), wie sie sich in den letzten Jahren ergeben hat?
(M 109 a)*

3. *Erläutern Sie mit eigenen Worten, was es mit dem „Entsendegesetz" auf sich hat und auf welche
Weise damit in bestimmten Bereichen „Mindestlöhne" zustande gekommen sind. Worin lag das Neue
dieser Lohnfestsetzungen im Vergleich zu den bisherigen Ergebnissen von Tarifabschlüssen? Inwiefern
soll die Tarifautonomie auch bei einer Ausweitung des „Entsendegesetzes" erhalten bleiben?*

4. *Die Darstellung in M 109 a macht deutlich, dass der allgemeine, für alle Branchen gleichermaßen
geltende („flächendeckende") gesetzliche Mindestlohn für die Gewerkschaften die letzte Stufe ihrer
lohnpolitischen Forderungen darstellt. Für welchen Fall soll sie realisiert werden? Was unterscheidet
sie von den zuvor beschriebenen Verfahren?*

5. *Erläutern Sie die Argumente, die das Institut der deutschen Wirtschaft gegen die Einführung
flächendeckender Mindestlöhne anführt (M 109b).*
   - *Welche Folgen ergeben sich danach für die Arbeitnehmer im Niedriglohnbereich, wenn es den
betreffenden Unternehmen (Arbeitgebern) nicht gelingt, die durch Mindestlöhne entstehenden
höheren Kosten auf die Preise aufzuschlagen?*

– Was muss nach dieser Darstellung im Hinblick auf das Argument „Armut trotz Arbeit vermeiden" bedacht werden (vgl. M 109 c)?
– Mit welchen Folgen für die Entwicklung der Schwarzarbeit wird gerechnet (vgl. M 6)?
– Was ist mit dem vom Institut (wie auch von anderer Seite) vorgeschlagenen „Kombilohn" als Alternative zum Mindestlohn gemeint? Welches Ziel könnte damit in der Sicht seiner Befürworter erreicht, welcher Nachteil vermieden werden?

6. Beschreiben Sie, auf welche Gruppen von Arbeitnehmern sich die Bezieher von niedrigen Stundenlöhnen hauptsächlich verteilen (M 109 c). Was ergibt sich daraus nach dieser Darstellung für die Beurteilung der These „Armut trotz Arbeit" („working poor") und von Mindestlöhnen, wenn man mit Mindestlöhnen erreichen will, dass Arbeitnehmer nicht mehr auf zusätzliche („aufstockende") Sozialleistungen angewiesen sind?

M 110 Für und wider Mindestlohn in der Diskussion unter Ökonomen

M 110a Für „Mindestlöhne mit Augenmaß"

Auch in Deutschland wird mittlerweile die Einkommensungleichheit von einer wachsenden Zahl als „zu viel des Guten" empfunden. Die Einführung einer Lohnuntergrenze als Gegenmittel befürwortet eine deutliche Mehrheit der Bevölkerung. Vermag ein Mindestlohn dies zu leisten, ohne dabei massive negative Konsequenzen für die Beschäftigung hervorzurufen? Wir werden
5 im Folgenden argumentieren, dass die Wirkungen eines Mindestlohns ganz entscheidend von seiner Ausgestaltung abhängen. Bei gut durchdachter Konzeption kann der oben angesprochene Zielkonflikt wesentlich entschärft oder sogar vollständig vermieden werden.
● Unstrittig ist, dass eine überzogene Mindestlohnhöhe beschäftigungsschädlich wirkt. Sofern sie moderat ist, muss aber eine bindende Lohnuntergrenze keineswegs Jobverluste nach sich ziehen.
10 Die entscheidende Frage ist somit, wo die kritische Grenze liegt, ab der die schädlichen Effekte dominieren. Ein plausibler Ansatzpunkt für die Festlegung der Höhe des Mindestlohns ist der sogenannte Kaitz-Index. Dieser misst die Höhe des Mindestlohns im Verhältnis zum mittleren bzw. Medianlohn*. Der Mindestlohn pro Stunde für Erwachsene in Großbritannien entsprach bei seiner Einführung 1999 knapp 48 % des Medians der Stundenlöhne. Nach acht Erhöhungen seit der
15 Einführung wird im Jahre 2008 mit einer Höhe von etwas unter 52 % gerechnet. Es sind bisher keine beschäftigungsschädlichen Wirkungen einer solchen Lohnuntergrenze nachweisbar.
In der deutschen Bauwirtschaft wurde im Jahr 1997 im Zusammenhang mit dem Arbeitnehmerentsendegesetz ein Mindestlohn eingeführt. Unsere eigenen Untersuchungen zeigen, dass sich der Mindestlohn im Osten Deutschlands negativ auf die Weiterbeschäftigungswahrschein-
20 lichkeit betroffener Arbeiter ausgewirkt hat. Der Kaitz-Index erreichte dort den im Verhältnis zu Großbritannien extrem hohen Wert von mehr als 80 %. In den alten Bundesländern lag der Kaitz-Index hingegen bei nur knapp über 60 % und damit viel näher an den britischen Vergleichswerten. Interessanterweise finden wir dort einen positiven Beschäftigungseffekt der Mindestlohneinführung, der allerdings nicht in allen Schätzvarianten statistisch gesichert ist. Dies legt
25 die Interpretation nahe, dass nur in Ostdeutschland die rote Linie überschritten war.
● Bei weiter fallender Tendenz waren im Westen im Jahr 2006 noch 57 %, im Osten sogar nur 41 % der Beschäftigten von Flächentarifverträgen erfasst. Parallel zur abnehmenden Bedeutung der traditionellen Tarifbindung hat sich die Ungleichheit der Lohneinkommen in Deutschland in den letzten zehn Jahren deutlich erhöht. Dies hat zweifellos zu der aufkeimenden Gerechtigkeits-
30 debatte beigetragen. Umfragen zufolge spricht sich eine klare Mehrheit der Deutschen für Mindestlöhne aus. Wie könnten sie gestaltet werden, ohne ein großes Beschäftigungsrisiko einzugehen? Fünf Punkte sind zu berücksichtigen: *Erstens* wäre ein allgemeiner gesetzlicher Mindestlohn vorzuziehen. Branchenbezogene Lösungen haben den Nachteil, dass sie mit Intransparenz und möglichen Wettbewerbsverzerrungen verbunden sind. *Zweitens* sollte sich der Mindestlohn ten-
35 denziell an den untersten Lohngruppen in Deutschland orientieren. *Drittens* ist wegen der immer noch bestehenden Produktivitätsunterschiede eine nach Ost und West differenzierte Lösung anzustreben. *Viertens* sollten für Jugendliche die Sätze entsprechend reduziert oder gar nicht ange-

wendet werden. *Fünftens* wäre es sinnvoll, die Entscheidung über die Anfangshöhe und die Anhebung der Mindestlöhne einer unabhängigen Expertenkommission nach dem Vorbild Großbritan-
40 niens zu übertragen, um eine zu starke Politisierung des Mindestlohns zu verhindern.
Werden diese Punkte berücksichtigt, ist es unwahrscheinlich, dass ein volkswirtschaftlicher
Schaden auftritt. Im Gegenteil, ein gesetzlicher Mindestlohn mit Augenmaß kann die aktuelle
Debatte entschärfen und ein wichtiges gesellschaftspolitisches Zeichen für mehr soziale Gerechtigkeit setzen.

(Prof. Dr. Joachim Möller, Direktor des Instituts für Arbeitsmarkt- und Berufsforschung [IAB] der Bundesagentur für Arbeit, und
Marion König, wissenschaftliche Mitarbeiterin am IAB: Ein Plädoyer für Mindestlöhne mit Augenmaß. In: Mindestlöhne für
und wider, ifo Schnelldienst 6/2008, S. 15 f.; http://www.cesifo-group.de/portal/page/portal/ifoContent/N/pr/pr-PDFs/
Schnelldienst2008PDF/ifosd_2008_6_3.pdf)

M 110b „Mindestlohn: Bloß nicht"

Die aktuelle Mindestlohndebatte in Deutschland ist durch populistische Argumente geprägt.
Typisch dafür sind Aussagen wie etwa „Wer voll arbeitet, muss davon anständig leben können"
(Kurt Beck). Diese Aussage ist für die meisten Ökonomen ein rotes Tuch, weil sie Wunsch und
Wirklichkeit bewusst vermengt und dadurch manipulativen Charakter erhält. Wer ihr wider-
5 spricht, gerät leicht in die Rolle des kalten Technokraten, der Lohnflexibilität einfordert, ohne
daran zu denken, dass Arbeitskräfte Menschen sind, die von irgendetwas leben müssen.
Es wäre zweifellos wünschenswert, dass jedermann, der ganztags arbeitet, damit auch ein als
hinreichend anzusehendes Einkommen erzielen könnte. Aber die Wirklichkeit sieht leider anders aus. Niedrig qualifizierte Arbeitnehmer können dies häufig nicht erreichen, weil sie, wenn
10 sie überhaupt einen Arbeitsplatz finden, zu wenig verdienen.
Es besteht Konsens darüber, dass es zu den zentralen Zielen des Sozialstaats gehört, einen Min-
destlebensstandard für alle Menschen zu sichern, die diesen Lebensstandard nicht aus eigener
Kraft erreichen können. Umstritten ist, auf welchem Wege dieses Ziel am besten erreicht werden
kann.
15 Das Konzept des Mindestlohnes will den Arbeitgebern die Aufgabe zuweisen, das Problem zu
lösen, indem man sie gesetzlich verpflichtet, höhere Löhne zu zahlen. Für diese Strategie werden
folgende Argumente ins Feld geführt.
● Erstens wird gefordert, Mindestlöhne einzuführen, um zu verhindern, dass die Löhne niedrig
qualifizierter Beschäftigter immer weiter hinter den Löhnen für gut ausgebildete Arbeitnehmer
20 zurückbleiben. Das führt jedoch in die Irre und entspricht ungefähr dem Versuch, eine Erkäl-
tung damit zu bekämpfen, dass man dem Patienten verbietet zu husten. Niedrig qualifizierte
Arbeitnehmer haben nur dann eine Chance auf Beschäftigung, wenn zugelassen wird, dass für
unterschiedlich qualifizierte Arbeit sehr unterschiedliche Löhne gezahlt werden. Wenn dies
durch Mindestlöhne verhindert wird, werden die Arbeitnehmer mit der niedrigsten Produktivi-
25 tät* zuerst vom Arbeitsmarkt ausgeschlossen.
● Zweitens wird argumentiert, die niedrigen Löhne seien nicht Ausdruck niedriger Produktivität der Beschäftigten, sondern Folge des grenzenlosen Gewinnstrebens der Unternehmen oder
ihrer Eigentümer, die sich durch Lohnsenkungen bereichern. Das würde bedeuten, dass die Produktivität der Arbeitnehmer ihren Lohn weit überschreitet. Wenn das richtig wäre, müssten die
30 Unternehmen sich um die betroffenen Arbeitnehmer reißen, denn jeder zusätzlich eingestellte
Arbeitnehmer würde einen satten Gewinn bringen. Auf Dauer würde das die Löhne dann in die
Höhe treiben. Leider sieht die Realität anders aus – niedrig qualifizierte Arbeitnehmer haben oft
große Schwierigkeiten, Beschäftigung zu finden, und ihre Löhne sinken. [...]
● [Weiterhin] werden Mindestlöhne gefordert (und sind in einigen Branchen wie etwa der Bau-
35 branche bereits eingeführt), um heimische Arbeitnehmer vor der Konkurrenz ausländischer Arbeitnehmer zu schützen, die bereit sind, für niedrigere Löhne in Deutschland zu arbeiten. Dabei
wird zum einen übersehen, dass die deutsche Volkswirtschaft insgesamt davon profitiert, dass
ausländische Arbeitnehmer bereit sind, für niedrigere Löhne als Inländer zu arbeiten. Außerdem
bieten Mindestlöhne nur scheinbar Schutz vor ausländischer Konkurrenz. Wenn die auslän-
40 dischen Arbeitnehmer nicht in Deutschland zu niedrigen Löhnen arbeiten dürfen, dann werden

die deutschen Unternehmen zu ihnen kommen und ganz im Ausland produzieren. In Bereichen, in denen das nur eingeschränkt möglich ist, etwa bei Dienstleistungen, werden Ausländer verstärkt als Selbstständige ihre Arbeitskraft anbieten.

● Die Alternative zur Einführung von Mindestlöhnen besteht darin, Lohnsenkungen im Bereich
45 niedrig qualifizierter Arbeit zuzulassen und nicht existenzsichernde Einkommen durch staatliche Transfers aufzustocken. Das ist der Ansatz von Kombilohnkonzepten (s. Kasten S. 212). Sie haben den Vorteil, zunächst einmal darauf zu setzen, dass möglichst viel Beschäftigung entsteht. Nicht verschwiegen werden darf allerdings, dass die Zuschüsse, die an niedrig entlohnte Beschäftigte gezahlt werden, ebenfalls durch Steuern finanziert werden müssen.

(Prof. Dr. Clemens Fuest, Leiter des Finanzwissenschaftlichen Forschungsinstituts der Universität Köln: Mindestlohn: Bloß nicht. In: Mindestlöhne für und wider, ifo Schnelldienst 6/2008, S. 25 ff.; http://www.cesifo-group.de/portal/page/portal/ifoContent/N/pr/pr-PDFs/Schnelldienst2008PDF/ifosd_2008 _6_8.pdf)

1. Machen Sie deutlich, aufgrund welcher Entwicklungen auf dem Arbeitsmarkt und in der Einkommensverteilung die Autoren von M 110 a grundsätzlich einen Mindestlohn befürworten (Z. 1 ff., Z. 26 f., Z. 41 ff.).

2. Prof. Möller und seine Mitarbeiterin plädieren für ein Mindestlohnkonzept, das die befürchteten negativen Konsequenzen für die Beschäftigung vermeiden soll, und stellen zunächst das Problem der Höhe des Mindestlohns in den Mittelpunkt ihrer Überlegungen. An welchem Maßstab orientieren sie sich dabei? Von welchen Erfahrungen und einer (von ihnen selbst durchgeführten und viel beachteten) empirischen Untersuchungen leiten sie ihren Vorschlag ab?

3. Erläutern Sie die im letzten Abschnitt (Z. 32 ff.) zusammengefassten weiteren Bedingungen für die Vermeidung eines „Beschäftigungsrisikos" bei der Einführung eines allgemeinen („flächendeckenden") Mindestlohns jeweils etwas näher.
   – Worin könnten die „Wettbewerbsverzerrungen" branchenbezogener Mindestlöhne liegen?
   – Warum sollten für „Ost" und „West" unterschiedliche Mindestlöhne gelten und für Jugendliche Mindestlöhne kaum angewendet werden?

4. Erläutern Sie, warum nach M 110 b die zu Anfang zitierte Aussage des SPD-Vorsitzenden Kurt Beck „für viele Ökonomen ein rotes Tuch" ist. Was bedeutet der Hinweis auf das ökonomische Erfordernis der Produktivität des einzelnen Arbeitsplatzes (vgl. Kasten S. 212)?

5. Warum könnten sich nach dieser Darstellung Mindestlöhne negativ auf die Beschäftigungschancen niedrig qualifizierter Arbeitnehmer auswirken?

6. Was spricht aus der Sicht des Autors gegen die Annahme, dass die Unternehmen Niedriglöhne nicht an der Produktivität orientieren, sondern ihre Beschäftigten unterbezahlen, um ihren Gewinn zu steigern?

7. Wie beurteilt der Autor das Argument, dass Mindestlöhne Schutz vor ausländischer Konkurrenz garantieren? Welchen Vorteil haben in seiner Sicht Kombilohnkonzepte (vgl. M 109 b, Kasten)?

8. Entwickeln Sie auf dem Hintergrund Ihrer Erarbeitung der vorangehenden Materialien eine eigene Beurteilung der Forderung nach Einführung gesetzlicher („flächendeckender") Mindestlöhne.

Der vollständige Text der beiden Stellungnahmen M 110 a und b steht unter den in den Quellenangaben genannten Internetadressen zur Verfügung. Eine Reihe weiterer Beiträge von Ökonomie-Professoren finden Sie unter http://www.ifo.de/portal/page/portal/ifoHome/e-pr/e1pz/_generic_press_item_detail?p_itemid=6823787

Glossar

Abschreibung. In einem Unternehmen nutzen sich die bei der betrieblichen Leistungserstellung eingesetzten Maschinen, Gebäude, Fahrzeuge etc. ab. Diese Wertverluste werden als Kosten erfasst, die bei der Berechnung des Verkaufspreises der produzierten Güter und bei der Ermittlung des Gewinns als „Abschreibungen" berücksichtigt werden müssen. Beispiel: Eine Maschine wurde für 10 000 Euro eingekauft. Es kann von einer jährlichen Wertminderung von 1000 Euro ausgegangen werden. Diese Abschreibungen müssen im Verkaufspreis der Güter berücksichtigt werden, wenn das Unternehmen nach Ablauf der Nutzungsdauer die verschlissene Maschine ersetzen will. Andernfalls wäre der Preis zu niedrig kalkuliert. Es würde die Gefahr bestehen, dass das Unternehmen sich „aufzehrt" (ein „Substanzverlust" eintritt), weil die notwendigen → Ersatzinvestitionen nicht vorgenommen werden könnten. Steuerrechtlich sind Abschreibungen Ausgaben und mindern daher den zu versteuernden Gewinn.

Absorption. Aufsaugen, In-sich-Aufnehmen.

Aggregate. „Anhäufungen"; Bezeichnung für relativ strukturlose Mengen, Massen oder Gesamtheiten (soziale Aggregate beziehen sich auf entsprechende Gesamtheiten von Individuen).

Aggregation. Zusammenfassung vieler, möglichst gleichartiger Einzelgrößen (Wirtschaftssubjekte, Güter, Produktionsfaktoren usw.) zu Gesamtgrößen. Aggregation beruht immer auf Abstraktion (von der Vielfalt konkreter Einzelheiten).

aggregieren. → Aggregation.

Aktie. → Wertpapier, in dem das Anteilsrecht an einer Aktiengesellschaft (AG) verbrieft ist. Der Nennwert entspricht dem aufgedruckten Geldbetrag; er weicht in der Regel vom Marktwert (Börsenkurs) der Aktie ab. Aktionäre sind am Gewinn der betreffenden Gesellschaft beteiligt (→ Dividende).

Aktiva. (Plur.) Bezeichnung für die Summe der einem Unternehmen zur Verfügung stehenden Vermögensbestandteile, die auf der linken (Soll-)Seite der Bilanz ausgewiesen werden (u. a. Gebäude, Maschinen, → Forderungen, Wertpapiere). Auf der rechten Seite (Passivseite) wird die *Herkunft* dieser Bestandteile ausgewiesen (z. B. Eigen- oder Fremdkapital). Als Finanzaktiva bezeichnet man die Aktiva einer Bank; ihre „Aktivgeschäfte" bestehen v. a. im Geschäft mit Krediten und in Eigengeschäften mit Wertpapieren.

Allokation. Verteilung der (knappen) Produktionsfaktoren einer Volkswirtschaft auf die jeweiligen Verwendungszwecke, sodass die bestmögliche Nutzung erreicht wird.

Anlagen. Anlageinvestitionen.

antizyklisch. Konjunkturellen Ausschlägen entgegenwirkend, sie dämpfend.

Arbeitslosengeld (auch: Arbeitslosengeld I). Leistungen aus der beitragsfinanzierten Arbeitslosenversicherung in Höhe von 60 %, für Arbeitslose mit Kindern 67 % des früheren Nettoarbeitsentgelts. Anspruch haben Arbeitslose, die während der letzten zwei Jahre mindestens 360 Tage versicherungspflichtig beschäftigt waren, sich persönlich arbeitslos gemeldet haben und Arbeit suchen. Die Bezugsdauer richtet sich nach der Dauer der voranliegenden Beschäftigung (mit entsprechender Beitragszahlung) und nach dem Lebensalter. Seit Anfang 2008 beträgt sie für unter 50-Jährige zwischen 6 und 12 Monate (Beitragszahlung zwischen 12 und 24 Monate), für 50- bis 55-Jährige 15 Monate (nach 30 Monaten Beitragszahlung), für 56- bis 58-jährige 18 Monate (nach drei Jahren Beitragszahlung) und für über 58-Jährige 24 Monate (nach 4 Jahren Beitragszahlung).

Arbeitslosengeld II. Im Rahmen des → „Hartz IV"- Gesetzes wurde für alle erwerbsfähigen bisherigen → Arbeitslosenhilfe- und → Sozialhilfeempfänger eine einheitliche Grundsicherung für Arbeitssuchende („Arbeitslosengeld II") geschaffen, deren Leistungen im Unterschied zur bisherigen Arbeitslosenhilfe nur bei Bedürftigkeit gewährt werden (vgl. zu Einzelheiten M 107). Einbezogen sind auch die nicht erwerbstätigen Ehepartner der Leistungsbezieher und die Kinder (Sozialgeld).

Arbeitslosenhilfe. Bis Ende 2004 geltendes, aus dem Bundeshaushalt finanziertes Leistungssystem für Arbeitslose (53 %, für Arbeitslose mit Kindern 57 % des früheren Nettoarbeitsentgelts), deren Anspruch auf → Arbeitslosengeld abgelaufen war. Der Anspruch war unbefristet. Ab 1.1.2005 wurde die Arbeitslosenhilfe durch das neue → Arbeitslosengeld II ersetzt.

Arbeitsmarkt. Markt (Angebot und Nachfrage) für Arbeitskräfte, auf dem die Arbeitnehmer eine Beschäftigung, einen Arbeitsplatz suchen (ihre Arbeitskraft anbieten), die Arbeitgeber Arbeitsplätze anbieten (Arbeitskraft nachfragen). Wenn weniger Arbeitsplätze angeboten als gesucht werden, herrscht Arbeitslosigkeit. – Da die Arbeitsleistung untrennbar mit der Person verbunden ist, bestimmt der Arbeitsmarkt in starkem Maße die Lebensverhältnisse der Arbeitnehmer. Der gesamte Arbeitsmarkt gliedert sich in regionale und sektorale Teilmärkte sowie in bestimmte Berufe, Qualifikationen und Personengruppen. Der durch → Arbeitsmarktpolitik beeinflusste Bereich des Arbeitsmarktes wird gelegentlich auch als „2. Arbeitsmarkt" bezeichnet.

Arbeitsmarktpolitik. Während der Begriff der Beschäftigungspolitik sich auf gesamtwirtschaftliche Maßnahmen zur Sicherung eines hohen Beschäftigungsstandes bezieht, richtet sich die Arbeitsmarktpolitik auf den Ausgleich von Angebot und Nachfrage auf Teilarbeitsmärkten (z. B. für Regionen, Qualifikationen, Problemgruppen) und verfolgt auch soziale Ziele. Mittel dieser Politik sind u. a. Berufsberatung, Arbeitsvermittlung, Maßnahmen zur Steigerung der Arbeitskräftemobilität und zur Förderung beruflicher Bildung, Arbeitsbeschaffungsmaßnahmen, Lohnersatzzahlungen (bei Arbeitslosigkeit). Hauptträger der Arbeitsmarktpolitik ist die → Bundesagentur für Arbeit.

Arbeitsproduktivität. → Produktivität.

Arbeitsteilung. Aufteilung der Arbeitsleistung in Teilprozesse. Man kann unterscheiden zwischen der Aufteilung auf verschiedene Wirtschaftseinheiten (berufliche Arbeitsteilung), Verteilung auf Produktionsstufen (territoriale Arbeitsteilung) und der Zerlegung des Arbeitsprozesses selbst (Zerlegung einer Arbeitsaufgabe in mehrere Teilaufgaben, z. B. bei der Arbeit am Fließband).

Attentismus. Haltung des Abwartens.

Auslastungsgrad. Prozentsatz, bis zu dem die Kapazität (Maschinen, Anlagen, Arbeitskräfte) eines Betriebs tatsächlich ausgenutzt wird; gesamtwirtschaftlich das Verhältnis des tatsächlich erwirtschafteten Sozialprodukts zum → Produktionspotenzial.

Basiseffekt. Auswirkung, die bei der Berechnung einer prozentualen Veränderung von der absoluten Höhe des Basiswertes auf die Höhe des Prozentsatzes der Veränderung ausgeht; beträgt z. B. ein Wert im Basisjahr 200, ergibt eine Steigerung um 40 Einheiten einen Prozentsatz von 20 %; beträgt der Basiswert 2 000, ergibt die gleiche Steigerung einen Prozentsatz von 2 %.

Bedürftigkeitsprüfung. Für die Zahlung bestimmter staatlicher → Transferleistungen (z. B. → Sozialhilfe, → Arbeitslosengeld II) wird überprüft, ob und inwieweit der Antragsteller über anderweitige Einkünfte, Unterstützungen, Vermögenswerte usw. verfügt, die bei der Berechnung der Transferzahlung zu berücksichtigen sind.

Bretton-Woods-Abkommen. Im Rahmen der Währungs- und Finanzkonferenz der Vereinten Nationen 1944 in Bretton Woods (USA) getroffene Vereinbarung über die Neuordnung des internationalen Geldwesens. Die wichtigste Entscheidung betraf die Errichtung der beiden Institutionen Weltbank und Internationaler Währungsfonds (IWF).

Bruttoinlandsprodukt (BIP). Wertmaßstab für die gesamte wirtschaftliche Leistung einer Volkswirtschaft in einem bestimmten Zeitraum (Inlandskonzept). Dabei werden alle innerhalb der geografischen Grenzen einer Volkswirtschaft in einer Periode erstellten und zu Marktpreisen bewerteten Güter und Dienstleistungen abzüglich der Vorleistungen (Güter, die in den inländischen Produktionsprozess eingehen) einbezogen. Zum zeitlichen Vergleich der wirtschaftlichen Leistungskraft einer Volkswirtschaft eignet sich besser das reale Bruttoinlandsprodukt, das nicht in laufenden Preisen gemessen wird, sondern in konstanten Preisen eines bestimmten Basisjahres.

Bruttoinvestitionen. Die gesamten Investitionen eines Unternehmens oder einer Volkswirtschaft.

Bruttowertschöpfung. Der von einem Unternehmen in einer bestimmten Periode geschaffene Wertzuwachs (sein Beitrag zum Sozialprodukt). Sie wird ermittelt, indem von den Umsatzerlösen (± Lagerbestandsveränderungen) die Vorleistungen abgezogen werden. Durch Abzug der → Abschreibungen ergibt sich der Nettowert.

Budget. Haushalt

Bundesagentur für Arbeit. Zentrale Bundesbehörde für Arbeitsvermittlung, Abwicklung der Arbeitslosenversicherung, Berufsberatung und Fortbildung (bis 2003: Bundesanstalt für Arbeit). Als „Arge" wird die mit der Einführung des → „Arbeitslosengeldes II" (→ „Hartz IV") neue eingerichtete örtliche „Arbeitsgemeinschaft der Agentur für Arbeit und der Kommunalverwaltung" bezeichnet, die mit der Betreuung von Langzeitarbeitslosen, ihrer Vermittlung in Arbeitsplätze und der Auszahlung des Arbeitslosengeldes II beauftragt ist (auch unter der Bezeichnung „Job-Center").

deficit spending. (deutsch: Defizit-Ausgaben) In der nachfrageorientierten („keynesianischen") Wirtschaftstheorie Bezeichnung für zusätzliche (ggf. schuldenfinanzierte) staatliche Ausgaben in einer Phase wirtschaftlicher Rezession und hoher Arbeitslosigkeit. Sie sollen zur Erhöhung der gesamtwirtschaftlichen Nachfrage und der Beschäftigung führen. Das ggf. entstandene → Haushaltsdefizit soll in einer folgenden Aufschwungphase ausgeglichen werden.

Deflation. Ein Prozess stetiger Preisniveausenkungen. Er entsteht, wenn bei einem herrschenden Preisniveau die Gesamtnachfrage geringer ist als das gesamtwirtschaftliche Angebot (deflatorische Lücke, Nachfragelücke). Der verzögerte Anpassungsprozess hin zu einem neuen Gleichgewicht geschieht über Preissenkungen. Da es außerdem oft zu Einkommenssenkungen und Entlassungen von Arbeitskräften kommt, verstärkt sich der Prozess. Sehr deutlich waren diese Zusammenhänge in der → Weltwirtschaftskrise, die 1929 ausbrach. In den USA fielen über einen Zeitraum von vier Jahren die meisten Preise, und die Zahl der Arbeitslosen nahm durch die Entlassungen massiv zu. Seit 1945 hat es in den Industrienationen nur in Japan (etwa 2000 – 2004) eine nennenswerte Deflation gegeben.

demographisch. Auf die Größe, die Entwicklung (Abnahme, Zunahme) und Struktur (Verteilung der Altersgruppen) der Bevölkerung bezogen.

Deregulierung. Rücknahme staatlicher Eingriffe in einen Markt, Freigabe eines staatlich beherrschten Marktes. Ziel der Deregulierungspolitik ist eine Zurückdrängung der Rolle des Staates in einer Volkswirtschaft durch den weitgehenden Verzicht auf Vorschriften, Genehmigungen und Kontrollen. Auf den Arbeitsmarkt bezogen richtet sich die von den Arbeitgebern erhobene Forderung nach Deregulierung auf eine Reduzierung gesetzlicher Regelungen (z. B. für den Kündigungsschutz, die Teilzeitarbeit usw.), die als zu weitgehend und die Einstellung von Arbeitskräften behindernd betrachtet werden.

Devisen. Ausländische Zahlungsmittel. Devisen kann ein Land nicht wie die eigene Währung „schöpfen", sondern muss sie verdienen, z. B. als Bezahlung für eigene, an das Ausland gelieferte Waren. Da jedes Land die Güter importieren muss, die es benötigt, aber nicht selbst herstellt, ist der Erwerb von Devisen hierfür notwendig.

Devisenbewirtschaftung. Staatliche Maßnahmen, die die für die gesamte Außenwirtschaft benötigte Devisenmenge beschränken; Ziel ist die Stabilität der → Wechselkurse. In den Industrieländern findet Devisenbewirtschaftung i. d. R. nicht mehr statt (vgl. → Konvertibilität).

digitale Kluft. Dieser Begriff bezeichnet die Tatsache, dass die modernen Kommunikationstechnologien (Internet) von Bevölkerungsschichten, die über einen hohen Bildungsabschluss verfügen, deutlich stärker genutzt werden als von solchen mit einem niedrigen Bildungsabschluss. Diese „digitale Kluft" besteht auch zwischen den Bevölkerungen von Industrie- und Entwicklungsländern.

Dividende. (lat. „das zu Verteilende") Der auf den Nennwert einer → Aktie entfallende Gewinnanteil (ausgedrückt in Prozent). Allgemein auch: der Gewinn, der sich aus einer Maßnahme ergibt.

Einlagen. Bezeichnung für Geldbeträge, die von Bankkunden auf ihre Konten eingezahlt werden. Sie können entweder jederzeit (Sichteinlagen) oder zu einem festgelegten Zeitpunkt (Termineinlagen) oder nach bestimmten Kündigungsfristen (Spareinlagen) wieder abgehoben werden. Von Einlagen spricht man auch bei einer Beteiligung an Personen- und Gesellschaftsunternehmen zur Bildung des Eigenkapitals dieser Unternehmen.

Einlagefazilität. Geldpolitisches Instrument des Eurosystems, das den Banken die kontinuierliche Möglichkeit bietet, Zentralbankguthaben bis zum nächsten Geschäftstag (Übernachtguthaben) zu einem vorgegebenen Zinssatz bei den nationalen Zentralbanken anzulegen.

Einzelunternehmen. Unternehmen, bei dem ein einzelner Unternehmer das notwendige Kapital aufbringt, das Unternehmen selber leitet und unbeschränkt haftet (auch mit seinem Privatvermögen).

Eiserner Vorhang. Bezeichnung für die Grenze zwischen den beiden Machtblöcken in Ost und West in der Zeit des Kalten Krieges; der Ausdruck wurde 1946 von dem damaligen bristischen Premierminister Winston Churchill geprägt (Iron Curtain).

Emission. Ausgabe neuer → Wertpapiere wie → Aktien oder → Schuldverschreibungen. Eine Wertpapieremission dient i. d. R. der Beschaffung größerer Finanzmittel und erfolgt meist durch öffentliche Ausschreibung der auszugebenden Wertpapiere.

empirisch. Auf die Wirklichkeit, die Erfahrung bezogen (im Unterschied zu „theoretisch", d. h. auf Überlegung und gedanklicher Verknüpfung beruhend); die Wirklichkeit durch Verfahren und Methoden erschließend, die nachvollziehbar und nachprüfbar sind und somit das Ergebnis von der Subjektivität des Forschers unabhängig machen.

Ersatzinvestitionen. Investitionen zum Ersatz verbrauchter Anlagegüter mit dem Ziel, eine Substanzauszehrung des Unternehmens zu vermeiden; die Finanzierung erfolgt i. d. R. aus → Abschreibungen.

Ertrag. Der in Preisen ausgedrückte Wert der betrieblichen Leistungserstellung in einem bestimmten Zeitraum (z. B. einem Geschäftsjahr).

Erweiterungsinvestitionen. → Investition.

Erwerbspersonen. Summe aus Erwerbstätigen und registrierten Arbeitslosen.

Erwerbspersonenpotenzial. Zahl der Männer und Frauen im erwerbsfähigen Alter (15–65 Jahre), die sich am Erwerbsleben beteiligen wollen.

Erwerbsquote. Anteil der Erwerbspersonen (Erwerbstätige und Arbeitslose) an der Gesamtbevölkerung.

Eucken, Walter. Deutscher Nationalökonom (1892–1950); Begründer der → neoliberalen Freiburger Schule, die maßgeblichen Einfluss auf die Gestaltung der Wirtschaftsordnung in der Bundesrepublik hatte.

Eurozone. Bezeichnung für das Gebiet der an der Europäischen Währungsunion teilnehmenden 15 Länder (Deutschland, Frankreich, Österreich, Italien, Spanien, Portugal, Irland, Niederlande, Belgien, Luxemburg, Finnland, Griechenland, Slowenien, Malta, Zypern).

exogen. Durch äußere Umstände bewirkt (im Gegensatz zu endogen = von innen her entstanden).

expansiv. „Ausdehnend". Bezeichnung für eine wirtschaftspolitische Maßnahme oder deren Wirkung, die eine vorhandene Größe (Geldmenge, BIP, Beschäftigung) vergrößert. Gegensatz: → kontraktiv.

Faktoreinkommen. Einkommen als Entgelt für die zeitweilige Überlassung von Produktionsfaktoren (z. B. Löhne und Gehälter, Gebühren und Honorare für Arbeit, Zinsen und Gewinnanteile für Kapital, Pachten für Boden).

Faktorproduktivität. Verhältnis des Produktionsergebnisses zu den eingesetzten → Produktionsfaktoren (→ Produktivität).

Fazilität. (von lat. facilitas – Leichtigkeit) Die von einer Bank ihren Kunden eingeräumte Möglichkeit, kurzfristig Kredite in Anspruch zu nehmen oder Guthaben anzulegen; besonders im Zusammenhang mit dem Geschäftsverkehr der Zentralbank mit den Geschäftsbanken (als ihren „Kunden").

Finanzaktiva. → Aktiva

Finanzausgleich. Begriff für die finanziellen Beziehungen zwischen finanzstarken und finanzschwachen → Gebietskörperschaften (Bund, Länder, Gemeinden). In einem föderalen (bundesstaatlichen) System sollen die Lebensverhältnisse im Prinzip einheitlich gestaltet sein, was nur möglich erscheint, wenn auch entsprechende Finanzmittel zur Verfügung stehen. Das Ausmaß der Finanzausgleiche zwischen den Ländern (Länderfinanzausgleich) wird zwischen „Geberländern" und „Empfängerländern" immer wieder diskutiert.

Finanzmärkte. Oberbegriff für alle Märkte, auf denen zwischen Gläubigern (Anbietern von Finanzierungsmitteln) und Schuldnern (Nachfragern nach Finanzierungsmitteln) Finanzierungen vereinbart und Kreditverträge abgeschlossen werden. An internationalen Finanzmärkten können die Marktteilnehmer aus verschiedenen Ländern stammen und in verschiedenen Währungen handeln. Gehandelt werden u. a. Devisen (Devisenmarkt), kurzfristige (→ Geldmarkt) und langfristige (→ Kapitalmarkt) → Wertpapiere. Finanzmärkte können nach genau festgelegten Regeln funktionieren,

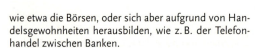

wie etwa die Börsen, oder sich aber aufgrund von Handelsgewohnheiten herausbilden, wie z. B. der Telefonhandel zwischen Banken.

fiskalisch. Auf den Staatshaushalt, die Einnahmen- und Ausgabenpolitik bezogen.

Fiskalpolitik. Alle Maßnahmen des Staates, die geeignet sind, die öffentlichen Einnahmen und die öffentlichen Ausgaben (öffentlicher Haushalt) gezielt zu gestalten und damit die volkswirtschaftliche Gesamtnachfrage zu beeinflussen. Sie wird hauptsächlich im Rahmen der Konjunkturpolitik eingesetzt.

Flexibilisierung. Auf den Arbeitsmarkt bezogen: Lockerung starrer gesetzlicher Regelungen (z. B. Kündigungsschutz, Flächentarife, Mindestlöhne) und verstärkte Arbeitszeitflexibilisierung (Teilzeitarbeit, Schichtarbeit, Gleitzeitarbeit, befristete Arbeitsverträge).

Flexibilität. Bezogen auf den Arbeitsmarkt zumeist die Bereitschaft und Fähigkeit der Arbeitnehmer, den Arbeitsort zu wechseln (regionale Flexibilität) und/oder sich beruflich umzuorientieren (berufliche Flexibilität).

Fonds. Allgemein: ein Vermögen für bestimmte Zwecke. Fonds sind insbesondere die Vermögen von Kapitalanlagegesellschaften (→ Investmentfonds). Meist bestehen sie aus → Aktien, Anleihen (Renten), Immobilien oder Geldmarktpapieren und werden von Banken oder anderen Finanzgesellschaften nach bestimmten, vorher veröffentlichten Kriterien zusammengestellt; die Fondsanteile (Investmentzertifikate) werden an private oder institutionelle Investoren, die Fondsanleger, verkauft. Die Anleger erwerben dadurch ein Miteigentum an sämtlichen Objekten des Fondsvermögens. Der Begriff kommt von französisch „fonds" (Grund, Boden, Schatz), dies von lateinisch „fundus" (Grund, Boden eines Gefäßes).

Forderung. Anspruch einer Person an eine andere, eine Leistung zu verlangen; Gegensatz: → Verbindlichkeit; Forderungen, die aus Warenlieferungen und Leistungen an Kunden stammen, werden als Außenstände bezeichnet.

Freibetrag. Begriff des Steuerrechts für einen von der Besteuerung ausgenommenen Betrag des zu versteuernden Einkommens.

Freihandel. Im Gegensatz zum → Protektionismus und staatlichen Außenhandelsmonopol ein freier grenzüberschreitender Güterverkehr ohne staatliche Einflüsse.

Friedman, Milton. Amerikanischer Ökonomieprofessor (1912 – 2006), Nobelpreisträger von 1976; engagierter Gegner staatlicher Eingriffe in den Wirtschaftsprozess und Verfechter einer modifizierten Quantitätstheorie des Geldes (→ Monetaristen).

Fusion. Wirtschaftliche und rechtliche Vereinigung zweier oder mehrerer Unternehmen zu einer einzigen Gesellschaft.

GATT. *General Agreement on Tariffs and Trade*; Allgemeines Zoll- und Handelsabkommen. 1948 gegründete Sonderorganisation der Vereinten Nationen mit dem Ziel des weltweiten Abbaus von Handelsschranken zwischen den Ländern (z. B. der Senkung von Zöllen). Das

GATT wurde 1996 abgelöst durch die World Trade Organization (→ WTO).

Gebietskörperschaften. Körperschaften (des öffentlichen Rechts) sind mitgliedschaftlich verfasste Organisationen, die durch Gesetz eingerichtet werden und öffentlichen Zwecken dienen. Gebietskörperschaften sind Gemeinden und Landkreise, im weiteren Sinn auch der Bund und die Länder.

Geldmarkt. Markt für kurzfristige Kredite; Teilnehmer sind die Geschäftsbanken, die untereinander Zentralbankguthaben mit Laufzeiten von einem Tag (Tagesgeld) bis zu einem Jahr handeln, und die EZB bzw. in deren Auftrag (als ausführendes Organ) die Deutsche Bundesbank, die → Geldmarktpapiere mit Laufzeiten bis zu zwei Jahren an- und verkauft. Am Geldmarkt vollzieht sich der Liquiditätsausgleich des Geschäftsbankensektors (Interbankenhandel); für die EZB ist er das Handlungsfeld für die → Geldpolitik (Offenmarktpolitik).

Geldmarktfonds. Investitionen, die bis zu hundert Prozent der ihnen zufließenden Mittel in kurzfristige Anlageformen (z. B. Bankeinlagen, variabel verzinsliche Wertpapiere und festverzinsliche Wertpapiere mit einer Restlaufzeit von höchstens zwölf Monaten) investieren dürfen. Die von den Geldmarktfonds zur Mittelaufnahme verkauften Anteilscheine können von den Anlegern jederzeit zurückgegeben werden. Für die Nichtbanken stellen sie daher eine Alternative zur Haltung liquider Bankeinlagen wie → Sicht-, kurzfristige Termin- und Spareinlagen dar. Geldmarktfondsanteile werden dementsprechend in der vom Eurosystem definierten europaweiten Geldmenge M 3 berücksichtigt.

Geldmarktpapiere. Sammelbegriff für → Wertpapiere mit kurzer Laufzeit (bis höchstens zu zwei Jahren), z. B. unverzinsliche → Schatzanweisungen des Bundes; sie entstehen aus der Kreditaufnahme der öffentlichen Haushalte („Finanzierungspapiere"), aber auch auf Initiative des ESZB.

Geldmengensteuerung. Wichtiges Element der → Geldpolitik der Europäischen Zentralbank. Basierend auf der Annahme, dass die Höhe der Geldmenge die Inflationsentwicklung beeinflusst (Quantitätstheorie), soll durch entsprechende Maßnahmen (u. a. die Variation der Leitzinsen) die Geldmenge beschränkt bzw. ausgedehnt werden.

Geldpolitik. Gesamtheit der Maßnahmen zur Steuerung des Geldumlaufs und der Kreditversorgung in einer Volkswirtschaft. Wichtigster Träger der Geldpolitik ist die Zentralbank. Laut Gesetz ist sie gehalten, zu einer ausreichenden Geldversorgung der Wirtschaft beizutragen, die Kreditversorgung der Wirtschaft zu regeln und insbesondere die Währung zu sichern.

Gewerbesteuer. Steuer auf den → Ertrag eines Unternehmens (Gewerbeertragsteuer). Die Gewerbesteuer ist die wichtigste Einnahmequelle der Gemeinden.

Gewinn. Der Gewinn ergibt sich aus der Differenz zwischen Kosten und Erlös. Unter Erlös wird das Produkt aus abgesetzter Menge und Preis verstanden. Ist der Erlös größer als die Kosten, erzielt ein Unternehmen einen Gewinn, im umgekehrten Fall einen Verlust.

Giralgeld. Giral- oder Buchgeld besteht aus Guthaben bei Geld- oder Kreditinstituten, über die durch Scheck, Lastschrift oder Überweisung verfügt werden kann. Buch- oder Giralgeld entsteht zum kleineren Teil durch Einzahlungen von Bargeld, zum größeren Teil durch die Kreditgewährung der Banken.

Globar Player. Bezeichnung für ein „Multinationales Unternehmen" („Multi"), das zumindest *eine* „Tochterfirma" im Ausland hat. Große „Multis" (wie z. B. der Volkswagen-Konzern) sind in zahlreichen Ländern „zu Hause".

Grundsteuer. Realsteuer (Objektsteuer) auf den Wert und die Beschaffenheit von bebauten und unbebauten Grundstücken und Eigentumswohnungen.

Handelshemmnisse. Die Behinderung des freien Handels mit Gütern und Dienstleistungen durch staatliche Eingriffe. Handelshemmnisse im engeren Sinne beziehen sich auf den Außenhandel. Grundsätzlich werden unterschieden tarifäre und nichttarifäre Handelshemmnisse. Tarifäre bedeuten die Erhebung eines Zolls bei der Einfuhr (seltener bei der Ausfuhr) eines Gutes. Wer diesen Zoll entrichtet, ist grundsätzlich zum Import des Gutes in beliebiger Menge berechtigt. Nichttarifäre Handelshemmnisse sind vielfältig: Quoten setzen eine mengenmäßige Obergrenze für den Import fest, technische Standards mögen sich gegen Waren aus einem bestimmten Land richten, schikanöse Gesundheitsprüfungen oder Abfertigungsprozeduren den Handel beschränken – der Fantasie sind hier keine Grenzen gesetzt. Ein Gutteil der Arbeit der → WTO und ihrer Vorgängerin → GATT dient der Vereinbarung des Abbaus von Handelshemmnissen.

Hartz IV. Bezeichnung für die gesetzlichen Neuregelungen zur Arbeitsmarktreform, die Teil eines von der sog. Hartz-Kommission (unter Leitung des Personalvorstandes der Volkswagen AG, Dr. Peter Hartz) vorgeschlagenen Reformmaßnahmen-Katalogs sind. Die aus diesem Katalog realisierten Maßnahmen wurden in vier Gesetze aufgeteilt: Hartz I: Schaffung von „Personal-Service-Agenturen" zur Schaffung neuer Beschäftigungsmöglichkeiten durch Leih- und Zeitarbeit; Hartz II: Gesetz zur Förderung von „Minijobs" und von „Ich-AGs" sowie zur Einrichtung von „Job-Centern"; Hartz III: organisatorischer Umbau der bisherigen Bundesanstalt für Arbeit zu einer → Bundesagentur für Arbeit mit stärkerem Akzent auf der Arbeitsvermittlung. Näheres zu Hartz IV s. S. 205 ff.

Haushaltsdefizit. Fehlbetrag in den öffentlichen Haushalten (Bund, Länder, Gemeinden), der sich ergibt, wenn die Ausgaben höher sind als die Einnahmen durch Steuern und Abgaben; die Deckung des Fehlbetrags durch die Aufnahme von Krediten führt zum Anwachsen des Schuldenstands (Staatsverschuldung).

Humankapital. Aus dem engl. *Human Capital* übernommener Begriff für das durch Arbeitsvermögen gegebene Leistungspotenzial (Summe von Erfahrungen, Kenntnissen und Fähigkeiten) einer Person, einer Gruppe oder der Erwerbsbevölkerung einer Volkswirtschaft.

Hyper-Inflation. Inflation mit höchster Geschwindigkeit (galoppierende Inflation) mit monatlichen Preisniveausteigerungen von z. B. 50 % in Deutschland in den Jahren nach dem 1. Weltkrieg (1918–1923; im Oktober 1923 reichte z. B. der Tageslohn eines qualifizierten Facharbeiters gerade noch für z. B. ein halbes Pfund Butter).

Hypothese. (griech.) „Unterstellung", Vermutung; Aussage, mit der versucht wird, etwas Beobachtetes im Hinblick auf seine Entstehung, seine Ursache oder Wirkung oder seinen Zusammenhang mit anderen Phänomenen zu erklären. Eine Hypothese ist eine vorläufige, ungesicherte Aussage, die bewiesen oder widerlegt werden kann.

hypothetisch. Auf einer Annahme, einer Vermutung beruhend.

IAB. Institut für Arbeitsmarkt- und Berufsforschung bei der → Bundesagentur für Arbeit.

idealtypisch. Bezeichnung für eine Betrachtungsweise, welche die Realität nicht einfach beschreiben, sondern wichtige Wesenszüge und Merkmale hervorheben (unwesentliche vernachlässigen) und zu einem Modell zusammenfassen will. Der von Max Weber geprägte Begriff des Idealtypus trägt nicht den Charakter des Vorbildlichen, sondern dient methodisch der begrifflich-gedanklichen Analyse und Ordnung der sozialen Wirklichkeit.

ILO. *International Labour Organization*. 1919 mit dem Völkerbund entstandene Organisation, seit 1946 Unterorganisation der UN (Sitz: Genf) mit der Aufgabe, die Arbeitsbedingungen in den Mitgliedsländern zu verbessern und abzustimmen.

Index. „Anzeiger"; in der Statistik eine Messzahl, die das Verhältnis mehrerer Zahlen zueinander angibt (z. B. in zahlenmäßigen Entwicklungsreihen über die Entwicklung der Löhne, der Bevölkerung usw.); dabei wird die Zahl eines bestimmten Jahres (Basisjahr) = 100 gesetzt und die Veränderungen der absoluten Zahl für das Bezugsjahr in Prozentpunkte umgerechnet.

Indikator (von lat. indicare – anzeigen). „Anzeiger" oder „Kennziffer" für bestimmte Sachverhalte, die zahlenmäßig erfasst und gemessen werden sollen. Der Indikator ist eine Größe, bei der das Vorhandensein an sich (Schimmel im Brot) oder das Überschreiten eines bestimmten Zahlenwertes (2 % Preisniveausteigerung) das Vorhandensein eines weiter gefassten Begriffs „anzeigt" (verdorbenes Brot, Inflation). Der Indikator steht also für eine andere Sache, die unmittelbar nicht beobachtet oder gemessen werden kann, ist nicht diese selbst.

Inflations-Targeting. Begriff für eine geldpolitische Strategie der Europäischen Zentralbank, bei der das Endziel Preisniveaustabilität unmittelbar (ohne Orientierung an einem Zwischenziel wie z. B. der Entwicklung der Geldmenge) angestrebt wird („direkte Inflationssteuerung"). Dabei wird ein „Zielwert" für eine (möglichst nicht zu überschreitende) Inflationsrate vorgegeben.

Infrastruktur. Wirtschaftlicher und organisatorischer Unterbau: Gesamtheit der Einrichtungen, die die wirtschaftliche Entwicklung eines Landes wesentlich bestimmen. Neben der „materiellen" Infrastruktur (Verkehrs-, Nachrichten- und Gesundheitswesen, Wasser- und Energieversorgung, Bildungseinrichtungen) werden z. B. auch die Rechts- und Berufsordnung und der Bestand an Arbeitskräften zur Infrastruktur gezählt.

Innovation (lat.). Neuerung, die im Unterschied zur Erfindung (Invention) praktisch durchgeführt wird. Die Erzeugung und Umsetzung von neuen, verbilligten und verbesserten Gütern und Diensten und die Anwendung neuer oder effizienterer Produktionsverfahren. Nach J. A. Schumpeter setzt die Unternehmerpersönlichkeit als Pionier den technischen Fortschritt durch.

Input. In der Produktionstheorie alle Güter und Leistungen, die in einen Produktionsprozess eingehen oder ihn beeinflussen. Im Gegensatz dazu bezeichnet → „Output" das Produktionsergebnis.

Intervention. (aus dem Lat. wörtlich: Dazwischengehen, Sich-Einschalten) Allgemein: Begriff für Eingriffe aller Art in einen laufenden Prozess, eine Entwicklung, eine Meinungsbildung usw.; häufig für Eingriffe des Staates in den Wirtschaftsprozess.

Interventionismus. Wirtschaftspolitische Einstellung, die umfangreiche Eingriffe des Staates in den Wirtschaftsprozess und die Wirtschaftsstruktur befürwortet.

Investition. Langfristige Anlage von Kapital zur Erhaltung und Vermehrung der Produktionsmittel in Form von Maschinen, Gebäuden usw. Man kann Ersatzinvestitionen (Ersatz abgenutzter Anlagen), Erweiterungsinvestitionen (zur Vergrößerung der betrieblichen Kapazität) und Rationalisierungsinvestitionen (zur Verbesserung der Produktivität, d. h. des Verhältnisses zwischen Kosten und Ertrag) unterscheiden; öffentliche Investitionen sind Investitionen des Staates (Bund, Länder, Gemeinden), z. B. im Bereich der → Infrastruktur. Investitionsgüter sind also nicht für den Konsum bestimmt, sondern werden zur *Herstellung* von Gütern (Sachgütern und Dienstleistungen) verwendet. Umgangssprachlich (aber nicht korrekt) wird das Wort investieren auch allgemein für die Geldausgabe zur Anschaffung von Gütern verwendet.

Investitionsgüter s. → Investition

Investmentgesellschaft. Andere Bezeichnung: *Kapitalanlagegesellschaft*; eine Gesellschaft, die Aktien oder festverzinsliche Wertpapiere kauft oder Immobilien erwirbt, dieses Vermögen zu → Fonds (Investmentfonds) zusammenfasst und Anteilsscheine (Investmentzertifikate) an diesen Fonds ausgibt. Der Käufer solcher Anteilsscheine erwirbt dann ein Miteigentum an den von der Investmentgesellschaft gehaltenen Wertpapieren oder Immobilien.

Investmentfonds. → Investmentgesellschaft.

juristische Personen. Organisationen, die ebenso wie Einzelpersonen („natürliche Personen") Träger von Rechten und Pflichten sind und z. B. in eigenem Namen klagen und verklagt werden können. Dazu gehören z. B. Kapitalgesellschaften, Genossenschaften und Vereine sowie im öffentlichen Bereich die Gebietskörperschaften (Gemeinden, Bundesländer, Bund).

Kapital. Geld- und Sachwerte (Geldkapital und Sachkapital), die eingesetzt werden, um weiteren Nutzen zu erwirtschaften (Güter herzustellen oder Zinsen zu erbringen). Als Produktionsfaktor versteht man unter Kapital alle Mittel, mit denen Güter hergestellt werden: Maschinen, Werkzeuge, Fabrikanlagen usw.

Kapitalgesellschaft. Unternehmensform, die eine Kapitalbeteiligung der Gesellschafter zur Voraussetzung hat. Die Gesellschafter haften im Unterschied zu einer Personengesellschaft nicht mit ihrem ganzen Vermögen für die Schulden der Gesellschaft. Beispiele: Aktiengesellschaft (AG), Gesellschaft mit beschränkter Haftung (GmbH).

Kapitalismus. Schlagwortartige Bezeichnung für ein Wirtschafts- und Gesellschaftssystem, in dem die Produktionsmittel – im Gegensatz zum → Sozialismus – privaten Eigentümern (Kapitaleigentümern) gehören und zu dem Zweck der Gewinnerzielung eingesetzt werden. Der Markt dient als Selektions- und Steuerungselement für Produktion (Art und Umfang), für Höhe und Verteilung der Einkommen und deren Verwendung (Verbrauch und Investition); der Wettbewerb soll der ständigen Verbesserung der wirtschaftlichen Leistung dienen.

Kapitalmarkt. Markt für mittel- bis langfristige Finanzmittel (über vier Jahre); Partner sind Banken, Unternehmen, öffentliche Stellen, private Haushalte, Ausländer und die Zentralbank; der Kapitalmarkt findet an Börsen oder freien Stellen statt (Aktienmarkt, Rentenmarkt, Hypothekenmarkt); er besorgt den Emittenten (Ausstellern, Herausgebern) von → Wertpapieren langfristige Finanzierungsmittel und ermöglicht den Kapitalgebern einen jederzeitigen Verkauf der Papiere.

Kapitalproduktivität. → Produktivität.

Kapitalstock. Gesamtmenge des zu einem Zeitpunkt vorhandenen, für die Produktion nutzbaren Sachvermögens (Maschinen, Gebäude usw.).

Kapitalverkehrskontrollen. Staatliche Maßnahmen, die (wegen der Auswirkungen auf die Zahlungsbilanz und die Währungsstabilität) unerwünschten Geldabfluss in das Ausland oder Geldzufluss aus dem Ausland einschränken oder verhindern sollen.

Kaufkraftparität. Verhältnis (Relation) der Ausgaben für einen Warenkorb (bestimmte Auswahl von Waren) im Ausland zu den Ausgaben für denselben Warenkorb im Inland. Um die Kaufkraft (Gütermenge, die für eine Geldeinheit gekauft werden kann) zweier Währungen vergleichbar zu machen, gibt die „Kaufkraftparität" an, wie viele inländische Geldeinheiten im Inland die gleiche Kaufkraft besitzen wie eine ausländische Geldeinheit im Ausland. Mit der Bildung von Kaufkraftparitäten soll der internationale Vergleich der Kaufkraft verschiedener Währungen oder des Realeinkommens in verschiedenen Ländern ermöglicht werden.

Keynes, John Maynard. Britischer Nationalökonom (1883 – 1946), der schon zu Lebzeiten weltberühmt wurde und sich sowohl der Praxis wie der Theorie widmete. 1919 war er Chefunterhändler für das britische Finanzministerium bei den Friedensverhandlungen in Versailles, er war erfolgreicher Investmentmanager und lehrte an der Universität Cambridge. In den 1940er-Jahren nahm er für Großbritannien an den Verhandlungen zur Schaffung des Systems von → Bretton Woods teil. Mit seinem Hauptwerk, der „Allgemeinen Theorie der Beschäftigung, des Zinses und des Geldes" (1936) begründete Keynes die → makroökonomische Theorie, indem er das Denken in gesamtwirtschaftlichen Größen (Konsum, Investitionen, Einkommen, Produktion) einführte. Wegen der Neuartigkeit seines Ansatzes, nach dem die Selbstheilungskräfte des Marktes nicht ausreichten und die Arbeitslosigkeit nur durch eine staatliche Nachfragepolitik bekämpft werden könne (→ deficit spending), spricht man in der Geschichte der Wirtschaftstheorie von der „keynesianischen Revolution".

Keynesianer. Anhänger einer Konzeption, die die gesamtwirtschaftliche Nachfrage (privater Konsum, private und staatliche Investitionen) als maßgebliche, die Konjunkturentwicklung bestimmende Größe betrachtet und staatliche Maßnahmen zur Beeinflussung dieser Nachfrage („Konjunkturprogramme") befürwortet.

Klassiker. Als Klassik wird in der Wirtschaftswissenschaften die im 18. und 19. Jahrhundert von englischen Volkswirtschaftsgelehrten begründete Lehre bezeichnet, die sich gegen die Lenkung der Wirtschaft durch den Staat wandte und davon ausging, dass in einer „freien" Wirtschaft durch die Verfolgung der Privatinteressen, durch die menschliche Arbeit und die → Arbeitsteilung der gesamtgesellschaftliche Wohlstand am besten gefördert werde. Voraussetzung dafür ist ein funktionierender Marktmechanismus. Die bekanntesten „Klassiker" waren Adam → Smith (1723 – 1790) und David Ricardo (1772 – 1823).

Kommunismus. Höchste Stufe des → Sozialismus, auf der die völlige Gleichheit aller Gesellschaftsmitglieder hergestellt sein soll; allgemein: Bezeichnung für politische Systeme, die durch die Alleinherrschaft einer an der Ideologie des → Marxismus orientierten Partei gekennzeichnet sind (Nordkorea, China, Kuba).

komparative Kostenvorteile. Für die Herstellung gleichartiger Waren relativ günstigere Bedingungen im einen als im anderen Land. Ursachen können → Produktivitätsunterschiede oder unterschiedliche Ausstattung mit → Produktionsfaktoren sein. Komparative (von lat. comparare – vergleichen) Kostenvorteile lösen Außenhandel aus. Das Interesse an einem solchen Außenhandel besteht immer dann, wenn die absoluten Produktionskostenunterschiede bei den einzelnen Gütern unterschiedlich groß sind, d.h. sog. komparative Kostendifferenzen existieren. In der auf David Ricardo (1772 – 1823) zurückgehenden Theorie der komparativen Kosten wird gezeigt, dass es für alle beteiligten Volkswirtschaften vorteilhaft ist, sich jeweils auf die Produktion jener Güter zu konzentrieren, bei denen komparative Vorteile bestehen, d. h. der absolute Kostenvorteil besonders groß bzw. der absolute Kostennachteil verhältnismäßig gering ist.

Konjunkturprogramm. Zeitlich befristetes staatliches Ausgabenprogramm zur Ankurbelung der Konjunktur.

Konsolidierung. „Festigung". Im Zusammenhang mit dem Problem der Staatsverschuldung bezeichnet der Begriff die Verringerung der Verschuldung bzw. des Anstiegs der Verschuldung.

kontraktiv. (lat. contrahere – zusammenziehen) Eindämmend, einschränkend; bezogen z. B. auf Maßnahmen, die das Wachstum des BIP (Konjunktur) oder der Geldmenge (Inflation) verringern (sollen).

Konvention. „Übereinkunft", begriffliche Festlegung.

Konvergenz. Allmähliche Angleichung der wirtschaftlichen Lage in verschiedenen Ländern an Verhältnisse, die als wünschenswert angesehen werden.

Konvergenzkriterien. → Maastricht-Kriterien.

Konvertibilität. Freie Austauschbarkeit von Währungen in unbegrenzter Höhe; gilt für alle Währungen der großen Industrieländer. Konvertibilität zeigt meistens eine (relativ) solide Wirtschaftspolitik an; liegt diese nicht vor, greifen Staaten zur Devisenzwangswirtschaft (die Freiheit des Tauschs wird eingeschränkt oder aufgehoben), meist in Verbindung mit einem staatlicherseits festgesetzten → Wechselkurs, der vom Marktwechselkurs mehr oder weniger stark abweicht.

Kurs. Aktienkurs; → Kursentwicklung

Kursentwicklung. Der Kurs (jeweiliger Wert/Marktpreis) der an der Börse gehandelten → Aktien und → Wertpapiere ändert sich je nach der Entwicklung von Angebot und Nachfrage im Börsenhandel. Beeinflusst wird diese Entwicklung u. a. durch Erwartungen an die wirtschaftliche Entwicklung (Konjunktur), durch politische (auch internationale) Ereignisse, aber auch durch Spekulationen.

Laissez-faire (auch: laissez aller, laissez passer – lasst machen, lasst gehen). Schlagwort und Prinzip des uneingeschränkten Wirtschaftsliberalismus, das den Verzicht des Staates auf jegliche Beeinflussung des Wirtschaftsprozesses fordert. Dahinter steht die Vorstellung, dass auf diese Weise die wirtschaftliche Entwicklung am besten gefördert wird. Ursprünglich diente der Begriff als Parole des französischen → Liberalismus des 17. und 18. Jahrhunderts und entstand als Reaktion auf das System des → Merkantilismus.

Laspeyres-Formel. Nach Etienne Laspeyres (1834 – 1913), einem deutschen Statistiker und Nationalökonomen, genannte Formel zur Errechnung des Preisindex.

Lean Management. „Schlankes Management"; Bündel von Maßnahmen zur Modernisierung der Produktion, die dann selbst Lean Production heißt. Merkmale sind u. a. Verzicht auf alle überflüssigen Arbeitsschritte in Produktion und Verwaltung, Gruppenarbeit (mit stärkerer Verantwortung der Gruppe), Auslagerung bestimmter Produktionsschritte, Einsparung von Personalkosten, Automatisierung des Materialflusses.

Lean Production. → Lean Management

Leiharbeit. Begriff für ein Arbeitsverhältnis, bei dem der Arbeitnehmer von seinem Arbeitgeber (Verleiher, Zeitarbeitsunternehmen) für eine bestimmte Zeit einem anderen Unternehmen überlassen wird (Leiharbeit wird auch als „Zeitarbeit" bezeichnet).

Leitzinsen. Zinssätze, die eine → Zentralbank im Rahmen ihres geldpolitischen Instrumentariums festsetzt, um damit die Zinsverhältnisse am → Geldmarkt und darüber auch die allgemeine Zinsentwicklung in einer Volkswirtschaft maßgeblich zu beeinflussen bzw. zu „leiten". Sie signalisieren den von der Notenbank angestrebten geldpolitischen Kurs. So soll die Anhebung (Senkung) eines Leitzinses eine → restriktivere (→ expansivere) Geldpolitik anzeigen.

Liberalisierung. Die Beseitigung von Regelungen, die den freien Austausch von Waren, Dienstleistungen und Kapital behindern. Im nationalen Bereich spricht man auch von → Deregulierung. Die Liberalisierung des internationalen Warenhandels führt zum → Freihandel.

Liberalismus. Weltanschauung und politische Bewegung seit dem 18. Jh., die eine Kontrolle der einzelnen Person durch den Staat oder andere Institutionen zu verringern und die freie Entfaltungsmöglichkeit der Individuen zu fördern trachtet, sowohl im politischen wie im wirtschaftlichen Bereich. – Der ökonomische Liberalismus setzte im Kern auf die Freiheit des Unternehmers, die sich auf privates Eigentum stützt, durch Innovationskraft und rationelles Gewinnstreben die → Produktivität steigert, den Wettbewerb fördert und zu einem freien Spiel der Kräfte im arbeitsteiligen Wirtschaftsleben beiträgt.

Liquidität. Die unmittelbare Zahlungsfähigkeit einer Person oder einer Institution. Liquide (von lat. liquidus – flüssig) Mittel sind in erster Linie Bargeld und Giroguthaben bei Banken (Liquidität 1. Grades). Aber auch Vermögen, das rasch und leicht zu Geld gemacht werden kann, zählt hierzu (Termin- und Sparguthaben, börsennotierte → Wertpapiere, → Forderungen; Liquidität 2. Grades).

Liquiditätsgrad. → Liquidität.

Liquiditätsreserve. Die freie Liquiditätsreserve bezeichnet die Summe aller jederzeit an die Zentralbank veräußerbaren → Aktiva der Kreditinstitute zuzüglich der Überschussguthaben.

Lohndumping. Besonders von Gewerkschaften benutzter Begriff für Löhne, die unter dem gültigen Tarif liegen. Der Begriff Dumping bezeichnet ursprünglich den Verkauf von Waren zu einem Preis, der unter den Herstellungskosten liegt (z. B. als „Einstandspreis", um Wettbewerber aus dem Markt zu drängen).

Maastrichter Vertrag. Auf der Gipfelkonferenz des Europäischen Rates 1991 vereinbarter, am 1.11.1993 in Kraft getretener Vertrag der EG-Mitgliedstaaten zur Vertiefung und Ausweitung der Europäischen Union (u. a. Einführung des Euro).

Maastricht-Kriterien. Im Maastrichter Vertrag über die Europäische Union (1991) festgelegte Kriterien für die Aufnahme von EU-Mitgliedstaaten in die Europäische Währungsunion („Konvergenzkriterien"): 1. Die *Inflationsrate* soll um nicht mehr als 1,5 Prozentpunkte höher als in den drei „preisstabilsten" EU-Ländern liegen.

2. Der *Schuldenstand* darf höchstens 60 % des BIP, das jährliche → *Haushaltsdefizit* höchstens 3 % des BIP ausmachen. 3. Die langfristigen Zinsen dürfen nicht mehr als 2 Prozentpunkte höher als in den drei preisstabilsten EU-Ländern liegen. – Ein „Stabilitätspakt" soll sichern, dass diese Kriterien auch weiterhin in der Wirtschaftspolitik der EWU-Mitgliedsländer beachtet werden.

makroökonomisch. Bezeichnung für die Erforschung und Beschreibung des Wirtschaftsprozesses im Hinblick auf große (zu Sektoren/Aggregaten zusammengefasste) Wirtschaftseinheiten (private Wirtschaft, Staat, Import, Export usw.) und gesamtwirtschaftliche Zusammenhänge (Konjunktur, Beschäftigung, Inflation). Im Unterschied dazu bezieht sich die *mikroökonomische* Betrachtungsweise auf die Untersuchung des Verhaltens einzelner Wirtschaftseinheiten oder → Wirtschaftssubjekte (z. B. das Angebots- und Nachfrageverhalten von Unternehmen und Haushalten auf den einzelnen Märkten, die Preisbildung und den Wettbewerb). Die mikroökonomische schafft die Voraussetzung für die makroökonomische Analyse.

Marxismus. Von Karl Marx (1818 – 1883) und Friedrich Engels (1820 – 1895) begründete philosophisch-ökonomische Lehre, die davon ausgeht, dass der Motor der gesellschaftlichen Entwicklung im Kampf zwischen den beiden Klassen der Produktionsmittelbesitzer (Kapitalisten) und der Arbeiter (Proletariat) besteht. Ziel ist die Herstellung einer klassenlosen Gesellschaft im → Sozialismus bzw. → Kommunismus.

Median. „Mittelwert". Im Unterschied zum arithmetischen Mittel (dem Durchschnittswert einer Häufigkeitsverteilung) bezeichnet der Median den Wert, der sich ergibt, wenn die Gesamtheit aller ermittelten Zahlenwerte in zwei gleich große Hälften geteilt wird (z. B. also die Höhe des Einkommens, das die eine Hälfte der Haushalte mit ihrem Einkommen unter-, die andere überschreitet); er wird daher auch als „Zentralwert" oder als „Halbierer" bezeichnet. Je nach Häufigkeitsverteilung kann er mit dem Durchschnittswert zusammenfallen.

Merkantilismus. Wirtschaftssystem im Zeitalter des Absolutismus (17./18. Jh. in Europa), das der Vergrößerung des nationalen (fürstlichen) Reichtums und der Macht des Staates dienen sollte; wirtschaftspolitisch wurde vor allem der Außenhandel (Export) gefördert. Die Bezeichnung Merkantilismus wurde von A. Smith (1723 – 1790) als Gegensatz insbesondere zu dem von ihm theoretisch interpretierten liberalen Industrie- und Marktwirtschaftssystem geprägt.

mikroökonomisch. → makroökonomisch.

Mindestreserve. Die Europäische Zentralbank (EZB) kann zur Verwirklichung der geldpolitischen Ziele (→ Geldpolitik) verlangen, dass die in den Mitgliedstaaten niedergelassenen Kreditinstitute Mindestreserven auf Konten bei der EZB und den nationalen Notenbanken unterhalten. Die in diesen Guthaben gebundenen Mittel können die Banken nicht verwenden, um Kredite zu vergeben. Die Guthaben werden marktnah verzinst.

Mobilität. Beweglichkeit; durch den wirtschaftlichen → Strukturwandel bedingte Wanderung der → Produktionsfaktoren in Betriebe, Branchen und Regionen, die vom Strukturwandel begünstigt sind; insbesondere Arbeitsplatzwechsel (mit oder ohne Berufswechsel).

Modell. Im allgemeinen Sprachgebrauch eine vereinfachende Darstellung eines Sachverhalts, die es ermöglichen soll, den gesamten Sachverhalt in seiner *Struktur* zu verstehen. Ein Modell ist also nicht der gemeinte Sachverhalt selbst, es versucht, die für den Sachverhalt am wichtigsten erscheinenden Zusammenhänge abzubilden, setzt also immer eine Entscheidung darüber voraus, was als wesentlich und was als vernachlässigbar anzusehen ist. Für den Erkenntnisprozess in den Wirtschaftswissenschaften ist die Verwendung von Modellen typisch. Ihre Funktion besteht darin, ökonomische Vorgänge zu erklären oder auch zu prognostizieren.

monetäre Aggregate. Geldmengen, Geldgrößen.

Monetaristen. Anhänger einer wirtschaftspolitischen Konzeption, die staatliche Eingriffe in den Wirtschaftsprozess grundsätzlich ablehnt und Wirtschaftspolitik weitgehend auf die Verstetigung der → Geldmenge (durch eine entsprechende → Geldpolitik der Zentralbank) beschränken will.

monokausal. Kennzeichnung für Erklärungen und Theorien, die Ereignisse und Vorgänge auf eine einzige Ursache zurückzuführen versuchen.

Nachhaltigkeit (von engl. sustainable development – nachhaltige Entwicklung). In den Sozialwissenschaften häufig gebrauchter Begriff für die dauerhaft positive Wirkung einer Maßnahme oder politischen Konzeption, z. B. für eine Art des Wirtschaftens, die nicht nur die Bedürfnisse der heutigen Generation, sondern auch die zukünftiger Generationen berücksichtigt, deren Lebenschancen gesichert werden sollen. Der Begriff stammt ursprünglich aus der Forstwirtschaft, wo er besagt, dass nicht mehr Holz geschlagen werden soll, als in gleicher Menge und Qualität nachwächst. Er wurde zunächst in den Umweltschutzgedanken (dauerhafte Sicherung der natürlichen Lebensgrundlagen) und dann in andere Politikfelder, insbesondere in die Entwicklungspolitik übernommen. Er wird zunehmend exzessiv und nicht immer sinnvoll verwendet.

Neoklassiker. → neoklassisch,

neoklassisch. Bezeichnung für die das Grundkonzept der → Klassiker weiterentwickelnde und den neuen Verhältnissen und Erkenntnissen anpassende Wirtschaftstheorie.

Neoliberalismus. Sozial- und Wirtschaftstheorie, die zwar auf den Individualismus setzt (Liberalismus), aber die Freiheit des Einzelnen nur in einer Wettbewerbssituation anerkennt. Notwendig ist, dass der Staat den → ordnungspolitischen Rahmen für Wettbewerb und Konkurrenz intakt hält und auch gegen unternehmerische Lobbys für funktionierende Märkte sorgt. Damit setzt sich der Neoliberalismus gegenüber dem ursprünglichen Wirtschaftsliberalismus, der dem Staat keinerlei Regulierungsfunktion in der Wirtschaft zubil-

ligte (→ „Laissez-faire-Politik", „Manchester-Kapitalismus"), ab (→ Ordoliberalismus). Seit den 1990er-Jahren wird der Begriff – schlagwortartig und eher missbräuchlich – zur Charakterisierung und Kritik vorhandener Strukturen und Tendenzen der reinen „Herrschaft des Marktes" (im Sinne des „klassischen" Liberalismus) und des Abbaus staatlicher → Sozialpolitik verwendet.

Nettoinvestitionen. Investitionen, die eine Erweiterung der betrieblichen Kapazität bewirken (Nettoinvestition = → Bruttoinvestition minus → Ersatzinvestition).

Nettokreditaufnahme. Bruttokreditaufnahme (Höhe der in einer Periode neu aufgenommenen Kredite) abzüglich der Tilgung für fällig gewordene Anleihen und Kredite.

Neuverschuldung. s. → Nettokreditaufnahme.

nichttarifäre Handelshemmnisse. → Handelshemmnisse.

Normen. In jeder Gesellschaft gibt es grundlegende Wertvorstellungen, die von ihren Mitgliedern mehr oder weniger anerkannt werden (z. B. Gerechtigkeit, Freiheit, Solidarität, Frieden). Aus diesen Werten lassen sich Normen, d. h. bestimmte Vorschriften ableiten, an denen sich das Verhalten unmittelbar orientieren soll (z. B. ergibt sich aus der Wertvorstellung Gerechtigkeit für Lehrer die Norm, Schülerarbeiten gerecht zu bewerten). Im wirtschaftlich-technischen Verständnis sind Normen bestimmte vorgeschriebene Größen, Qualitäten, Verfahren usw. Im Bereich des Rechts spricht man von Rechtsnormen (Grundrechte, Verfassungsartikel, Gesetze).

OECD. *Organization for Economic Cooperation and Development*. Seit 1963 Nachfolgeorganisation der OECD (*Organization for European Economic Cooperation*), die 1948 mit dem Ziel des Wiederaufbaus der europäischen Wirtschaft gegründet wurde. Der OECD gehören 30 Länder an (alle westlichen Industrieländer einschließlich USA, Kanada, Japan, Australien und der Türkei). Ziel der OECD ist die Koordinierung der Konjunktur- und Währungspolitik und die Förderung der Entwicklungshilfe. Sitz: Paris.

öffentliche Güter. Güter, die nicht vom Markt, sondern vom Staat (Gemeinden, Ländern, Bund) zur Verfügung gestellt werden (z. B. Straßen, Schulen, Verwaltungen) und prinzipiell von jedem in Anspruch genommen werden können.

Ölschocks. Bezeichnung für die beiden Ölkrisen im Herbst 1971 (Verknappung der Ölmenge durch die → OPEC, Anstieg der Ölpreise um 70%) und 1979/80 (Revolution im Iran, Golfkrieg; erheblicher Preisanstieg bis auf 38 Dollar je Barrel Öl).

OPEC. Abk. für *Organization of the Petroleum Exporting Countries*, Organisation der Erdöl exportierenden Länder, gegründet 1960; Mitglieder: Algerien, Ecuador, Gabun, Indonesien, Irak, Iran, Katar, Kuwait, Libyen, Nigeria, Saudi-Arabien, Venezuela und die Vereinigten Arabischen Emirate; Sitz: Wien. Die OPEC war zunächst eine Schutzorganisation gegen die Ölkonzerne, die vor allem zur Stabilisierung der Mitgliedsländer beitragen sollte.

Operationalisierung. Anwendbarmachen von theoretischen Begriffen für die → empirische Forschung. Dabei müssen präzise Angaben gemacht werden, mit deren Hilfe entschieden werden kann, ob in der untersuchten Realität ein mit dem betr. Begriff bezeichnetes Merkmal (Tatbestand) vorliegt oder nicht. Im weiteren Sinne ein Verfahren immer weiter gehender Konkretisierung (Zuordnung von → Indikatoren zu theoretischen Begriffen).

Option. Handlungsmöglichkeit, für die man sich entscheiden kann.

Ordnungspolitik. Teil der Wirtschaftspolitik, der auf die Gestaltung der Wirtschaftsordnung ausgerichtet ist. In der Marktwirtschaft zählen zur Ordnungspolitik z. B. die → Wettbewerbspolitik, die Gestaltung der Unternehmensverfassung, die Verstaatlichung oder Reprivatisierung von Produktionsmitteleigentum.

Ordoliberalismus. Wirtschafts- und Sozialtheorie der sog. „Freiburger Schule" um den Ökonomen → Walter Eucken, die – als deutsche Variante der → neoliberalen Theorie – die soziale Marktwirtschaft der Bundesrepublik maßgeblich beeinflusste.

Output. „Ausstoß"; Menge von Gütern, die gewünschtes Ergebnis einer Produktion sind (im weiteren Sinn auch unerwünschte Produktionsergebnisse, wie z. B. Abfall); vgl. → Input.

Outsourcing. (aus engl. *outside* – außen und *resource* – Hilfsmittel) Maßnahme eines Unternehmens, bestimmte Aufgaben und Dienstleistungen „auszulagern", d. h. externe Dienstleister damit zu beauftragen, um Kosten zu sparen und im eigenen Unternehmen flexibler verfahren zu können (z. B. in den Bereichen Forschung und Entwicklung, EDV-Beratung, Werbung).

Personengesellschaften. Gesellschaften (Unternehmen), deren wichtigstes rechtliches Merkmal (im Unterschied zu → Kapitalgesellschaften) die persönliche Haftung der Gesellschafter für die Gesellschaftsschulden ist. Bei der Offenen Handelsgesellschaft (OHG) haften sie unbeschränkt (wie Einzelunternehmer), bei Kommanditgesellschaften (KG) haften die „Komplementäre" unbeschränkt die „Kommanditisten" nur mit ihrem Beteiligungsvermögen.

Planwirtschaft. Dem marktwirtschaftlichen System gegenüberstehendes System, das meist kein Privateigentum an Produktionsmitteln erlaubt und bei dem der Staat die Weisung gibt, was, wann, wo, wie viel und zu welchem Preis produziert werden soll und wie eine Zuteilung zu erfolgen hat. Die Steuerung des Wirtschaftsablaufs erfolgt im Modell zentral über eine staatliche Planungsbehörde (Zentralverwaltungswirtschaft), die den Betrieben Produktionsanweisungen gibt, die Zuteilung von Rohstoffen regelt usw.

Portfolio. Gemischter Bestand an → Wertpapieren im Besitz eines Anlegers, meist einer Privatperson, einer Vermögensverwaltungsgesellschaft oder eines Aktienfonds. Portfolio-Investitionen sind Anlagen in Wertpapieren, soweit sie nicht Direktinvestitionen sind. Der Begriff kommt von italienisch „portare" (tragen) und „foglio" (Blatt) und meint Brieftasche, Aufbewahrungsort für Papiere.

potenzialorientiert. An der Entwicklung des → Produktionspotenzials orientiert.

Preiselastizität. Unter Elastizität versteht man das Ausmaß, in dem sich eine veränderliche Größe (z. B. die Nachfrage nach einem bestimmten Gut) durch die Änderung einer anderen veränderlichen Größe (z. B. des Preises für dieses Gut) verändert. Die Preiselastizität ist hoch, wenn die Nachfrage auf eine Änderung des Preises empfindlich reagiert (also bei Preiserhöhung deutlich zurückgeht oder bei Preissenkung deutlich zunimmt).

Preis-Lohn-Preis-Spirale. Sich wechselseitig aufschaukelnder Prozess von Preis- und Lohnsteigerungen, der in eine sich ständig beschleunigende Inflation münden kann. Eine Preis-Lohn-Preis-Spirale ist Ausdruck eines Verteilungskampfes zwischen den Tarifparteien. Sie kann z. B. durch einen Preisanstieg für Rohstoffe (Ölpreisschock) ausgelöst werden. Die Unternehmen versuchen, die gestiegenen Produktionskosten auf die Preise der von ihnen hergestellten Güter zu überwälzen. Die Arbeitnehmer wiederum nehmen die Preissteigerungen zum Anlass, höhere Lohnforderungen zu stellen. Der Lohnanstieg bedeutet eine erneute Kostenerhöhung für die Unternehmen, worauf es zu einem weiteren Anstieg der Güterpreise kommt, die nun wieder in erhöhten Lohnforderungen münden und so weiter.

Preisniveau. Allgemeiner Ausdruck für den Durchschnittsstand aller Preise für Waren und Dienstleistungen einer Volkswirtschaft zu einem bestimmten Zeitpunkt. Es lässt Schlussfolgerungen auf die Entwicklung der Kaufkraft des Geldes zu. Seine Veränderung wird z. B. mit Hilfe des Verbraucherpreisindex gemessen.

Primärverteilung. Verteilung der Einkommen, die unmittelbar durch den Marktprozess zustande kommt. Jedem der Produktionsfaktoren fällt je nach seinem Beitrag Einkommen zu (Arbeit: Lohneinkommen; Boden: Pachteinkommen; Kapital: Zinseinkommen). Diese („funktionelle") Verteilung kann durch staatliche Maßnahmen korrigiert werden (→ Umverteilung, → Sekundärverteilung).

Produktinnovationen. → Innovationen, die sich auf die Erfindung und Erstellung neuer Produkte (Sachgüter und Dienstleistungen) beziehen.

Produktionskapazität. Kapazität drückt als wirtschaftlicher Begriff aus, welche Menge an Gütern ein Unternehmen in einer bestimmten Zeit mit seinen Maschinen und Anlagen produzieren kann. Bleibt die Produktion unterhalb dieser möglichen Menge, sind die Produktionskapazitäten nicht voll „ausgelastet" (→ Auslastungsgrad).

Produktionspotenzial. Das gesamtwirtschaftliche Produktionspotenzial bezeichnet das mit dem vorhandenen Bestand an Sachkapital (Maschinen, Gebäude usw.) und Arbeitskräften bei voller Auslastung der → Produktionskapazitäten produzierbare Bruttoinlandsprodukt (Produktionsmaximum einer Volkswirtschaft).

Produktivität. Verhältnis von Produktionsergebnis zum Einsatz der → Produktionsfaktoren. Die Produktivität ist gestiegen, wenn mit dem gleichen Einsatz von Produktionsfaktoren ein größeres Produktionsergebnis erzielt wurde oder bei gleichem Produktionsergebnis die Einsatzmenge der Produktionsfaktoren geringer war. Gemessen wird zumeist die Arbeitsproduktivität (Produktion je Beschäftigten oder je Beschäftigtenstunde). Gründe für steigende Arbeitsproduktivität können eine höhere Leistungsintensität der Arbeit oder eine verbesserte Arbeitsorganisation oder die Einsparung von Arbeitskräften durch den Einsatz von Maschinen (→ Rationalisierung) sein.

progressiv. Auf den Steuertarif bezogen bedeutet dieser Begriff, dass die Steuerbelastung mit steigendem Einkommen überproportional zunimmt. Steuerarten, Steuertarife, Steuerreformen kann man danach unterscheiden, ob sie progressiv (die ungleiche Einkommensverteilung verringernd) oder regressiv (diese Ungleichheit verstärkend) wirken.

Proletariat. (von franz. „proletariat" und lat. „proletarius" – Bürger der untersten Klasse). Die besitzlose Klasse, die dem Staat nur durch Nachkommen (lat. proles) dienen kann. Bezeichnung für die Klasse der Besitzlosen, der wirtschaftlich Abhängigen. In der marxistischen Sozial- und Klassenstrukturanalyse des → Kapitalismus Bezeichnung für die Gesellschaftsklasse der Lohnarbeiter, die nicht über eigene Produktionsmittel verfügen und zur Sicherung ihres Lebensunterhaltes auf den Verkauf ihrer Arbeitskraft angewiesen sind.

Prozessinnovation. → Innovation, die auf das Produktionsverfahren bezogen ist.

Protektionismus. Maßnahmen des Staates zum Schutz einzelner Branchen bzw. der heimischen Wirtschaft insgesamt vor ausländischer Konkurrenz. Protektionistische Maßnahmen werden üblicherweise ergriffen, weil eine Regierung die unmittelbaren Wirkungen der ausländischen Konkurrenz (z. B. Verlust an Arbeitsplätzen) fürchtet. Zu den Maßnahmen gehören u. a. Einfuhrverbote für bestimmte Waren, Einfuhrzölle, mengenmäßige Beschränkungen für die Einfuhr einzelner Produkte (Kontingente) oder Verwaltungsvorschriften, die die Abwicklung der Importe erheblich erschweren.

protektionistisch. → Protektionismus.

prozyklisch. Die Ausschläge der Konjunkturbewegung verstärkend; prozyklisch wirkende wirtschaftspolitische Maßnahmen werden auch als Parallelpolitik bezeichnet.

race to the bottom. „Abwärtswettlauf"; fortschreitender Abbau von Sozialleistungen, Verschlechterung der Arbeitsbedingungen, Lohnsenkungen („Sozialabbau").

Rationalisierung. Sammelbegriff für alle technischen und organisatorischen Maßnahmen in Produktion und Verwaltung mit dem Ziel, Kosten zu sparen und die → Produktivität und → Rentabilität zu erhöhen.

Rationalisierungsinvestitionen. Investitionen, die einer wirtschaftlicheren (kostengünstigeren) Leistungserstellung dienen; sowohl → Erweiterungsinvestitionen als auch → Ersatzinvestitionen können gleichzeitig der → Rationalisierung dienen.

real. Im Unterschied zu nominalen (in jeweiligen Preisen gerechneten) werden in realen wirtschaftlichen Größen (z. B. reales Bruttoinlandsprodukt, Reallohn) die Preissteigerungen berücksichtigt (d. h. die Preiseffekte werden durch Zurückrechnung auf konstante Preise eines Basisjahres ausgeschaltet).

Reallohn. Im Unterschied zum Nominallohn der an seiner Kaufkraft gemessene (Preissteigerungen berücksichtigende) Lohn.

Refinanzierung. Bezeichnung für den Vorgang, mit dem sich Banken bei der Zentralbank (im Rahmen der „Refinanzierungspolitik") → Zentralbankgeld beschaffen. Dies geschieht i. d. R. über Offenmarktgeschäfte i. w. S., bei denen die Initiative bei der Zentralbank liegt, und über ständige → Fazilitäten, welche die Kreditinstitute aus eigener Initiative in Anspruch nehmen können.

regressiv. → progressiv.

Rendite. In Prozent ausgedrückter, tatsächlicher jährlicher Gesamtertrag eines angelegten Kapitals (Effektivverzinsung).

Rentabilität. Das prozentuale Verhältnis zwischen dem → Gewinn und dem eingesetzten Kapital (Kapitalrentabilität) bzw. dem Umsatz (Umsatzrentabilität) in einem Zeitabschnitt.

Rentenmark. Deutsche Hilfs- und Zwischenwährung 1923 – 1924 zur Überwindung der Inflation; sie ersetzte die bis dahin gültige, völlig entwertete „Mark" im Verhältnis von eins zu einer Billion und wurde dann durch die „Reichsmark"-Währung abgelöst, die bis zur Einführung der „Deutschen Mark" (DM) durch die Währungsreform 1948 Gültigkeit hatte.

Rentenmarkt. Teil des → Kapitalmarktes, an dem festverzinsliche → Wertpapiere gehandelt werden (Renten- und Aktienmarkt bilden zusammen den Kapitalmarkt).

Rentenpapier. Festverzinsliches → Wertpapier, welches den Aussteller verpflichtet, wie → Schuldverschreibungen bei Fälligkeit dem Inhaber einen bestimmten Geldbetrag zu zahlen und nach einem festgelegten Modus Zinszahlungen zu leisten.

Repo-Geschäfte. (*Repurchase Agreement*) Rückkauf-Vereinbarung bei Wertpapiergeschäften; Verkauf (Kauf) eines → Wertpapiers bei gleichzeitiger Vereinbarung über den späteren Rückkauf (Verkauf).

Ressourcen. Hilfsquellen, Hilfsmittel; in der Volkswirtschaftslehre alle Mittel, die für die Produktion von Gütern und Dienstleistungen zur Verfügung stehen.

restriktiv. Beschränkend, einschränkend; auch im Sinne von → kontraktiv.

Saldo. Betrag, der sich nach Aufrechnung der Soll- und Haben-Seite auf einem Konto (der Plus- und Minus-Werte in einer Zahlen-Aufstellung) ergibt.

Say, Jean Baptiste. Französischer Nationalökonom (1767 – 1832); verbreitete die Theorie von A. → Smith in Frankreich. Sein berühmt gewordener Lehrsatz besagt, dass Angebot und Nachfrage in einer Volkswirtschaft stets gleich groß sein müssen, da jede Produktion sich selbst eine wertmäßig entsprechende kaufkräftige Nachfrage schafft (Say'sches Theorem).

Say'sches Theorem. s. → Say, Jean Baptiste.

Schattenwirtschaft. Bezeichnung für alle wirtschaftlichen Tätigkeiten, die nicht amtlich erfasst werden (Nachbarschaftshilfe, Eigenleistungen, Schwarzarbeit).

Schatzanweisung. Überwiegend kurz bis mittelfristige → Schuldverschreibung der öffentlichen Hand mit einer Laufzeit von sechs Monaten bis zu mehreren Jahren. Neben festverzinslichen gibt es auch unverzinsliche Schatzanweisungen.

Schuldenkrise. Auf die Entwicklungsländer bezogen: Extreme Auslandsverschuldung vieler Entwicklungsländer in den 1980er- und 1990er-Jahren, bedingt durch den Preisverfall wichtiger Rohstoffe, Zinsanstieg und unwirtschaftliche Verwendung von Kreditmitteln. Sie führte zu verschiedenen „Schuldeninitiativen" der Industrieländer, die u.a. den Schuldenerlass für die am stärksten verschuldeten Entwicklungsländer vorsahen.

Schuldverschreibungen. Wertpapiere, in denen sich der Aussteller verpflichtet, bei Fälligkeit einen bestimmten Geldbetrag zu zahlen und nach einem festgelegten Modus Zinszahlungen zu leisten. Schuldverschreibungen dienen der Deckung eines größeren Bedarfs an Fremdmitteln. Als Emittenten (Herausgeber) können neben staatlichen Stellen (öffentliche Anleihen) Banken (Bankschuldverschreibungen, Pfandbriefe) und Industrieunternehmen (Industrieobligationen) auftreten.

Schwellenländer. Bezeichnung für Länder, die sich aufgrund ihrer wirtschaftlichen Entwicklung auf dem Wege von einem „Entwicklungsland" zu einem „Industrieland" befinden; auch als *Newly Industrializing Countries* (NIC) bezeichnet.

Sekundärverteilung. Verteilung der Einkommen, die sich durch staatliche Umverteilungsmaßnahmen aus der → Primärverteilung ergibt. Zum einen vermindert sich das Bruttoeinkommen durch die Zahlung von direkten Steuern und → Sozialabgaben, zum anderen fließen den Haushalten ggf. → Transferleistungen (Kindergeld, Wohngeld, Elterngeld, Sozialhilfe usw.) zu.

Sichtguthaben. Einlagen bei Kreditinstituten, die auf Wunsch des Gläubigers sofort fällig, d.h. sofort rückzahlbar sind. Sie werden niedriger als Spareinlagen verzinst.

Sittenwidrigkeit. Allgemein gehaltener Begriff der Rechtsordnung, der eine rechtliche Regelung verbieten soll, die gegen die „guten Sitten" (gegen das „Anstandsgefühl aller billig und gerecht Denkenden") verstößt. In der Diskussion über Niedriglöhne bezeichnet man Löhne als „sittenwidrig", die mehr als 30% unterhalb des in der Branche oder vor Ort üblichen Tarifs liegen.

Solidaritätszuschlag (Soli). Ergänzungsabgabe auf die Einkommen- und Körperschaftsteuer. Sie ist zwar rechtlich nicht zweckgebunden, 1991 aber als Beitrag zur Finanzierung der deutschen Einheit eingeführt, zwischenzeitlich wieder abgeschafft und (1995) erneut eingeführt worden (1997: 7,5 Prozent der Einkommen- und Körperschaftsteuerschuld; seit 1.1.1998 5,5%; 2007: 12,1 Mrd. Euro).

Souverän. Bezeichnung für eine Person (im Absolutismus der König) oder (in der Demokratie) für das Volk als Träger der Staatsgewalt.

Sozialbeiträge. Beiträge der Unternehmen und der sozialversicherungspflichtig Beschäftigten zur Sozialversicherung (→ Soziale Sicherung).

Sozialhilfe. Teil der sozialen Sicherung, der dazu dienen soll, in Not geratenen Menschen ein menschenwürdiges Leben (Existenzminimum) zu ermöglichen. Auf Sozialhilfe besteht ein gesetzlicher Anspruch, wenn der Bedürftige sich nicht selbst helfen oder die erforderliche Hilfe nicht von anderen erhalten kann. Im Rahmen der Arbeitsmarktreform wurden zum 1.1.2005 die arbeitsfähigen unter den bisherigen Sozialhilfeempfängern aus der Sozialhilfe ausgegliedert (sie erhalten jetzt → Arbeitslosengeld II) und das Sozialhilfesystem reformiert. Die Regelsätze entsprechen denen von „Hartz IV".

Soziale Sicherung. Teil der → Sozialpolitik, der dem Schutz des Bürgers vor Risiken der Lebenslage und vor materieller Not dient; er umfasst das System der Sozialversicherung und die → Sozialhilfe. Zur Sozialversicherung gehören die Rentenversicherung, die Krankenversicherung, die Pflegeversicherung, die Arbeitslosen- und die Unfallversicherung; die Beiträge werden jeweils zur Hälfte vom Arbeitgeber und vom Arbeitnehmer gezahlt und betragen zurzeit rd. 40% des gesamten Bruttoeinkommens (für den Arbeitnehmer also rd. 20%).

Sozialismus. Im frühen 19. Jahrhundert entstandene Lehre und politische Bewegung, die dem Prinzip der Gleichheit den Vorrang vor dem der Freiheit gibt und die Verfügung über die Produktionsmittel in die Hand der Gesellschaft bzw. des Staates legen will (im Gegensatz zum → Kapitalismus, in dem die Produktionsmittel privaten Eigentümern gehören). Sozialistische Wirtschaftssysteme sind durch zentrale staatliche Lenkung des Wirtschaftsprozesses gekennzeichnet (→ Planwirtschaft).

Sozialleistungen. Bezeichnung für die sozialen Leistungen des Staates bzw. spezieller öffentlich-rechtlicher Institutionen (→ Sozialversicherung, → Sozialhilfe, Fürsorgeerziehung und Jugendhilfe).

Sozialpolitik. Zusammenfassender Begriff für eine Politik, deren Aufgabe es ist, die wirtschaftlichen und sozialen Lebensbedingungen Einzelner oder von Gruppen zu gestalten bzw. zu verbessern.

Sparquote. Anteil am verfügbaren Einkommen der privaten Haushalte, der nicht für Konsum ausgegeben wird.

Spekulation. Ausnutzung zeitlicher Preisunterschiede und Zufälligkeiten auf dem Markt zu Gewinnzwecken; so werden z.B. Güter oder Devisen mit der Absicht gekauft, sie später (wenn der Preis gestiegen ist) wieder zu verkaufen; jede Spekulation enthält das Risiko, dass die Preiserwartung nicht eintritt.

Staatsanleihe. Schuldverschreibung (Anleihe) des Staates: Urkunde (Wertpapier), die der Staat (Bund, Land Gemeinde) als Schuldner dem Gläubiger, der ihm Geld leiht, ausstellt und sich damit verpflichtet, die geliehene Geldsumme nach Ende der Laufzeit zurückzuzahlen und während der Laufzeit Zinsen an den Gläubiger zu zahlen. Staatsanleihen sind zum Börsenhandel zugelassen.

Staatsdefizit. „Fehlbetrag" in den öffentlichen Haushalten (Bund, Länder, Gemeinden), bedingt durch das Zurückbleiben der Einnahmen hinter den Ausgaben.

Staatsinterventionismus. Kritische Bezeichnung für eine wirtschaftspolitische Grundhaltung, nach der die Wirtschaft eines Landes durch starke staatliche Eingriffe aktiv gestaltet werden soll.

Staatsquote. Das Verhältnis aller staatlichen Ausgaben (für Investitionen, Verbrauch, Renten usw.) zum Sozialprodukt. Der Begriff Staatsquote spielt in der wirtschaftspolitischen Diskussion über „mehr Staat" oder „mehr Markt" eine wichtige Rolle.

Stagflation. Gleichzeitiges Auftreten von Stagnation (zu geringes oder fehlendes Wirtschaftswachstum, zumeist verbunden mit Arbeitslosigkeit) und Inflation.

steuerliche Absetzbarkeit. Im Steuerrecht wird die Möglichkeit eingeräumt, für bestimmte Ausgaben keine Steuern zahlen zu müssen (sie „absetzen" zu können). Das gilt z. B. für die Kosten (→ Werbungskosten), die durch die Anschaffung von Berufskleidung entstehen, oder in bestimmtem Rahmen für die Fahrtkosten von der Wohnung zum Arbeitsplatz („Pendlerpauschale"). Dadurch verringern sich das „zu versteuernde Einkommen" und damit auch der zu zahlende Steuerbetrag.

Stigmatisierung. (von griech. stigma – Brandmal, Schandmal) Kennzeichnung und gesellschaftliche Herabsetzung (Missbilligung, Ächtung) von Personen(gruppen) mit bestimmten als negativ empfundenen Merkmalen (fehlende Leistungsbereitschaft/Faulheit, Verwahrlosung, ggf. auch Armut oder Arbeitslosigkeit).

Strukturwandel. Im Gegensatz zu Saison- und Konjunkturbewegungen langfristige und grundsätzliche Änderungen, denen die Struktur der Wirtschaft und der darin eingebettete aktuelle Wirtschaftsprozess unterliegen. Die Wirtschaftsstruktur eines Landes ist u. a. gekennzeichnet durch den Aufbau der Bevölkerung (nach Alter, Geschlecht, Beruf), durch die natürliche Beschaffenheit des Wirtschaftsraumes (Bodenschätze, Flüsse, Wälder usw.), durch das Verhältnis der drei Sektoren (landwirtschaftlicher, industrieller und Dienstleistungssektor) und durch den wirtschaftlichen Entwicklungsstand (Technik, Verkehrswegenetz, Nachrichtenverkehr usw.).

Subventionen. Zuschüsse der „öffentlichen Hand" (des Staates) an förderungsbedürftige Wirtschaftszweige (z. B. Landwirtschaft, Wohnungsbau, Schifffahrt) oder an Personengruppen mit geringem Einkommen (Sparförderung, Vermögensbildung). So können Subventionen etwa zur Erhaltung von Betrieben oder ganzen Wirtschaftszweigen gewährt werden, zur Anpassung an neue Bedingungen, zur Förderung des Produktivitätsfortschritts und des Wachstums von Unternehmen oder Unternehmenszweigen. Subventionen werden als direkte Finanzhilfen oder indirekt in Form von Steuervergünstigungen gezahlt und können mit bestimmten Auflagen verbunden sein. Im allgemeinen Sprachgebrauch werden alle Arten von staatlichen Zuschüssen

und Fördermitteln als Subventionen (von lat. subvenire – zu Hilfe kommen) bezeichnet.
subventionieren. → Subventionen

tarifäre Handelshemmnisse. Zölle; s. → Handelshemmnisse.

Tarifautonomie. Die im Grundgesetz gesicherte Freiheit der Tarifpartner (Arbeitgeberverbände und Gewerkschaften), ohne staatliche Einwirkung Verträge über Löhne und Arbeitsbedingungen abzuschließen. Diese Tarifverträge sind dann für die jeweiligen Mitglieder verbindlich.

Transaktion. Wirtschaftlicher Vorgang, bei dem ein Gut oder ein Rechtsanspruch von einem → Wirtschaftssubjekt (Privatperson, Haushalt, Unternehmen, Staat) auf ein anderes übergeht (übertragen wird). So ist z. B. jeder Kauf oder Verkauf eine Transaktion.

Transaktionskosten. Allgemein alle Kosten, die im Zusammenhang mit wirtschaftlichen Transaktionen entstehen oder diese Transaktionen erst ermöglichen (z. B. Informationskosten der Verbraucher vor dem Kauf langlebiger Konsumgüter); insbesondere auch währungsbedingte Umtausch-, Absicherungs- und Informationskosten des internationalen Güterverkehrs. Beim Tausch von Währungen entstehen Kosten durch Gebühren von Banken oder Wechselbüros.

Transferzahlungen. Zahlungen des Staates an private Haushalte, für die der Staat keine Gegenleistung erhält. Sie bewirken eine Einkommensumverteilung und sollen soziale Ungleichheiten mildern (→ Wohngeld, Kindergeld, Bafög etc.).

Umverteilung. Staatliche Maßnahmen zur Veränderung der Einkommens- und/oder Vermögensverteilung (z. B. durch staatl. → Transferleistungen und Steuern). Zu einer Umverteilung kann es auch durch wirtschaftliche Entwicklungen (z. B. Strukturveränderungen, Inflation, Staatsverschuldung) kommen.

UNCTAD. *United Nations Conference on Trade and Development*; Konferenz der Vereinten Nationen für Handel und Entwicklung (Sitz: Genf), die sich um die Förderung der wirtschaftlichen Beziehungen zwischen Industrie- und Entwicklungsländern, insbesondere die Interessen der Entwicklungsländer, bemüht.

Verbindlichkeit. Verpflichtung zu einer meist geldlichen Leistung, die jemand (als Schuldner) gegenüber jemand anderem (als Gläubiger) hat; vgl. → Forderungen.

Wechselkurs. Preis einer ausländischen Währung, ausgedrückt in Einheiten der eigenen Währung. Im Unterschied zur Preisnotierung gibt die Mengennotierung an, welcher Betrag der Auslandswährung als Gegenwert für eine bestimmte Menge an Inlandswährung zu zahlen ist (z. B. 1,20 US-Dollar für einen Euro).

Wechselkursrisiko. Unsicherheiten in der Planung und Durchführung internationaler Geschäfte (z. B. Exporte in Länder mit anderer Währung), die durch kurzfristige, nicht vorhersehbare Änderungen des Wechselkurses entstehen.

Welthandelsrunde. Verschiedene Konferenzen seit dem Zweiten Weltkrieg im Rahmen der Welthandelsorganisation (→ WTO) und ihres Vorgängers (bis 1995), des *General Agreement on Tariffs and Trade* (→ GATT), bei denen es um die international abgestimmte Verminderung von Zöllen und sonstigen Hemmnissen des internationalen Handels ging.

Weltwirtschaftskrise. Allgemeine Bezeichnung für eine Wirtschaftskrise, die weltweit zumindest die wichtigsten Wirtschaftsmächte erfasst; im engeren Sinne Bezeichnung für die Wirtschaftskrise, die sich nach dem New Yorker Börsenkrach („Schwarzer Freitag" des 25.10.1929) global ausweitete und auf ihrem Höhepunkt zur Arbeitslosigkeit von insgesamt ca. 30 Mill. Menschen führte.

Werbungskosten. Durch die Ausübung des Berufes bedingte Aufwendungen (z. B. für die Fahrten zwischen Wohnung und Arbeitsstätte, für Berufskleidung, für Fachliteratur, Beiträge zu Berufsverbänden); sie vermindern das steuerpflichtige Einkommen eines nichtselbstständigen Steuerpflichtigen.

Wertpapiere. Sammelbegriff für → Aktien und festverzinsliche Wertpapiere. Letztere werden auch → Rentenpapiere, Obligationen oder → Schuldverschreibungen genannt. Sie werden ausgegeben durch die staatlichen Institutionen (Bund, Länder, Gemeinden, Bahn, Post), durch Banken, durch die Industrie oder durch das Ausland.

Wertpapierpensionsgeschäfte. Offenmarktgeschäfte mit Rückkaufvereinbarung über festverzinsliche → Wertpapiere. Die Zentralbank kauft von Kreditinstituten Wertpapiere unter der Bedingung, dass der Verkäufer diese Papiere zu einem vorher festgelegten Termin wieder zurückkauft. Für die Laufzeit dieses Pensionsgeschäftes erhält die Bank Zentralbankguthaben zu einem bestimmten Zinssatz.

Wertschöpfung. „Zufluss" an Wert durch eine Verarbeitungsstufe, also Verkaufspreis minus Preis der Vorprodukte, z. B. Verkaufspreis eines Fahrrads minus die Preise der gekauften Schaltung, Felgen, Bremsen und Reifen. → Bruttowertschöpfung.

Werturteil. Aussage, die explizit eine Wertung enthält, d. h. bestimmte Vorgänge, Handlungen oder Entscheidungen als gerechtfertigt/wünschenswert/gut bzw. als nicht gerechtfertigt/schlecht bezeichnet.

Wettbewerbspolitik. Staatliche Maßnahmen zur Förderung des wirtschaftlichen Wettbewerbs als eines für die Marktwirtschaft wesentlichen Elementes. Wettbewerbspolitik betreibt der Staat vor allem durch Gesetze und Verordnungen (z. B. Gesetz gegen Wettbewerbsbe-schränkungen, auch „Kartellgesetz" genannt), durch die Wettbewerbsbeschränkungen verhindert werden sollen, wie sie sich besonders aus dem wirtschaftlichen Konzentrationsprozess ergeben.

Wirtschaftssubjekte. Bezeichnung für alle natürlichen (Menschen) oder juristischen (Unternehmen, Staat) Personen, die wirtschaftliche Entscheidungen treffen (durch Kaufen, Verkaufen, Sparen, Investieren usw.) und so am Wirtschaftsleben teilnehmen.

Wohngeld. Staatlicher Zuschuss zu den Mietkosten (Mietzuschuss, Mietbeihilfe) für Haushalte, deren Einkommen unter einer bestimmten Grenze liegen und deren Mietkosten (z. B. wegen vieler Kinder) das Einkommen stark belasten (ca. 800 000 Bezieher; der durchschnittliche Betrag wurde von 90 € auf 140 € [ab 1.1.2009] erhöht).

WTO. (*World Trade Organization*; Sitz: Genf) Welthandelsorganisation; Nachfolgeorganisation des → GATT. 1995 wurde das GATT aufgelöst und durch die Welthandelsorganisation (WTO) abgelöst. Sie ist der neue gemeinsame Rahmen für die Welthandelsordnung. Gegenüber dem GATT hat sie umfassendere Kompetenzen zur Überprüfung der Handelspolitik der 147 Mitgliedstaaten und zur Schlichtung von Streitigkeiten in der Außenhandelspolitik.

Zentralbank. Geldpolitische Entscheidungsinstanz einer Volkswirtschaft. Als Bestandteil des Bankensystems ist die Zentralbank allein zur Ausgabe gesetzlicher Zahlungsmittel berechtigt. Über den Einsatz ihrer geldpolitischen Instrumente kann die Zentralbank die Bankenliquidität und die Geldschöpfung der Banken so steuern, dass die Ziele der Geldpolitik erreicht werden. Zu den geldpolitischen Zielen zählt vorrangig die Erreichung und Sicherung der Geldwertstabilität. Die Deutsche Bundesbank ist die nationale Zentralbank der Bundesrepublik Deutschland. In der Europäischen Wirtschafts- und Währungsunion bilden die nationalen Zentralbanken und die Europäische Zentralbank zusammen das Eurosystem, das die Geldpolitik für alle Teilnehmerländer einheitlich festlegt.

Zentralbankgeld. Allgemein das von der → Zentralbank geschaffene Geld. Das Zentralbankgeld setzt sich aus dem gesamten Bestand umlaufender Banknoten und den Sichtguthaben der Banken bei der Notenbank zusammen.

Zinsreagibilität. Ausmaß, in dem Wirtschaftssubjekte in ihren Entscheidungen (z. B. über Investitionen, Kreditaufnahmen) auf das Steigen oder Fallen der Kreditzinsen reagieren.

Register